張覺述作集

上海財經大學中央高校基本科研業務費資助
中央高校建設世界一流大學學科和特色發展引導專項資金資助

老子古本探賾正解

張覺 著

南京大學出版社

内容提要

　　本書作者以接近於馬王堆漢墓出土之帛書《老子》而又便於現代讀者閱讀的唐代太史令傅奕校定的《道德經古本》爲底本，校以帛書甲本和乙本、郭店楚墓出土之竹簡本、河上公章句本、嚴遵本、王弼本及《韓非子・解老》所引《老子》之文，以便儘量恢復《老子》古本之內容。同時兼録唐玄宗御注本之章題，以便讀者瞭解後代章題的一般情況。每一章節既有概括闡明其主旨的提要述評，又有實事求是、通俗平易的注釋、義疏。其説以信、達爲原則，採取會通古訓、以《老》解《老》的方法，儘量根據文句古義並利用《老子》書中類似的内容去探求《老子》原文的本意，以求獲得確詁而闡明《老子》之真意。

圖書在版編目（CIP）數據

　　老子古本探賾正解 / 張覺著. —南京：南京大學出版社，2021.1
　　（張覺述作集）
　　ISBN 978-7-305-24004-1

　　Ⅰ. ①老⋯　Ⅱ. ①張⋯　Ⅲ. ①道家②《道德經》—研究　Ⅳ. ①B223.15

　　中國版本圖書館 CIP 數據核字（2020）第 238128 號

出版發行	南京大學出版社
社　　址	南京市漢口路 22 號　　郵　編 210093
出 版 人	金鑫榮

叢 書 名	張覺述作集
書　　名	老子古本探賾正解
著　　者	張　覺
責任編輯	李　亭
述作集題簽	張　覺

照　　排	南京紫藤製版印務中心
印　　刷	南京玉河印刷廠
開　　本	718×1000　1/16　印張 24.75　字數 405 千
版　　次	2021 年 1 月第 1 版　2021 年 1 月第 1 次印刷
ISBN	978-7-305-24004-1
定　　價	98.00 元

網　　　址：http://www.njupco.com
官方微博：http://weibo.com/njupco
官方微信：njupress
銷售諮詢熱綫：（025）83594756

＊ 版權所有，侵權必究
＊ 凡購買南大版圖書，如有印裝質量問題，請與所購
　圖書銷售部門聯繫調換

張覺二〇一七年四月二十五日於上海韓湘水博園（顧國柱攝）

張覺教授的學術研究簡介

　　張覺教授主要研究中國古典文獻與傳統文化、漢語言文字學，已由23家出版社出版著作48種，主要有《韓非子導讀》(巴蜀書社1990年版)、《白話搜神記》(岳麓書社1991年版)、《韓非子全譯》(貴州人民出版社1992年版)、《商君書全譯》(貴州人民出版社1993年版)、《吳越春秋全譯》(貴州人民出版社1993年版)、《〈論語〉〈孟子〉精華譯評》(中國旅遊出版社1993年版)、《荀子譯注》(上海古籍出版社1995年版)、《曾鞏散文精選》(東方出版中心1998年版)、《潛夫論全譯》(貴州人民出版社1999年版)、《常用成語詞典》(黃山書社2000年版)、《〈孟子〉句式變換釋例》(上海財經大學出版社2001年版)、《現代漢語規範指南》(漢語大詞典出版社2002年版)、《〈韓非子〉選評》(上海古籍出版社2004年版)、《韓非子譯注》(上海古籍出版社2007年版)、《商君書導讀》(中國國際廣播出版社2009年版)、《韓非子：帝王的法術》(上海古籍出版社2009年版)、《韓非子校疏》(上海古籍出版社2010年版)、《韓非子》(《大中華文庫》，商務印書館2015年版)、《韓非子》(《中華傳統文化百部經典》，國家圖書館出版社2018年版)、《張覺述作集》(已出書目見封底)。其中《韓非子校疏》於2011年榮獲第十四屆華東地區古籍優秀圖書獎一等獎。

　　此外，已在《文史》(北京)、《中華文史論叢》(上海)、《漢學研究》(臺北)、《孔孟學報》(臺北)等137種刊物上發文335篇，並完成了省部級以上項目8項：國家社會科學基金一般項目"《韓非子》微觀研究"(批准號：04BZX031)、《吳越春秋校證注疏》(批准號：13BZW092)，國家社會科學基金後期資助項目《韓非子書錄考論》(合作，批准號：18FTQ008)，全國高等院校古籍整理研究工作委員會重點科研項目《韓非子校疏》(批准編號：0314)、《商君書校疏》(批准編號：0863)，教育部人文社會科學研究規劃基金項目《韓非子考論》(批准號：10YJA720041)，上海市教育委員會科研創新重點項目《吳越春秋校證注疏》(批准號：13ZS058)、《潛夫論校箋注疏》(批准號：14ZS079)。

　　現正在從事國家社會科學基金一般項目《〈潛夫論〉彙校集注》(批准號：17BZW014)的研究工作。

目　錄

述作集自序 ·· 1
前言 ·· 1
凡例 ·· 1

老子古本探賾正解
德篇上①
　　第一節（第三十八章，論德第三十八，上德不德章第三十八）········ 3
　　第二節（第三十九章，法本第三十九，昔之得一章第三十九）········ 10
　　第三節（第四十一章，同異第四十一，上士聞道章第四十一）········ 16
　　第四節（第四十章，去用第四十，反者道之動章第四十）············ 22
　　第五節（第四十二章，道化第四十二，道生一章第四十二）·········· 25
　　第六節（第四十三章，徧用第四十三，天下之至柔章第四十三）······ 30
　　第七節（第四十四章，立戒第四十四，名與身孰親章第四十四）······ 33
　　第八節（第四十五章，洪德第四十五，大成若缺章第四十五）········ 35
　　第九節（第四十六章，儉欲第四十六，天下有道章第四十六）········ 39
　　第十節（第四十七章，鑒遠第四十七，不出戶章第四十七）·········· 43
　　第十一節（第四十八章，忘知第四十八，爲學日益章第四十八）······ 46
　　第十二節（第四十九章，任德第四十九，聖人無常心章第四十九）···· 49
　　第十三節（第五十章，貴生第五十，出生入死章第五十）············ 52
　　第十四節（第五十一章，養德第五十一，道生之章第五十一）········ 57
　　第十五節（第五十二章，歸元第五十二，天下有始章第五十二）······ 60
　　第十六節（第五十三章，益證第五十三，使我介然章第五十三）······ 65
　　第十七節（第五十四章，修觀第五十四，善建不拔章第五十四）······ 70
　　第十八節（第五十五章，玄符第五十五，含德之厚章第五十五）······ 75
　　第十九節（第五十六章，玄德第五十六，知者不言章第五十六）······ 81
　　第二十節（第五十七章，淳風第五十七，以政治國章第五十七）······ 85
　　第二十一節（第五十八章，順化第五十八，其政悶悶章第五十八）···· 90
　　第二十二節（第五十九章，守道第五十九，治人事天章第五十九）···· 96

---

①　以下目錄首列依據帛書本次序及通行本分章所擬定的節目，再在其後用括號依次注明傅奕本、河上公注本、唐玄宗御注本的章名。

· 1 ·

第二十三節（第六十章，居位第六十，治大國章第六十）………… 101

第二十四節（第六十一章，謙德第六十一，大國者下流章第六十一）
　………… 105

第二十五節（第六十二章，爲道第六十二，道者萬物之奧章第六十二）
　………… 110

第二十六節（第六十三章，恩始第六十三，爲無爲章第六十三）………… 115

第二十七節（第六十四章，守微第六十四，其安易持章第六十四）……… 119

第二十八節（第六十五章，淳德第六十五，古之善爲道章第六十五）
　………… 126

第二十九節（第六十六章，後己第六十六，江海爲百谷王章第六十六）
　………… 130

第三十節（第八十章，獨立第八十，小國寡民章第八十）………… 133

第三十一節（第八十一章，顯質第八十一，信言不美章第八十一）……… 138

第三十二節（第六十七章，三寶第六十七，天下皆謂章第六十七）……… 141

第三十三節（第六十八章，配天第六十八，善爲士章第六十八）………… 145

第三十四節（第六十九章，玄用第六十九，用兵有言章第六十九）……… 148

第三十五節（第七十章，知難第七十，吾言甚易知章第七十）…………… 151

第三十六節（第七十一章，知病第七十一，知不知上章第七十一）……… 154

第三十七節（第七十二章，愛己第七十二，人不畏威章第七十二）……… 156

第三十八節（第七十三章，任爲第七十三，勇於敢章第七十三）………… 159

第三十九節（第七十四章，制惑第七十四，民常不畏章第七十四）……… 162

第四十節（第七十五章，貪損第七十五，民之飢章第七十五）…………… 165

第四十一節（第七十六章，戒彊第七十六，民之生章第七十六）………… 167

第四十二節（第七十七章，天道第七十七，天之道章第七十七）………… 170

第四十三節（第七十八章，任信第七十八，天下柔弱章第七十八）……… 174

第四十四節（第七十九章，任契第七十九，和大怨章第七十九）………… 178

道篇下

第四十五節（第一章，體道第一，道可道章第一）………… 185

第四十六節（第二章，養身第二，天下皆知章第二）………… 194

第四十七節（第三章，安民第三，不尚賢章第三）………… 198

第四十八節（第四章，無源第四，道沖章第四）………… 201

第四十九節（第五章，虛用第五，天地章第五）………… 205

第五十節（第六章，成象第六，谷神章第六）………… 208

第五十一節（第七章，韜光第七，天長地久章第七）………… 210

目　錄

第五十二節（第八章，易性第八，上善若水章第八）……………… 213
第五十三節（第九章，運夷第九，持而盈之章第九）……………… 217
第五十四節（第十章，能爲第十，載營魄章第十）………………… 220
第五十五節（第十一章，無用第十一，三十輻章第十一）………… 226
第五十六節（第十二章，檢欲第十二，五色章第十二）…………… 229
第五十七節（第十三章，猒恥第十三，寵辱章第十三）…………… 233
第五十八節（第十四章，贊玄第十四，視之不見章第十四）……… 238
第五十九節（第十五章，顯德第十五，古之善爲士章第十五）…… 244
第六十節（第十六章，歸根第十六，致虛極章第十六）…………… 250
第六十一節（第十七章，淳風第十七，太上章第十七）…………… 257
第六十二節（第十八章，俗薄第十八，大道廢章第十八）………… 261
第六十三節（第十九章，還淳第十九，絕聖棄智章第十九）……… 265
第六十四節（第二十章，異俗第二十，絕學無憂章第二十）……… 270
第六十五節（第二十一章，虛心第二十一，孔德之容章第二十一）… 277
第六十六節（第二十四章，苦恩第二十四，跂者不立章第二十四）… 282
第六十七節（第二十二章，益謙第二十二，曲則全章第二十二）…… 286
第六十八節（第二十三章，虛無第二十三，希言自然章第二十三）… 292
第六十九節（第二十五章，象元第二十五，有物混成章第二十五）… 296
第七十節（第二十六章，重德第二十六，重爲輕根章第二十六）…… 301
第七十一節（第二十七章，巧用第二十七，善行章第二十七）…… 306
第七十二節（第二十八章，反朴第二十八，知其雄章第二十八）…… 312
第七十三節（第二十九章，無爲第二十九，將欲章第二十九）…… 319
第七十四節（第三十章，儉武第三十，以道佐人主章第三十）…… 324
第七十五節（第三十一章，偃武第三十一，夫佳兵章第三十一）…… 328
第七十六節（第三十二章，聖德第三十二，道常無名章第三十二）… 333
第七十七節（第三十三章，辯德第三十三，知人者智章第三十三）… 338
第七十八節（第三十四章，任成第三十四，大道汎兮章第三十四）… 343
第七十九節（第三十五章，仁德第三十五，執大象章第三十五）…… 347
第八十節（第三十六章，微明第三十六，將欲歙之章第三十六）…… 350
第八十一節（第三十七章，爲政第三十七，道常無爲章第三十七）… 355

本書採摭文獻要目 ……………………………………………… 358
後記 ……………………………………………………………… 366

· 3 ·

述作集自序

　　人活在世界上，有的地位甚高，身價不菲，但終其一生，其價值仍然可以用單一的經濟尺度去衡量——一輩子賺了多少錢；有些人的人生價值就不是單用金錢所能衡量的，這就是古人所謂的"不朽"。據《左傳·襄公二十四年》記載，范宣子問叔孫豹曰："古人有言曰：'死而不朽。'何謂也？"叔孫豹回答說："魯有先大夫曰臧文仲，既没，其言立。其是之謂乎！豹聞之：'大上有立德，其次有立功，其次有立言。'雖久不廢，此之謂不朽。若夫保姓受氏，以守宗祊，世不絕祀，無國無之，禄之大者，不可謂不朽。"① 由此看來，人的政治生命與其生理生命同樣脆弱。從政者即使能顯赫一時，但隨着其心臟停止跳動，其政治生命也往往就此結束而不可能不朽。誠然，就是在古人心目中處於領先地位的"立德""立功"，我看其對後世的作用也有限。據杜預、孔穎達的注疏，所謂"立德"，是指黄帝、堯、舜之類的聖人"創制垂法，博施濟衆，聖德立於上代，惠澤被於無窮"；所謂"立功"，是指禹、稷之類的賢人"拯厄除難，功濟於時"②。這些聖賢，雖然因其功德而名垂青史，但其功德也不過是讓人緬懷而已。由於時代的變遷，他們創制的東西早已不再有什麽實際的效應了。這種情況猶如司馬遷所感歎的那樣："天下君王至于賢人衆矣，當時則榮，没則已焉。"③

　　在我看來，最有不朽效應的應該是"立言"，因爲如果能"立言"於世，則可以永遠使後人在學習中獲益。誠如魏文帝曹丕之《典論·論文》所說："蓋文章，經國之大業，不朽之盛事。年壽有時而盡，榮樂止乎其身，二者必至之常期，未若文章之無窮。是以古之作者，寄身於翰墨，見意於篇籍，不假良史之辭，不託飛馳之勢，而聲名自傳於後。故西伯幽而演《易》，周旦顯而制《禮》，不以隱約而弗務，不以康樂而加思。夫然則古人賤尺璧而重寸陰，懼乎時之過已。而人多不强力，貧賤則懾於飢寒，富貴則流於逸樂，遂營目前之務，而遺千載之功，日月逝於上，體貌衰於下，忽然與萬物遷化，斯志士之大痛也。"④

---

① 《左傳·襄公二十四年》，中華書局1980年影印本《十三經注疏》，第1979頁。
② 同上。
③ 司馬遷：《史記·孔子世家》，世界書局1935年影印本《四史》，第333頁。
④ 曹丕：《典論·論文》，中華書局1977年影印本《文選》，第720頁。

的確，人在世上走一回，唯有給社會留下一些不朽之作（視野再開闊一些，應該説給社會留下一些永遠值得後人利用的東西），其生命才有意義；否則，其存在與否也就無足輕重了。因爲一個人壽命再長也終有盡頭，其生前的工作即使十分輝煌而取得了莫大的榮譽，賺的錢、積累的財富即使無與倫比而惠及子孫或他人，到時候也會被歷史滌蕩殆盡，而至多只能讓後人感歎一聲"浪淘盡、千古風流人物"①而已；一個人唯有留下一些能不斷重印的傳世之作，才能做到老子所説的"死而不亡者壽"②。回顧我1969年下鄉務農以來這五十多年間的奔忙，除了現在還在重印的著作外，其他的辛勞，如種地、做工、教書乃至某些科研工作，都兌換成了統一的人民幣而已經或即將化爲泡影乃至不留絲毫痕迹。再回眸歷史，除了那些流傳不衰的著作之外，芸芸衆生和諸多物質文明也大都被大浪淘盡。於是我深深地體會到，社會的交換與歷史的無情是如何在不斷地摧毀個體的人生價值而使你灰飛煙滅，只有文化、經典之中藴涵的精神方面的東西才具有强大的不朽的生命力，而軀體、財富等物質的東西是多麼地微不足道而相形見絀，如果借用以往的學説名稱，這應該是一種科學的"神不滅論"和"靈魂不死論"吧。正是受到這種傳統思想的影響，我才"賤尺璧而重寸陰"，身處貧賤而仍加務於著述。

但是，曹丕所説的寫文章也好，今人所説的著書立説也好，與"立言"誠然是不能畫等號的。試看今日之世界，文章浩瀚如海，圖書堆積如山，其作者都能算作"立言者"而不朽麼？顯然不能。因爲如今大量的文章與圖書不過是印刷垃圾而已。歷史是最公正無私的評判者。只有通過歷史的沖刷而流傳不衰反復重印的著作才是不朽之作，只有貢獻了傳世之作的人才能永遠活在人間。正是基於這樣的認識，我才甘心久坐冷板凳，常泡圖書館，長年累月孜孜矻矻，不遺餘力精益求精，其目的無非是想使拙著贏得讀者的青睞而久傳於世。

據孔穎達的説法，"立言謂言得其要，理足可傳"，"老、莊、荀、孟、管、晏、楊、墨、孫、吴之徒制作子書，屈原、宋玉、賈逵、楊雄、馬

---

① 蘇軾：《念奴嬌·赤壁懷古》，上海古籍出版社1962年版《宋詞選》，第75頁。
② 《老子·第三十三章》，文物出版社、上海書店、天津古籍出版社1988年縮印本《道藏》第11册，第484頁。

遷、班固以後撰集史傳及制作文章，使後世學習，皆是立言者也"①。如此，則我雖然努力於著述，却又離立言者甚遠。因此，我不敢將自己的作品集名爲"文集"，而用了一個前人未曾用過的名稱"述作集"。

孔子曰："述而不作，信而好古，竊比於我老彭。"② 我將自己的作品集命名爲"述作集"，即源於此。不同的是，我雖然好古，却信疑參半，所以於"述"之外又不免有所"作"。換言之，即既欲有所繼承以集前賢之大成，又欲有所發明以成一家之説。竊以爲惟其如此，方能使自己的作品受人青睞而不朽於世。誠如孔子所言："學而不思則罔，思而不學則殆。"③ 治學不能不有所思考，有所創新，但思索却又必須以學習與繼承爲基礎。所以，無"述"則學無根底，無"作"則學無所成。我之追求"述"而又"作"，即基於這樣的認識。當然，我的這一追求也與自己的才智有關。如今很多能人名流都是天才的創新發明家，所以他們能夠"不述而作"，完成一個又一個重大課題，獲得一個又一個大奬，這是我無法企及的。

出版文集往往是大家的事。現在我出版自己的述作集，其實並不意味着要以大家自居。我出身貧寒，命運坎坷，一生貧賤，出版述作集本是連做夢也没有想到的事。

1949年3月9日（農曆二月初十）夜，我誕生於江蘇省太倉縣茜涇鎮東街的倪家，這是當時我家借住的房子。平民百姓無家譜，所以大都不知道自己的老祖宗是誰，我家也一樣。據我父親的記憶，只知道我的曾祖叫張燕亭（1881~1944）。由於我父親外出工作，我的童年是在祖父母的撫育下度過的，因此也受到了叔父的啓蒙教育。正因爲如此，我入學後成績一直名列前茅，但我父親1961年9月響應政府號召下放務農後，家庭的貧困使我差一點輟學。禍不單行，我1965年考取蘇州高級中學後才一年，原本穩上大學的前途又一下子被"文化大革命"改變了，"一片紅"使我不得不帶病回鄉務農，十年青春也就在勞累和貧病交加的挣扎中耗掉了。如果要總結這十年的收穫，恐怕只有兩點：一是勞我筋骨、餓我體膚的鍛煉增強了我的體質，雖然高考體檢時我1.68米的身高只有99斤，却也頗

---

① 《左傳·襄公二十四年》"其次有立言" 孔穎達疏，中華書局1980年影印本《十三經注疏》，第1979頁。

② 《論語·述而》，中華書局1980年影印本《十三經注疏》，第2481頁。

③ 《論語·爲政》，中華書局1980年影印本《十三經注疏》，第2462頁。

能吃苦耐勞；二是苦我心志、空我家財的磨煉養成了我頑強的毅力和艱苦奮鬥的拼搏精神。不知這是否是孟子所説的上天的安排①。

1977年恢復高考，我考入南京大學，接着又考入復旦大學攻讀碩士學位，但由於老家已分田到户，我還得花不少時間回家種地。爲了徹底擺脱務農生涯而潛心於治學，我1985年初畢業後放棄了在重點大學任教的機會，到了空軍政治學院任教。哪知好景不長，1989年學院首長安排我轉業到太倉縣中學教書。爲了利用上海的文獻資料從事古籍整理與研究，我只好辭不赴命而下崗待業在家。在下崗待業尚未成爲社會普遍現象的當時，作爲一家之長，我所承受的經濟壓力、精神壓力與種種坎坷恐怕是一般人所難以想象與忍受的。

爲此，我窮而發憤，夜以繼日，賣文爲生，在待業的六年中，發表了一百多篇文章，還撰寫出版了《商君書·韓非子》（岳麓書社1990年版）、《白話搜神記》（岳麓書社1991年版）、《韓非子全譯》（貴州人民出版社1992年版）、《商君書全譯》（貴州人民出版社1993年版）、《吴越春秋全譯》（貴州人民出版社1993年版）、《〈論語〉〈孟子〉精華譯評》（中國旅遊出版社1993年版）、《〈韓非子〉精華譯評》（中國旅遊出版社1993年版）、《白話商君書》（岳麓書社1994年版）、《荀子譯注》（上海古籍出版社1995年版）。這些成果，雖然凝結着我身處逆境時的頑强、勤奮與心血，但我更要説的是，它們離不開出版界同仁的熱情幫助與大力支持。岳麓書社梅季坤先生等滿懷古道熱腸而鼎力相助的動人場景，一直浮現在我的眼前。正是他們的雪中送炭，點燃了我熬過嚴冬的希望，使我身處鐵屋之寂寞而仍然不覺得孤獨，從而支撐着我艱難而順利地度過了那黑暗而冷酷的六年待業時期，同時又奠定了我的學術研究基礎。這不能不令我感慨萬千而要在此深情地寫下這濃重的一筆，以便使他們的恩德能隨着拙著的流傳而永遠被歷史所銘記。

1995年，在空軍政治學院石柏年政委的幫助下，我終於結束了待業生涯而轉業至上海財經大學基礎教學部任講師，並於1996年任副教授。此

---

① 《孟子·告子下》："孟子曰：舜發於畎畝之中，傅説舉於版築之間，膠鬲舉於魚鹽之中，管夷吾舉於士，孫叔敖舉於海，百里奚舉於市。故天將降大任於是人也，必先苦其心志，勞其筋骨，餓其體膚，空乏其身行，拂亂其所爲，所以動心忍性，曾益其所不能。"中華書局1980年影印本《十三經注疏》，第2762頁。"空乏其身行"即"空其身、乏其行"，是使其身無分文、出行無資費的意思。傳統將"行"屬下讀，誤。參見拙文《〈孟子〉句讀探討一例》，載《語文學習》1986年第6期。

後雖然忙於教學工作，但寫書之興趣與動力猶存，故丹黃仍不絕於手，於是又有《曾鞏散文精選》(東方出版中心 1998 年版)、《潛夫論全譯》(貴州人民出版社 1999 年版) 等新作問世，還完成了《老子古本探賾正解》的初稿。

人的希望或欲望大概總會隨着適合其發展的條件而不斷發展。在 1986 年，發表一篇文章就已令我高興萬分。1990 年，出版一本書會令我激動好一陣子。在那個時候，哪會萌生出版論文集或著作集的奢望呢？然而，書寫得多了，也就有出版著述集的基礎與願望了。1998 年開始，我將出版《張覺述作集》的計劃寄給了不少出版社，但均未成功。這究竟是什麼原因，我一時也不清楚。直到我歷經磨難於 2002 年又一次申報教授職稱受挫後，我才稍微有所了悟——我非常珍視自己的著作，不過是犯了曹丕在《典論·論文》中所說的毛病："夫人善於自見……家有弊帚，享之千金。"① 這些古籍譯注之作在很多學者眼中其實算不了什麼學術成果。

聽說當時某評委認為我不夠教授資格，理由主要有三條：一是我的古籍譯注之作根本不能算學術成果，二是我出那麼多書不正常，三是我的論著涉及各個學科而在所申報的漢語言文字學方面的成果不突出。

沒想到我摒棄一切娛樂生活而夜以繼日地拼搏，只換到了一個否定。

當然，這種觀念也並非某評委所獨有。

在一些學者眼中，搞古籍譯注根本算不上學術研究，如今的社會科學課題或評獎中大多沒有古籍譯注的一席之地，即反映了這一學術觀念。有一位好心的老師曾勸我說："你還是去搞一點學術研究，別把精力浪費在這上面。"由此我深深地感悟到古代將文字訓詁之學稱為"小學"的道理——這種既夠不上"學術"又算不上"研究"的工作，何以不"小"呢？

至於著作多不正常，中國社科院鄧尉先生也說過："深圳有位學界朋友告訴筆者，一個 40 歲的人來求職，如果拿出三本專著來，你就趕緊打發他，肯定是騙子；如果拿出兩本專著來，你要懷疑；如果只拿出一本書，還可以看一看。——當然，他說的專著是有自己心得的研究成果。這話雖然有點極端，也不無道理。"② 量多者其質必不佳，而無須細看其內容。某評委大概也是以此"學術標準"來評判拙著的，他沒有把我當作騙子，已是夠幸運的了。

---

① 曹丕：《典論·論文》，中華書局 1977 年影印本《文選》，第 720 頁。
② 鄧尉：《怪現象：70 個教師 68 個教授》，載《社會科學報》2001 年 10 月 25 日，第 6 版。

再者，在我們這個學科分類越來越細的"專家"時代，教授應該是某一研究領域的專家，文史哲兼顧只能被認爲是雜而不專，這也已經是評委們普遍認可的評審準則而不再是笑話了，所以我研究面太廣而受非議也在情理之中。

當然，在職稱評審時，我沒有申訴的權利；即使有申訴的權利，也是"道不同，不相爲謀"①，有什麽可説的呢！我的大部分著作，從其雅俗共賞的基調中就可以看出，它們本來就是爲廣大讀者寫的，而並不是爲少數學界名流寫的，非要這些專家認可幹嗎？誠如王家範先生所説："一個以科研爲生命樂趣的人，在人文學科中尋求自身價值的人，大可以領悟禪家的態度，不必把這些看得太重。須知，參透了，必要別人承認何爲？"②

孔子曰："邦有道，貧且賤焉，恥也；邦無道，富且貴焉，恥也。"③生活在一個"尊重知識、尊重人才"的時代，我則永遠處於"窮而後工"的寫作逆境之中而始終未"富且貴"，當然要忍受這恥辱而不能全怪罪上司。但是，我還是執"迷"不悟，仍然埋頭於古籍彙校注疏之中而不去逢迎領導以獵取名利，因爲阿諛逢迎趨炎附勢雖然可獲得現時之大利，但從總體上來考量，我還不如保持自己固有的正直品性、寫出一些必傳之作更能實現自己的人生價值。一個人總要爲自己的所愛付出代價，所以我坦然接受種種冷酷而毫無悔意。對於注重精神世界的知識分子來説，最值得告慰的應該是歷史的評判——世界上最無情而又最公正的審判。歷史絶不會向權貴諂媚，它既不會因爲你從社會上得到了什麽就瞻仰你，也不會因爲你失去了什麽而鄙視你，而只會因爲你給社會貢獻了有價值的東西而尊重你。敝帚自珍也罷，自尊自重也罷，我堅信我的著作絶不會像那些通過錢權交易而發表的"權威成果"那樣曇花一現，它們是有生命力的，它們終究會贏得社會的認可而久傳不衰，除非中國的傳統文化被徹底消滅了。荀子説過："好士而榮。"④反言之，則"不好士者辱"。隨着拙著的流傳，榮或辱自會分配給那些肯定或否定我學術貢獻的人。

慶幸的是，我的古籍譯注之作也並非沒有肯定者，它們也曾受到廣大

---

① 《論語·衞靈公》，中華書局1980年影印本《十三經注疏》，第2518頁。
② 王家範：《專家成見也可無意"殺人"》，載《社會科學報》2001年10月25日，第6版。
③ 《論語·泰伯》，中華書局1980年影印本《十三經注疏》，第2487頁。
④ 《荀子·君道篇》，中華書局1988年版《荀子集解》，第236頁。

讀者乃至一些專家的青睞與讚賞，因而往往一版再版。拙著在大陸與臺灣出版後，各地讀者紛紛來信，認爲它們具有很高的學術價值，不同於一般的古籍譯注本，爲研究古代哲學、史學乃至文學者所必讀。南京大學一級教授兼國家古籍整理出版規劃小組顧問程千帆先生曾來信説："譯注雅見功力，可寶也。"[①] 臺灣輔仁大學哲學系丁原植教授也來電作了高度讚揚。挪威科學院院士、奥斯陸大學東歐東方系教授何莫邪（Christoph Harbsmeier）認爲《韓非子全譯》是所有《韓非子》注譯本中最好的一種，因而將它用作英譯《韓非子》的底本。截至 2020 年 9 月，以古籍譯注爲主的拙著，累計印數已達 538720 部，這充分説明拙著還是有讀者的。

即使從學術的角度來考察，我以爲我的工作也不乏學術價值。由於古今語言與文物典章等方面的差異，因而要使中國古代燦爛輝煌的文化典籍不再死躺在藏書室之中而能"活着"流傳下去，使它成爲當今乃至將來中華文化建設的豐富資源，就必須首先做好其校點譯注工作。古人將文字訓詁之學稱爲"小學"，其雖"小"却還是一門"學"，而治此"學"者也還有不少被稱爲"大師"的，可見這"小"之"學"中也自有大學問，認爲它不是"學術研究"實爲一種偏見。就是對古籍今譯提出過嚴厲批評的高嚴先生也曾説："古文今譯是一門大學問，非淺識末學者所能勝任。在一定意義上説，它是古籍整理研究的最高形式，只有當版本、目録、音韻、訓詁、校勘、考訂、語法、斷句、標點的功夫都用到之後，方可談今譯；不僅如此，它還要求譯者有相當好的現代語文水平，如果讀者對象是兒童，還要掌握兒童語言的特點。正是如此，即使飽學之士，在古文今譯任務面前，尚'戰戰兢兢，如履薄冰'。魯迅先生在《且介亭雜文二集·題未定草》曾這樣説過：'我向來總以爲翻譯比創作容易，因爲至少是無須構想。但到真的一譯，就會遇到難關，譬如一個名詞或動詞，寫不出，創作時候可以回避，翻譯上却不成，也還得想，一直弄到頭昏眼花……'這段話既適用外文翻譯，也適用古文今譯，充分説明，這是一項不好對付的學問，如果學無根底，是不可草率從事的！"[②] 高嚴先生與那些一味鄙視古籍譯注的學界名流相比，其學術眼光恐怕要高明一大截。因爲高先生雖然嚴厲地指責"今譯十弊"，但對今譯工作並無偏見，而能實事求是地肯定

---

① 張覺：《程千帆師書信三札》，載《中國社會科學報》2010 年 7 月 22 日，第 17 版。
② 高嚴：《今譯十弊》，載《光明日報》1992 年 4 月 26 日，第 3 版。

它的學術地位。誠然，清代學者杭世駿早就說過："作者不易，箋疏家尤難。何也？作者以才爲主，而輔之以學，興到筆隨，第抽其平日之腹笥，而縱橫曼衍，以極其所至，不必沾沾獺祭也。爲之箋與疏者，必語語核其指歸，而意象乃明；必字字還其根據，而證佐乃確。才不必言，夫必有什倍於作者之卷軸，而後可以從事焉。"① 這些言論，實在應該讓那些對古籍譯注不屑一顧的學界名流好好看看。

可惜的是，古籍譯注之作如今在一些學術部門中不算學術成果，於是一些專家教授因其是件吃力不討好的事而不屑爲，而一些"學無根底"的人也不把它當作學術研究來從事，只是以混稿費的態度去搞古籍譯注，結果也就產生出品質低劣的古籍譯注本而爲衆人所指責。對此，高嚴先生曾指出"今譯十弊"："出版無統籌，一書有數譯，一弊；版本不求善，率爾而操觚，二弊；考校不用功，將錯而譯錯，三弊；學問不到家，譯錯不知錯，四弊；主編不統稿，前後相矛盾，五弊；選譯無標準，避難而趨易，六弊；文字素養差，生澀又費解，七弊；翻譯不到位，半白夾半文，八弊；風格不統一，忠實原著難，九弊；不求信達雅，外行充內行，十弊。"② 這種種弊端，敗壞了古籍譯注的聲譽，使古籍譯注名聲掃地，從而玷污了其中的佳作。這是一件很可悲的事。

另一件可悲的事，則是人們所說的：現在已進入了讀圖時代，青少年喜歡看的是配圖的"文化快餐"。如果真是這樣，則長此以往，中國古代豐富的文化寶藏將被埋没而無人問津，或只能任憑那些學術騙子信口開河，嘩衆取寵。這種學風實在令人擔憂，但願將來會有所改觀。

出於信念與愛好，我並沒有因爲學界對古籍譯注的指責與某些評委對拙著的否定以及青少年學風的轉向而有所動搖，而仍然潛心於我所鍾愛的古籍彙校注疏工作。

張之洞說："讀書不知要領，勞而無功；知某書宜讀而不得精校精注本，事倍功半。"③ 綜觀當今流行之典籍，精校之本不多。如陳奇猷的《韓

---

① 杭世駿：《道古堂文集》卷八《李太白集輯注序》，上海古籍出版社 2002 年版《續修四庫全書》1426 册，第 278 頁。
② 高嚴：《今譯十弊》，載《光明日報》1992 年 4 月 26 日，第 3 版。
③ 張之洞：《書目答問·略例》，中華書局 1963 年版《書目答問補正》，第 3 頁。

非子集釋》①與《韓非子新校注》②，朱師轍的《商君書解詁》③，高亨的《商君書注譯》④，均利用第二手乃至第三手材料編著而成，以致以訛傳訛，貽誤無窮。有鑒於此，我立志重振古籍譯注之學術風範，注重學術考校，寫出帶有學術研究味道的、嚴謹而又具有較高質量的古籍彙校注疏本。我想，做到了這一點，就一定能獲得廣大讀者的普遍認可，從而使自己的著作流傳不衰。因此，我一直沒去迎合當代專家評委們根據其癖好所擬定的"課題指南"寫一些不能流傳於世的"專著"以獵取名利，而仍然堅持不懈，決定傾注更大的精力與財力，將以往的著作，特別是古籍譯注之作，作一次全面詳盡的考校修訂，在以往譯注的基礎上進一步彙校善本，以便使拙著成爲兼具資料性、權威性、學術性、通俗性的經典，並彙編爲《述作集》逐漸推出，供認可拙著的讀者使用。

我出版《述作集》的總體目標是：弘揚求真務實的漢學傳統，力求內容形式的博雅完美，打造一絲不苟的文化經典和傳世精品，以便使拙著成爲今後研究《韓非子》《商君書》《吳越春秋》《潛夫論》《老子》《論語》《孟子》《搜神記》等傳統經典及其他相關領域（如語言文字學、文學等）時不可不讀的權威典籍而經久不衰。《周易·繫辭下》曰："《易》，窮則變，變則通，通則久。"⑤我在單位常不遇可謂之"窮"，轉而致力於著述可謂之"變"，研究時涉獵多個領域可謂之"通"，著述歷經三十年而流傳之勢不減可謂之"久"，正可謂窮則思變變而通，通則久傳有何窮？拙著既合《易》道，亦當如《易》而久傳，這是我的心願，也是令我頗感欣慰的地方。我堅信，撰寫出版這些彙校注疏之作，對於弘揚中華文化與便利廣大讀者來說，會像《十三經注疏》那樣具有永久性的學術價值。當然，學術乃天下之公器，真正的學術成果要經得起歷史的考驗，真正的學術評判也要經得起歷史的檢驗。拙著的優劣，我學術水平的高下，乃至評審專家與領導們對我學術成就褒貶的是非得失，最終還得由廣大讀者乃至後代

---

① 該書於 1958 年由中華書局上海編輯所出版。
② 該書於 2000 年由上海古籍出版社出版。
③ 該書於 1921 年由上海廣益書局刊行。後來作者重加增訂，改名爲《商君書解詁定本》，在 1948 年納入《國立中山大學叢書》由中山大學出版組出版，1956 年古籍出版社又據廣州本重排出版。
④ 該書於 1974 年由中華書局出版。
⑤ 《周易·繫辭下》，中華書局 1980 年影印本《十三經注疏》，第 86 頁。

子孫説了算①。

　從 2011 年 2 月 22 日我在江宜玲女士的鼎力支持下與知識產權出版社簽訂《韓非子校疏析論》出版合同起，出版《張覺述作集》的夙願開始成爲現實，這當然是值得慶倖的。在此，我首先要向此前慷慨解囊而購置拙著的五十餘萬讀者致以衷心的謝意，並希望繼續得到更多讀者的青睞與支持，因爲經驗告訴我，我這種沒有權勢支撐而處於"學術圈"之外的"草根學者"的學術生命②，在過去或現在，主要還是靠廣大讀者維持着，而不可能依靠單位的經濟實力去支撐。在將來，應該也是如此。這《述作集》的出版，如果沒有廣大讀者的熱愛支持與慷慨解囊，也將會難以爲繼。

　當然，我也永遠不會忘記我祖父張瑞良（1902～1972）、祖母俞秀英（1909～1989）、父親張永泉（1930～）、母親林月娥（1929～）、叔父張永奎（1939～）的養育啓蒙之恩與程千帆（1913～2000）、周斌武（1924～2014）等教授的精心栽培之德，如果沒有他們的培養，就沒有我的才學與成果。同樣，我也不會忘記章培恒、嚴佐之等教授對我古籍整理工作的熱情支持，不會忘記梅季坤（岳麓書社）、李立樸（貴州人民出版社）、倪臘松（貴州人民出版社）、李大鈞（中國旅遊出版社）、金良年（上海古籍出版社）、褚贛生（東方出版中心）、宋啓發（黃山書社）、徐文堪（漢語大詞典出版社）、吕健（上海古籍出版社）、曾德明（岳麓書社）、鄭明寶（上海古籍出版社）、江宜玲（知識產權出版社）、馬美著（岳麓書社）、劉文（岳麓書社）、陳文韜（岳麓書社）、陳麗娟（上海古籍出版社）、李亭（南京大學出版社）等出版界朋友先後傾注的厚愛之情以及吳格、劉一萍、郭立暄、龔潔榮、羊凱江、李文濤等先生在圖書資料方面的相助之力，如果沒有他們的熱情幫助，我也不可能有這麼多逐步積累而内容豐富的著作問世。還有，我也不會忘記我校科研處陳正良、干春暉、劉月波、靳玉英、趙赫等老師先後在科研資助和項目申報方面的鼎力

---

① 張覺：《學術評判標準隨感録》，載《中國社會科學報》2014 年 5 月 7 日，第 A05 版。
② 羅時進在《去除競爭性科研的幻影光圈》一文中説："當學術權力得到部分回歸後，用學術思維、學術方式、學術標準管理科研的期待並不能完全實現，某些具有學術影響力者以'熟人社會'的處世行事態度介入各種學術性活動，包括科研立項，經費分配，成果驗收，評獎鑒定，無不施其影響，如此則部分學科和學者資源累進，利益疊加，而弱勢科研群體，即使具有精英素質，其學術表達和發展的空間也被大大壓縮。"（羅文載《社會科學報》2012 年 12 月 6 日第 5 版）我所謂的"草根學者"，恐怕是"弱勢科研群體"中的主要組成部分。

支持，不會忘記教育部考試中心陳睿、我校研究生院朱君萍等領導在工作方面的分外照顧以及朋友姜漢椿先生的熱情幫助。

此外，我的同事龔敏，博士研究生黃吉輝，碩士研究生尤婷婷、馬靜、付雲鵬、呂佳、鄭興蘭、張曉曄等也曾參與過部分工作，特此說明。

總之，我謹將這《述作集》奉獻給一切愛我的讀者、親人、師長、朋友、領導、學生，並借此機會向他們致以由衷的感謝與誠摯的祝福。

但願拙著因品質之有益於讀者而流傳久遠，從而使我的感謝與祝福也與日俱增，使後人能永遠銘記愛我者的恩德，這便是我最大的幸福了。

在十年的《述作集》出版過程中，我漸漸認識到，過去熔考校注譯於一爐的編著原則實不利於《述作集》的流布。因爲一般讀者只需瞭解古代典籍的大致內容，篇幅甚大的彙校與學術考辨只適合研究者而不適合爲數衆多的一般讀者，所以過去銷售量較大的拙著主要還是古籍譯注之作，而注重考校的古籍校注之作這種以往的常銷書在當今已成爲所謂"有學術價值而無出版價值"的冷門書，因而連一些專門出版古籍的出版社也往往不願意出版。爲了使《述作集》擁有更多的讀者以利出版，我必須調整編著原則與出版書目，在注重學術性的前提下，將有助於學術研究的彙校考辨之作與有助於典籍普及的譯注之作分別出版。如將《韓非子校疏析論》分爲繁體字本《韓非子彙校集解》（將由上海古籍出版社出版）與簡體字本《韓非子全譯析論》，將《商君書校疏》分爲繁體字本《商君書彙校集解》（將由上海古籍出版社出版）與簡體字本《商君書譯注》（將由上海古籍出版社出版），將《吳越春秋校證注疏》分爲繁體字本《吳越春秋校注輯證》與簡體字本《吳越春秋譯注》，如此等等。這樣，既能滿足學術研究者和一般讀者的不同需要，又能用譯注之作的收益來支撐彙校考辨之作的出版。同時，爲了加快《述作集》的出版速度，我必須改變過去由一家出版社出版的思路，應該爭取與多家出版社合作。幸天不喪斯文，在知識產權出版社的出版告一段落之後，我又得到了岳麓書社的大力援助，接著又得到了南京大學出版社的熱情支持。我想，進入二十年代後，《述作集》的出版應該能別開生面而進入一個新的發展階段，但願我編著原則的調整和出版思路的改變能爲《述作集》的擴展產生成效。

如果說，我三十年前下崗待業後賣文爲生是"文化搭臺，經濟唱戲"的話，那麼現在退休後專心著述便可以說是"經濟搭臺，文化唱戲"了。前者的目標是經濟，是利用文化以獲取經濟利益；後者的目標則是文化，是利用已有的經濟基礎打造文化精品。目標不同，結果也往往會不一樣。當時我爲了生計而欲求賣文不已，所以也曾盡力製作精品以便招徠讀者而不斷獲取稿酬，但畢竟沒有像現在這樣衣食無憂，以至於不求稿酬而只求拙著傳世，乃至不惜工本地投入大量的精力、物力而從容著述。在當時，爲了維持經濟生活而寫書雖然也在情理之中，但現在看來，財富等物質的東西與文化相比是多麼地微不足道，只有打造經典才能使自己具有不朽的生命力。有鑒於此，我懇切地希望讀者對拙著中的不當謬誤之處多加批評指正，以使拙著不斷完善而成爲學習與研究中國文化者所必備的要籍。

最後，附自題二首[①]，以與同道者共勉。

早年心慕高校潔，豈料身陷淨土黑。
自古聖賢盡貧賤，何況我輩孤且直。

貧而無諂常落寞，窮且發憤勤述作。
笑看有司皆走肉，傾心拙著寄寥廓。

是爲序。

張　覺

1998 年 5 月 29 日初稿於滬上五角場寓所
2008 年 6 月 23 日再稿於滬上四平路金軒
2011 年 9 月 21 日三稿於南翔芳林路院邸
2020 年 9 月 25 日四稿於密雲區溪翁山莊
2020 年 11 月 6 日定稿於太倉茜涇村寒舍

---

① 我在臺灣古籍出版社 1996 年出版的《韓非子》之後記中說："憶及魯迅有《自嘲》詩云：'運交華蓋欲何求，未敢翻身已碰頭。破帽遮顏過鬧市，漏船載酒泛中流。橫眉冷對千夫指，俯首甘爲孺子牛。躲進小樓成一統，管它冬夏與春秋。'甚似爲僕爲之。"但仔細一想，並不十分貼切，故於 2012 年 1 月 15 日另作此二首，詩成於松江泖港鎮黄橋村浦江源溫泉農莊。

前　言

　　要研究中國文化，必須瞭解先秦的思想，那就必須閱讀先秦諸子的重要著作，當然也必須閱讀《老子》，這可能已是所有研究中國文化的著名學者的共識了吧。例如，著名的思想文化史研究專家蔡尚思教授說："世界思想文化史無論分爲印度、中國、西洋三大支，或東方、西方兩大支，中國都是其中一大支的重要代表。而中國思想文化史上的許多祖師，幾乎都屬於先秦諸子。先秦時期，是中國思想文化史的重要開端，是中國思想文化史上極其輝煌燦爛的時期。先秦諸子或著書立說，或培育學子，百家爭鳴，各抒己見，爲中國思想文化的發展作出了重大的貢獻。先秦時期的思想文化，無論其內容、形式和學風，都對秦、漢以後的中國思想文化產生了深遠的影響。可以認爲：不研究先秦諸子，就無法瞭解中國古代的思想文化；同樣，不研究先秦諸子，也無法真正地瞭解中國近現代的思想文化。不僅如此，要研究世界思想文化史，也必須對先秦諸子下一番功夫。"[①] 即使是國外的學者，也不例外。例如，美國著名漢學家史華慈被譽爲"西方所產生的最具洞見和最爲淵博的"中國思想史專家[②]，他對中國進行了半個多世紀的深入研究後發現："如果你想瞭解任何關於中國的思想，你都得去瞭解先秦的思想。"[③]

　　眾所周知，中國傳統文化可謂博大精深，而究其主流，儒、道、法三家而已。孔子以外，老子思想之影響實無與倫比，連法家思想之集大成者韓非也傾心於老子學說，更不要說道家學派的人物了。自漢初倡黃老之學，老子的地位日益增高。北宋大中祥符六年（1013），老子竟被朝廷尊爲"太上老君混元上德皇帝"，老子對中國社會影響之大由此可見一斑。因此，不透徹準確地瞭解老子的思想，也就不能深切地領會中國傳統文化之要旨；而要透徹準確地瞭解老子的思想，首先必須徹底弄清《老子》之文的真正涵義，準確洞悉其玄妙之理。

---

　　① 見蔡尚思 1986 年元旦所寫的《影印〈諸子集成〉前言》，載上海書店出版社 1986 年影印世界書局本《諸子集成》第一冊。
　　② 見《社會科學報》2007 年 3 月 8 日第 1 版編者按對史華慈的介紹。
　　③ 劉夢溪：《史華慈：最後發表的思想》，載《社會科學報》2007 年 3 月 8 日，第 6 版。

老子，姓李，名耳，字聃，號伯陽，春秋後期楚國苦縣厲鄉曲仁里人①，與孔子同時而年長於孔子，孔子曾問禮於老子。傳說他活了一百六十多歲，所以後人尊稱他爲"老子"或"老聃"。他曾任周王朝史官，後見周王朝衰微而棄官歸隱，過函谷關時，因關令之邀請而著書五千餘字②，後人編爲《老子》一書。其事蹟載《史記·老莊申韓列傳》，但語焉不詳。漢代有人認爲老子是指與孔子同時代的老萊子，或是指戰國時期與秦獻公同時代的太史儋（在孔子死後一百多年）③，但從《莊子》《韓非子》等先秦典籍的記載來看，這些說法實難成立。《老子》是否爲老聃所作，歷來也有異議，但未成爲公論，大多數學者還是認爲該書爲老聃所作。

誠然，世傳《老子》雖然在老子後學的傳授過程中有所增益潤色，但其主體應該出於老子之手，且成書於春秋末年。有人認爲《老子》是老子的追隨者根據老子的學說發揮補充而成，成書於戰國時期，此論似未允當，因爲其論據缺乏可信度。如有人提出了兩個論據：一是稅制起於魯宣公十五年（公元前594年）的"初稅畝"，推廣到全國需要相當長的時間而一定在戰國時期，《老子》第七十五章說到"食稅"，說明該書不可能寫成於戰國之前。誠然，魯國"初稅畝"不能等同於周代"初稅畝"，且魯宣公並非周天子，也根本無權推廣此法。退一步說，此法即使由魯國推廣到他國，也不需要一百多年的時間，春秋末年其他諸侯國完全有可能已實行稅制，老子爲什麼不能在春秋末年說"食稅"呢？二是帛書《老子》有"萬乘之王"（通行本第二十六章作"萬乘之主"），而諸侯稱王在戰國時期，所以《老子》不可能產生於戰國之前。誠然，春秋之時諸侯稱王者不少（見《史記》中的《吳太伯世家》和《楚世家》），更何況這"萬乘之王"是指周天子而言，老子爲什麼不能在春秋末年稱周天子爲"王"呢？總之，認爲《老子》成書於戰國時期的種種考證實屬臆測，不足憑信。

老子創造了"道"的學說，所以後人稱他爲道家學派的創始人，《老子》一書也成了世所公認的道家學說的奠基之作和至要經典。該書因被後學分爲"道篇"與"德篇"，並被尊爲經，所以又名《道德經》。唐玄宗天寶年間號老子爲真人，故其書又名《道德真經》。老子所說的"道"，是他假設出來的一個抽象的哲學概念，不能實證，所以現代的學者往往把老子

---

① 苦縣厲鄉曲仁里：在今河南省鹿邑縣東，楚國吞併該地前，此鄉里屬陳國。
② 關令：守關之官，亦稱關尹，其人名喜，故又稱尹喜。
③ 見《史記·老莊申韓列傳》，世界書局1935年影印本《四史》，第367頁。

的哲學扣上客觀唯心主義的帽子。其實，老子所說的"道"，雖然是"無物"，但他所謂的"無物"，只是指無法感覺之物而已，而不是指沒有物，它歸根結底是一種產生天地萬物的"物"。這就像他所說的"無狀之狀，無物之象"一樣，所謂的"無狀""無物"只是指"視之不見""聽之不聞""搏之不得"（即無法感覺其形、聲、體）而已，歸根結底它還是一種"狀"，還是一種"象"。因此，老子的"道"雖然只是一種假想物，但說他的哲學是唯心主義的顯然不當。人們又常常非議老子的復古傾向。其實，老子的復古傾向只是一種批判現實的手段，其真正的政治目的是要推行無爲而治，而他提倡無爲而治，實是在反對強權政治而已。

由於《老子》之影響縱貫古今，遍及中外，至深至廣，故兩千多年來研究者不可勝數，但由於其義理玄妙，所以古今解釋《老子》之作雖然汗牛充棟而不乏佳作，然不解、臆解、誤解、曲解乃至妄改原文者亦往往有之，至今猶然。有鑒於此，故吾不揣愚陋，決意另作新釋，欲立足於會通古訓、以《老》解《老》，致力於探賾索隱、糾正紕繆，於是焚膏繼晷，將其文往復觀照，反覆抽繹，且披覽多家注譯，甄別其是非優劣，採撷古今之精解善說，辨正流行之曲說謬解，字斟句酌，春秋二度，始克蕆事。其原文以傅奕校定之《道德經古本》爲主而校以他本，雖爲便於閱讀而使用後代楷體漢字，但力求儘可能地恢復《老子》古本之內容，探明其幽深之本意真諦，正確詮解其文句，故題爲"老子古本探賾正解"。讀者閱讀本書時將會明顯地感覺到其解釋與古今學者的理解有不少差異，特別是對"道""一""有""無"等重要概念的理解，我與當代學者存在着較大的分歧。孰得孰失，我想讀者在比較中自能鑒別。當然，《老子》之意蘊玄之又玄，故其書向稱難讀，筆者才疏學淺，雖潛心鑽研，然管窺蠡測，失誤難免。加之原草稿用簡體字書寫而較爲潦草，其後之文字輸入又出於衆手而疏誤不少，今雖將全稿通校數遍，又將其中引文再次覆覈，但校對煩雜，難免紕漏。學術乃天下之公器，治學者理應虛懷若谷，從善如流，精益求精。今將本書公之於世以就正有道，其不當之處尚望讀者多多賜正，凡發矇解惑，雖片言隻語，亦不勝感荷焉。

在此還要說明的是，本書整理時也頗有煩惱遺憾之處。如標有引號而相連的詞語，其間如果是非並列關係，則應該連讀而不能用頓號點開；如果是並列關係，則宜用頓號點開以表示其間爲並列關係而稍作停頓。但是，由北京大學沈陽等起草的最新國家標準《標點符號用法》（GB/T

15834—2011）4.5.3.5 條却規定"標有引號的並列成分之間"不用頓號，這樣，標有引號而相連的詞語之間究竟是非並列關係還是並列關係就不能憑藉頓號加以區別了。爲了顧及這一不合理的標準，我在書中儘可能地省去標有引號的並列成分之間的頓號，以免那些死板地奉行此國家標準的質檢者誤判本書的差錯率超標。但是，這樣一來，標有引號而相連的詞語之間是非並列關係還是並列關係就只能由讀者仔細辨析來加以區別了，所以在此特提請讀者在閱讀本書時對此細加甄別。如果本書的出版在 2012 年 6 月 1 日此新標準實施之前，就可以根據以前的標準"GB/T 15834—1995"在並列成分之間加上頓號而不留此缺憾，但盡善盡美之事似乎總是很難得的，故尚望讀者鑒諒。

《老子》之文，玄妙深奧，語頗雋永，不但包含豐富深奧的哲學思想，而且簡約有韻，宛若富有哲理的散文詩，值得深入發掘，多方探討。現限於篇幅，故綴此短文聊作前言，他日若有機會，當再作進一步探究以饗讀者。

張　覺

1999 年 3 月 26 日初稿於上海五角場寓所
2020 年 9 月 28 日定稿於密雲區溪翁山莊

凡 例

一、原文文字

《老子》一書，自古以來版本衆多，其原文文字歧異不少。究竟哪一種本子能體現其原貌而值得作爲底本，前人衆説紛紜，莫衷一是。過去的《老子》校注者大都宗奉王弼注本，而朱謙之則認爲河上公注本較王弼注本爲古，而唐代景龍二年（公元 708 年）所刻的易州龍興觀《道德經碑》則是流傳至今最古的舊本，因而將它作爲底本（參見朱謙之《老子校釋·序文》）。當然，清末在敦煌發現的六朝及唐代寫本殘卷顯然更古，只是因其殘缺不全而難以作爲底本罷了。1973 年 12 月，長沙馬王堆三號漢墓出土了較爲完整的帛書《老子》，它無疑給我們提供了更古的抄本，從而使敦煌本及景龍碑本相形失色。1993 年在湖北省荆門市沙洋縣紀山鎮郭店村發掘郭店一號墓時，又出土了戰國中期的楚國竹簡八百餘枚，其中有《老子》書，這可以説是今日所能見到的最古的《老子》抄本了。但是，竹簡殘缺而釋文頗有異説，帛書雖然早有釋文行世，也因缺文、誤字、通假字太多而不宜作爲當今閱讀的底本。至於景龍碑本，只要校一下帛書本就可知道其非古亦非善。爲此，本書乃以接近於帛書本而又便於現代讀者閱讀的唐代太史令傅奕校定的《道德經古本》爲底本（指文物出版社等影印的《道藏》本，簡稱傅奕本，今人都誤稱此本爲"道德經古本篇"，今考該本《道經古本篇上》終了有"篇上終"三字，可知"篇上""篇下"相當於"卷上""卷下"，"篇"字不當歸入書名），同時又用馬王堆漢墓出土之帛書甲本和乙本（文物出版社所印圖版）及郭店楚墓出土之竹簡本（文物出版社所印圖版）、河上公章句《道德經》（包括《道藏》本、《四部叢刊》本）、嚴遵《道德真經指歸》、王弼《道德真經註》等進行彙校，並稍取《韓非子·解老》所引《老子》之文加以校正，以便使本書的原文文字既能反映《老子》古本之內容，又適合於今人閱讀。凡校改訂正之處，必有所據，並在注釋中説明傅奕本的原文及校改的依據。至於原文可能有誤而無版本依據的地方，則一律不加改動，而僅在注釋中説明前人或自己的研究成果，以免妄改古書之弊。至於字體，也仿照傅奕本使用楷體以便閱讀。

二、篇次、篇題

《老子》一書，傅奕校定本分爲上、下兩篇，分別題爲"道經古本篇上""德經古本篇下"。還有其他一些注本，如河上公注本、王弼注本及後世的各種注本也都是《道經》在前而《德經》在後。然而，《韓非子·解老》在解釋《老子》時，却先解釋《德》的內容，然後解釋《道》的內容。馬王堆出土的漢初兩種帛書本，也是《德》在前而《道》在後。還有漢代嚴遵（字君平）的《道德真經指歸》一書，現在只剩下《德經》部分，後人將它編爲卷七至卷十三，將所佚的《道經》部分當作卷一至卷六，似乎該書已是《道經》在前而《德經》在後，但這其實是後人的誤解、誤編，因爲該書的《君平說二經目》云："上經四十而更始"，"下經三十有二而終矣"。今考其所存《德經》部分正分爲四十章，可見嚴遵原書是以《德經》爲"上經"、《道經》爲"下經"。由此看來，西漢以前的《老子》古本，應該是《德》在前而《道》在後。傅奕校定的篇次，實囿於後世之通行本而未能恢復古本原貌。所以，本書雖以傅奕校定本爲底本，但上下篇的次序則依《韓非子·解老》、帛書本、嚴遵本，將《德》篇置於前，將《道》篇置於後，以便更好地體現《老子》一書的古本原貌。至於篇題，雖然流傳至今的本子大多稱爲"道經""德經"，但《韓非子》之篇題題爲"解老""喻老"，顯然是將《老子》當作子書而非經書。馬王堆漢墓出土的漢初帛書本也不稱"經"，其中甲本無題，可見《老子》古本本無篇題，所以《史記·老莊申韓列傳》也只是說："老子廼著書上下篇，言道德之意。"彭耜《道德真經集注·雜說卷下》引黃茂材曰："道與德雖有二名，實相爲用，不可離也。今世學者乃分上經爲道、下經爲德，甚非作書之旨。"其說與《史記》合，甚得《老子》之旨。不過，帛書乙本已在兩篇之末分別標明"德""道"，這可能是爲了便於稱說其上下篇而擬的篇題，其實並不能概括每篇的內容。總之，傅奕將篇題定爲"道經""德經"，實是囿於後世通行本而作的誤題，並不合乎《老子》古本原貌。今據《史記》之說及《老子》帛書乙本，並參照傅奕本的篇題，定其篇名爲"德篇上"和"道篇下"，以便既便於稱說，又儘量體現《老子》古本面貌。只是古書的篇題題在每篇之末，不合今人閱讀習慣，所以今將篇題移至篇首。

三、章名、章次

《老子》一書，傅奕校定本分爲八十一章，即《道經》三十七章，《德經》四十四章，並在每章末標明"第×章"；河上公注本則分別給八十一章題了章名，如"體道第一""養身第二"等；唐玄宗注本則依每章開頭的文字分別給八十一章另題了章名，如"道可道章第一""天下皆知章第二"等。彭耜《道德真經集注·雜説卷下》引劉清源《道德經通論序》曰："老子之言道德，偶從關令之請，矢口而言，肆筆而成書，未嘗分爲九九章也。後人分爲上下二卷以象兩儀之妙用，九九八十一章以應太陽之極數。"又引黄茂材曰："《易》六十四卦，八八之數也。老子之書八十一章，九九之數也。老子與《易》相爲表裏。"由此可見，《老子》分爲八十一章乃出於後人的附會，並非自古而然。《道藏》所載漢代嚴遵的《道德真經指歸》一書，其分章便與後世不同，書中的《君平説二經目》云："上經配天，下經配地。陰道八，陽道九，以陰行陽，故七十又二首；以陽行陰，故分爲上下；以五行八，故上經四十而更始；以四行八，故下經三十有二而終矣。"他將上經《德》分爲四十章、下經《道》分爲三十二章，共七十二章，觀其分章之理由，仍爲陰陽家之附會，故亦非古，但該書不在每章標明"第×章"，也無章名，則合乎古貌。從帛書《老子》來看，古代《老子》一書的分章並不明確（帛書甲本偶有分節的墨點），更無"第×章"之類的文字，所以《老子》古本不應有章名。現爲了便於與後世通行本相對照，所以參照傅奕本分爲八十一節，標以第一節、第二節、第三節等等，以與通行本之第×章相别（在注釋中，爲了便於一般讀者，所以引文時一般仍據習慣使用傳統之章次），同時注明傅奕本的章次、河上公注本及唐玄宗注本（指唐玄宗御注《道德真經》。至於唐玄宗御製《道德真經疏》之章名則有所不同，今在每節【提要述評】中將其不同處分别注明，稱"唐玄宗御製本"）的章名，以供讀者參考。至於後世其他注本的章次、章名，大都出入於這三者之間，故不贅列。至於章節次序，則依帛書《老子》排列，以體現《老子》古本面貌。

四、原文字數

有人認爲，《老子》傳本中，字數少的爲古本，字數多的爲後人所改，以爲四千九百九十九字的敦煌本才是古本，五千三百二字的古寫本以及傅奕本等文辭蔓衍而並非舊本，不足以爲定本（見朱謙之《老子校釋·序文》）。此言實非。彭耜《道德真經集注·雜説卷下》引謝守灝《老君實錄》云："《道德經》，唐傅奕考覈衆本，勘數其字云：項羽妾本，齊武平五年彭城人開項羽妾塚得之；安丘望之本，魏太和中道士寇謙之得之；河上丈人本，齊處士仇嶽傳之。三家本有五千七百二十二字，與韓非《喻老》相參。又洛陽有官本，五千六百三十五字。王弼本有五千六百八十三字，或五千六百一十字。河上公本有五千三百五十五字，或五千五百九十字。并諸家之注，多少參差。然歷年既久，各信所傳，或以佗本相參，故舛戾不一。《史記》司馬遷云：'老子著書，言道德之意，五千餘言。'但不滿六千，則是五千餘矣。今道家相傳，謂《老子》爲五千文，蓋舉其全數也。"今傅奕校定本每章各標明字數，合計《道經》二千四百八十字，《德經》三千零七十六字，共五千五百五十六字。帛書甲本並不標明字數，乙本則云"德三千卌一"，"道二千四百廿六"，共五千四百六十七字，而其實際文字却還要多一些。由此可見，《老子》各傳本的字數向來不一。《顏氏家訓·書證》云：" '也'是語已及助句之辭，文籍備有之矣，河北經傳悉略此字。……又有俗學，聞經傳中時須'也'字，輒以意加之。"由此可知，後人或略之，或加之，增損無常，實難以其字數之多少來論定其古否，故今不以字數之多少論優劣，而僅根據各種版本重加校定，並依傅奕本在每章末注明。凡與傅奕本字數不同的，則於注釋中說明之。

五、提要述評

《老子》一書，義蘊深厚。自古以來，說者見仁見智，理解各異，若分別引述評介，頗嫌繁雜，所以本書每節的提要述評，僅根據我個人的體會來概括闡明其義蘊，旨在便利讀者理解《老子》原文。其說雖力求合乎老子的思想以還《老子》一書的本來面目，但並不想强人就範。讀者自可將此與別人的說解對照閱讀，以便在比較中鑒別其是非優劣。至於本書之注釋、義疏，亦可作如是觀。

六、注釋探賾

前人於古書之歧說謬解，《老子》一書可謂甚矣。若一一臚列而加辨正，則筆墨必繁而徒耗讀者時光，故本書注釋遵循"博說反約"的原則，不廣徵博引，而以本人對《老子》的理解爲主。在此須說明的是，《老子》一書行文簡古，義蘊深奥，本已難懂，而自古以來解《老子》者，又往往以自己的思想亂加發揮，有的甚至全然撇下《老子》原文不顧而任憑己意馳騁其說，名曰"解老"，實質是借《老子》解我。如韓非解《老子》往往藉以發揮其政治思想，王弼注《老子》往往藉以闡發其玄學，今人釋《老子》又往往以馬克思主義或某些西方學說加以比附，以致見仁見智，將《老子》解釋得五花八門，莫衷一是，從而使廣大讀者讀《老子》原文不易懂，讀各家注釋有時更覺費解而無所適從。有鑒於此，我注釋《老子》，雖以本人的理解爲主，但堅決以信、達爲原則，採取會通古訓、以

《老》解《老》的方法，儘量根據文句古義並利用《老子》書中類似的内容去探求《老子》原文的本意以求得確詁，既力免墨守成訓而尟會通之弊，又力戒故弄玄虛而多穿鑿之病，力求實事求是，通俗平易，以期一般讀者都能讀懂而領會其真意。當然，在注釋中對較爲切近原文意蘊的前人善說也酌情採撷，但爲了節省篇幅，對駁不勝駁的前人之誤說謬解，則不一一糾駁，而僅批駁其中對今人影響較大的誤解。對於一般的詞語解釋，因爲屬於常識性的東西，而並不是某人的創見發明，所以不再徵引前人注解而直接加以解釋，以節省篇幅。

七、韻脚韻部

《老子》一書，前人往往稱之爲"哲理詩"。其實，說它是"詩"，並不十分妥當，因爲書中雖然多用韻語，但文句參差，用韻自由，所以不過是用韻之散文而已，至多也只能稱之爲富有哲理的散文詩，而並不是真正的詩歌。當然，揭示書中的用韻情況，有利於讀者品味其音樂美與藝術美。因此，本書特地注明各章的押韻情況。至於其中涉及的上古韻分部及對轉、旁轉等術語，則主要依據王力的《同源字典》及唐作藩的《上古音手册》。今列《上古韻部系統表》如下：

甲類	之 ə	支 e	魚 a	侯 o	宵 ô	幽 u
	職 ək	錫 ek	鐸 ak	屋 ok	藥 ôk	覺 uk
	蒸 əng	耕 eng	陽 ang	東 ong		冬 ung
乙類	微 əi	脂 ei	歌 ai			
	物 ət	質 et	月 at			
	文 ən	真 en	元 an			
丙類	緝 əp		葉 ap			
	侵 əm		談 am			

其中同類同直行者合韻稱爲對轉，同類同橫行者合韻稱爲旁轉，旁轉而後對轉者爲旁對轉，不同類而同直行者合韻稱爲通轉（雖不同元音，但是韻尾同屬塞音或同屬鼻音者，也算通轉）。至於各個具體文字的歸部，則參照王力主編的《古代漢語》（第二冊）、唐作藩編著的《上古音手册》、郭錫良編的《漢字古音手册》斟酌而定。

八、義疏正解

本書義疏，旨在幫助讀者理解原文文義，而不在幫助讀者欣賞其音樂美，所以只求準確、明白、通俗地將原文的意蘊揭示出來而不囿於使用韻文。讀者欲欣賞其音樂美與老子的文章風格，宜借助於注釋中所注明的押韻情況反復誦讀原文，始可得之。此外，本書義疏與注釋相應，與現代衆多的譯文多所不同，孰得孰失，讀者可通過對照閱讀加以鑒別。

德篇上

第一節（第三十八章）

【提要述評】

此節爲傅奕本第三十八章，河上公注本題"論德第三十八"，唐玄宗注本題"上德不德章第三十八"。

本節的主旨在評判當時的道德規範（河上公注本題"論德"，可能即基於此），而特別致力於抨擊周禮。

當時以孔子爲首的儒家，主張以"德""仁""義""禮"來治國安民，推崇"爲政以德"（見《論語·爲政》），認爲"道之以德，齊之以禮"，人民才會"有恥且格"（見《論語·爲政》）；認爲"上好禮，則民莫敢不敬；上好義，則民莫敢不服"（見《論語·子路》）；同時大力提倡"恭、寬、信、敏、惠"的仁德（見《論語·陽貨》），宣揚"克己復禮爲仁，……非禮勿視，非禮勿聽，非禮勿言，非禮勿動"（見《論語·顏淵》）。

老子這一節文字，即站在哲學的高度，對儒家的主張作了史無前例的理性透視與深刻批判，認爲拘泥於當代的道德規範，提倡"德""仁""義""禮"，實是"無德"的表現，只能歸之於"下德"。而其中又以干涉別人的"禮"爲最下等，因爲"禮"是忠信衰微的表現，是社會禍亂的起因。只有不囿於當代的道德規範，一切因循自然的順"道"者，才是真正"有德"的"上德"，所以"大丈夫"應該拋棄"禮"而歸於"道"。這些論述，其尖銳的批儒傾向是顯而易見的。至於文中對"前識"的批判，可能也是針對孔子所說的"先覺者，是賢乎"（見《論語·憲問》）之類的話而發的。

【校定原文】

上德不德[1]，是以有德[2]。下德不失德[3]，是以無德[4]。上德無爲而無不爲也[5]。上仁爲之而無以爲也[6]。上義爲之而有以爲也[7]。上禮爲之而莫之應[8]，則攘臂而仍之[9]。故失道而後德[10]，失德而後仁[11]，失仁而後義[12]，失義而後禮[13]。夫禮者，忠信之薄也[14]，而亂之首也[15]。前識者[16]，道之華也[17]，而愚之首也[18]。是以大丈夫處其厚而不處其薄[19]，處其實而不處其華[20]，故去彼取此[21]。

右第三十八章，一百三十言[22]。

【注釋探賾】

〔1〕上德：指最有道德的人，即得"道"、行"道"的人，也就是因循自然而"無爲"的人。《韓非子·解老》："德盛之謂上德。"王弼曰："德者，得也。常得而無喪，利而無害，故以德爲名焉。何以得德？由乎道也。何以盡德？以無爲用。" 不德：這個"德"指當代社會的道德規範，即下文所説的"仁""義""禮"等等（參見注〔3〕）。這裏置於副詞"不"之後，則用作動詞，表示有意識地遵行當代社會的道德規範（"仁""義""禮"等等）。"不德"就是不強求自己或别人去遵行當代社會的道德規範，也就是致力於"無爲"而一切因順自然。河上公曰："不德者，言不以德教民，因循自然，養人性命，其德不見，故言'不德'也。"

〔2〕有德：老子認爲，只有因順自然而不拘泥於當代道德規範的人才是真正有德的人，所以他把"不德"看作爲"有德"。河上公曰："言其德合於天地。"第六十四章曰："聖人無爲，故無敗；無執，故無失。"與此文"上德不德，是以有德"旨意相同。

〔3〕下德：王弼曰："凡不能無爲而爲之者，皆下德也，仁義禮節是也。"魏源曰："仁、義、禮、智，皆下德。"覺按：魏源所謂"智"，指下文的"前識"（參見注〔16〕）。 不失德：不丢掉當代社會的道德規範，也就是用"仁""義""禮"來規範人們的行爲，這是一種"有爲"的做法。

〔4〕無德：老子認爲，用現行的道德規範去限制人們的行爲，這種"有爲"的做法實違反了因順自然的"無爲"原則，所以實際上是一種"無德"的表現。第六十四章曰："爲者敗之，執者失之。"與此文旨意相同。

〔5〕傅奕本句末無"也"字，據帛書甲本、乙本補。 無爲：從字面上説，可以解釋成"不做"或"無所作爲"，但老子所謂的"無爲"，其實質却並不是指什麽都不做，而只是指不作故意的人爲努力，不強行干預，也就是排除故意的人爲因素而一切因順自然，即第六十四章所説的"輔萬物之自然而不敢爲"，故河上公曰："言法道安靜，無所改爲也。"上文所説的"不德"就是一種"無爲"的行爲。其他如第二章的"不言""不爲

德篇上　第一節（第三十八章）

始""不有""不恃""不處"，第五章的"不仁"，第七章的"不自生""無私"，第二十二章的"不自見""不自是""不爭"，第三十章的"勿彊"，第四十三章的"不言"，第四十四章的"知足""知止"，第四十八章的"無事"，第四十九章的"無心"，第五十一章的"不有""不恃""不宰"，第五十七章的"好靜""無事""無欲"，第五十八章的"不割""不劌""不肆""不耀"，第六十三章的"不爲大"，第六十四章的"欲不欲""學不學"，第六十五章的"不以知治國"，第六十八章的"不武""不怒""不與""不爭"，第七十二章的"不自見""不自貴"，第七十三章的"不敢"，第七十七章的"不恃""不居""不欲見賢"等等，均是"無爲"之德。"無爲"是老子最基本的思想原則之一。　無不爲：帛書甲本、乙本及河上公本、王弼本等都作"無以爲"。俞樾曰："'無爲'與'無以爲'似無所區別。下文云：'上仁爲之而無以爲。'夫'無爲'與'爲之'，其義迥異，而同言'無以爲'，其不可通明矣。《韓非子·解老篇》作'上德無爲而無不爲也'，蓋古本《老子》如此。今作'無以爲'者，涉下'上仁'句而誤耳。傅奕本正作'不'。"覺按：《韓非子·解老》云："所以貴無爲、無思爲虛者，謂其意無所制也。……虛者之無爲也，不以無爲爲有常。不以無爲爲有常，則虛；虛，則德盛；德盛之謂上德。故曰：'上德無爲而無不爲也。'""上德"在修養自己德行的時候，排除故意的人爲因素而不作強行的人爲努力，這是"無爲"；而從其效果來看，這"無爲"則時時在成就自己的德行而使自己達到了虛無的境界，所以說"無不爲"。相比之下，傅奕本與《韓非子·解老》的引文較帛書本及河上公本、王弼本等爲優。因爲道是"無爲而無不爲"的（見第三十七章），而上德是得道的人，所以也應該是無爲而無不爲的。　又，此句下傅奕本有"下德爲之而無以爲"一句，河上公本有"下德爲之而有以爲"，近世有人認爲當作"下德無爲而有以爲"（參見朱謙之《老子校釋》），均不當。因爲若依傅奕本，則與下文"上仁爲之而無以爲"相重複；若依河上公本，則與下文"上義爲之而有以爲"相重複；若作"下德無爲而有以爲"，則與上文"下德不失德"相矛盾，因爲"不失德"乃是一種"有爲"的做法，"下德"者是"有爲"者而並不"無爲"。《韓非子·解老》未涉及此句，帛書《老子》也無此句，都說明古本《老子》無此句，故今據帛書本刪。

〔6〕傅奕本句末無"也"字，據帛書《老子》補。　上仁：最仁慈的人。"上仁"與"上義""上禮"同屬於"下德"（參見注〔3〕），但老子

認爲"上仁"較之"上義""上禮"來說，其道德境界要高一些，因爲他雖然是"有爲"者而屬於"下德"，但其仁愛之行則發自內心而沒有什麽特定的目的。《韓非子·解老》曰："仁者，謂其中心欣然愛人也。其喜人之有福，而惡人之有禍也，生心之所不能已也，非求其報也，故曰：'上仁爲之而無以爲也。'"王弼曰："至于無以爲，極下德下（覺按："下"字疑衍）之量，上仁是也，足及於無以爲而猶爲之焉。" 爲之：指施行仁愛。河上公曰："爲之者，爲仁恩也。" 以：爲了……目的。 無以爲：無爲（wèi位）而爲（wéi韋），沒有什麽目的而做。

〔7〕傅奕本句末無"也"字，據帛書乙本補。 義：道義，合宜的道德原則。 上義：最講究道義的人。 有以爲：有爲（wèi位）而爲（wéi韋），懷有一定的目的去做。"上義"者奉行道義是爲了維持一定的社會秩序，所以說他"有以爲"。《韓非子·解老》曰："義者，君臣上下之事，父子貴賤之差也，知交朋友之接也，親疏內外之分也。臣事君宜，下懷上宜，子事父宜，賤敬貴宜，知交友朋之相助也宜，親者內而疏者外宜。義者，謂其宜也。宜而爲之，故曰：'上義爲之而有以爲也。'"

〔8〕莫之應：莫應之，沒有人應答他，指無人以禮相答。

〔9〕攘：捋。 攘臂：捋起衣袖而露出手臂，形容激動振奮的樣子。 仍：帛書本作"乃"，均爲"扔"之古字，"扔"是後出之今字，《老子》古本當作"仍"或"乃"，而不應作"扔"，其義則通後世之"扔"。《廣雅·釋詁一》："扔，引也。"即牽引、拉的意思。 攘臂而仍之：捋起衣袖露出手臂去拉人，指憤怒地強迫別人行禮。《禮記·曲禮上》："禮尚往來。往而不來，非禮也；來而不往，亦非禮也。"講求禮節的人主張有往有來，現在他對人行了禮，別人却不以禮相答，他就會對別人這種"無禮"的行爲十分憤怒，所以"攘臂而仍之"。王弼曰："尚好修敬，校責往來，則不對之間忿怒生焉，故上禮爲之而莫之應，則攘臂而扔之。"

〔10〕道：是老子假設出來的一個抽象的哲學概念。它是一種"惟悦惟忽"（見第二十一章）、"視之不足見，聽之不足聞"（見第三十五章）即不可感知的東西，是一種難以說明白而又永恆地存在着的東西（參見第四十五節注〔1〕〔2〕）。第二十五章曰："有物混成，先天地生，……吾未知其名，故彊字之曰道。……人法地，地法天，天法道，道法自然。"第四十二章曰："道生一，一生二，二生三，三生萬物。"由此可見，老子所謂的"道"，雖然不可感知，難以說明白，但還是可以認知的，它實質上是

一種因循自然的物質性的東西，是產生天地萬物的總根源，也是決定天地萬物及人類社會發展的客觀總規律（參見第四節注〔5〕、第六十九節提要述評）。因此，"道"應該是人們遵循的最根本的原則。"道"在人類社會中，主要體現爲因順自然的"無爲"原則，這也就是要人們不強行"有爲"而謙退、柔弱、不爭。因此，在老子看來，只有順"道"無爲，才是"有德"的"上德"者。至於"德"，只是一種帶有"有爲"色彩的規範，遠不如"道"來得深廣。循"德"而爲，不過是"無德"的"下德"者。因此，人們如果能順"道"而行，那麼"德"就不值得一提了。只有人們"失道"之後，才值得稱道"德"，所以說："失道而後德。"第十八章曰："大道廢，爲有仁義。"與此文旨意相類（參見第六十二節注〔2〕）。

〔11〕"仁"是"德"在人們思想意念中的一種反映，它不過是"德"的一部分。所以，如果完全的"德"還存在，則"仁"就不值得一提了。只有人們"失德"之後，才值得稱道"仁"，所以說："失德而後仁。"

〔12〕"上仁"雖"有爲"，但尚能"無以爲"，而"上義"之"爲之"，却"有以爲"，所以不如"上仁"之高尚。如果有行"仁"者在，則"義"不值得稱道。只有人們"失仁"之後，才值得稱道"義"，所以說："失仁而後義。"

〔13〕"上義"雖然"爲之而有以爲"，不如仁者高尚，但他還不至於像"上禮"那樣去干涉別人，所以行"義"者在，則行"禮"者不足道。只有人們"失義"之後，才勉強可稱道當今之"禮"，所以說："失義而後禮。" 以上幾句是說明"道""德""仁""義""禮"的主次優劣關係，這從上文對"上德""上仁""上義""上禮"的評判中也可以看出來，所以《韓非子·解老》引作："失道而後失德，失德而後失仁，失仁而後失義，失義而後失禮。"《莊子·知北遊》也說："道不可致，德不可至，仁可爲也，義可虧也，禮相僞也，故曰：'失道而後德，失德而後仁，失仁而後義，失義而後禮。'"王弼也解釋說："不能無爲，而貴博（覺按：《道藏》本誤爲"傅"，此依《古逸叢書》本）施；不能博施，而貴正直；不能正直，而貴飾敬；所謂'失德而後仁，失仁而後義，失義而後禮'也。"但河上公則誤以爲這幾句是在說明"道""德""仁""義""禮"的先後產生次序，其言云："言道衰而德化生也"，"德衰而仁愛見也"，"仁衰而義分明"，"義衰則施禮聘、行玉帛也"。馮達甫從其說，不當。

〔14〕傅奕本"薄"下無"也"字，據帛書乙本補。 薄：不深厚，淡

薄。　禮是用來表達內心情感的，但它其實像物品的外包裝一樣，只是一種外在的裝飾。正如好的物品不必過於裝飾一樣，如果互相之間感情深厚，也就用不着講求客套禮節，父母與子女之間就是這樣。從這種意義上來説，人與人之間講求客套禮節就是情感不深的表現，所以説："夫禮者，忠信之薄也。"《韓非子·解老》曰："禮爲情貌者也，文爲質飾者也。夫君子取情而去貌，好質而惡飾。夫恃貌而論情者，其情惡也；須飾而論質者，其質衰也。何以論之？和氏之璧，不飾以五采；隋侯之珠，不飾以銀黄。其質至美，物不足以飾之。夫物之待飾而後行者，其質不美也。是以父子之間，其禮樸而不明，……由是觀之，禮繁者，實心衰也。"

〔15〕禮尚往來，所以别人不以禮相答則發怒，發怒則易引起争吵，所以説禮是"亂之首"。《韓非子·解老》曰："衆人之爲禮也，人應則輕歡，不應則責怨。今爲禮者事通人之樸心，而資之以相責之分，能毋争乎？有争則亂，故曰：'夫禮者，忠信之薄也，而亂之首乎。'"

〔16〕前識：超前意識，先於經驗的預見，指没有實際根據的預測。《韓非子·解老》曰："先物行、先理動之謂前識。前識者，無緣而妄意度也。"有人認爲此文的"前識"是指儒家所推崇的"智"，如吳澄曰："前識，猶先知，智也。"可備一説。

〔17〕傅奕本"華"下無"也"字，據帛書甲、乙本補。　華：浮華，表面上的花巧，虛浮。　道之華：道的浮華，道的皮毛，指形似得道的浮誇。那耍弄小聰明的預測，表面上十分花巧，似乎已掌握了"道"，但實際上違背了因循自然、根據客觀事物來作判斷的正道，所以只是"道之華"，而並非"道之實"。有人認爲此文的"華"與"實"是以樹木之"花"與"果實"爲喻，如吳澄曰："道猶木之實，未生之初，生理在中，胚腪未露；既生之後，則德其根也，仁其榦也，義其枝也，禮其葉也，智其華也。"此可備一説。

〔18〕首：傅奕本作"始"，據帛書甲、乙本改。　愚之首：愚昧的開端。《韓非子·解老》曰："前識者，無緣而妄意度也。何以論之？詹何坐，弟子侍，有牛鳴於門外。弟子曰：'是黑牛也而白題。'詹何曰：'然，是黑牛也，而白在其角。'使人視之，果黑牛而以布裹其角。以詹子之術，嬰衆人之心，華焉殆矣！故曰：'道之華也。'嘗試釋詹子之察，而使五尺之愚童子視之，亦知其黑牛而以布裹其角也。故以詹子之察，苦心傷神，而後與五尺之愚童子同功，是以曰：'愚之首也。'"

〔19〕傅奕本"厚"下無"而"字，據帛書甲本補。　大丈夫：指富於理智的人。《韓非子·解老》："所謂'大丈夫'者，謂其智之大也。"　厚：忠厚，指深厚的内心情感，即上文所説的"忠信"。　薄：淡薄，不深厚，指表現在外的没有深情厚意的禮節禮貌，即上文所説的"禮"。　處其厚而不處其薄：指人際交往而言。《韓非子·解老》："所謂'處其厚不處其薄'者，行情實而去禮貌也。"

〔20〕傅奕本"實"字下無"而"，據帛書乙本補。　實：踏實，指根據實際情況來作判斷。　華：虛浮，指根據主觀意念來預測，即上文所説的"前識"。　處其實而不處其華：指思想方法而言。《韓非子·解老》："所謂'處其實不處其華'者，必緣理不徑絶也。"

〔21〕彼：指"大丈夫"不處的"薄"與"華"，即不合乎"道"的禮節和預見。　此：指"大丈夫"所處的"厚"與"實"，即合乎"道"的真情實感和實事求是。河上公曰："去彼'華''薄'，取此'實''厚'。"

〔22〕一百三十：傅奕本作"一百三十一"，今删八字，補七字，故改。

【韻脚韻部】

德、德、德、德，職部。爲、爲、爲，歌部。應、仍，蒸部。仁、禮，脂真對轉合韻（"仁"屬真部，"禮"屬脂部）。首、首，幽部。薄、華，魚鐸對轉合韻（"薄"屬鐸部，"華"屬魚部）。

【義疏正解】

道德高尚的人不拘泥於現行的道德規範而一切因順自然，因此有道德。道德卑下的人不丢棄現行的道德規範，因此没有道德。最有道德的人不作故意的人爲努力而又無時無刻不在作爲。最仁慈的人努力地施行仁愛之道而不是爲了達到什麽目的才這樣做的。最講求道義的人奉行道義則是帶有一定的目的才這樣做的。最講求禮節的人躬行禮節而没有人以禮相答，就捋起衣袖伸出胳膊去拉人還禮。所以人們喪失了自然的大道以後才輪得上稱説人類的道德，喪失了人類的道德以後才輪得上稱説仁愛的德性，喪失了仁愛的德性以後才能輪得上稱説合宜的道義，喪失了合宜的道義以後才輪得上稱説當代的禮儀。那禮儀嘛，反映了忠誠信實的淡薄，同時又是禍亂的起因啊。那先於經驗的預見嘛，是一種形似得道的浮誇，同時又是愚昧的開端啊。因此大丈夫立足於忠厚的真情實感而不立足於淡薄的禮節禮貌，立足於實在的判斷而不立足於虛浮的預見，所以抛棄那些不合大道的禮節禮貌和超前預測而採取這些合乎大道的真情實感和實事求是。

第二節（第三十九章）

【提要述評】

此節爲傅奕本第三十九章，河上公注本題"法本第三十九"，唐玄宗注本題"昔之得一章第三十九"。

此節的主旨，在於宣揚其"貴以賤爲本，高以下爲基"的哲學觀及處世之道（河上公注本題"法本"，可能即基於此）。

老子首先從哲學的高度審視了世界上的一切，從而提出了具有普遍意義的"得'一'成就"學說。他認爲天所以清、地所以寧、神所以靈、谷所以盈、萬物所以生、侯王所以爲君，都是"得一"的緣故，即依賴於極其原始微賤的混沌之氣。由此可見，世界上一切理想的美好的狀態，都是靠了原始微賤的東西才生成的；如果沒有這些微賤的東西，所有理想的東西都將毀滅。然後，老子着重將這種哲學觀引入到社會政治領域，提出了"以賤爲本"的處世之道，勸導君主不要去追求榮譽，不要使自己如同寶玉那樣爲人看重，而應該像石頭那樣居於下賤的地位。只有這樣，才能保全自己，否則"將恐"垮臺。這種主張，當是針對春秋時諸侯稱霸的現實而發的，是爲了勸阻諸侯們對名譽的無止境追求。

【校定原文】

昔之得一者[1]：天得一以清，地得一以寧[2]，神得一以靈[3]，谷得一以盈[4]，萬物得一以生，侯王得一以爲天下貞[5]。其致之[6]，一也[7]。天無以清[8]，將恐裂；地無以寧，將恐發[9]；神無以靈，將恐歇[10]；谷無以盈，將恐竭[11]；萬物無以生，將恐滅；侯王無以爲貞而貴高[12]，將恐蹶[13]。故貴以賤爲本，高以下爲基[14]。是以侯王自謂"孤""寡""不穀"[15]，是其以賤爲本也，非歟？故致數譽無譽[16]。是故不欲碌碌若玉[17]，硌硌如石[18]。

右第三十九章，一百四十一言[19]。

【注釋探賾】

[1] 一：老子使用的一個哲學概念。第四十二章云："道生一，一生

二，二生三，三生萬物。"第十四章云："視之不見名曰夷，聽之不聞名曰希，搏之不得名曰微。此三者不可致詰，故混而爲一。一者，其上不皦，其下不昧，繩繩兮不可名，復歸於無物。是謂無狀之狀，無物之象。"由此可見，"一"是指"道"最初生成的不可憑感官感覺到的原始物質元素，相當於老子所說的"有"（參見第四節注〔4〕、第五十八節注〔6〕〔9〕）。因爲它是獨一無二、渾然一體的混沌之氣，所以稱爲"一"（參見第五十四節注〔1〕所引河上公注）。它實是"道"的物質外殼（參見第五十八節注〔11〕），是產生萬物的東西，所以下文說"天得一以清，地得一以寧……"。嚴遵曰："一者，道之子，神明之母，太和之宗，天地之祖，於神爲無，於道爲有，於神爲大，於道爲小。故其爲物也，虛而實，無而有，圓而不規，方而不矩，繩繩忽忽，無端無緒。"王弼亦曰："一，數之始而物之極也。各是一物之生，所以爲主也。"但蘇轍却說："一，道也。"後代將"一"解爲"道"的人不少（參見高亨、陳鼓應、馮達甫之注），實不當，因爲第四十二章明明說"道生一"，可見"一"與"道"並不是同一個東西，如果"一"就是"道"，則所謂"道生一"就相當於說"道生道"，這顯然有違邏輯。《莊子·天地》："泰初有無，无有无名；一之所起，有一而未形。"《列子·天瑞》："太初者，氣之始也。"《潛夫論·本訓》："上古之世，太素之時，元氣窈冥，未有形兆，萬精合并，混而爲一。"因此，應該把"一"解爲"混沌之氣"才比較合適。

〔2〕河上公曰："言天得一，故能垂象清明；地得一，故能安靜不動搖。"

〔3〕河上公曰："言神得一，故能變化無爲。"

〔4〕河上公曰："言谷得一，故能盈滿不枯竭也。"

〔5〕侯王：傅奕本作"王侯"，據帛書乙本改。"侯王"即諸侯帝王，君主。　貞：通"正"。《廣雅·釋詁一》："正，君也。"

〔6〕其：指代上文的"天""地""神""谷""萬物""侯王"。　致：通"至"，達到（參見第六十節注〔1〕）。　之：指代上文的"清""寧""靈""盈""生""貞"。

〔7〕王弼曰："各以其一，致此清、寧、靈、盈、生、貞。"

〔8〕無以：沒有……用來使……。它與上文"得一以"相對，"無"字下實承上省"一"字，"無以"等於說"無一以"。下同。

〔9〕發：《淮南子·原道訓》"非謂其底滯而不發"高誘注："發，動

也。"此文與"寧"字相對，指震動。參見注〔2〕。自從劉師培將"發"讀爲"廢"，後人多從之，未必當。

〔10〕歇：《爾雅·釋詁下》："歇，竭也。"

〔11〕竭：帛書本作"渴"，爲"竭"之古字。《說文·水部》"渴"字條段玉裁注："渴、竭，古今字。古水竭字多用'渴'。"

〔12〕侯王：傅奕本作"王侯"，據帛書乙本改。 無以爲貞而貴高：他本有異文，易順鼎、劉師培等認爲當作"無以貞"，後人多從之，不當。此當以傅奕本爲是。其中"無以爲貞"承上文"得一以爲天下貞"而言，若無"爲"字，則文不成義；其中"貴高"啓下文之"貴""高"，並非衍文，帛書乙本有"貴以高"三字，是其證。

〔13〕蹙：《說文·足部》："蹶，僵也。"即倒下、跌倒的意思。

〔14〕蘇轍曰："世之人不知萬物之所自生，莫不賤寡小而貴衆大，然王公之尊，而自稱孤、寡、不穀。古之達者，蓋已知之矣。"

〔15〕侯王：傅奕本作"王侯"，據帛書乙本改。 孤、寡、不穀：是古代君主所用的謙稱。古代君主自稱"孤"，如《左傳·僖公三十三年》載秦伯曰："孤違蹇叔，以辱二三子，孤之罪也。"自稱"寡人"者，如《左傳·成公二年》載齊侯曰："大夫之許，寡人之願也。"自稱"不穀"者，如《左傳·僖公四年》載齊侯曰："豈不穀是爲？"至於這些詞的意思，現代一般人認爲"孤""寡"是謙虛地說自己孤德、寡德，"不穀"是不善的意思（見陳鼓應注、王力《漢語史稿》中冊第三章第三十五節）。但是，《老子》此文以"孤""寡""不穀"爲"賤"，顯然是指地位之低，而並非指德行之少，所以將它們理解爲少德、不善，實與老子之意牴牾而未得其義。且綜觀古代典籍中的"孤""寡"二字，也無少德之意，而多表示單獨孤寒。如《左傳·文公十八年》："不分孤寡，不恤窮匱。"《左傳·昭公十年》："凡公子、公孫之無祿者，私分之邑；國之貧約孤寡者，私與之粟。"《左傳·昭公十四年》："救災患，宥孤寡。"《左傳·哀公元年》："在國，天有菑癘，親巡孤寡而共其乏困。"《孟子·梁惠王下》："老而無妻曰鰥，老而無夫曰寡，老而無子曰獨，幼而無父曰孤。此四者，天下之窮民而無告者。文王發政施仁，必先斯四者。《詩》云：'哿矣富人，哀此煢獨。'"《戰國策·齊策四》："是其爲人，哀鰥寡，卹孤獨，振困窮，補不足，是助王息其民者也。"從這些例子中可以看出，古代的"孤""寡"與"窮匱""無祿""困窮"等類似，是指孤兒寡婦這種"煢獨""無

告"的"窮民"。當然,"寡"並非只指寡婦,也可指寡夫。如《左傳·襄公二十七年》:"齊崔杼生成及彊而寡。娶東郭姜,生明。"杜預注:"偏喪曰寡。寡,特也。"這"寡"便是指男人喪偶,所以《小爾雅·廣義》云:"凡無妻無夫通謂之寡。"總之,"孤""寡"只表示孤獨,而並不表示少德。若要表示少德,絕不能單說"孤"或"寡",而一定得有"德"字。如《左傳·宣公十一年》:"文王猶勤,況寡德乎?"總上所述,侯王自稱"孤""寡",當謙言自己如同孤獨無依的窮困之民,以求得對方的寬宥而撫恤照顧。《戰國策·齊策四》載顔斶之言云:"《老子》曰:'雖貴,必以賤爲本;雖高,必以下爲基。是以侯王稱孤、寡、不穀,是其賤之本,非與?'夫孤、寡者,人之困賤下位也,而侯王以自謂,豈非下人而尊貴士與?"河上公曰:"孤、寡,喻孤獨。"如此理解,方得其義,宜從之。後世成語以"孤家寡人"來喻指孤立無助之人,也可說明其原爲孤獨之意,而非少德之義。至於"穀"字,古代雖有"善"義,但其原義乃爲糧食之總稱。由於古代以穀米爲俸禄,所以"穀"又引申指俸禄。如《論語·憲問》:"邦有道,穀。"何晏《集解》:"孔曰:穀,禄也。邦有道,當食禄。"這樣看來,"不穀"當與"不禄"之義相似,其不同之處恐怕只在於生者謙稱"不穀"而死者婉言"不禄"罷了,其本來的意義應該都是指不能享受俸禄。總之,"不穀"的含義應是指失去俸禄而窮困的人,而非指不善之人。上引《左傳·昭公十年》之例中以"無禄"對"孤寡",也可佐證"不穀"之義爲"無禄"。誠然,即以情理而論,謙言自己孤獨無依、無禄窮困,才能博取對方的哀憐而得到照顧。如果說自己少德、不善,那就只會被人鄙棄,具有較高文化素養的侯王哪會如此愚蠢呢?所以老子將它們理解爲"賤"是對的,而如今通行的說法值得糾正。第六十六章曰:"是以聖人欲上民,必以其言下之。"與此文同旨,也可佐證此文之意。

〔16〕馬敍倫曰:"此文當作'致譽無譽'。'致'有誤作'數'者,校者彼此旁注,後人傳寫誤入正文耳。"覺按:高亨也認爲"數"爲衍文。有人認爲《莊子·至樂》之"故曰'至樂無樂,至譽無譽'"是引用了《老子》的話,所以據《莊子》改爲"至譽無譽"來作解(見陳鼓應、馮達甫注譯)。這種說法現在似成定論,其實不當。《莊子》之語可能脱胎於《老子》,但已經經過改造,其文其義未必合乎《老子》原文,各本《老子》無"至樂無樂"一句,可證《莊子》所謂"故曰"未必是引用《老子》的話;而帛書甲、乙本均有"數"字,也可證"數"字並非衍文。

致：招致，引申爲求取的意思。高亨囿於《莊子·至樂》之文而把"致"讀爲"至"，不當。《淮南子·説山訓》："求美則不得美，不求美則美矣。"高誘注："心自求美名，則不得美名也；而自損，則有美名矣。故《老子》曰'致數輿無輿'也。"可謂此句之確解。它與上一節"上德不失德，是以無德"的義蘊是一脈相承的。

〔17〕傅奕本無"是故"二字，據帛書甲、乙本補。　碌碌：通"琭琭"，形容玉器美麗的樣子，表示被人看重。《後漢書·馮衍傳·自論》："馮子以爲夫人之德，不碌碌如玉，落落如石。"李賢等注："玉貌碌碌，爲人所貴。"

〔18〕硌硌（luòluò 落落）：傅奕本作"落落"，爲"硌硌"之借字，今據帛書乙本改。"硌硌"與"落落""磊落""磊硌"同義，形容石頭大而堅的樣子。《山海經·西山經·西次四經·上申之山》"上無草木而多硌石"郭璞注："硌，磊硌，大石貌也。"《晏子春秋·內篇問下·景公問廉政而長久晏子對以其行水也第四》："堅哉石乎落落，視之則堅，循之則堅，内外皆堅。"當然，石頭雖然大而堅，但因爲多而易得，所以爲人所賤，這裏即用來表示被人看輕。《後漢書·馮衍傳·自論》"落落如石"李賢等注："石形落落，爲人所賤。"但這並不意味着"落落"二字的本義是形容石貌之"惡"。高亨將"落落"解爲"石惡之貌"，後人從之，未當。

硌硌如石：指寧願如石而爲人所賤。范應元曰："不德者乃有德也，是以王侯不欲琭琭若玉之貴，但落落若石之賤也。"

〔19〕一百四十一：傅奕本作"一百三十九"，今增補二字，故改。

【韻脚韻部】

清、寧、靈、盈、生、貞，耕部。裂、發、歇、竭、滅、蹷，月部。也、獃、譽，魚部。碌、玉，屋部。硌、石，鐸部。

【義疏正解】

從前獲得混沌之氣的：天空獲得了混沌之氣因而清澈，大地獲得了混沌之氣因而安寧，神祇獲得了混沌之氣因而靈驗，溪谷獲得了混沌之氣因而充盈，萬物獲得了混沌之氣因而生成，諸侯帝王獲得了混沌之氣因而成爲天下的君長。他們達到理想的狀態，全靠了混沌之氣啊。天空如果没有混沌之氣來使自己清澈，恐怕就會碎裂；大地如果没有混沌之氣來使自己安寧，恐怕就會震動；神祇如果没有混沌之氣來使自己靈驗，恐怕就會衰竭；溪谷如果没有混沌之氣來使自己充盈，恐怕就會乾涸；萬物如果没有混沌之氣來使自己生成，恐怕就會滅絕；諸侯帝王如果沒有混沌之氣來使自己成爲君主而尊貴高大，恐怕就會倒臺。所以尊貴者要拿卑賤者作爲自己立足的根本，位於高處的東西要拿低處的東西作爲自己的基礎。因此諸侯帝王自稱"孤""寡""不穀"，這是他們把卑賤的作爲自己的立足之本啊，不是麼？所以追求很多的榮譽就不會有榮譽。因此有德者不願美麗珍貴得像寶玉那樣，而寧願堅硬卑賤得像石頭一樣。

第三節（第四十一章）

【提要述評】

此節爲傅奕本第四十一章，河上公注本題"同異第四十一"，唐玄宗注本題"上士聞道章第四十一"。此節與下一節之編排次序，帛書本與通行本不同，從上下節的内容聯繫來看，帛書之次序爲優。

此節之主旨，在於闡明"道"本身所具有的實是而貌非、内大而外無的特性（河上公注本題"同異"，可能即基於此），强調"道"成就萬物的重要作用，從而來激勵人們努力行"道"。

老子首先揭示了社會上智愚不等的三種人對"道"的態度：智者信從，常人將信將疑，蠢材不相信且嘲笑之。這是爲什麽呢？老子引述了《建言》的話進行闡述。這些話從述説"道"本身及道所主宰的一系列德性事物出發，不但直接地闡明了道的特性，而且間接地揭示了常人、蠢材疑"道"、笑"道"的原由。由於"道"的内在本質與外在表現之間存在着似乎對立的情形（其實質爲是，其外貌似非；其内涵雖大，其外延却無），而常人、蠢材不能透過現象看到本質，所以聽説"道"以後或疑信參半，或進行嘲笑。老子的引述，目的是爲了爭取常人對"道"的理解，從而使更多的人"聞道"而"勤行之"，所以結句進一步强調了"道"的重要作用：道能周濟、成就萬物。這顯然是在向人們昭示：若能努力遵行"道"，必能有所成就。

值得一提的是，老子在抨擊敵視"道"的"下士"時，表現出了大無畏的理論勇氣，大膽地提出了"不笑，不足以爲道"的命題。真理是打不倒的，所以它並不害怕攻擊與嘲笑。相反，真理越受攻擊與咒駡，就越能擴大自己的影響力。老子正是將"道"看作真理的化身，所以才有如此强大的自信心。

【校定原文】

上士聞道[1]，而勤行之；中士聞道，若存若亡[2]；下士聞道[3]，而大笑之[4]。不笑，不足以爲道。故《建言》有之[5]，曰："明道若昧[6]，夷道若纇[7]，進道若退[8]。上德若谷[9]，大白若辱[10]，廣德若不足[11]，建德若偷[12]，質真若输[13]。大方無隅[14]，大器晚成[15]，大音希聲[16]，大象無形[17]，道隱無名[18]。"夫惟道，善貸且善成[19]。

右第四十一章，九十八言[20]。

【注釋探賾】

〔1〕士：士人，指讀書人。　上士：上等資質的士人，指聰明的具有悟性的文人。　道：見第一節注〔10〕。　蘇轍曰："道非形，不可見；非聲，不可聞。不先知萬物之妄，廓然無蔽，卓然有見，未免於不信也。故下士聞道，以爲荒唐謬悠而笑之；中士聞道，與之存亡出没而疑之；惟了然見之者，然後勤行服膺而不怠。"

〔2〕若存若亡：好像存在好像不存在。這是中士對"道"的看法。由於"道之爲物"，一方面是"其中有象"，"其中有物"，"其中有精"，"其精甚真，其中有信"，但另一方面又是"惟恍惟惚"的（見第二十一章），所以只有深知其"甚真"的"上士"才會堅定地遵行它。至於那些悟性不足的"中士"，他們對"道"不可能有深刻的了悟，聽說"其中有物"，則以爲"若存"；聽說其"惟恍惟惚"，則以爲"若亡"。也就是說，"中士"對"道"採取了一種將信將疑的態度在旁觀望，既不去遵行，也不去反對。

〔3〕下士：下等資質的士人，指只注重感性認識而缺乏悟性的文人。在老子看來，這種人是最愚昧的人了。

〔4〕河上公曰："下士貪狠多欲，見道柔弱謂之恐懼，見道質朴謂之鄙陋，故大笑之矣。"

〔5〕于鬯曰："云'建言有之'而不云'建言者有之'，則'建言'乃古書篇名也。《老子》書中引古書出篇名者二，此之《建言》一也，六十九章之《用兵》二也。彼亦云'用兵有言'，不云'用兵者有言'，則'用兵'亦書篇名明矣。說者不察，謂'建言'爲'古之立言者'，謂'用兵'爲'古之用兵者'，如是，則當曰'建言者''用兵者'，兩'者'字必不可省，雖其義不必謬，而說則迂矣。"高亨曰："'建言'殆老子所稱書名也。《莊子·人間世篇》引《法言》，《鶡冠子·天權篇》引《逸言》，《鬼谷子·謀篇》引《陰言》，《漢書·藝文志》有《讕言》，可證名書曰'言'，古人之通例也。"

〔6〕王弼曰："光而不耀。"蘇轍曰："無所不照，而非察也。"覺按：參見第二十一節注〔15〕所引王弼注。

〔7〕此句帛書乙本、河上公本等在"進道若退"之下。　夷：平。類：通"纇"。《左傳·昭公十六年》"刑之頗類"孔穎達疏："服虔讀'類'爲'纇'，解云：'頗，偏也。類，不平也。'"高亨曰："《說文》：'纇，絲節也。'引申則爲不平之義。"王弼曰："大夷之道，因物之性，不執平以割物。其平不見，乃更反若纇坳也。"覺按：這是說，大道雖平，但它順應物性，不強削不平以爲平，所以表面上反而好像不平了。其旨與第二十八章的"大制無割"相似。

〔8〕蘇轍曰："若止不行，而天下之速者莫之或先也。"覺按：大道雖進，但道是"無爲"的（參見第三十七章、第四十八章），所以看上去"若退"。

〔9〕上德：見第一節注〔1〕。　上德若谷：河上公曰："上德之人若深谷，不恥垢濁也。"高亨曰："上謂其高，谷喻其下。"覺按：在老子的觀念中，山谷具有三大特點。第十五章云："曠兮其若谷。"以"曠"來形容"谷"，說明山谷有空虛的特點。第二十八章云："知其白，守其辱，爲天下谷；爲天下谷，恒德乃足，復歸於樸。"以"守其辱"來比擬"爲天下谷"，這是取義於山谷地處卑下，污泥濁水流入其間，這說明山谷有處卑與納垢的特點。當然，納垢的特點也與空虛相關，因其空虛，故能納垢。空虛、處卑、納垢在常人心目中均爲貶義，所以這裏以"若谷"與"上德"相對。第八章云："上善若水。水善利萬物而不爭，居衆人之所惡，故幾於道矣。"第十五章云："古之善爲道者……曠兮其若谷。"可見"上德"之人不張揚自己的德行，虛懷若谷而甘居於卑下屈辱的地位，所以說"若谷"。

〔10〕黷（rǔ 辱）：帛書乙本、河上公本等作"辱"，"辱""黷"爲古今字。《玉篇·黑部第三百二十九》："黷，如欲切，垢黑也。"河上公曰："大潔白之人若污辱，不自彰顯。"覺按：真正的清廉之士不會追求聲譽，所以會像被人嫌棄的污垢一樣不願露面。第二十八章云："知其白，守其辱，爲天下谷；爲天下谷，恒德乃足，復歸於樸。"可明"大白若黷"之旨。

〔11〕河上公曰："德行廣大之人若頑愚不足。"覺按：有德的人如果自滿的話，其德行就有限而不"廣"了，所以真正的"廣德"之人，其擴充自己的道德應該是無止境的，是永不滿足的，所以"若不足"。

〔12〕建：今人多從俞樾之說將"建"讀爲"健"，但"剛健"與"偷

惰"義不相對，恐未當。此"建"字仍當解爲"建立"。"建"爲有所事事而不苟且因循，"婾"爲無所事事而苟且因循，兩字之義正相對。真正建立道德的人因循自然而無爲，所以"若婾"。王弼曰："建德者，因物自然，不立不施，故若偷匹。"蘇轍曰："因物之自然而無所立者，外若偷惰，而實建也。"甚得此句旨意。 婾（tōu 偷）：通"偷"，苟且馬虎，得過且過。

〔13〕輸：河上公本作"渝"，古字通。《詩經·小雅·正月》"載輸爾載"鄭玄箋："輸，墮也。"《說文·水部》："渝，變污也。"即墮落、變壞的意思。遵循大道的質直真誠之士並不因爲自己質直真誠而肆意指責襟懷不坦白的自私者（即第五十八章所說的"直而不肆"及《韓非子·解老》所說的"雖義端不黨，不以去邪罪私"），所以他們表面上似乎與姦詐自私的人同流合污了，故曰"若輸（渝）"。王弼曰："質真者，不矜其真，故渝。"蘇轍曰："體性抱神，隨物變化而不失其真者，外若渝也。"

〔14〕隅：方形的角。一般的方形都有四隅（四個角），但有四隅的方形，它的大小就有限而不足稱爲"大"了，所以真正的"大方"應該是無邊無垠的，當然也就沒有四隅了。魏源曰："'明道'三句，言其體道也；'上德'五句，言其成德也；'大方'四句，又廣喻以贊之。"

〔15〕大器晚成：大的器物因花費工時較多，所以要比小的器物更晚製成。"大器晚成"後來成爲成語，喻指幹大事業的人往往需要經過長期的努力，在較晚的時候才功成名就。這一比喻義，實起始於韓非的解釋。《韓非子·喻老》云："楚莊王莅政三年，無令發，無政爲也。右司馬御座而與王隱曰：'有鳥止南方之阜，三年不翅，不飛不鳴，嘿然無聲，此爲何名？'王曰：'三年不翅，將以長羽翼；不飛不鳴，將以觀民則。雖無飛，飛必衝天；雖無鳴，鳴必驚人。子釋之，不穀知之矣。'處半年，乃自聽政。所廢者十，所起者九，誅大臣五，舉處士六，而邦大治。舉兵誅齊，敗之徐州；勝晉於河雍，合諸侯於宋，遂霸天下。莊王不爲小害善，故有大名；不蚤見示，故有大功。故曰：'大器晚成，大音希聲。'"

〔16〕希：傅奕本作"稀"，據帛書乙本改。 大音希聲：王弼曰："聽之不聞名曰希（覺按：語見第十四章），不可得聞之音也。有聲則有分，有分則不宮而商矣。分則不能統衆，故有聲者非大音也。"蘇轍曰："非耳之所得聞也。"覺按：能被聽覺感知的聲音，其聲波頻率有一定的限度，所以不足稱爲"大"。真正的"大音"，其聲波頻率應該是沒有限度的，是

聽覺無法感知的，所以説"希聲"。當然，聽覺無法感知的，並非没有聲音，有人將"希聲"解爲"無聲"（見高亨、馮達甫之説），不當。

〔17〕大象無形：蘇轍曰："非目之所得見也。"嚴復曰："大音過乎聽之量，大象逾乎視之域。"覺按："無形"指無法用肉眼看全的形象。凡肉眼能看全的形象，即使很大，也有一定的限度（在視野之内），所以不足以稱"大"。真正的"大象"應該是超出人的視野因而使人無法看全的形象。人們不能全部看到它，所以就像盲人摸象一樣，不可能認識它的真正形狀，故曰"無形"。

〔18〕隱：前人都理解爲幽隱、隱微，實誤。此"隱"字當通"殷"而訓爲"大"。其證有四：一、上文所説的"大方""大器""大音""大象"，實爲此句而設，此句緊承之，故"隱"也當爲"大"義。《楚辭·九歎·遠逝》"帶隱虹之逶蛇"王逸注："隱，大也。"《文選·蜀都賦》"爾乃邑居隱賑"劉逵注："隱，盛也。"即其義。二、帛書乙本"隱"作"㥯"，即"褒"字，也表示"大"。《淮南子·主術訓》"一人被之而不褒"高誘注："褒，大也。"由此也可證此"隱"字當訓爲"大"。三、嚴遵解釋此句曰："是知道盛無號，德豐無謚。"也可明此"隱"字爲盛大義。四、第二十五章曰："吾未知其名，故彊字之曰'道'，彊爲之名曰'大'。""大"爲"道"之名，也可作爲佐證。　道隱無名：名稱是界定事物的。凡有名稱的事物，必有其規定性，因而必定是有限的。由於道廣大無邊，並不是有限的東西，所以不能給它取名（參見第四十五節注〔3〕）。所謂"隱無名"，實與《論語·泰伯》"蕩蕩乎民無能名焉"之語意相似。

〔19〕傅奕本"且"下無"善"字，據帛書乙本補。　貸：《説文·貝部》："貸，施也。"即施與、周濟的意思。　善貸且善成：王弼曰："凡此諸善，皆是道之所成也。……貸之非唯供其乏而已，一貸之則足以永終其德，故曰'善貸'也。成之不加機匠之裁，無物而不濟其形，故曰'善成'。"又，此句"貸"字或作"始"，所以有人將它解釋爲"善始且終""善始善終"（參見于省吾、許抗生之説），此説與上文不甚密合，恐非。我以爲帛書乙本之"始"當通"貽"，與"貸"同義，而不應理解爲開始。

〔20〕九十八：傅奕本作"九十七"，今增補一字，故改。

【韻脚韻部】

行、亡，陽部。笑、道，宵幽旁轉合韻（"笑"屬宵部，"道"屬幽部）。昧、類、退，物部。谷、䫉、足，屋部。崳、輸、隅，侯部。成、聲、形、名、成，耕部。

【義疏正解】

上等資質的士人聽説了道，就努力遵行它；中等資質的士人聽説了道，對它存在與否將信將疑；下等資質的士人聽説了道，便大肆嘲笑它。道如果不被這種愚昧的人嘲笑，就不足以成爲道。所以《建言》有這樣的話，説："本身是明亮的道，看上去好像暗昧不明；本身是平正的道，看上去好像高低不平；本身是前進的道，看上去好像後退不進。道德高尚的人好像容納污泥濁水的山谷一樣，十分清白的人好像墨黑的污垢一樣，道德博大的人好像道德不足似的，建立道德的人好像苟且因循似的，質直真誠的人好像墮落了似的。最大的方形没有角，最大的器物很晚才能製成，最大的聲音是無法聽見的聲音，最大的形象是無法看全的形象，道因爲博大無垠而無法確定它的名稱。"所以只有道，才善於施與又善於成就萬物。

第四節（第四十章）

【提要述評】

此節爲傅奕本第四十章，河上公注本題"去用第四十"，唐玄宗注本題"反者道之動章第四十"。通行本此節都置於上一節之前，今依帛書本排列，在內容上與上下節更爲連貫。至於嚴遵《道德真經指歸》將此節併入第二節（第三十九章），則顯然不當。

本節是提綱式的文字，作者言簡意賅地闡明了有關"道"的三個基本理論問題。

一是"道"的運動規律。這是三個理論問題中最基本的核心問題。老子認爲，道在不斷地運動，而它的運動總趨勢是向其對立面轉化。這就是所謂的"反者，道之動"（河上公注本題"去"，可能即基於此）。當然，"人法地，地法天，天法道"（見第二十五章），天地和人類都法"道"，所以"道"的運動規律，也就是天地、人類的運動規律。而老子所揭示的這一運動規律也的確揭示了世間萬物的變化趨勢，其思想無疑是深刻的。

從向對立面轉化的運動規律出發來看問題，那麼強會轉化爲弱，弱會轉化爲強，於是老子便引出了第二個理論問題，即"弱者，道之用"（河上公注本題"用"，可能即基於此）。只有守弱，才能向強的方向轉化，所以"道"永遠採取示弱的手段，以保持自己永不衰敗。當然，得"道"者也會如此。

從"反者道之動"引出的又一個理論問題是萬物的生成過程問題。既然道的運動是向對立面轉化，那麼它生成萬物的過程就必然有一個從"無"到"有"的轉化過程，所以這三個問題的核心是"有生於無"。至於"天下之物生於有"，那只是另一個層次上的繁衍，並不是與道直接相關的規律，所以也就不再是從"有"到"無"的轉化，而是從"有"到"物"的衍生了。

【校定原文】

反者[1]，道之動；弱者[2]，道之用[3]。天下之物生於有[4]，有生於無[5]。

右第四十章，二十一言。

德篇上　第四節（第四十章）

【注釋探賾】

〔1〕反：相反，即"物極必反"之"反"，指向相反的方向轉化。第五十八章曰："禍兮，福之所倚；福兮，禍之所伏。……正復爲奇，善復爲祆。"均其例。當然，道向相反的方向轉化，也得有一定的量變發展過程，要發展到極點時才向其對立面轉化，所以第二十五章曰："有物混成……吾未知其名，故彊字之曰'道'，彊爲之名曰'大'，大曰逝，逝曰遠，遠曰反。"

〔2〕弱：弱小。一般人都解爲"柔弱"（參見河上公注、王弼注、陳鼓應注譯），實不當。在《老子》中，"柔"與"弱"是兩個概念。"柔"的反面是"堅"或"剛"，"弱"的反面是"彊"，所以第七十八章云："天下莫柔弱於水，而攻堅彊者莫之能先……柔之勝剛，弱之勝彊。""柔"與"彊"有相通之處，所以第五十二章説："守柔曰彊。"但"弱"與"彊"絕非同類，所以第三章云："弱其志，彊其骨。"第三十六章云："將欲弱之，必固彊之。"其中的"弱"與"彊"相對，根本不含有"柔"義。

〔3〕用：一般人都將"用"解爲作用（參見陳鼓應之譯文），不當。因爲道的作用並不"弱"（參見第三十九章）。王符《潛夫論·本訓》也説："是故道之爲物也，至神以妙；其爲功也，至彊以大。"此"用"字當解爲用具、工具。《荀子·禮論篇》："禮者，以財物爲用。"《韓非子·解老》："馬者，軍之大用。"均可證"用"字在古代可表示用具、工具。在老子看來，弱小只是戰勝強大者時所用的一種工具、一種手段，所以第七十八章説："弱之勝彊。"第三十六章也説："柔弱勝剛彊。"河上公曰："柔弱者，道之所常用也，故能長久也。"

〔4〕有：老子使用的一個哲學概念，指具體存在、具有一定性質但又不可憑感官感覺到的物質元素。打個不恰當的比喻，它猶如現在化學中所説的"分子"。若用老子的概念來理解，它相當於第三十九章、第四十二章所説的"一"（參見第二節注〔1〕）。《莊子·天地》："泰初有无，无有无名；一之所起，有一而未形。物得以生謂之德。"郭象注："一者，有之初，至妙者也。至妙，故未有物理之形耳。"《列子·天瑞》："夫有形者生於無形，則天地安從生？故曰：有太易，有太初，有太始，有太素。太易者，未見氣也；太初者，氣之始也；太始者，形之始也；太素者，質之始也。氣、形、質具而未相離，故曰渾淪。渾淪者，言萬物相渾淪而未相離也。視之不見，聽之不聞，循之不得，故曰易也。"老子所謂"有"，相當

· 23 ·

於《莊子》的"一"與《列子》的"太初";而所謂"無",相當於《莊子》的"泰初"與《列子》的"太易"。河上公將"有"字理解爲"天地",認爲"天地有形",故稱爲"有"。今也有人將"有"理解爲"具體存在的有形有象的事物"(見許抗生之注),似不很確切。因爲"有"雖具形質,但未必指具體可感知的事物(參見第五十八節注〔10〕)。至於陳鼓應將"有"與"無"混爲一談,認爲"這裡的'有''無'即意指道"(見陳鼓應引述),則顯然不當。"有"是"道"產生的一種物質元素,而絕非"道"本身。如果"有"指"道",則下一句"有生於無"就成了"道生於無",這顯然講不通。參見第四十五節注〔9〕。

〔5〕無:老子使用的一個哲學概念,它不是指一無所有,而是指雖然存在却没有固定性質、没有形象、不可憑感官感覺到的原始的物質基因(參見第五十八節〔9〕)。因爲它無法被感知,所以老子稱之爲"無"。打個比喻,它是比現在所說的粒子更小的物質基因。若用老子的概念來理解,它是"道"的本體(參見第六節注〔2〕)。從河上公開始,人們往往將"無"與"道"混爲一談,實不當。因爲老子所說的"道",不但指一種物質性的基因,而且指一種支配天地萬物的總規律,所以第二十五章不但將"道"說成是"混成"之"物",而且又說"人法地,地法天,天法道"。人、地、天都法"道",但絕不法"無",可見"無"與"道"的概念是不完全相同的。"道"兼指規律而言,"無"則不包含規律。參見第一節注〔10〕、第四十五節注〔9〕。

【韻脚韻部】
動、用,東部。

【義疏正解】
向相反的方向變化,是道的運動規律;向人示弱,是道所採取的一種有效手段。天下的東西產生於具有一定性質的物質元素,具有一定性質的物質元素產生於没有固定性質的物質基因。

第五節（第四十二章）

【提要述評】

此節爲傅奕本第四十二章，河上公注本題"道化第四十二"，唐玄宗注本題"道生一章第四十二"。

本節旨在對上一節（第四十章）所涉及的兩個基本理論問題進行闡發論證。

第一段旨在進一步闡明上一節提到的道生成萬物的問題（河上公注本題"道化"，可能即基於此）。"道生一"，即在補充說明上一節所説的"有生於無"。"一生二，二生三，三生萬物"，即在解釋上一節的"天下之物生於有"。這四句是在上一節的基礎上進一步闡明萬物的生成規律。接下來兩句則利用陰陽學說，進一步闡明萬物生成的原理。

第二段旨在論證上一節提出的"弱者，道之用"的理論，王公自稱"孤""寡""不穀"以示弱，不但無損，反而有益；彊梁者逞強而不示弱，則反而有損。老子就是這樣從正反兩方面論證了"弱者，道之用"的正確性。

本節兩段文字之間並沒有什麽内在的邏輯聯繫或語義聯繫，所以有人認爲本節第二段原是第三十九章的文字，後錯入了本章（見陳鼓應之引述）。這種判斷顯然是錯誤的。其致誤之原因，在於他們囿於本節來考慮問題，而沒有看出此節與上節的有機聯繫。此節是上一節兩個理論問題的補充說明，所以合爲一節並不誤。再說，本節舉王公自稱"孤""寡""不穀"之例旨在説明其示弱而強、"損之而益"，而第三十九章則用以說明"以賤爲本"，兩者旨意不同，所以這第二段絕非第三十九章之文。

【校定原文】

道生一[1]，一生二[2]，二生三[3]，三生萬物[4]。萬物負陰而裹陽[5]，沖氣以爲和[6]。

人之所惡，惟"孤""寡""不穀"[7]，而王公以自稱也[8]。故物，或損之而益，或益之而損[9]。人之所教[10]，亦議而教人[11]——"彊梁者不得其死[12]。"吾將以爲學父[13]。

右第四十二章，七十五言[14]。

【注釋探賾】

〔1〕河上公曰："道始所生者一也。"覺按：關於"道"和"一"，見第一節注〔10〕和第二節注〔1〕。有人將"道"與"一"混爲一談，這"生"字就難以解釋了，可見在《老子》書中，"道"與"一"是不可混同的。

〔2〕河上公曰："一生陰與陽。"覺按："二"指陰、陽。老子將"陰陽"看作"一"的產物，與《周易‧繫辭上》所謂的"一陰一陽之謂道"有所不同。至於"陰"和"陽"，則是我國古代相對的兩個哲學概念。我國古代思想家認爲，萬事萬物的生成和變化，都取決於一對正反矛盾的物質基因，這一對物質基因就是所謂的"陰"和"陽"。他們以陰、陽來解釋世界上的一切，凡天地、日月、晝夜、男女、臟腑、氣血等各種事物都被分屬於陰陽。

〔3〕三：指陽產生的清輕之氣、陰產生的濁重之氣以及陰陽交合產生的中和之氣。河上公曰："陰陽生和氣、清、濁，三氣分爲天、地、人也。"這三氣說，在東漢之前是較流行的。《列子‧天瑞》："清輕者上爲天，濁重者者下爲地，沖和氣者爲人，故天地含精，萬物化生。"《潛夫論‧本訓》也有大致相似的說法，其言云："上古之世，太素之時，元氣窈冥，未有形兆，萬精合并，混而爲一，莫制莫御。若斯久之，翻然自化，清濁分別，變成陰陽。陰陽有體，實生兩儀。天地壹鬱，萬物化淳；和氣生人，以統理之。是故天本諸陽，地本諸陰，人本中和。"既然此文之"二"指陰、陽，則"三"當指三種氣。現在很多人將"二"理解爲基數詞而以爲指陰陽二氣，却把"三"理解爲序數詞"第三"而認爲它只是指陰陽相合而形成的和氣（參見陳鼓應之引述，許抗生、馮達甫之注譯）。其理解前後不一致，顯然不當。

〔4〕河上公曰："天、地、人共生萬物也。天施、地化、人長養之。"覺按：《潛夫論‧本訓》云："天道曰施，地道曰化，人道曰爲。"與河上公之意同，但如此理解，大旨尚可，却不很確切。此"三生萬物"當指屬陽的清輕之氣、屬陰的濁重之氣、和氣產生萬物。《荀子‧天論篇》云："陰陽大化，風雨博施。萬物各得其（指陰陽）和以生，各得其（指風雨）養以成。"《淮南子‧天文訓》："道曰規始於一，一而不生，故分而爲陰、陽，陰、陽合和而萬物生，故曰：'一生二，二生三，三生萬物。'"可見萬物是由陰、陽組成的，是由和氣生成的，所以下文說："萬物負陰而袌陽，沖氣以爲和。"

德篇上　第五節（第四十二章）

〔5〕負：以背載物，引申指帶有，與"裹"同義，故《淮南子·説林訓》"負子而登牆"高誘注："負，抱也。"　裹：古"抱"字，以臂合圍持物，引申指懷有、含有。　陰、陽：見注〔2〕。

〔6〕高亨曰："《説文》：'沖，涌摇也。'《廣雅·釋詁》：'爲，成也。''沖氣以爲和'者，言陰陽二氣涌摇交蕩以成和氣也。《莊子·田子方篇》：'至陰肅肅，至陽赫赫。肅肅出乎天，赫赫出乎地（天地二字當互易）。兩者交通成和而物生焉。'《淮南子·氾論篇》：'積陰則沈，積陽則飛，陰陽相接，乃能成和。'並沖氣以爲和之意也。"覺按："沖"原指水之湧動摇盪，此指氣之湧動激蕩。　氣：指上句的"陰""陽"二氣。　和：和氣，中和之氣。它是我國古代的哲學概念，是陰陽二氣通過交感激蕩達到某種和諧程度時生成的一種具有相對穩定性的基因，是構成各種具體事物的物質性的東西。《荀子·正名篇》"性之和所生"楊倞注："和，陰陽沖和氣也。"萬物都含有陰、陽兩種物質基因，所以說"萬物負陰而裹陽"。但正如《韓非子·解老》所說："凡物不並盛，陰陽是也。"陰、陽二氣實在不斷地激蕩運動着，陰盛則陽衰，陽盛則陰衰，所以說"沖氣"。當陰、陽二氣的相互交感激蕩達到某種和諧程度而成爲和氣時，就達到了相對的平衡，從而表現出相對固定的性質而形成具體的特定的事物。換言之，具體特定的事物的形成，乃是陰、陽平衡的結果，是陰、陽交合爲和氣的一種表現，所以說"沖氣以爲和"。總之，"陰""陽"是生成萬物並使萬物發展變化的基本因素；"沖"是萬物生成前或變化時發生在事物內部的"陰""陽"運動方式與過程；"沖氣"是"陰""陽"的一種不平衡狀態；"和"是"陰""陽"相互激蕩的結果，是"陰""陽"相對平衡時的表現，也是萬物各具特性的基礎。前面的"道生一，一生二，二生三，三生萬物"四句是對萬物生成規律的揭示與概括，這兩句則是對萬物生成原理的解釋與剖析。換言之，開頭四句在說明萬物生成之然，這兩句在說明其所以然。

〔7〕孤、寡、不穀：見第二節注〔15〕。

〔8〕公：傅奕本作"侯"，據帛書本改。　王公：帝王諸侯，與"王侯"同義。

〔9〕河上公注"損之而益"曰："引之不得，推之必還。"又注"益之而損"曰："夫增高者致崩，貪富貴者致患。"覺按：此二句爲承上啓下之句。"損之而益"承上"王公"而言，王公謙稱自己而身居高位，故曰"損之而益"；"益之而損"探下"彊梁者"而言，彊梁者逞强而夭折，故

· 27 ·

曰"益之而損"。《尚書·大禹謨》："滿招損，謙受益，時乃天道。"《說苑·敬慎》："子路曰：'敢問持滿有道乎？'孔子曰：'持滿之道，挹而損之。'子路曰：'損之有道乎？'孔子曰：'高而能下，滿而能虛，富而能儉，貴而能卑，智而能愚，勇而能怯，辯而能訥，博而能淺，明而能闇，是謂損而不極。能行此道，唯至德者及之。《易》曰："不損而益之，故損；自損而終，故益。""與此兩句同旨。

〔10〕人之所教：傅奕本作"人之所以教我"，含義雖同，但其文不古，故今依河上公本改。

〔11〕亦議而教人：傅奕本作"亦我之所以教人"，文雖通順，似非古本原貌。帛書甲本作"夕議而教人"，"夕"爲"夜"之省文，"夜"通"亦"，故今仍依傅奕本作"亦"，其餘則依帛書甲本改。河上公本、王弼本此句作"我亦教之"，今人都從之，似也未當。末句"吾將以爲學父"既爲"教人"之語，又爲議論之言，故以帛書甲本爲優。

〔12〕彊梁：強悍。《詩經·大雅·蕩》"曾是彊禦"毛傳："彊禦，彊梁。"孔穎達疏："彊梁者，任威使氣之貌。"焦竑曰："木絕水曰梁，木負棟亦曰梁，取其力之強也，故曰強梁。" 其：指意之所屬，即合乎理想的。 不得其死：指不能盡其天年。河上公曰："不得其死者，謂天所絕、兵刃所加、王法所殺，不得以壽命死。" 彊梁者不得其死：即上文所說的"人之所教"，是老子所引古語。《說苑·敬慎》載："孔子之周，觀於太廟（《孔子家語·觀周》云"太祖后稷之廟"），右陛之前，有金人焉，三緘其口而銘其背曰：'……強梁者不得其死，好勝者必遇其敵。'"可見這是西周時刻在銅像背上的銘文中的一句話。

〔13〕學：范應元曰："《音辯》云：'古本作"學父"，河上公作"教父"。'按《尚書》'惟斆學半'，古本並作'學'字，則'學'宜音'斆'，亦教也，義同。"覺按：此句應上文"亦議而教人"，故"學"當通"斆"（xiào 效），教也。 父：河上公曰："父，始也。老子以強梁之人爲教戒之始也。"焦竑曰："老子獨尊之曰'教父'，如言'萬物之母'之謂。母主養，父主教，故言生則曰母，言教則曰父。"

〔14〕七十五：傅奕本作"七十九"，今刪削共四字，故改。

【韻腳韻部】
本節不押韻。

【義疏正解】

　　道產生出渾然一體的混沌之氣，渾然一體的混沌之氣產生出陰、陽二氣，陰、陽二氣產生出重濁之氣、輕清之氣、中和之氣三種物質基因，這三種物質基因產生出萬物。萬物既帶有陰氣又含有陽氣，激盪運動着的陰、陽二氣以萬物生成爲標誌而成爲和氣。

　　人們所厭惡的，就是"孤""寡""不穀"，而帝王諸侯却拿它們來稱呼自己。所以世間的事物，有的減損它却反而使它增益了，有的增益它却反而使它減損了。別人拿來教導我的，也就是我在此發表議論去教導別人的——"強悍的人不得好死。"我將拿它作爲教人的第一句話。

第六節（第四十三章）

【提要述評】

此節爲傅奕本第四十三章，河上公注本題"徧用第四十三"（此依《四部叢刊》本，《道藏》本作"偏用第四十三"），唐玄宗注本題"天下之至柔章第四十三"。

此節的主旨在於宣揚其"無爲"的政治思想，認爲無爲之治的作用極大，它能影響一切而無微不至（河上公注本題"徧用"，可能即基於此）。

老子從具體可感的至柔之水入於至堅之石的現象入手，進而以抽象的道體滲透到一切事物的觀念來論證"不言之教"與"無爲"之治的有益。水"至柔"而能入於"至堅"，道"無有"而能滲透"無間"，將這些觀念引入到政治生活中，那麼表面上"至柔"而"無有"的"不言之教"及"無爲"之治就能滲透到每個人的靈魂中去，它不但有利於人民，也有利於君主的統治，可惜這樣做的君主太少了！老子這最後的喟歎，無疑是對春秋時期君主們發號施令、實行強權政治的現象所作的憤怒斥責。

【校定原文】

天下之至柔，馳騁於天下之至堅[1]。無有入於無間[2]，吾是以知無爲之有益也[3]。不言之教[4]，無爲之益[5]，天下稀能及之矣[6]！

右第四十三章，四十四言[7]。

【注釋探賾】

[1] "天下"上傅奕本無"於"字，據帛書甲本補。　河上公曰："至柔者，水；至剛者，金石。水能貫堅入剛，無所不通。"王弼曰："氣無所不入，水無所不出於經（覺按：當作'水無所不經'）。"覺按：第七十八章云："天下莫柔弱於水，而攻堅彊者莫之能先。"《淮南子·原道訓》："天下之物，莫柔弱於水，然而大不可極，深不可測，……利貫金石。"均與此文同旨。　馳騁：原指馬奔走，這裏引申指水穿行。俗話說"水滴石穿"，此"馳騁"即指水能貫穿堅硬的石頭而在石頭中自由地流淌。它與下句的"入"相應。陳鼓應解爲"駕御"，不當。

[2] 傅奕本"無有"上有"出於"二字，據帛書甲本刪。　河上公曰：

德篇上　第六節（第四十三章）

"夫言無有者，道也。道無形質，故能出入無間、通於神明、濟於群生也。"覺按："無有"相當於"無"，指"道"的本體，而不等於"道"（參見第四節注〔5〕）。《淮南子·說山訓》也說："魄問於魂曰：'道何以爲體？'曰：'以無有爲體。'"當然，這"無有"，不但指無形、無質，而且指無聲無光。王道認爲"無有"包括日月之光，誤。這一點《淮南子·道應訓》已說得很明白，其文云："光耀問於無有曰：'子果有乎？其果無有乎？'無有弗應也。光耀不得問，而就視其狀貌，冥然忽然，視之不見其形，聽之不聞其聲，搏之不可得，望之不可極也。光耀曰：'貴矣哉！孰能至于此乎！予能有無矣，未能無無也。及其爲無無，又何從至於此哉！'故老子曰：'無有入于無間，吾是以知無爲之有益也。'"

〔3〕無爲：見第一節注〔5〕。水無意於貫穿"至堅"，道無意於進入"無間"，所以都是"無爲"之物。　河上公曰："吾見道之無爲而萬物自化成也，是以知無爲之有益於人。"覺按：此句實統括上兩句，除道之無爲有益於人外，也包括水之無爲有益於人。《淮南子·原道訓》云："天下之物，莫柔弱於水，然而大不可極，深不可測；脩極於無窮，遠淪於無涯；息耗減益，通於不訾；上天則爲雨露，下地則爲潤澤；萬物弗得不生，百事不得不成；大包群生而無好憎，澤及蚑蟯而不求報；富贍天下而不既，德施百姓而不費；行而不可得窮極也，微而不可得把握也；擊之無創，刺之不傷，斬之不斷，焚之不然；淖溺流遁，錯繆相紛而不可靡散；利貫金石，強濟天下；動溶無形之域，而翱翔忽區之上；遭回川谷之間，而滔騰大荒之野；有餘不足，與天地取與，授萬物而無所前後；是故無所私而無所公，靡濫振蕩，與天地鴻洞；無所左而無所右，蟠委錯紾，與萬物始終，是謂至德。夫水所以能成其至德於天下者，以其淖溺潤滑也。故老聃之言曰：'天下至柔，馳騁天下之至堅。出於無有，入於無間。吾是以知無爲之有益。'"

〔4〕教：政教，教令。《淮南子·主術訓》"而行不言之教"高誘注："教，令也。"　不言之教：不發表言論的教令，指不對人發號施令而以身作則（參見第四十六節注〔8〕）。這是一種不強行使喚別人的無爲之教。《詩經·大雅·思齊》："刑（覺按："刑"通"型"，作榜樣）于寡妻，至于兄弟，以御于家邦。"即此所謂"不言之教"。河上公曰："道法不言，師之於身。"

〔5〕無爲之益：河上公曰："法道無爲，治身則有益於精神，治國則有

益於萬民，不勞煩也。"

〔6〕傅奕本"及"上無"能"字，據帛書甲本補。　河上公曰："天下，人主也。希能有及道之無爲。無爲之治，治身、治國也。"

〔7〕四十四：此節今刪二字，補二字，故仍爲四十四字。

【韻腳韻部】

堅、間，真元旁轉合韻（"堅"屬真部，"間"屬元部）。

【義疏正解】

天下最柔軟的水，在天下最堅硬的東西中穿行。没有形質的道體滲透到没有間隙的東西中。我因此知道不作故意的強行干預是有益的啊。不發表言論的政教，不作強行干預而給人帶來好處，天下已很少有人能做到這些啦！

第七節（第四十四章）

【提要述評】

此節爲傅奕本第四十四章，河上公注本題"立戒第四十四"，唐玄宗注本題"名與身孰親章第四十四"。

此節的主旨在於勸戒世人（河上公注本題"立戒"，可能即基於此）——特別是勸戒那些爭霸求名、貪得無厭的諸侯，勸他們不要爲了名利而不顧自己的生命，應該知足，適可而止。

老子首先針對世人奮不顧身地追名逐利的行爲發出了一連串的質問：究竟是名譽、財利重要，還是自己的生命重要？得到名利與失去生命究竟哪一樣更有害？這一當頭棒喝，不能不使人們驚醒。接着，老子便從正反兩方面嚮世人講述了其中的道理：一味追求名利，必會不擇一切手段，到頭來將人財兩空；只有知足勇退、適可而止才可使自己長壽平安。在生命與名利的天平上，老子是重生的。虛名浮利畢竟是身外之物，其價值怎能與生命相提並論？人活着如果爲了名利而不惜犧牲自己的生命，那就是捨本逐末了。老子的論述剖析無疑是清醒的，可謂是看破了紅塵。但世界上又有多少人能不爲名利所動呢？韓非早就指出，"以'殆''辱'之故而不求於足之外者"，不過是"老聃"而已（見《韓非子·六反》）；至於一般人，則如管仲所說："凡人之有爲也，非名之，則利之也。"（見《韓非子·内儲說上七術》）正因爲如此，所以古今名利場上又有多少人沉浮其間，這就使老子此論能永不過時而歷久彌新，至今仍有發聾振聵之效。

【校定原文】

名與身孰親[1]？身與貨孰多[2]？得與亡孰病[3]？甚愛必大費[4]，多藏必厚亡[5]，故知足不辱[6]，知止不殆[7]，可以長久[8]。

右第四十四章，三十八言[9]。

【注釋探賾】

[1] 親：關係密切。　名與身孰親：這是勸人不要爲了名譽而不顧自己的生命，所以河上公說："名遂，身必退也。"

[2] 多：數量大，引申指所占比重大，重要。

〔3〕王弼曰："得多（覺按：當作"名"）利而亡其身，何者爲病也？"覺按："得"指得"名"與"貨"。"名"與"貨"爲身外之物，必須去求得，故曰"得"。"亡"指亡身。"身"爲自己本有之物，無須去求得，却會亡失，故曰"亡"。 病：擔心，憂慮。

〔4〕傅奕本"甚愛"上有"是故"二字，據河上公本刪。 河上公曰："甚愛色者，費精神也；甚愛財者，遇禍患也。所愛者少，所亡者多，故言大費者也。"蘇轍曰："愛之甚，則凡可以求之者無所不爲，能無費乎？"范應元曰："甚愛名者，則必大費精神。"覺按：下句照應上文"身與貨孰多"，則此句當照應上文"名與身孰親"，指"甚愛名必大費"。

〔5〕河上公曰："生多藏於府庫，死多藏於丘墓，生有攻劫之憂，死有掘發之患。"蘇轍曰："藏之多，則攻之者必衆，能無亡乎？"

〔6〕"知足"上傅奕本無"故"，據帛書甲本補。 河上公曰："知足之人，絕利去欲，不辱於身。"

〔7〕河上公曰："知可止則須止，乃財利不累於身心，聲色不亂於耳目，則終身不危殆。"

〔8〕河上公曰："人能知於'止''足'，則福祿在於己。治身者神不勞，治國者民不擾，故能長久。"覺按：上兩句"不辱""不殆"均指"身"而言，則此"長久"也當指"身"而言。

〔9〕三十八：傅奕本作"三十九"，今刪二字，補一字，故改。

【韻脚韻部】

本節一句一換韻，其韻脚爲：身、親，真部。貨、多，歌部。亡、病，陽部。愛、費，物部。藏、亡，陽部。足、辱，屋部。止、殆、久，之部。

【義疏正解】

名譽和生命哪一個與你更密切？生命和財貨哪一個對你更重要？名譽、財貨的獲得和生命的喪失哪一樣更使你擔憂？非常喜愛名譽就一定會有巨大的精神損耗，大量地收藏財貨就一定會有巨大的散亡，所以知道滿足就不會受辱，知道罷休就不會危險，這樣就可以長壽久安了。

第八節（第四十五章）

【提要述評】

此節爲傅奕本第四十五章，河上公注本題"洪德第四十五"，唐玄宗注本題"大成若缺章第四十五"。

此節的主旨在宣揚作者清靜無爲的政治哲學，認爲善於守藏、清靜無爲是最偉大的德行（河上公注本題"洪德"，可能即基於此）。

老子認爲，最有成就的、最充實的、最正直的、最靈巧的、最善辯的、最富裕的得道者，都不炫耀自己而清靜無爲，所以他們能各自成就最高的德行。即使以人們熟知的常識俗語而言，也是"清靜能勝炎熱"。由此可以推知，君主只有清靜無爲，才能成就最高的德行而使天下的人歸於端正，才能控制這動盪不安、戰火紛飛的社會。其最後一筆向我們表明，此節文字完全是爲君主而設，是勸君主注意守藏，以無爲之道治天下。《韓非子·主道》云："明君無爲於上，群臣竦懼乎下。明君之道：使智者盡其慮，而君因以斷事，故君不窮於智；賢者勑其材，君因而任之，故君不窮於能；有功則君有其賢，有過則臣任其罪，故君不窮於名。"可謂是對老子思想的精妙發揮。

【校定原文】

大成若缺[1]，其用不敝[2]。大盈若盅[3]，其用不窮[4]。大直若詘[5]，大巧若拙[6]，大辯若訥[7]，大贏如絀[8]。"躁勝寒[9]，靜勝熱[10]。"知清靜可以爲天下正[11]。

右第四十五章，四十七言[12]。

【注釋探賾】

[1] 大成：最有成就的人，指得道有德者。　缺：《說文·缶部》："缺，器破也。"此文以器喻人，指人有缺陷，不完美。　大成若缺：河上公曰："謂道德大成之君若缺者，滅名滅譽，如毀缺不備。"覺按：有成就的人如果認爲自己完美無缺，他的成就就到此爲止而不可能再有更大的建樹了，也就是說，他不可能成爲"大成"。所以，"大成"必定是永不自滿的謙虛者，他們永遠不會自稱完美無缺，因而看上去"若缺"。這種情況與第四十一章所謂的"廣德若不足"相似。

〔2〕其：指代"大成"。　敝：衰敗。　其用不敝：河上公曰："其用心如此，則無弊盡之時。"覺按："大成若缺"，永遠看到自己的缺點，故能革故鼎新，不斷前進，所以"不敝"。當然，"不敝"也正是"大成"的一種體現。

〔3〕盈：傅奕本作"滿"，乃後世避漢惠帝諱所改，今據帛書甲本改回（傅奕本共出現三個"滿"字，見於第四章、第九章及本章，帛書本均作"盈"，可知"滿"字皆後世避惠帝諱而改，今全部改回以復古本之舊）。　大盈：最充實的人。這也是一種得道有德者。《孟子·盡心下》云："可欲之謂善，有諸己之謂信，充實之謂美，充實而有光輝之謂大，大而化之之謂聖。"　盅（chōng充）：《説文·皿部》："盅，器虛也。"此文以器喻人，指人之空虛，不充實。　大盈若盅：河上公曰："謂道德大盈滿之君如沖者，貴不敢驕，富不敢奢。"覺按：這與"大成若缺"、第四十一章的"廣德若不足"以及孔子所説的"滿而能虛"（見第五節注〔9〕）也相似。"盈"而自滿，則其"盈"有限而不"大"了，只有"窪"，才能"盈"（見第二十二章），故"大盈"必虛懷若谷，因而"若盅"。

〔4〕河上公曰："其用心如此，則無窮盡時。"覺按：《孟子·離婁下》云："君子深造之以道，欲其自得之也。自得之，則居之安；居之安，則資之深；資之深，則取之左右逢其原。""大盈"即是"資之深"的人，所以一般來説，他能"取之左右逢其原"而"不窮"。不過，老子的論述比孟子更爲深刻，他認爲即使"大盈"而能左右逢源，但如果逞能好強，就會使盡自己的才智而弄到山窮水盡的地步；只有"大盈若盅"，不自炫其能而善於守藏，才會"不窮"。當然，"不窮"也正是"大盈"的一種體現。

〔5〕大直：與下文"大巧""大辯"相並列，也當指人而言，是得道者中的一種，指最正直的人。河上公曰："大直，若修道法度正直如一也。"　詘（qū屈）：彎曲，不直，引申指邪曲，不正直。河上公本作"屈"，古字通。河上公曰："如屈者，不與俗人爭如何。"覺按：最正直的得道者，並不因爲自己正直而去指責別人不正直，即第五十八章所説的"直而不肆"，所以他們在表面上似乎與世俗同流合污而不正直，因而説"若詘"。"大直若詘"可避免無謂的爭端。

〔6〕河上公曰："大巧，謂多才術也。如拙者，亦不敢見其能。"覺按："大巧若拙"與"大盈若盅"的旨意相同，蘇軾《賀歐陽少師致仕啓》中

· 36 ·

德篇上　第八節（第四十五章）

説"大勇若怯，大智如愚"，也是此意。巧者自以爲巧，則其"巧"到此爲止而不會再"大"了，故凡"大巧"，必謙虛自守而不逞能，這樣別人看上去就與笨拙者相似了，所以説"若拙"。"大巧若拙"可避免班門弄斧之弊。又，王弼曰："大巧因自然以成器，不造爲異端，故若拙也。"這是説"大巧"巧奪天工，不加雕琢，似乎不會加工似的，故"若拙"，義也通。《莊子·胠篋》云："毀絕鉤繩而棄規矩，攦工倕之指，而天下始人有其巧矣，故曰：'大巧若拙。'"這是説"大巧"拋棄一切技巧，使"巧"與"拙"混而不分，所以"若拙"，此也可備一説。

〔7〕訥：説話遲鈍。多言必失（《説苑·敬慎》載周朝太廟前之金人背上的銘文云"多言多敗"，則此理古人早已明白），早言易敗（《韓非子·解老》："故議於大庭而後言則立，權議之士知之矣。"則此理古人也早已明白），辯者若自以爲能而多説、早説，則往往會失誤，那也就不會成爲"大辯"了。最善辯的人爲了不失、不敗，往往不多説、不早説，所以看上去"若訥"。孔子説"辯而能訥"（見第五節注〔9〕），與此同旨。"大辯若訥"可避免理屈詞窮之弊。

〔8〕大贏如絀：傅奕本無此句，帛書甲本"拙"字下無"大辯若訥"一句而有"大贏如炳"一句，帛書乙本"拙"字下壞脱七字而後有一"絀"字。據帛書乙本，則傅奕本及帛書甲本均脱四字，今據帛書乙本並參考甲本補此四字。　贏：盈，餘。　大贏：也是得道者中的一種，指最富裕的人。　絀：不足。　大贏如絀：與孔子所説的"富而能儉"（見第五節注〔9〕）旨意相同。富裕者若自恃其富而鋪張浪費，就不可能成爲最大的富豪。最大的富豪必定是節儉的，這樣別人看上去就與捉襟見肘的窮人相似了，所以説"如絀"。"大贏如絀"可避免牀頭金盡之弊。

〔9〕躁：《禮記·月令·仲夏之月》"毋躁"鄭玄注："躁，猶動也。"
躁勝寒：人通過運動可以産生熱量而克服寒冷，這是一種常識。這句與下句"靜勝熱"當爲老子引用的俗語，這從下文之"知"字可以看出來。當然，老子引用時主要着眼於"靜勝熱"，因此得出結論説"知清靜可以爲天下正"。由於"躁勝寒"與"靜勝熱"是同一諺語的上下句，所以老子也連帶引用了。有人未意識到這一點，見"躁勝寒"與"清靜可以爲天下正"之義不符，於是以爲此文有誤，實不當。

〔10〕靜：傅奕本作"靖"，據河上公本改。　勝熱：心靜自然涼，人靜止不動，自身就不會産生很多的能量，所以能戰勝炎熱。

〔11〕傅奕本無"可"字，據帛書甲本補。　清：清澈，不混濁，引申指心境淡泊，沒有雜念貪欲。　靜：傅奕本作"靖"，據河上公本改。"靜"即靜止，安定不動。指因循自然而不作故意的人爲努力，即無爲（參見第一節注〔5〕）。河上公曰："能清能靜，則爲天下之長。"覺按："正"可表示君長（見第二節注〔5〕），所以河上公把"正"解爲"長"，許抗生、馮達甫等也都解爲君長。此說雖通，但綜觀《老子》，第三十七章云："不欲以靜，天下將自正。"第五十七章云："我好靜而民自正。"均與本句同義。該兩句之"正"表示端正而不表示君長，則本句之"正"也當解爲"端正"而不應解爲"君長"。據此，則此"爲"字也不應解爲"成爲"而應解爲"使"，《國語·晉語八》"爲後世之見之也"韋昭注："爲，使也。"即其義。

〔12〕四十七：傅奕本作"四十二"，今增補五字，故改。

【韻脚韻部】

缺、敝，月部。盅、窮，冬部。詘、拙、訥、絀，物部。靜、正，耕部。

【義疏正解】

最有成就的人好像有缺陷似的，但他被使用時却永不衰敗。最充實的人好像空虛似的，但他被使用時却永不窮竭。最正直的人好像邪曲不正似的，最靈巧的人好像愚蠢笨拙似的，最善辯的人好像不會說話似的，最富裕的人好像錢財不足似的。俗話說："運動可以克服寒冷，靜止可以戰勝炎熱。"由此可知淡泊無欲安靜無爲可以使天下的人端正。

第九節（第四十六章）

【提要述評】

此節爲傅奕本第四十六章，河上公注本題"儉欲第四十六"，唐玄宗注本題"天下有道章第四十六"。

本節帛書甲本分爲兩節，從意義上來看來，其分節顯然比通行本合爲一節更合理，故今依其分節分爲兩段。

第一段主要宣揚了作者的反戰思想。"春秋無義戰"（《孟子·盡心下》語），所以老子在此對當時的戰爭作了全盤的否定。他以簡明的文辭形象地揭露了春秋時戰爭的頻繁與慘烈，並將戰爭的起因判定爲君主的"無道"，從而有力地抨擊了當時統治者窮兵黷武的野蠻行徑。當然，當時的戰爭多半是由統治者的貪欲造成的，大概基於這樣的考慮，前人才將它與下一段合爲一章，後人才將貪欲作爲聯繫這兩段的關節。但老子在這一段中其實並未將貪欲當作戰爭的起因，而只是將"無道"看作戰爭的起因，所以還是帛書甲本的理解與分節爲優。

第二段主要宣揚了作者的"知足"主張，勸導人們要知足寡欲（河上公注本題"儉欲"，可能即基於此）。老子提倡"知足"，從兩方面下手：一是着眼於客觀，主張堅決摒棄"可欲"之物，把可以引起人們欲望的東西說成是罪大惡極之物，以期人們畏而遠之；二是着眼於主觀，主張堅決遏制"欲得"之心，斷言貪得無厭必將大禍臨頭，以期人們淡泊寡欲。人們既接觸不到"可欲"，又不"欲得"，當然就"知足"了。文末則着重點明了"知足"的作用與意義：知足可以使人永遠感到滿足，這樣當然有益於身心健康而"可以長久"（第四十四章語）了。

【校定原文】

天下有道[1]，却走馬以糞[2]。天下無道[3]，戎馬生於郊[4]。

罪莫大於可欲[5]，禍莫大於不知足[6]，咎莫憯於欲得[7]，故知足之足，恒足矣[8]。

右第四十六章，四十五言。

【注釋探賾】

〔1〕有道：有道德，指遵循正確的政治原則，無爲而治。　天下有道：河上公曰："謂人主有道。"覺按：指君主有德循道而政治清明。

〔2〕却：《文選·東京賦》"却走馬以糞車"薛綜注："却，退也。"有人把"却"解爲"驅"（見高亨、許抗生之説），不當。　走：跑。　走馬：奔跑着的馬，指馳騁疆場的馬。《韓非子·解老》云："有道之君，外無怨讎於鄰敵，而内有德澤於人民。夫外無怨讎於鄰敵者，其遇諸侯也外有禮義；内有德澤於人民者，其治人事也務本。遇諸侯有禮義，則役希起；治民事務本，則淫奢止。凡馬之所以大用者，外供甲兵而内給淫奢也。今有道之君，外希用甲兵，而内禁淫奢。上不事馬於戰鬭逐北，而民不以馬遠通淫物，所積力唯田疇。積力於田疇，必且糞灌。故曰：'天下有道，却走馬以糞也。'"韓非認爲"走馬"還包括忙於運輸貨物的馬，也通。　糞：傅奕本作"播"，據河上公本改。"糞"是施肥的意思，指用馬拉車送糞至農田施肥。有人將"糞"解爲"治田"（高亨説）、"耕種"（陳鼓應説），不當。河上公曰："糞者，糞田也。兵甲不用，却走馬以治農田也。"

〔3〕天下無道：河上公曰："謂人主無道也。"覺按：指君主昏庸無道而政治黑暗。

〔4〕戎馬：戰馬，這裏指用作戰爭的母馬。因爲天下無道，戰爭頻繁，戰馬缺乏，所以連懷孕的母馬也被用於戰鬭，這就發生了"戎馬生於郊"的情況。這道理《鹽鐵論·未通》講得很清楚，其言云："聞往者未伐胡、越之時，繇賦省而民富足，温衣飽食，藏新食陳，布帛充用，牛馬成群，農夫以馬耕載，而民莫不騎乘，當此之時，却走馬以糞。其後，師旅數發，戎馬不足，牸牝入陣，故駒犢生於戰地。"　郊：河上公曰："戰伐不止，戎馬生於郊境之上，久不還。"這是把"郊"理解爲邊境。吳澄也説："郊者，二國相交之境。"古代的戰爭大多發生在邊疆地區，所以古稱戰場爲"疆場"。但是，戰爭也並不局限於邊疆，所以"疆場"一詞後來便泛指戰場。此"郊"字也當泛指野外的戰場。

〔5〕可欲：可以引起人們欲望的東西，如異性美色、靡靡之音、美味佳餚、五彩服裝、田獵遊樂、珍寶玩好等等，所以河上公注云"好色淫欲"。第三章云："不貴難得之貨，使民不爲盜；不見可欲，使民心不亂。"第十二章云："五色令人目盲，五音令人耳聾，五味令人口爽，馳騁田獵

令人心發狂，難得之貨令人行妨。"均可用來闡明此文之義。《韓非子·解老》把道理解釋得更爲周到，其言云："人有欲，則計會亂；計會亂，而有欲甚；有欲甚，則邪心勝；邪心勝，則事經絕；事經絕，則禍難生。由是觀之，禍難生於邪心，邪心誘於可欲。可欲之類，進則教良民爲姦，退則令善人有禍。姦起，則上侵弱君；禍至，則民人多傷。然則可欲之類，上侵弱君而下傷人民。夫上侵弱君而下傷人民者，大罪也。故曰：'罪莫大於可欲。'"。此外，《周易·繫辭上》所説的"慢藏誨盗，冶容誨淫"也與此同旨。

〔6〕禍莫大於不知足：第四十四章云："知足不辱，知止不殆，可以長久。"與此同旨。《韓非子·解老》曰："人無毛羽，不衣則不犯寒；上不屬天而下不著地，以腸胃爲根本，不食則不能活；是以不免於欲利之心。欲利之心不除，其身之憂也。故聖人衣足以犯寒，食足以充虛，則不憂矣。衆人則不然，大爲諸侯，小餘千金之資，其欲得之憂不除也。胥靡有免，死罪時活，今不知足者之憂終身不解。故曰：'禍莫大於不知足。'"又《喻老》曰："智伯兼范、中行而攻趙不已，韓、魏反之，軍敗晉陽，身死高梁之東，遂卒被分，漆其首以爲溲器。故曰：'禍莫大於不知足。'"

〔7〕咎：《說文·人部》："咎，災也。" 憯（cǎn 慘）：《說文·心部》："憯，痛也。" 貪得者往往會利令智昏，以致國亡身死，所以說"咎莫憯於欲得"。《韓非子·喻老》云："虞君欲屈產之乘與垂棘之璧，不聽宮之奇，故邦亡身死。故曰：'咎莫憯於欲得。'"

〔8〕恒：傅奕本作"常"，乃後世避漢文帝諱所改，今據帛書甲本改回（傅奕本共出現三十一個"常"字，其中除第十六章、第五十二章、第五十五章七個表示"常道"的"常"以外，帛書本均作"恒"，這二十四個"常"字，均爲後世避漢文帝諱所改，今全部改回以復古本之舊，參見第四十五節注〔2〕）。 知足之足，恒足矣：老子認爲，對於不知足的人，有時雖然也因達到某一目的而感到滿足，但這種滿足只是暫時的，也就是說："不知足之足，非恒足矣。"只有知足的人，才能時時處處都感到滿足，這才是一種永恒的滿足，所以說："知足之足，恒足矣。"

【韻脚韻部】

道、道、郊，幽宵旁轉合韻（"道"屬幽部，"郊"屬宵部）。欲、足、得、足、足，職屋旁轉合韻（"得"屬職部，其餘屬屋部）。

【義疏正解】

　　社會政治清明，就會把奔跑着的馬從戰場上拉回來用來運糞施肥。社會政治黑暗，戰馬就會在郊野戰場上生小馬。

　　罪過沒有比可以引起欲望的東西更大的了，禍患沒有比不知滿足更大的了，災禍沒有比貪得更慘痛的了，所以知足的滿足，才真正是永恒的滿足了。

第十節（第四十七章）

【提要述評】

此節爲傅奕本第四十七章，河上公注本題"鑒遠第四十七"，唐玄宗注本題"不出户章第四十七"。

此節的主旨是宣揚得道者的認識能力，認爲得道者不出户就可瞭解天下的一切（河上公注本題"鑒遠"，可能即基於此）。

在這裏，老子强調了理性認識的作用，揭示了感性認識的局限性。他認爲，掌握了基本的大道，就能洞察一切，所以説："不出於户，可以知天下。不窺於牖，可以知天道。"如果没有理性認識，只憑眼觀耳聽的感性認識去瞭解世界，那就只能是一知半解地瞭解一些皮毛，所以説："其出瀰遠者，其知瀰尟。"

須説明的是，此文所謂的"不出於户，可以知天下""不窺與牖，可以知天道""不行而知，不見而名，不爲而成"等等，都是指得道的聖人而言的，即第五十二章所説的"既得其母，以知其子"之類，是指已經得道而進入了理性認識階段的人能認識世界上的一切，而並不是指所有的人都能如此。有人將老子的説法理解爲人類的主觀意識可以超越經驗而認識世界，實是對《老子》的一種誤解，因爲老子對没有實際根據的臆測是持批判態度的，第三十八章曰："前識者，道之華也，而愚之首也。"即是最有力的證據。

【校定原文】

不出於户[1]，可以知天下。不窺於牖[2]，可以知天道[3]。其出瀰遠者[4]，其知瀰尟[5]。是以聖人不行而知[6]，不見而名[7]，不爲而成[8]。

右第四十七章，四十三言[9]。

【注釋探賾】

〔1〕傅奕本"出"下無"於"字，據帛書甲本補。

〔2〕傅奕本"窺"下無"於"字，據帛書甲本補。　窺：據字形而言，通過孔穴探看爲"窺"，通過門縫探看爲"闚"。此文是通過窗口來觀察，則應該用"窺"。有人認爲此當用"闚"（見朱謙之《老子校釋》），不當。

· 43 ·

牖（yǒu有）：窗。

〔3〕天道：古代可以用來指上天的規律，但此文説"窺於牖"，則此"天道"應指天象，即日月星辰的運行情況。現在很多人將它解爲"自然的規律"（參見陳鼓應注譯），不當。王弼曰："事有宗而物有主，途雖殊而同歸也，慮雖百而其致一也。道有大常，理有大致。執古之道，可以御今；雖處於今，可以知古始。故不出户闚牖，而可知也。"吕惠卿曰："天下之所以爲天下者，果何邪？知天下之所以爲天下，則不出户而知之矣。天道之所以爲天道者，果何邪？見天道之所以爲天道，則不窺牖而見之矣。"覺按：以上幾句是指得道者而言，其旨意是：瞭解世界不必依靠感性認識，而可以依靠理性認識。也就是説，只要掌握了"大常"之"道"與"大致"之"理"，得其所以然，那麼不用耳聞目睹，也就能瞭解人事天道了。第五十二章曰："天下有始，可以爲天下母。既得其母，以知其子。"也是這個道理。另外，《韓非子·姦劫弑臣》云："明主者，使天下不得不爲己視，使天下不得不爲己聽，故身在深宫之中而明照四海之内。"此論進一步發展了老子"不出於户，可以知天下"的思想，把老子所説的理性認識可以洞察世界一切事物的觀點改造成了具體可行的政治措施。《淮南子·主術訓》也有類似韓非的話，但這種説法顯然已與老子的觀念不同了。有人認爲這種説法是《老子》此文之古義（見朱謙之《校釋》），似不當。

〔4〕出：與上文的"出户"相應，指出門。　闚：同"窺"。　者：傅奕本無"者"字，據帛書乙本補。《韓非子·喻老》引文也有"者"字。

〔5〕尟（xiǎn顯）：少。大多數本子"尟"作"少"，則與"遠"字不押韻，故不當。　王弼曰："道，視之不可見，聽之不可聞，搏之不可得。如其知之，不須出户；若其不知，出愈遠愈迷也。"吕惠卿曰："今夫天下之大，固無窮也，必待出而後知之，則足力之所及者寡矣，所知者幾何哉？天道之遠，固不測也，必待窺而後見之，則目力之所及者寡矣，所見者幾何哉？故曰：'其出彌遠，其知彌少。'"李嘉謀曰："出而求天地者，求其形也。天地不可以形盡，而可理盡（覺按：當作"以理盡"），故其出彌遠，其知彌少。若知其理之在此，則雖閉户可也。"覺按：這兩句是指未得道者而言，其旨意是：不知道依靠理性認識來瞭解世界的人，只注重感性認識，凡事必須耳聞目睹才信其有，這種人到遠處去打聽情況，必然會將近處的情況遺漏了，而他越往遠處，則遺漏的範圍越大，所以説：

"其出彌遠者，其知彌尠。"《韓非子·姦劫弑臣》云："目必不任其數，而待目以爲明，所見者少矣，非不弊之術也。耳必不因其勢，而待耳以爲聰，所聞者寡矣，非不欺之道也。"可爲《老子》此文之注腳。

〔6〕聖人：《老子》一書的"聖人"都指得道的人或得道的君主。《莊子·天下》："以天爲宗，以德爲本，以道爲門，兆於變化，謂之聖人。"可作爲《老子》一書中"聖人"的注腳。　不行而知：即上文所説的"不出於户，可以知天下"。"行"相當於上文的"出"，指出外巡視。

〔7〕名：《釋名·釋言語》："名，明也。"　不見而名：即上文所説的"不窺於牖，可以知天道"。"見"相當於上文的"窺"；"名"相當於上文的"知"，故當訓"明"。《韓非子·喻老》引文作"明"，後世也有人將"名"字改爲"明"（見陳鼓應注譯），但此文以不改爲好，因爲老子可能有意用"名"字來與"知""成"押韻，若作"明"，其韻便不和諧了。帛書乙本也作"名"，可證《老子》古本應作"名"。

〔8〕不爲：即無爲，見第一節注〔5〕。　不爲而成：指得道的聖人善於因順自然、憑藉時勢、利用外物，所以不作故意的人爲努力就能成功。《韓非子·喻老》云："隨時以舉事，因資而立功，用萬物之能而獲利其上，故曰：'不爲而成。'"一説"不爲而成"是總括"不行而知，不見而名"兩句而言，如吕惠卿曰："知之於所不行，名之於所不見，則不爲而成矣。"亦通。

〔9〕四十三：傅奕本作"四十"，今增補三字，故改。

【韻脚韻部】

户、下，魚部。牖、道，幽部。遠、尠，元部。知、名、成，支耕對轉合韻（"知"屬支部，其餘屬耕部）。

【義疏正解】

得道的人不從房門走出去，就可以知道天下的事情；不從窗口向外探望，就可以知道日月星辰的運行情況。那些出去得越遠的人，他們知道的東西就越少。因此聖明的人不出外打聽就能知道，不親眼觀察就能明白，不做就能成功。

第十一節（第四十八章）

【提要述評】

此節爲傅奕本第四十八章，河上公注本題"忘知第四十八"，唐玄宗注本題"爲學日益章第四十八"。

此節的主旨在於宣揚作者無爲的政治思想，勸導統治者研習大道，以無爲取天下。

此文之"爲學""爲道"，絕非如常人所理解的那樣指純粹學術性的治學修道，而含有特定的政治內容。"爲學者日益，爲道者日損"云云的真正含義是指學習政教禮治方面的知識將助長其從政時的"有爲"干預意識，只有研習自然之道，才能漸漸消除其"有爲"的干預意識（河上公注本題"忘知"，可能即基於此）而進入到"無爲"的思想境界。而"無爲"的作用極大，"無爲則無不爲"，"無爲"實際上對世間的一切都能產生作用。因此，要想輕易地奪取天下，就只能依靠"無爲"的政治策略。如果以"有爲"治國，濫發政令，大興徭役，就不能得民心而奪取天下。

此文最後幾句，說明此節文字是老子爲"將欲取天下者"所作的一則政治建議，其主旨是勸他們不要陶醉於政教禮治，不要濫施政令，而應該因順自然，走"無爲"之道。老子將"爲道"說成是可以"取天下"的有效手段，這對當時利欲熏心的諸侯來說，無疑更具有吸引力和鼓動性。將自己的主張納入到別人的功利目的之中來增強其吸引力，由此可以看出老子說教手段的高明與巧妙。

【校定原文】

爲學者日益[1]，爲道者日損[2]，損之又損之[3]，以至於無爲[4]。無爲則無不爲[5]。將欲取天下者[6]，恒以無事[7]；及其有事[8]，又不足以取天下矣。

右第四十八章，四十八言。

【注釋探賾】

〔1〕爲：做，致力於。 學：即《韓非子》之《問辯》《五蠹》《顯學》中所說的"文學"，指古代的文獻經典，像《詩》《書》《禮》《樂》《春秋》之類，它們是儒家用來宣揚自己政治主張的典籍，此文着重指西周以還所

德篇上　第十一節（第四十八章）

倡導的諸如《周禮》《儀禮》等典籍上所記載的一些具體的禮治知識，故河上公注曰："謂政教禮樂之學也。"朱謙之曰："'爲學日益'與二十章'絕學無憂'，皆指學禮而言。"　日益：一天比一天增加，指用禮治知識來治理天下的意念與日俱增。河上公曰："日益者，情欲文飾日以益多。"現在一般人都認爲"日益"是指知識日益增多（見許抗生、陳鼓應、馮達甫注譯），這樣理解，便與下文的"日損""無爲""取天下""無事""有事"等難以貫通，所以其解説便產生了前後不一致的現象，如將"日益"譯爲"一天比一天增加知見"或"知識一天天增多"，把"日損"譯爲"一天比一天減少智巧"或"情欲一天天減少"。在同一段文字中，解釋如此前後不一致，説明其解乃是一種誤解。

〔2〕河上公曰："道，謂自然之道。日損者，情欲文飾日以銷損。"覺按："道"見第一節注〔10〕。"道"法自然而無爲，所以爲道者也將因循自然而無爲，這就會日益減損其有爲的以禮治國的意念，故曰"日損"。有人認爲"日損"是指知識的減少（見許抗生注譯），這也是一種誤解，因爲據下文，"損之又損之"的結果只是"無爲"，而並不是"無知"。

〔3〕河上公曰："損之，損情欲也。又損之者，所以漸去之也。"

〔4〕無爲：見第一節注〔5〕。

〔5〕河上公曰："情欲斷絕，德與道合，則無所不施、無所不爲也。"覺按："無不爲"即無所不爲，無所不施，也就是没有什麽地方不發生作用。"無不爲"是"無爲"產生的一種作用，是指"無爲"的作用極大，影響到了一切事物。因爲"無爲"即因順自然，而世間的一切無不因順自然，所以"無爲"實際上是使一切都進入了因順自然的軌道，所以説它的作用是"無不爲"的。第三十七章云："道恒無爲而無不爲，侯王若能守，萬物將自化。"即此意（參見第八十一節注〔1〕）。當然，此文的"無不爲"主要着眼於政治領域，指統治者因順自然而不作强行干預之後，可使萬民在不受干擾的環境中順利地做成一切，即第五十七章所説的："我無爲而民自化，我好靜而民自正，我無事而民自富，我無欲而民自樸。"

〔6〕河上公曰："取，治也。治天下當以無事，不當勞煩也。"覺按：今人仍有從河上公注將"取"解爲"治"的（參見陳鼓應注譯），實不當。《老子》中的"取"都不表示"治"義。第五十七章："以政治邦，以奇用兵，以無事取天下。"第一句用"治"，末句用"取"，互不相混，足以證明"取"與"治"不同義。綜觀《老子》一書，用"治"與"取"時往往

· 47 ·

立足於諸侯而言，所以"治"字往往用來表示治國而不表示治天下（見第十章、第五十七章、第六十章、第六十五章），"取"字則用來表示奪取天下或他國而不表示治理（見第二十九章、第五十七章、第六十一章），這更可證明河上公之説有違於老子本義。"取天下"當指輕易地奪取天下的控制權，即得民心而輕易地控制天下。《左傳·襄公十三年》："凡書'取'，言易也。"《左傳·昭公四年》："凡克邑不用師徒曰取。"《荀子·王制篇》："成侯、嗣公，聚斂計數之君也，未及取民也。"楊倞注："取民，謂得民心。"此數例皆可明此"取"字之義。參見第七十三節注〔4〕。

〔7〕恒：傅奕本作"常"，據帛書本改。　事：指不因順自然的人爲措施，如苛刻的政令、繁重的勞役等等。《荀子·正名篇》"不事而自然謂之性"楊倞注："事，任使也。"《戰國策·秦策二》"陘山之事"高誘注："事，役也。"本書第五十七章"以無事取天下""我無事而民自富"、第六十三章"事無事"的"無事"，均與此文之"無事"同義。參見第二十節注〔12〕。

〔8〕王念孫曰："及，猶'若'也。……言'若其有事也'。"（見《經傳釋詞》卷五"及"字條）

【韻腳韻部】
爲、爲，歌部。事、事、矣，之部。

【義疏正解】
致力於當今學問的人，他那以禮治國的意念一天比一天增加；而致力於大道的人，他那以禮治國的意念一天比一天減少，減少了這種意念後又進一步減少它，像這樣一直到達無所作爲而不强行干預的境地。無所作爲而不强行干預，那就没有什麽不受其影響。將要奪取天下控制權的諸侯，常常依靠清静無事；如果他們濫發政令、大興徭役，就又不能夠由他們來奪取天下的控制權了。

· 48 ·

第十二節（第四十九章）

【提要述評】

此節爲傅奕本第四十九章，河上公注本題"任德四十九"，唐玄宗注本題"聖人無常心章第四十九"。

此節緊承上一節而來，也致力於宣揚其無爲的政治思想。所不同的是：上節側重於宣揚行政措施之無爲，而此節則側重於宣揚意識形態之無爲；上節反對濫發政令，此節反對臧否百姓。然其主張無爲、反對干涉民意的主旨是一致的。

老子認爲，聖君治世，不應該以自己某些固有的思想觀念或道德準則去評判民衆，而應該以廣大民衆的意志作爲社會的道德標準（河上公注本題"任德"，可能即基於此），所以對當代社會上所謂的"善者"或"不善者"應該一概予以認可，對當代社會上所謂的"信者"與"不信者"應該一概予以信任。只有這樣，才能使民衆自化而得到"善""信"之德。

在老子看來，在道德領域，聖君不應該像衆人那樣"注其耳目"，分清是非，褒貶善惡，而應該採取一種附和的渾沌心態而不置可否。這可謂是一種思想統治方面的渾沌理論，是其無爲哲學的一個重要組成部分。《韓非子·揚摧》云："聽言之道，溶若甚醉。脣乎齒乎，吾不爲始乎；齒乎脣乎，愈惛惛乎。彼自離之，吾因以知之；是非輻湊，上不與構。虛靜無爲，道之情也。"《韓非子·大體》云："不逆天理，不傷情性。"諸如此類，均是對老子這一渾沌理論的改造與利用。

人類的道德規範，必定隨着人類社會的發展而發展。老子"以百姓之心爲心"的道德規範說，是一種以人民意志爲轉移的學說，無疑具有一定的合理性，但他一味提倡迎合民衆而反對聖哲的思想引導，也有其消極之處。

【校定原文】

聖人恒无心[1]，以百姓之心爲心[2]。善者吾善之，不善者吾亦善之，得善矣[3]。信者吾信之，不信者吾亦信之，得信矣[4]。聖人之在天下，歙歙焉[5]；爲天下[6]，渾其心[7]。百姓皆注其耳目[8]，聖人皆咳之[9]。

右第四十九章，六十九言[10]。

【注釋探賾】

〔1〕聖人：指得道的聖明君主。參見第十節注〔6〕。　恒無：傅奕本作"無常"，據帛書乙本改。　心：意念，觀念。　無心：沒有想法，指沒有一定的思想觀念作爲判斷是非善惡的標準。河上公曰："聖人重改更，貴因循，若似無心也。"呂惠卿曰："猶之鑑也無常形，以所應之形爲形而已。"

〔2〕傅奕本"心"上無"之"字，據帛書乙本補。　以百姓之心爲心：指聖人治天下，以廣大民衆的意志作爲自己的思想準則。河上公曰："百姓心之所便，因而從之。"

〔3〕王弼曰："無棄人也。"覺按：第二十七章云："聖人恒善救人，故無棄人。"與此文同旨，故王弼用來解此。這三句是指聖人對天下人一視同仁，不以世俗的善惡標準去褒貶世人，而一概稱其善。這樣，善者固然得到了激勵，而不善者也因未受指責而倍受感動，從而翻然自化。這樣，社會上的善行也就自然而然地形成了。

〔4〕這三句是說，聖人既以百姓之心爲心，所以對天下的人都信任。誠實者被信任固然得到了激勵，而不誠實者受到聖人的信任後，將問心有愧而悔過自新。這樣，社會上誠實無欺的德行也就自然而然地形成了。

〔5〕歙歙（xīxī 希希）：與"翕翕""噏噏""潝潝"等通，正字當作"噏噏"，形容附和投合的樣子，此指聖人口不臧否人物，"善者吾善之，不善者吾亦善之"。這是聖人"以百姓之心爲心"而不用一定的思想準則來評判衆人善惡的結果，所以王弼注曰："聖人之於天下歙歙焉，心無所主也。"

〔6〕爲：《呂氏春秋·舉難》"說桓公以爲天下"高誘注："爲，治。"　爲天下：與上文"在天下"對文同義。

〔7〕渾其心：傅奕本作"渾渾焉"，據河上公本改。"渾其心"就是使其心混沌不清，使其心糊裏糊塗，指聖人內心不辨是非，"信者吾信之，不信者吾亦信之"。這也是聖人"无心"的結果。帛書甲本、乙本作"渾心"，與"渾其心"的意義相同。

〔8〕注：即"注意""注目"的"注"，集中的意思。河上公曰："注，用也。"釋德清曰："百姓皆注其耳目者，謂注目而視，傾耳而聽，司其是非之昭昭。"

〔9〕咳（hái孩）：通"孩"。這裏用作使動詞，表示"使……成爲嬰孩的樣子"。　之：指代"其耳目"，指聖人的耳目。　咳之：此承前文而言，與上句"注其耳目"的意義相反，指聖人與衆人不同，衆人用其耳目，而聖人則使自己的耳目如同嬰孩一樣昏昏然，對衆人之善信與否聽而不聞，視而不見。第二十章云："衆人熙熙，若享太牢，若春登臺。我獨泊兮，其未兆，若嬰兒之未咳，儡儡兮若無所歸。"第二十八章云："知其雄，守其雌，爲天下谿；爲天下谿，恒德不離，復歸於嬰兒。"皆可爲此文之注脚。前人之注似乎都未得老子本旨。

〔10〕六十九：傅奕本作"六十八"，今增補一字，故改。

【韻脚韻部】

心、心，侵部。善、善、善，元部。信、信、信，真部。歙、心，緝侵對轉合韻（"歙"屬緝部、"心"屬侵部）。

【義疏正解】

聖人永遠沒有固定的思想觀念，而將百姓的觀念作爲自己的觀念。善良的人我認爲他善良，不善良的人我也認爲他善良，就能得到善良的德行了。誠信的人我認爲他誠信，不誠信的人我也認爲他誠信，就能得到誠信的德行了。聖人處在統治天下的位置上，附和迎合百姓；治理天下的時候，使自己的心靈混混沌沌。百姓都專注地使用自己的耳朵眼睛，聖人都使自己的耳目如同嬰孩一樣昏昏然。

第十三節（第五十章）

【提要述評】

此節爲傅奕本第五十章，河上公注本題"貴生第五十"，唐玄宗注本題"出生入死章第五十"。

本節的主旨在於推崇"善攝生者"的"無爲"保生之道（河上公注本題"貴生"，可能即基於此）而貶斥一般人的"有爲"謀生之法。

老子認爲，人總是有生又有死，生時四肢九竅活動着，死後四肢九竅也就停止了活動。在對待生命的問題上，人們存在着截然不同的兩種態度。大多數人都追求生活享受，於是竭盡心力千方百計地去活動以獲得優厚的生活條件，但這樣做反而損害了自己的生命，以致過早地走向了死亡。而善於保養生命的人，則不爲改善自己的生活條件去冒險，他們既遠避各種毒蛇猛獸似的禍害，又不爭強好勝與人爭鬥，所以也就沒有什麽致命的因素使他們夭折，從而能盡享天年。顯然，前者的謀生之道是入世"有爲"而"動"，後者的保生之道是出世"無爲"而"靜"。《韓非子·解老》解說此章時云："是以聖人愛精神而貴處靜。"可謂深得其主旨。老子的論述，無疑向芸芸眾生，特別是向那些驕奢淫逸、貪得無厭、以爭奪爲道而進行戰爭冒險的諸侯敲響了警鐘。然而，他提倡清靜無爲、寡欲而不操勞、遠避各種禍害、不傷害別人以求排除致死因素的做法雖然有一定的道理，卻也有不切實際的一面。在貪欲橫行、我不犯人而人將犯我的社會環境中，只作消極的退避實是無濟於事的，只有採取積極的防範才能使自己"無死地"。

【校定原文】

出生入死[1]，生之徒十有三，死之徒十有三[2]。而民之生生而動[3]，動皆之死地亦十有三[4]。夫何故也[5]？以其生生之厚也[6]。蓋聞善攝生者[7]，陵行不遇兕虎[8]，入軍不被甲兵[9]；兕無所投其角[10]，虎無所措其爪[11]，兵無所容其刃[12]。夫何故也？以其無死地焉[13]。

右第五十章，八十九言[14]。

【注釋探賾】

〔1〕出：出來，出現，引申爲開始。　入：進去，回歸，引申爲結束。《韓非子·解老》云："人始於生而卒於死，始之謂'出'，卒之謂'入'，故曰：'出生入死。'"吳澄曰："出則生，入則死。'出'謂自無而見於有，'入'謂自有而歸於無。"

〔2〕生之徒十有三，死之徒十有三：這兩句前人的理解各不相同，而能緊扣文字作解的有兩種。一是把"徒"理解爲"類""屬"，把"有"讀爲"又"，把"十有三"理解爲"十三"，認爲"十有三"是指四肢九竅（口、眼、耳、鼻孔、尿道口、肛門爲九竅）等十三個經常活動的器官。如《韓非子·解老》云："人之身三百六十節，四肢、九竅，其大具也。四肢與九竅十有三者，十有三者之動靜盡屬於生焉，屬之謂'徒'也，故曰'生之徒也十有三者'。至死也，十有三具者皆還而屬之於死，死之徒亦有十三，故曰：'生之徒十有三，死之徒十有三。'"河上公曰："言生死之類各十有三，謂九竅四關也。"二是把"徒"理解爲"道"，把"十有三"理解爲"十分之三"。如王弼曰："十有三，猶云十分有三分。取其生道，全生之極，十分有三耳；取死之道，全死之極，十分亦有三耳。"後世的解釋大多出入於這兩者之間。我認爲韓非之解比較合理，而王弼之說難以自圓，因爲取生之道佔十分之三，取死之道佔十分之三，下面所說的"生生而動，動皆死地"也佔十分之三，那麼還有十分之一當作何說呢？有人猜想這十分之一是指"不生不死之道"（見蘇轍之說），但這在《老子》中無以印證，故顯然不當。有人爲了湊滿這十分之十，於是將此文理解爲"屬於長壽的，佔十分之三；屬於短命的，佔十分之三；過分地奉養生命，妄爲而走向死路的，也佔了十分之三"；還有十分之一，是指"善於護養自己的生命"的人，即下文所說的"善攝生者"（見陳鼓應譯文與引述）。此說雖似圓滿，却也不當，因爲"本來可以活得長久"，由於"妄爲而走向死路的"也應屬於短命的人而不應與"死之徒"分開，"善攝生者"也應屬於長壽的人而不應與"生之徒"分開。再說，將"生之徒"和"死之徒"理解爲"長壽的"和"短命的"也有違老子本義。《老子》第七十六章曰："人之生也柔弱，其死也堅彊。草木之生也柔脆，其死也枯槁。故堅彊者，死之徒也；柔弱者，生之徒也。"我們不能用"短命的"和"長壽的"來解釋該文的"死之徒"和"生之徒"，即可證陳說之非。據第七十六章，"堅彊者"是指人死後的狀況，所以"死之徒"也應指人死後

的情況，而不應指"取死之道"；"柔弱者"是指"人之生也"的狀況，所以"生之徒"也應指人之生時的狀況，而不應指"取其生道"。而且，"人之生"而"柔弱者"、"其死"而"堅彊者"都不可能僅佔十分之三。由此可見，王弼、陳鼓應以及與之類似的理解都與《老子》第七十六章相牴牾，故不當。陳鼓應認爲"許多解釋者從《韓非子》的說法""是錯誤的"。其實，韓非的解釋與第七十六章並不牴牾，應該是合理的。

〔3〕生生：以生爲生，把生命當作生命來對待、把生活當作生活來看待，也就是指看重自己的生命和生活。一般注重自己生命和生活的人往往會爲自己的生活操心奔忙，所以說"生生而動"。

〔4〕之：至，往。 地：地步，處境。 《韓非子·解老》云："凡民之生生，而生者固動；動盡則損也；而動不止，是損而不止也；損而不止，則生盡；生盡之謂死，則十有三具者皆爲死死地也。故曰：'民之生生而動，動皆之死地之十有三。'是以聖人愛精神而貴處靜。"

〔5〕傅奕本"故"下無"也"，據帛書甲本補。 河上公曰："問何故動之死地也。"覺按：此句"何故"針對"而民之生生而動，動皆之死地亦十有三"而言，其意爲：爲什麼民衆爲了生活而活動，結果却反而趨於死亡了呢？

〔6〕河上公曰："所以動之死地也，以其求生太厚，違道忤天妄行於己。"覺按："生生之厚"指追求過度奢侈的生活，如花天酒地、妻妾成群等欲樂其生而反傷其生的生活方式。《韓非子·揚搉》云："夫香美脆味，厚酒肥肉，甘口而疾形；曼理皓齒，說情而損精。故去甚去泰，身乃無害。"可爲此句注脚。王弼曰："夫蚖蟺以淵爲淺而鑿穴其中，鷹鸇以山爲卑而增巢其上，矰繳不能及，網罟不能到，可謂處於無死地矣，然而卒以甘餌乃入於無生之地，豈非生生之厚乎？"

〔7〕攝：維持，保養。河上公曰："攝，養也。"

〔8〕陵：傅奕本作"陸"，據帛書本改。 遇：遭遇，意外地碰到。《論語·微子》"遇丈人以杖荷蓧"皇侃疏："遇者，不期而會之也。" 兕（sì 似）：雌性的犀牛。《爾雅·釋獸》："兕，似牛。"郭璞注："一角，青色，重千斤。" 不遇兕虎：河上公曰："自然遠避，害不干也。"覺按：這是説"善攝生者"在山陵中行走時注意避開猛獸而不去冒犯它們，所以也不會爲猛獸所害。這是比喻之辭，喻指善攝生者能避開一切猛獸似的禍害。《韓非子·解老》云："夫兕、虎有域，動靜有時。避其域，省其時，

則免其兕、虎之害矣。民獨知兕、虎之有爪角也，而莫知萬物之盡有爪角也，不免於萬物之害。何以論之？時雨降集，曠野閒靜，而以昏晨犯山川，則風露之爪角害之。事上不忠，輕犯禁令，則刑法之爪角害之。處鄉不節，憎愛無度，則爭鬥之爪角害之。嗜慾無限，動靜不節，則痤疽之爪角害之。好用其私智而棄道理，則網羅之爪角害之。兕、虎有域，而萬害有原，避其域，塞其原，則免於諸害矣。……故曰：'陸行不遇兕、虎。'"

〔9〕被：遭受。　甲兵：于鬯曰："'甲兵'者，因'兵'而兼言'甲'，'甲兵'實止謂'兵'而已。上文云'陸行不遇兕虎'，以'甲兵'對'兕虎'，故不可不兩字成文。若單云'入軍不被兵'，非法矣。且下文云'兕無所投其角，虎無所措其爪，兵無所容其刃'，承'兕'、承'虎'、承'兵'而獨不及'甲'，明'甲'字因'兵'及之，非義所在矣。古書此例甚多。"覺按："甲"是連類而及之詞，這是古書中常見的一種辭例，可參見拙著《韓非子校疏析論》49.1注〔8〕。　不被甲兵：河上公曰："不好戰以殺人。"覺按：這是說"善攝生者"進入軍營不去觸犯別人而避開兵器，因而不會被別人用兵器殺害。此句含義也不局限於此，《韓非子·解老》云："此非獨謂野處之軍也。聖人之遊世也，無害人之心；無害人之心，則必無人害。"

〔10〕投：投擲。　投其角：將其角投擲（某處），指用其角撞擊。兕無所投其角：兕沒有投撞其角之處，指"善攝生者"避開兕而兕無法傷害他。《韓非子·解老》云："遠諸害，故曰：'兕無所投其角，虎無所錯其爪，兵無所容其刃。'"

〔11〕措：放置。　措其爪：將其爪置於（某處），指用其爪抓。

〔12〕容：俞樾曰："《釋名·釋姿容》曰：'容，用也，合事宜之用也。'兵無所容其刃，言兵無所用其刃。"覺按：後人多從俞說，其實不當。這"容"與"投""措"對文，應表示"使……被容納"，也就是"置放"的意思，故河上公注曰："養生之人，虎兕無由傷，兵刃無從加也。"

容其刃：使其刃被（某物）容納，將其刃納入（某處），指用鋒刃刺殺。

〔13〕陳懿典曰："蓋知道者必達於理，達於理者必明於權，明於權者不以物害己，非謂其薄之也，言察於安危，謹於禍福，莫之能害也。"

〔14〕八十九：傅奕本作"八十八"，今增補一字，故改。

【韻脚韻部】

三、三、三，侵部。者、虎、兵，魚陽對轉合韻（"兵"屬陽部，其餘屬魚部）。

【義疏正解】

人的生命開始於出生而結束於死亡，活着時有生機的一類東西是四肢九竅等十三個，死去後死亡的一類東西是四肢九竅等十三個。至於民衆看重自己的生活而活動，活動後都走向死亡地界的也是這四肢九竅等十三個東西。這是什麼緣故呢？因爲他們注重自己的生活太過分了。聽說善於保養生命的人，在丘陵中行走不會碰到犀牛和老虎，進入軍營不會碰到兵器；因而犀牛沒有地方撞它的角，老虎沒有地方撲它的爪子，兵器沒有地方刺它的鋒刃。這是什麼緣故呢？因爲他們沒有死亡的處境啊。

第十四節（第五十一章）

【提要述評】

此節爲傅奕本第五十一章，河上公注本題"養德第五十一"，唐玄宗注本題"道生之章第五十一"。此節帛書甲本分爲兩節，未必得當，今姑且依其分節分爲兩段。

本節的主旨在闡明"道""德"生養萬物之"玄德"（河上公注本題"養德"，可能即基於此），它無疑豐富了第四十章、第四十二章關於萬物生成問題的論述。

在第四十章、第四十二章中，老子主要論述了道生成萬物的繁衍過程。而在這裏，老子除了闡明萬物形成的內因與外因，又進一步論述了"道""德"生養萬物的德性，即所謂的"玄德"："道""德"雖生養萬物，但這不過是因循自然而已，所以它們並不以此爲自己的功德，因而它們並不去佔有、利用、支配萬物。這種默默施德而不求其報、"生之""畜之"而不求佔有和使用的"玄德"，不但是一種因循自然"無爲而無以爲"的哲學原則，而且也是老子心目中一種理想的政治原則。河上公在注中説："道之生於萬物，非但生而已，乃復長養成就覆育，全其性命，人君治國治身，亦當如是也。"可謂深得老子之意。如果我們繼續從人文的角度去品味開掘此節，其意義也非同一般。"道"爲萬物之"母"。這種具備"玄德"的"道"，實是一位最無私最偉大的母親。她雖然"莫之爵"，也自然會受到人們的尊敬。老子爲中華文化塑造了這麽一位品德高尚的母親形象，無疑值得稱道。"生而不有，爲而不恃，長而不宰"不但應該作爲人君的政治原則，也應該成爲天下父母的座右銘。

【校定原文】

道生之[1]，德畜之[2]，物形之[3]，勢成之[4]。是以萬物莫不尊道而貴德[5]。道之尊，德之貴，夫莫之爵而恒自然也[6]。

道生之[7]，德畜之，長之育之，亭之毒之[8]，蓋之覆之[9]，生而不有，爲而不恃[10]，長而不宰[11]，是謂玄德[12]。

右第五十一章，七十二言[13]。

【注釋探賾】

〔1〕道生之：河上公曰："道生萬物。"覺按：下面三句的"之"與此句的"之"同，指萬物。　道：見第一節注〔10〕。

〔2〕河上公曰："德，一也。一生布氣而畜養。"覺按：此文的"德"是老子使用的一個哲學概念，相當於"一"。"一"是一種混沌之氣，是"道"的物質外殼（參見第二節注〔1〕）。第三十九章云："天得一以清，地得一以寧，神得一以靈，谷得一以盈，萬物得一以生，侯王得一以爲天下貞。"天地萬物依靠"一"的畜養才形成了各自的特性，所以説"德畜之"。

〔3〕物：《老子》第十四章"復歸於無物"河上公注："物，質也。"指具體可感的物質。　形：使……具有形體，體現。

〔4〕勢：《淮南子·脩務訓》"各有其自然之勢"高誘注："勢，力也。"指外界的各種作用力，如日曬夜露、風吹雨淋以及四季、地形與各種事物的影響。河上公曰："一爲萬物作寒暑之勢以成之。"《莊子·天道》："天道運而無所積，故萬物成。"成玄英疏："言天道運轉，覆育蒼生，照之以日月，潤之以雨露，鼓動陶鑄，曾無滯積，是以四序回轉，萬物生成也。"均可明此"勢"字之義。　成：成就，形成。"成"是萬物生成過程的最終階段。王弼曰："物生而後畜，畜而後形，形而後成。何由而生？道也。何得而畜？德也。何由而形？物也。何使而成？勢也。"

〔5〕蘇轍曰："形雖由物，成雖由勢，而非道不生，非德不畜，是以尊道而貴德。"

〔6〕爵：爵位。這裏用作動詞，表示封以爵位使之尊貴。此"爵"字河上公本、王弼本等作"命"，所以現在有人解爲"命令""干涉"（參見馮達甫、陳鼓應注譯），實誤。他本即使作"命"，也應解爲"爵"，王弼注云"'命'並作'爵'"，即此意。《禮記·郊特牲》："古者生無爵，死無諡。"鄭玄注："周制，爵及命士，雖及之，猶不諡耳。"孔穎達疏："按《典命》云：'小國之君，其卿三命，其大夫再命，其士一命。'士既有命，命即爵也。"《論語·先進》"賜不受命"皇侃疏引王弼云："命，爵命也。"均其證。　莫之爵：即"莫爵之"。"之"指代"道""德"。　恒自然也：傅奕本作"常目然"，據帛書本改補。　然：動詞，表示"使……成爲這個樣子"的意思。《廣雅·釋詁三》："然，成也。"即其義。　自然：自

成，自己使自己成爲這個樣子，指非別人所爲。參見第二十七節注〔21〕、第六十一節注〔11〕、第六十八節注〔1〕、第六十九節注〔19〕。唐玄宗曰："言道德之尊貴非假爵命，但生成之功被物而常自然貴爾。"這是説，"道""德"受尊重，並非由於人爲的因素，而是自然形成的。

〔7〕傅奕本"道"上有"故"，據帛書本删。

〔8〕亭之毒之：河上公本作"成之熟之"。"亭""毒"爲借字，"成""熟"爲本字。上古"亭"屬定母耕部，"成"屬禪母耕部；"毒"屬定母覺部，"熟"屬禪母覺部。定、禪二母均屬舌音，故"亭"與"成"、"毒"與"熟"音近而相通。

〔9〕盖：河上公本作"養"。據上文"長之""育之"義近而爲一類，"成之""熟之"義近而爲一類，則此文當作"盖"。《小爾雅·廣詁》："盖，覆也。""盖""覆"都是庇護的意思。

〔10〕河上公曰："道所施爲，不恃望其報也。"覺按："爲"表示助（參見第四十二節注〔6〕）。此"爲"字即指上文的"長之育之"。　恃：依賴，憑藉。

〔11〕長：使……成長，培育。　育：《爾雅·釋詁下》："育，長也。"

〔12〕玄德：深藏不露的德行。《尚書·舜典》"玄德升聞"孔安國傳："玄，謂幽潛。"河上公曰："道之所行，恩德玄暗，不可得見。"王弼曰："有德而不知其主也，出乎幽冥，故謂之玄德也。"

〔13〕七十二：此節補一字，删一字，故仍爲七十二字。

【韻脚韻部】

生、形、成，耕部。畜、育、毒、覆，覺部。有、恃、宰、德，之職對轉合韻（"德"屬職部，其餘屬之部）。

【義疏正解】

"道"産生萬物，"德"畜養萬物，各種物質使萬物具有了形體，各種作用力使萬物最終形成。因此，萬物無不尊重"道"而看重"德"。"道"被尊重，"德"被看重，其實並没有誰給它們封爵使之尊貴，而經常是自行形成的啊。

"道"産生萬物，"德"畜養萬物，使它們成長，使它們發育，使它們形成，使它們成熟，掩護它們，庇護它們，生出萬物而不去佔有它們，幫助萬物而不去憑藉它們，培育萬物而不去主宰它們，這叫作深藏不露的德行。

第十五節（第五十二章）

【提要述評】

此節爲傅奕本第五十二章，河上公注本題"歸元第五十二"，唐玄宗注本題"天下有始章第五十二"。本節帛書甲本分爲兩節，從押韻情況來看，有一定的合理性，所以今依其分節號分爲兩段。但這兩段從語意上來看，却又有較爲密切的聯繫，更何況其中還出現了"没身不殆""終身不勤""終身不救""無遺身殃"等或形式相近或意義相類的句子，所以我以爲還是合爲一節較好。

本節的主旨是宣揚"復守其母""復歸其明"等守道歸本的思想（河上公注本題"歸元"，可能即基於此）。

老子認爲，道是萬物的本源。從這一前提出發，那麼只要掌握了道，就可以認識萬物，但這僅僅是一個方面；更重要的一個方面是，在認知萬物以後，還應該牢牢守住道。只有這樣，才能不斷地認知世界而使自己立於不敗之地。

至於這認知外物後必須歸本守道的思想具體地落實起來，便是"塞其兑，閉其門"而不爲世俗雜事去操心勞神，以及"見小"而"守柔"、"用其光"而"歸其明"等因循常道的"襲常"行爲。

老子在此節中反復強調了把握大道、遵循規律來認識事物的重要性，所以此節是瞭解其認識論的重要篇章。他所謂的"母"與"子"，實是道與萬物、抽象理論與具體實際的代名詞，所以"母"與"子"的對立統一，也就是道與萬物、理論與實際的對立統一，老子對"母""子"關係的論述，折射出了辯證思想的光芒，值得重視。

【校定原文】

天下有始[1]，可以爲天下母[2]。既得其母，以知其子[3]；既知其子，復守其母[4]；没身不殆[5]。

塞其兑[6]，閉其門[7]，終身不勤[8]。啓其兑[9]，濟其事[10]，終身不救。見小曰明[11]，守柔曰彊[12]。用其光[13]，復歸其明[14]，無遺身殃[15]。是爲襲常[16]。

右第五十二章，七十三言。

德篇上　第十五節（第五十二章）

【注釋探賾】

〔1〕河上公曰："始者，道也。"覺按：《吕氏春秋·有始》"天地有始"高誘注："始，初也。"《荀子·王制篇》："天地者，生之始也。"楊倞注："始，猶本也。""始"表示最初的開端，也就是指本源。老子認爲天下萬物的本源是"道"，所以此"始"字才指道而言。參見第四十五節注〔4〕。

〔2〕母：母體，本源。河上公曰："道爲天下萬物之母也。"

〔3〕河上公曰："子，一也。既知道已，當復知一。"蘇轍曰："其子，則萬物也。"覺按："子"即子息，此喻指一切事物，也就是指道產生的一、二、三及萬物（參見第四十二章）。　既得其母，以知其子：老子認爲"道"是產生天地萬物的總根源，又是決定天地萬物及人類社會發展的總規律，所以掌握了道，就可以用來瞭解天地萬物。《韓非子·解老》云："道者，萬物之所然也，萬理之所稽也。理者，成物之文也；道者，萬物之所以成也。……萬物各異理，而道盡稽萬物之理。"可爲此文注脚。

〔4〕《爾雅·釋言》："復，返也。"《尚書·舜典》"卒乃復"孔安國傳："復，還也。"《周易·繫辭下》："復，德之本也。"韓康伯注："復者，各反其所始。"在《老子》中，"復"均用作動詞，表示返回、回歸的意思，而不用作副詞表示"又"，此文亦然。現有人理解爲"又"（見陳鼓應、馮達甫譯文），不當。

〔5〕没：通"殁"，死。　没身：終身。　不殆：不危險。老子認爲，道是萬物的根本，可以用來認識萬物，但如果認識萬物後捨棄了道，那就是個撿了芝麻丢了西瓜的糊塗蟲。這種人捨棄了根本的原則，不遵循基本的規律，就難免會做傻事而發生危險。只有牢牢把握"道"，順"道"而爲，才能終身不殆。

〔6〕河上公曰："兑，目也。目不妄視。"王弼曰："兑，事欲之所由生。"俞樾曰："'兑'當讀爲'穴'。《文選·風賦》'空穴來風'注引《莊子》'空閲來風'，'閲'從兑聲，'閲'可假作'穴'，'兑'亦可假作'穴'也。塞其穴，正與'閉其門'文義一律。"覺按："兑"通"穴"，即孔穴，所以可以喻指各種孔穴狀的東西。《周易·説卦》："兑爲口。"《淮南子·道應訓》："王若欲久持之，則塞民於兑。"高誘注："兑，耳目鼻口也。《老子》曰'塞其兑'是也。"此文當喻指耳目。

〔7〕河上公曰："門，口也。使口不妄言。"王弼曰："門，事欲之所由從也。"覺按："門"是建築物的出入口，所以可以喻指言語之出口嘴巴。

· 61 ·

〔8〕勤：勞苦。　終身不勤：與上文"没身不殆"相類。王弼曰："無事永逸，故終身不勤也。"

〔9〕啓：傅奕本作"開"，乃後世避漢景帝劉啓諱而改，今據帛書本改回（傅奕本共出現三個"開"字，見於第十章、第二十七章及本章，帛書本均作"啓"，可知"開"字皆後世避景帝諱而改，今全部改回以復古本之舊）。

〔10〕濟：《國語·吳語》"焉可以濟事"韋昭注："濟，成也。"《荀子·正名篇》："正利而爲謂之事。"即指具有功利目的的事業。如第四十四章所說的追求"名""貨"、第五十章所說的"生生而動"之類。

〔11〕曰：猶"爲"也（參見《古書虛字集釋》卷二）。　河上公曰："萌芽未動、禍亂未見爲小。昭然獨見爲明。"蘇轍曰："知小之將大而閉之，可謂明矣。"焦竑曰："不可目窺曰小。"《韓非子·喻老》："昔者紂爲象箸而箕子怖，以爲：'象箸必不加於土鉶，必將犀玉之杯；象箸玉杯必不羹菽藿，必旄、象、豹胎；旄、象、豹胎必不衣短褐而食於茅屋之下，則錦衣九重，廣室高臺。吾畏其卒，故怖其始。'居五年，紂爲肉圃，設炮烙，登糟丘，臨酒池，紂遂以亡。故箕子見象箸以知天下之禍。故曰：'見小曰明。'"

〔12〕焦竑曰："不可力得曰柔。"覺按：第四十三章曰："天下之至柔，馳騁於天下之至堅。"第七十六章曰："堅彊者，死之徒也；柔弱者，生之徒也。是以兵彊者則不勝，木彊則恒。故堅彊處下，柔弱處上。"第七十八章曰："天下莫柔弱於水，而攻堅彊者莫之能先。"第三十六章曰："將欲弱之，必固彊之；將欲廢之，必固與之；將欲奪之，必固予之。是謂微明。柔弱勝剛彊。"凡此種種，均可明"守柔曰彊"之義。《韓非子·喻老》更舉了兩個生動的例子來說明："勾踐入宦於吳，身執干戈爲吳王洗馬，故能殺夫差於姑蘇。文王見詈於王門，顏色不變，而武王擒紂於牧野。故曰：'守柔曰强。'"由此可見，《老子》的"柔"有時指物性的柔軟，有時又可指人性的柔和、柔順。這種"柔"的品性，既是一種不露棱角的溫柔和順，又是一種百折不撓的韌性。當然，此文"守柔"與"見小"對文，"柔"當指"見小"後柔和處之，即第五十六章所說的"和其光"、第五十八章所說的"光而不耀"。"見小"而"守柔"，是"既知其子，復守其母"的一種具體展示，它是守道的一種體現，所以稱之爲"襲常"。至於此文"守柔曰彊"的"彊"，則與以上幾則引文中的"彊"稍有

不同。守柔之強是一種保持韌性的内在之强，所以能勝過他物；而引文之中的"强"或是第四十二章"强梁"的"强"，乃是一種缺乏内在柔性的外表之强，也就是外强中乾之强，所以是"死之徒"，是"處下""不勝"的。

〔13〕河上公曰："用其目光於外，視時世之利害也。"覺按："光"指眼光，視力。參見第十九節注〔6〕。

〔14〕河上公曰："言復反其光明於内，無使精神泄也。"王安石曰："光者明之用，明者光之體。"（引自彭耜《道德真經集注》）覺按：《禮記·檀弓上》"子夏喪其子而喪其明"鄭玄注："明，目精。""明"即指眼睛，眼睛是產生眼光的本體，所以是光之體；眼光是眼睛的一種功用，所以是明之用。"用其光，復歸其明"與上文所説的"既知其子，復守其母"旨意相同，指使用視力認識外物後，應該使精力返回到眼睛上來，以保持眼睛的明亮，從而達到"無遺身殃"的目的。又，"復""歸"二字同義（見注〔4〕），在《老子》中常連用（見第十四章、第二十八章），高亨認爲"歸"字爲衍文，不當。

〔15〕遺：遺留。"遺身殃"是個雙賓語結構，意爲"給身留下禍殃"。《韓非子·解老》曰："視强，則目不明……目不明，則不能決黑白之分……目不能決黑白之色則謂之盲……盲則不能避晝日之險。"可見，過度使用視力而不注意保養眼睛，就會近視目盲，乃至使自己陷入危險之地。只有"用其光，復歸其明"，才能保持自己眼明心亮而"無遺身殃"。若從本節來考慮，"用其光，復歸其明"與上文所説的"既知其子，復守其母"之原則相符，彼者"没身不殆"，此也肯定會"無遺身殃"了。

〔16〕襲：沿襲，因循。《廣雅·釋詁四》："襲，因也。" 常：含有"正常永恒"的意思。此"常"字即《荀子·天論篇》"天行有常"之"常"，指永恒存在的正常變化着的規律。此文指合乎"道"的規律，所以河上公解爲"常道"，王弼解爲"道之常也"。《韓非子·解老》："夫物之一存一亡、乍死乍生、初盛而後衰者，不可謂'常'。唯夫與天地之剖判也具生，至天地之消散也不死不衰者謂'常'。而常者，無攸易，無定理。" 襲常：因循合乎大道的永恒規律。"用其光，復歸其明"的做法實遵循了上文"既知其子，復守其母"的正確原則，所以説"襲常"。第十六章説："凡物貶貶，各復歸其根，歸根曰静，静曰復命，復命曰常。"若根據"復命曰常"的義藴來理解，則此文的"用其光，復歸其明"實際上

也是一種"歸根"的行爲，它合乎"復命"的原則，所以叫作"襲常"。第五十五章又説："和曰常。"若根據"常"的這一內涵來理解，則此文的"用其光，復歸其明"也就是五十六章所説的"和其光"，所以謂之"襲常"。由此可見，老子的思想體系是很嚴密的。近人對"用其光，復歸其明"有很多不同的解釋，似乎都不當，兹不贅述。

【韻脚韻部】

始、母、母、子、子、母、殆，之部。門、勤，文部。事、救，之幽旁轉合韻（"事"屬之部，"救"屬幽部）。明、彊、光、明、殃、常，陽部。

【義疏正解】

天下萬物有個本源，可以視爲天下萬物的母體。已經發現了這萬物的母體，就用來認識它的産物；已經認識了它的産物，又回過來把握住它們的母體；這樣就一輩子不會有危險了。

堵住自己的耳目，閉住自己的嘴巴，就一輩子不會勞苦了。啓用自己的耳目，成就自己的事業，就一輩子不可解救了。能看到細微的苗頭就是明察，能保持柔和就是强勁。使用自己的眼光後，又使注意力回歸到自己的眼睛上以保持眼睛的明亮，不給自己留下災殃。這叫作遵循常道。

第十六節（第五十三章）

【提要述評】

此節爲傅奕本第五十三章，河上公注本題"益證第五十三"，唐玄宗注本題"使我介然章第五十三"。

本節的主旨在揭露抨擊當時貴族姦民魚肉百姓、驕奢淫逸的罪惡。

文章一開始，老子首先以遵行正道的面目出現，以增强其批判的力量。接着，其筆鋒直刺姦民，以"大道甚夷"來反襯姦民好走邪道之非。然後，老子從擒賊先擒王的策略出發，將矛頭指向以君主爲首的貴族集團，以一系列急促有力的短句進一步擺出了大量罪證（河上公注本題"益證"，可能即基於此），控訴貴族階層徵用民力、大興土木、耀武揚威、吃喝玩樂、掠奪民財的罪惡，怒斥他們是大盜元兇，指責他們違背了正道。其激憤之情洋溢於字裏行間，充分反映了老子爲民請命的熱情與膽略，表明老子是廣大被壓迫被剝削者的忠實代言人，是攻擊昏庸腐朽的貴族階級的鬥士，而絕不是像有些人所說的那樣是什麽奴隸主貴族或地主。

【校定原文】

使我介然有知[1]，行於大道[2]，惟施是畏[3]。大道甚夷[4]，而民好徑[5]。朝甚除[6]，田甚蕪[7]，倉甚虛[8]。服文采[9]，帶利劍[10]，猒飲食[11]，貨財有餘[12]，是謂盜夸[13]。盜夸，非道也哉[14]！

右第五十三章，五十四言。

【注釋探賾】

[1] 使：讓。前人都把這個"使"理解爲"假使"，不當。因爲：一、在老子看來，"我""有知"並不是一種假設，而是一種事實。正因爲"我"的的確確"有知"，所以"我"才能清醒地"行於大道"而"惟施是畏"。第四十七章說"知天下""知天道""不行而知"，第五十四章說"吾何以知天下之然哉"，第五十七章說"吾何以知其然哉"，也可說明老子是的的確確"有知"的，所謂"我""有知"並非是假設之詞。二、《老子》中的"使"字都不表示"假使"（如果要表示"假使"，則用"若"字）。如第三章"使民不爭""使民無知無欲""使夫知者不敢爲"，第五十五章

"心使氣曰彊",第七十四章"若使民恒且畏死",第八十章"使民有什伯人之器而不用,使民重死而遠徙"等等,其"使"字均不表示"假使"。因此,將此文的"使"解爲"假使",便不符合《老子》的語言系統,所以是不得當的。那麽,是什麽東西"使我介然有知"的呢?當然是"道"了,前兩章説"道生之,德畜之","既得其母,以知其子",即其證。那麽此文爲什麽不説"我介然有知"而説成"使我介然有知"呢?因爲如果説"我介然有知",則顯得狂妄自大,不合乎老子所主張的"知不知"(第七十一章)、"自知而不自見"(第七十二章)的原則,所以老子別具匠心地加了個"使"字,使"我"從主位退居到客位,這就消除了自以爲知的意味而合乎老子的謙虛精神了。　介然:《漢書·律曆志上》"介然有常"顔師古注:"介然,特異之意。"帛書甲本作"挈"(同"挈"),乙本作"介",古字音同相通。《方言》卷六:"挈、㑂、介,特也。"《廣雅·釋詁三》:"挈、介、特,獨也。"均其證。此"介"字,前人或解爲"大",或解爲"微小",或解爲"堅固"(參見河上公、朱謙之、陳鼓應、馮達甫等注),均不當,因爲這些解釋與帛書甲本之"挈"字難以圓通。至於許抗生將"挈"解爲"提",也誤,因爲如此解則與諸本之"介"字格格不入。第七十章曰:"吾言甚易知、甚易行,而人莫之能知,莫之能行。言有宗,事有主。夫惟無知,是以不吾知也。"由此可見,別人都"無知",只有"我""有知",所以此文説"介然有知"。

〔2〕大道:大路,喻指正道。《韓非子·解老》:"書之所謂'大道'也者,端道也。"

〔3〕施:王念孫曰:"王弼曰:'唯施爲之是畏也。'河上公注略同。念孫案:二家以'施爲'釋'施'字,非也。'施'讀爲'迤'。迤,邪也。言行於大道之中,唯懼其入於邪道也。下文云'大道甚夷,而民好徑',河上公注:'徑,邪不正也。'是其證矣。案'徑'即上文所謂'施'也。邪道足以惑人,故曰'唯施是畏'。王注曰:'言大道蕩然正平,而民猶尚舍之而不由,好從邪徑,況復施爲以塞大道之中乎!'於正文之外,又增一義,非是。《説文》:'迤,衺行也。'引《禹貢》'東迤北會于匯'。《孟子·離婁篇》'施從良人之所之',趙注曰:'施者,邪施而行。'丁公著音'迤'。……《韓子·解老篇》釋此章之義曰:'所謂"大道"也者,端道也。所謂貌"施"也者,邪道也。所謂"徑"也者,佳麗也。佳麗也者,邪道之分也。'此尤其明證矣。"(見《讀書雜志·餘編·老子》)　惟施是畏:與"唯利是圖""唯命是從"等結構相同,是一種賓語前置的句式,意爲"惟畏施"。"是"是助成

· 66 ·

動賓倒裝的結構助詞（參見第六十五節注〔2〕）。

〔4〕河上公曰："夷，平易也。"

〔5〕民：指昏庸愚昧的君臣百姓。《韓非子·解老》："國有若是者，則愚民不得無術而效之；效之，則小盜生。由是觀之，大姦作，則小盜隨；大姦唱，則小盜和。"可明此文"民"字之義。有人據景龍碑本等改作"人"，認爲指人君（見陳鼓應、馮達甫注），不當。景龍碑本等作"人"，當爲避唐太宗李世民諱而改，不足據。帛書甲本、乙本均作"民"，可證古本應作"民"。　徑：小路，喻指歪門邪道。河上公曰："徑，邪不平正也。大道甚平易，而民好從邪徑也。"

〔6〕朝：與"田"相對，指朝廷，此指皇宮內的各種建築，所以河上公注曰："高臺榭，宮室修。"　除：修治。《周易·萃》"君子以除戎器"孔穎達疏："除者，治也。"又，于鬯曰："'朝甚除'猶云'朝甚廢'也，謂朝廷一切政令廢捨也。"高亨曰："除，讀爲'塗'。《文選·西都賦》李注引《廣雅》：'塗，污也。'"此兩說雖似可通，其實不當，因爲"朝"不等於"朝政"，而君主貨財有餘，也不可能使朝內甚污。

〔7〕河上公曰："農事廢，不耕治而失時也。"

〔8〕河上公曰："五穀傷害，國無儲也。"王弼曰："朝甚除，則田甚蕪，倉甚虛。設一而眾害生也。"

〔9〕服：穿（衣服）。　文采：焦竑曰："青赤爲文，色絲爲采。"覺按："文采"指華麗的衣服。《漢書·食貨志上》："衣必文采。"即其義。河上公曰："好僞飾，貴外華。"

〔10〕河上公曰："尚剛強，武且奢。"

〔11〕猒（yàn 厭）："饜"之古字。《說文·甘部》："猒，飽也。"後世寫作"饜"，如《論衡·辨祟篇》："飽飯饜食。"

〔12〕陸希聲曰："觀朝闕甚修除，牆宇甚雕峻，則知其君好土木之功，多嬉遊之娛矣。觀田野甚荒蕪，則知其君好力役，奪民時矣。觀倉廩甚空虛，則知其君好末作，廢本業矣。觀衣服多文彩，則知其君好淫巧，蠹女工矣。觀佩帶皆利劍，則知其君好武勇，生國患矣。觀飲食常饜飫，則知其君好醉飽，忘民事矣。觀資貨常有餘，則知其君好聚斂，困民財矣。"

〔13〕夸：當爲"㚰"字之形訛。段玉裁《說文解字注·十篇下·㚰部》："㚰，所以驚人也。从大，从屮。（各本作从'羊'。《五經文字》曰：'《說文》从大从屮，屮音干，今依漢石經作幸。'又曰：'執者，《說文》執

者，經典相承。凡報之類同是。'則張氏所據《説文》與今本迥異如是。今隸用石經體，且改《説文》此部皆作'幸'，非也，今皆正。干者，犯也。其人有大干犯而觸罪，故其義曰'所以驚人'。其形從大、干，會意。）一曰大聲也。凡夲之屬皆從夲。一曰讀若瓠，一曰俗語呂盜不止爲夲，讀若籋。"《説文》此節文字雖經段氏訂正，仍有錯誤。其正字當依段説，從大從干而作"夲"，是個會意字。《説文·干部》："屮，犯也。""屮"字後楷化成"干"，作"丫"者尚近似，作"羊"者則不當，但後世"夲"字都楷化爲"幸"而積非成是了。"干"表示冒犯、犯罪。"大干"表示大犯罪，所以"俗語以盜不止爲夲"。因此，"夲"的本義是指大罪人，而特指盜賊中的慣犯。大罪犯爲人所患，因而説"所以驚人也"。觀《説文》中從"夲"的"執""圉""報""盩""籋"等字，其中的"夲"（幸）均表示罪人，也可明"夲"字之本義。至於其讀音，則或讀若"籋"，段玉裁《説文解字注·夲部》："執，捕辠人也，從丮從夲，夲亦聲。"即諧"籋"聲（"執""籋"，段氏皆歸入七部）。但當時又讀若"瓠"，屬魚部。古代"圉"也屬魚部，當諧"瓠"聲。至於"一曰大聲也"，可能當時有人將"夲"混同於"夸""誇"，所以釋爲"大聲"。今《老子》此文，景龍碑本作"夲"，傅奕本作"夸"，河上公本作"誇"，也可藉以想見當時這三字相混的軌跡。總之，《老子》此文的"夸"，當作"夲"，讀若"瓠"或"圉"，表示罪大惡極的慣犯。但是，《韓非子·解老》"夸"字誤作"竽"，其解云："竽也者，五聲之長者也，故竽先則鐘瑟皆隨，竽唱則諸樂皆和。今大姦作，則俗之民唱；俗之民唱，則小盜必和。故'服文采，帶利劍，厭飲食，而貨資有餘者，是之謂盜竽矣'。"近人多從之，如高亨認爲"夸"通"竽"，"盜竽"猶今言"盜魁"也。馮達甫、陳鼓應等均襲用此説。許抗生從陳奇猷《韓非子集釋》之説，認爲"夸"與"竽"實爲一物，其旨亦同。這些説法雖似可通，實則穿鑿附會而不可從。也有人將"夸"解爲"大"，認爲"盜夸"即"大盜"（見陳鼓應注釋）。此説也似是而非，因爲古人只説"大盜"，而從不説成"盜大"。只有王弼之説似亦可通，其言云："凡物，不以其道得之，則皆邪也，邪則盜也。夸而不以其道得之，竊位也，故舉非道以明。非道，則皆盜夸也。"這是將"夸"理解爲"奢侈"（《説文·大部》："夸，奢也。"），將"盜夸"理解爲"盜竊來的奢侈"。若依王説，則此幾句可釋爲："穿着華麗的衣服，佩帶着鋒利的寶劍，大吃大喝，錢財有餘，這叫作竊取來的奢侈。"

〔14〕非：《説文·非部》："非，違也。" 非道：第七十七章云："天之道，其猶張弓者歟！高者抑之，下者舉之；有餘者損之，不足者補之。天之道，損有餘而補不足；人之道則不然，損不足以奉有餘。孰能損有餘而奉不足於天下者？其惟有道者乎！"天之道"損有餘而補不足"，今"盜夸"盤剥貧民而使自己奢侈有餘，即"損不足以奉有餘"，所以説"非道"。

【韻脚韻部】

除、蕪、虚、餘、夸，魚部。采、食，之職對轉合韻（"采"屬之部，"食"屬職部）。

【義疏正解】

讓我與衆不同地擁有了知識，走在光明大道上，只怕那歪門邪道。光明大道非常平坦，而人們却喜歡走小路邪道。朝廷的建築很好地修建起來了，而農田則十分荒蕪，倉庫十分空虚。穿着華麗的衣服，佩帶着鋒利的寶劍，大吃大喝，錢財有餘，這種人叫作盜賊元兇。盜賊元兇，違背了正道啊。

第十七節（第五十四章）

【提要述評】

此節爲傅奕本第五十四章，河上公注本題"修觀第五十四"，唐玄宗注本題"善建不拔章第五十四"（唐玄宗御製本題"善建章第五十四"）。

本節的主旨在"修""觀"二字（河上公注本題"修觀"，可能即基於此），即宣揚其以道修身、治家、正鄉、立國、平天下的主張以及觀察瞭解天下情況的方法。

老子認爲，以道立身處世是一種"善建""善襄"的德行。這種德行的直接結果便是"不拔""不脫""祭祀不輟"。這種結果對於當時各階層的人士來說，都具有很大的吸引力。老子即緊緊抓住這一人們普遍具有的迫切願望，對各階層的人士一一展開了宣傳，勸有志於立德者以此道修身、有志於治家者以此道治家、有志於治鄉者以此道治鄉、有志於治國者以此道治國、有志於治天下者以此道治天下。

接着，老子闡述了他認識社會的方法，即以得道的"身""家""鄉""邦""天下"爲標準，去對照觀察其他的"身""家""鄉""邦""天下"。這種方法，是對第五十二章所說的"既得其母，以知其子"之法的一種具體運用，也是對第四十七章所謂的"不出於户，可以知天下"之說的一種具體說明。

【校定原文】

善建者不拔[1]，善襄者不脫[2]，子孫以祭祀不輟[3]。修之身[4]，其德乃真[5]；修之家，其德乃餘[6]；修之鄉，其德乃長[7]。修之邦，其德乃豐[8]；修之天下，其德乃溥[9]。以身觀身[10]，以家觀家[11]，以鄉觀鄉[12]，以邦觀邦[13]，以天下觀天下[14]。吾何以知天下之然哉[15]？以此。

右第五十四章，八十六言[16]。

【注釋探賾】

[1]《韓非子·解老》："至聖人不然，一建其趨舍，雖見所好之物不能引，不能引之謂'不拔'。"《韓非子·喻老》："楚莊王既勝，狩于河雍，歸而賞孫叔敖。孫叔敖請漢間之地——沙石之處。楚邦之法，祿臣再世而

德篇上　第十七節（第五十四章）

收地，唯孫叔敖獨在。此不以其邦爲收者，瘠也。故九世而祀不絕。故曰：'善建不拔，善抱不脱，子孫以其祭祀世世不輟。'"河上公曰："建，立也。善以道立身立國者，不可得引而拔之。"王弼曰："固其根，而後營其末，故不拔也。"覺按："建""拔"是比喻之詞，所以所"建"、所"拔"的東西可理解爲"身"，也可理解爲"國"，當然也可理解爲"功德""學說""思想原則"等等。"善建"是指循道而建，即遵循規律立身、立國、立功、立德、立說等等。韓非所說的"一建其趨舍"，王弼所說的"固其根"，都是循道而建的一些具體原則。大道穩固經久，所以循道而建則不拔。又，《淮南子·主術訓》"故善建者不拔"高誘注："言建之無形也。"這種說法似是而非，因爲無形之物如思想學說之類，如果不合道，也將被拔除。還有吳澄說："善建者以不建爲建，則永不拔；善抱者以不抱爲抱，則永不脱。"這其實是一種空談玄理的誤解，因爲老子說"善建""善袌"，歸根結底還是"建"與"袌"，而並非"不建""不袌"。這猶如老子所謂的"無爲"，並非指什麼事也不做，而是指循道而爲。參見第七十一節注〔5〕。

〔2〕《韓非子·解老》："（聖人）一於其情，雖有可欲之類神不爲動，神不爲動之謂'不脱'。"河上公曰："善以道抱精神者，終不可拔引解脱。"王弼曰："不貪於多，齊其所能，故不脱也。"覺按："袌"爲"抱"之古字。此文"袌""脱"也是比喻之詞，所以所"袌"、所"脱"的東西可理解爲"精神"（即韓非、河上公所說），也可理解爲"國"（見注〔1〕所引《韓非子·喻老》文），當然也可理解爲他物，如道德原則等等。"善袌"是指循道而抱，韓非所說的"一於其情"、王弼所說的"不貪於多，齊其所能"都是循道而抱的一些具體原則。

〔3〕傅奕本無"以"字，據帛書本補。　《韓非子·解老》："爲人子孫者，體此道以守宗廟不滅之謂'祭祀不絕'。"河上公曰："爲人子孫，能修道如是，長生不死，世世以久，祭祀先祖，宗廟無絕時。"

〔4〕修：《國語·晉語五》"晉爲盟主而不修天罰"韋昭注："修，行也。"　之：它，指"善建""善袌"的道德原則。　修之身：即"修之於身"（河上公本即作"修之於身"），是"把它貫徹施行到身上"的意思。下文"修之家""修之鄉"等的語法結構與此相同。

〔5〕河上公曰："修道於身，愛氣養神，益壽延年，其德如是，乃爲真人也。"覺按："真"表示天真，指因循自然保持本性。以"善建""善袌"

之道修身，則自然之本性不脱，所以説"其德乃真"。《莊子·漁父》："真者，所以受於天也。"又《秋水》："謹守而勿失，是謂反其真。"均可發明此"真"字之義。《韓非子·解老》："今治身而外物不能亂其精神，故曰：'脩之身，其德乃真。'"有人將此"真"字理解爲"真實"（見陳鼓應譯文），不當。

〔6〕《韓非子·解老》："治家，無用之物不能動其計，則資有餘，故曰：'脩之家，其德有餘。'"河上公曰："修道於家，父慈子孝，兄友弟順，夫信妻正，其德如是，乃有餘慶及於來世子孫也。"覺按：韓非認爲"餘"指資財有餘，河上公認爲"餘"指福澤有餘，兩説均通，而以河上公説爲優，因爲此文是説"德"有餘而不是説"資"有餘。

〔7〕《韓非子·解老》："治鄉者行此節，則家之有餘者益衆，故曰：'脩之鄉，其德乃長。'"河上公曰："修道於鄉，尊敬長老，愛養幼少，教誨愚鄙，其德如是，乃無不覆及也。"覺按：兩説都通，以河上公説爲優。《國語·齊語》"不月長"韋昭注："長，益也。"即增長的意思，所以韓非用"益衆"來解釋，參見第六十六節注〔6〕。

〔8〕《韓非子·解老》："治邦者行此節，則鄉之有德者益衆，故曰：'脩之邦，其德乃豐。'"河上公曰："修道於國，則君聖臣忠，仁義自生，禮樂自興，政平無修，其德如是，乃爲豐厚也。"覺按："豐"表示豐贍，博大。《國語·周語中》"畜義豐功謂之仁"韋昭注："豐，大也。"《周易·豐》"豐亨"孔穎達疏："豐者，多大之名、盈足之義，財多德大，故謂之爲豐。"

〔9〕溥：通"普"，普遍。《韓非子·解老》："莅天下者行此節，則民之生莫不受其澤，故曰：'脩之天下，其德乃普。'"河上公曰："人主修道於天下，不言而化，不教而治，下之應上如影響，其德如是，乃可以爲普博也。"

〔10〕傅奕本"以"上有"故"字，據帛書乙本删。《韓非子·解老》："脩身者，以此别君子小人；治鄉、治邦、莅天下者，各以此科適觀息耗；則萬不失一。故曰：'以身觀身，以家觀家，以鄉觀鄉，以邦觀邦，以天下觀天下。吾奚以知天下之然也？以此。'"河上公曰："以修道之身觀不修身之身，孰亡孰存也。"覺按：這是説：以"其德乃真"之身爲標準去觀察衡量他身。這樣做，能正確識別他身是君子還是小人，所以老子要"以身觀身"。下四句與此句旨意相同。

〔11〕河上公曰："以修道之家觀不修道之家也。"

〔12〕河上公曰："以修道之鄉觀不修道之鄉。"

〔13〕河上公曰："以修道之國觀不修道之國。"

〔14〕河上公曰："以修道之主觀不修道之主也。"于鬯曰："此句自來解者皆附會，王注謂'以天下百姓心觀天下之道'，尤見迂回。蓋以上文例之云：'以身觀身，以家觀家，以鄉觀鄉，以國觀國。'兩'國'字，當依《韓非子·解老篇》作'邦'，上文與'堂'（覺按：當作"豐"）字叶可見，此因漢諱改。注云：'彼皆然也。'彼身與此身然，彼家與此家然，彼鄉與此鄉然，彼國與此國然，故云'彼皆然也'。是謂以此身觀彼身，以此家觀彼家，以此鄉觀彼鄉，以此國觀彼國。至於'天下'，則不得分彼此矣，故言之終不能明，而不知'以天下觀天下'亦正謂以此天下觀彼天下也。曷言'彼天下'？即今西人他星球之說矣。然雖有'彼天下'而不可見，故下文云：'吾何以知天下然哉？以此。''然'者，然彼天下也；'此'者，此身、家、鄉、國也。身、家、鄉、國有彼此，則天下曷爲無彼此乎？他星球之說，今日西人能言之，而我中國本有早見及者，鄧牧《超然觀記》云《伯牙琴》據《洞霄圖志》補錄：'地大也，其在虛空中不過一粟耳。虛空，木也，天地猶果也；虛空，國也，天地猶人也。一木所生，必非一果；一國所生，必非一人。謂天地之外無復天地焉，豈通論邪？營衞之生人腹中，精神所照，必以爲日月；膏液所浸，必以爲江河；筋骨所樹，必以爲山岳；其周流百骸六臟而不見所窮，必以爲四方萬里若是遠也。而告之曰一人之外又有若人者，彼不信也。人生於天地之間，何以異此？'此非即他星球說邪？而不知其原實見於《老子》。世無牧心之識，又不及聞西人之言，則《老子》之文宜索解莫得矣。"覺按：于說似是而非。古代"天下"與"邦國"並稱時，"邦國"指諸侯國，"天下"指統轄各諸侯國的天子所擁有的統治領域；周代的"天下"指周天子的統治區域，即當時的中國。所以，"以天下觀天下"，從時間上來考慮，可以理解爲用某一時代的天子統治下的中國來觀察瞭解其他時代的天子統治下的中國；從空間上來考慮，可以理解爲用中國社會來觀察瞭解外國社會。所謂"天下"，即天底下，而他星球上則在天上。老子既說"天下"，則不應理解爲"他星球"。細味《老子》書中的"天下"，均可明此意，故宜從河上公之説。

〔15〕何：傅奕本作"奚"，據河上公本改。

〔16〕八十六：此節補一字，刪一字，故仍爲八十六字。

【韻腳韻部】

拔、脱、輟，月部。身、真，真部。家、餘，魚部。鄉、長，陽部。邦、豐，東部。下、溥，魚部。

【義疏正解】

善於建立的不會被拔掉，善於抱住的不會脱落，子孫靠了這種善於建立、善於抱住的德行而宗廟的祭祀世世代代不中斷。把這種德行貫徹到自己身上，他的道德就天真樸實了；把這種德行貫徹到整個家庭，他的道德就富足有餘了；把這種德行貫徹到整個鄉鎮，他的道德就增長擴大了；把這種德行貫徹到整個諸侯國，他的道德就豐贍博大了；把這種德行貫徹到天子的整個統治區域，他的道德就普遍廣遠了。憑藉這種天真樸實的身心來觀察瞭解其他人的身心，憑藉這種道德富餘的家庭來觀察瞭解其他的家庭，憑藉這種道德增長的鄉鎮來觀察瞭解其他的鄉鎮，憑藉這種道德豐贍的諸侯國來觀察瞭解其他的諸侯國，憑藉這種道德普遍的天下來觀察瞭解其他天子統治的天下。我憑什麼認識天下的情況呢？就憑這些。

第十八節（第五十五章）

【提要述評】

此節爲傅奕本第五十五章，河上公注本題"玄符第五十五"，唐玄宗注本題"含德之厚章第五十五"（唐玄宗御製本題"含德章第五十五"）。河上公注本把"物壯則老，謂之不道，不道早已"歸入下一章，顯然不當，因爲這三句承"益生""心使氣"而言，與上文密不可分。

本節的主旨在於推崇"含德之厚者"因順自然的無爲柔和之道，對一般人不因順自然的"益生""使氣"等"有爲"的做法作了批判。前者體現了老子心目中理想的道德境界，後者體現了老子對世俗觀念的不滿。

老子先以形象的比喻，説明道德深厚的人像嬰兒一樣，因順自然，遠避禍害，養精守和。接着，老子便以這理想的正常之道來批判現實的反常之爲。"益生"則違背了自然養精的原則，"心使氣"則違背了無爲守和的原則。這些旨在使自己"壯""彊"的做法，從"物壯則老"的普遍原理來看，反而會使自己早日轉入衰亡期，所以老子斥之爲"不道"，斷言其"早已"，以此向世人敲響了警鐘。可見，此節之重心似乎在推崇"含德之厚者"，而着眼點還是在批判世俗觀念。其中以嬰兒來譬説"含德之厚者"雖有點玄妙（河上公注本題"玄符"，可能即基於此），但其批判現實却一點也不含糊，可與第五十章相互參閲。

【校定原文】

含德之厚者，比於赤子[1]。毒蟲不螫[2]，猛獸不據[3]，攫鳥不搏[4]。骨弱筋柔而握固[5]，未知牝牡之合而朘作[6]，精之至也；終日號而嗌不嗄[7]，和之至也[8]。和曰常[9]，知常曰明[10]。益生曰祥[11]，心使氣曰彊[12]。物壯則老[13]，謂之不道[14]，不道早已[15]。

右第五十五章，八十言[16]。

【注釋探賾】

[1] 比於赤子：傅奕本作"比之於赤子也"，據帛書本删改。　比：類似。　赤子：嬰兒。《尚書·康誥》"若保赤子"孔穎達疏："子生赤色，故言赤子。"　比於赤子：河上公曰："神明保祐含德之人，若父母之於赤

子也。"王弼曰:"赤子,無求無欲,不犯衆物,故毒蟲之物無犯之人也。含德之厚者,不犯於物,故無物以損其全也。"覺按:此二説各有得失。一方面,河上公將含德者不受蟲獸之害的原因歸結於"神明保祐"是錯誤的。第五十章云:"善攝生者,陵行不遇兕虎,入軍不被甲兵;兕無所投其角,虎無所措其爪,兵無所容其刃。夫何故也?以其無死地焉。"由此可知,"含德之厚者"不受其害,是由於遠避毒蟲猛獸的緣故,而不是靠了"神明保祐"。在這一點上,王弼所説的"含德之厚者,不犯於物,故無物以損其全也"是對的。但另一方面,王弼所説的赤子"無求無欲",因"不犯衆物"故毒蟲猛獸不犯之,又是錯誤的。嬰兒一出世便有食欲,且有求於人,未滿足其要求則哭,這乃是人所共知的常識;而若將嬰兒置於餓狼猛虎之旁,即使不觸犯這些野獸,也難免爲野獸所犯,這也是常識。因此,王弼此説實不合理。在這一點上,河上公所説爲當。老子以"赤子"譬説"含德之厚者",是指有德者遠避禍害,猶赤子受父母保護而遠避禍害一樣。

〔2〕毒蟲不螫:傅奕本作"蜂蠆不螫",據河上公本改。王弼本作"蜂蠆虺蛇不螫",俞樾曰:"河上公本作'毒蟲不螫',注云:'蜂蠆蚖虺不螫。'是此六字乃河上公注也。王弼本亦當作'毒蟲不螫',後人誤以河上注屬入之。"覺按:俞説可從。此句帛書甲本作"逢㭒螺虺弗螫",乙本作"蠡瘌虫蛇弗赫",與王弼本字異而實同,可見秦漢時此文已屬入。據此,則今傳河上公注本即使是東漢或兩漢之際的作品(參見許抗生《帛書老子注譯與研究》第167頁,陳鼓應《老子注譯及評介》第367頁),亦當初創於先秦,其創始者即司馬遷所説的"河上丈人"(見《史記·樂毅列傳》),是戰國末期人。至於晉葛洪《神仙傳》及唐陸德明《經典釋文》卷二十五提到的漢文帝時的河上公,當爲河上丈人之傳人。 毒蟲:河上公曰:"蠡、蠆、蛇、虺。"覺按:"蟲"在古代可泛指動物,所以古有"毛蟲"(長毛的走獸)、"羽蟲"(長羽的飛禽)、"介蟲"(長甲的龜、鱉)、"鱗蟲"(長鱗的魚、龍)、"倮蟲"(皮膚赤裸的人類)之稱(見《大戴禮記·曾子天圓》)。"蠡"即黄蜂、蜜蜂之類,其尾部有毒刺,遇敵則螫。"蠆"(chài 柴去聲)是蠍子一類的動物,其尾末端有毒鈎,遇敵或捕食時則螫而注射毒汁。《詩經·小雅·都人士》"卷髮如蠆"《釋文》:"《通俗文》云:'長尾爲蠆,短尾爲蠍。'""蛇"指毒蛇,以其牙螫敵而注射毒汁。"虺"(huǐ 悔)也是一種毒蛇。此四者或飛或爬,但都是動物,所以

德篇上　第十八節（第五十五章）

統稱爲"蟲"。這裏的"毒蟲"與下文的"猛獸""攫鳥"當與第五十章的"兕虎"一樣，是比喻之詞，喻指一切毒蟲、猛獸、攫鳥似的禍害（參見第十三節注〔8〕）。　螫（shì 式）：蜇（zhē 遮），蜂、蠆、蛇、虺之類用毒刺或毒牙刺入並注射毒汁。

〔3〕俞樾曰："'據'當作'豦'。《說文·豕部》：'豦，鬭相丮不解也。从豕虍，豕虎之鬭不相捨。一曰虎兩足舉。'然則於猛獸言'不豦'，正與於毒蟲言'不螫'同。今作'據'者，假字耳。"覺按："據"通"豦"（qú 渠），表示舉爪抓住。　猛獸不據：即第五十章所說的"虎無所措其爪"。

〔4〕攫（jué 決）：鳥獸用爪抓住。　攫鳥：指用爪抓取獵物的猛禽，等於說"鷙鳥"。《楚辭·離騷》"鷙鳥之不群兮"王逸注："鷙，執也。謂能執伏衆鳥，鷹鸇之類也。"《禮記·儒行》"鷙蟲攫搏"《釋文》："'鷙'與'摯'同。"《說文·手部》："摯，握持也。"可見"攫""鷙"古代都爲執持義，所以"鷙鳥""攫鳥"字異而義同。　搏：通"捕"。《說文·手部》："捕，取也。"《史記·李斯列傳》"鑠金百鎰，盜跖不搏者"《索隱》："搏，猶攫也，取也。"此文"搏"與"攫"連用，也相當於"攫"，表示捕取。至於《禮記·儒行》"鷙蟲攫搏"孔穎達疏謂"但以腳取之謂之攫，以翼擊之謂之搏"云云，是以"搏"之後起義"搏擊"解其古義，不當。《淮南子·說山訓》："熊羆之動以攫搏，兕牛之動以觝觸。""觝""觸"同義，也可佐證"攫""搏"同義（"攫搏"即相當於"豦"）。馬王堆出土的《老子》帛書甲本作"搏"，乙本作"捕"，也可證"搏"字與"捕"相通。段玉裁認爲表示捕取義的"搏"是"捕"之古字。《說文·手部》："搏，索持也。"段玉裁《說文解字注·手部》作"搏，索持也"，其注曰："索，各本作'索'，今正。入室搜曰索。索持，謂摸索而持之……按《小司徒》注之'伺捕盜賊'，即《士師》注之'司搏盜賊'也。一用今字，一用古字。古捕盜字作'搏'……今則'捕'行而'搏'廢，但訓爲'搏擊'。"

〔5〕河上公曰："赤子筋骨柔弱而持物堅固，以其意專而心不移也。"魏源曰："握固，謂以四指握拇指也。"

〔6〕牝（pìn 聘）牡：雌雄，指女性與男性。　朘（zuī 嘴陰平）：《說文·肉部》："朘，赤子陰也。"即男孩的陰莖。　作：興起，勃起。帛書乙本作"怒"，即《莊子·逍遙遊》"怒而飛"之"怒"，與"努"通，也

· 77 ·

表示興起、勃起的意思，與"作"同義。此句帛書乙本作"未知牝牡之會而朘怒"，可能與古代所傳的河上公本相同，所以河上公注云："赤子未知男女之合會而陰作怒者，由精氣多之所致。"

〔7〕號：大聲哭喊。在上古，聲淚俱下叫"哭"，無聲有淚叫"泣"，"號"的本義是呼喊，所以表示哭時側重於指其出聲之大。　嗌（yì義）：《說文・口部》："嗌，咽也。"《莊子・庚桑楚》"兒子終日嗥而嗌不嗄"《釋文》："嗌，音益。崔云：喉也。"　嗄（shà 啥去聲）：傅奕本作"嚘"，與上文不押韻，據河上公本改。"嗄"是嗓音嘶啞的意思。後世都借表示笑義的"啞"字來表示"嗄"的意義，現在則說成"沙啞"。《莊子・庚桑楚》"兒子終日嗥而嗌不嗄"《釋文》："司馬云：'楚人謂嘶極無聲為嗄。'"

〔8〕和：柔和，和諧，平和。《論語・子路》"君子和而不同"皇侃疏："和，謂心不爭也。"賈誼《新書・道術》："剛柔得適謂之和。"《素問・至真要大論》"至而和則平"王冰注："不弱不強是為和也。"可見"和"是指一種柔和協調的狀態。《莊子・庚桑楚》："兒子終日嗥而嗌不嗄，和之至也。"成玄英疏："任氣出聲，心無喜怒，故終日嚎號，不破不塞，淳和之守，遂至於斯。"

〔9〕傅奕本"和"上有"知"字，其他各本也多有"知"字，實於文不通，因為"和"可以說是一種"常"，"知和"只能說是一種"知常"，而不能說是一種"常"。河上公曰："人能知和氣之柔弱有益於人者，則為知道之常也。"王弼曰："物以和為常，故知和則得常也。"這些解釋都是囿於誤文而不得不把"常"字解為"知常""得常"來照應"知和"之"知"字，但這種增字解經之說顯然不妥。"知和"之"知"，實涉下文而衍，故今據帛書甲本刪。　曰：見第十五節注〔11〕。　常：見第十五節注〔16〕。　和曰常：凡柔和協調的均屬於正常而能持久，所以說"和曰常"。反之，凡不柔和協調的，則屬於反常而不能持久，也就不能稱之為"常"了。

〔10〕河上公曰："人能知道之常行，則日以明達於玄妙。"

〔11〕蘇轍曰："生不可益，而欲益之，則非其正矣。祥，妖也。"覺按："益"表示輔助。《戰國策・秦策二》"於是出私金以益公賞"高誘注："益，助也。"　益生：《莊子・德充符》云："常因自然而不益生也。"可見"益生"是指一種不因順自然而人為地扶助生命的行為，即第五十章所

德篇上　第十八節（第五十五章）

説的"生生而動"，也相當於《孟子·公孫丑上》所説的揠苗助長。"益生"與上文"精之至"相對。魏源曰："益生由於多欲，多欲則起居動作縱於外，飲食男女恣於內，異於精之至者矣。"　祥：古代既可以指吉祥的徵兆，也可以指凶險的徵兆（不祥之兆）。此指凶兆，所以蘇轍解爲"妖"。第五十章説"生生而動，動皆之死地"，"生生而動"是"益生"，是一種不祥之兆，即此文所謂的"祥"，所以其結果是"之死地"。再如《孟子·公孫丑上》述及的揠苗助長也是"益生"，也是一種不祥之兆，所以其結果是害了苗，使苗枯槁了。

〔12〕蘇轍曰："氣惡妄作，而又以心使之，則強梁甚矣。"覺按：心：思想意念。　使：支使，驅使。　氣：意氣，情緒，指人的精神狀態。心使氣：意念驅使其情緒。"心使氣"與上文"和之至"相對。魏源曰："心使氣由於多忿，多忿則乖張決驟而內不能自主，張脈僨興而外不能自制，異於和之至者矣。"又，"心使氣"與"益生"都是一種"有爲"的行爲，不同的只是"益生"着眼於物質生活而"心使氣"着眼於精神狀態，它們都是不合乎大道的行爲，又是對生命有害的行爲，所以下文歸之於"不道"，並斷言其"早已"。　曰：傅奕本作"則"，據帛書甲本改。彊：彊梁，是"外強中乾"之"強"，參見第五節注〔12〕、第十五節注〔12〕。

〔13〕壯：承上兩句而言，"益生"而長則"壯"，"心使氣"之"彊"也是一種"壯"，此處即借"物壯則老"的常識來喻説"益生""心使氣"的不良後果。因此，蘇轍曰："益生使氣，不能聽其自然。日入於剛強而老從之，則失其赤子之性矣。"魏源曰："物壯則老，爲其強梁而違道也。苟守柔知和，常如赤子，則既不壯，惡乎老？既不老，惡乎已？"又，此句又見於第三十章，雖用意不同，但也可相互觀照。

〔14〕河上公曰："萬物壯極則枯老也，老則不得道也。"覺按："之"當指"益生""使氣"等使自己"壯""彊"的行爲而言，而並非指"老"而言。物極必反，萬物從幼小柔弱逐漸向強壯發展，強壯便是一種極點，所以強壯了便開始向衰老轉化。在老子看來，"堅彊者，死之徒也；柔弱者，生之徒也"（見第七十六章），所以"守柔"才是真正的"彊"（見第五十二章），"專氣致柔"如"嬰兒"才有德（見第十章），向人示弱才合乎道（見第四十章）。從這種意義上來説，"益生""使氣"等使自己"壯""彊"也就是一種違道的行爲，因此稱之爲"不道"。

· 79 ·

〔15〕河上公曰："不得道者早已死亡。"覺按：第四十二章云："彊梁者不得其死。"與此文之義同。《墨子·經上》："已，成，亡。"可見上古"已"字可用來表示死亡，高亨、朱謙之認爲"已"是"亡"字之誤，古本當作"亡"，不當。帛書乙本也作"已"，可證古本作"已"而不作"亡"。第三十章末句之"已"，帛書甲本、乙本均作"已"，也可佐證此文不作"亡"。又，馮達甫從高亨之說刪去"物壯則老，謂之不道，不道早已"三句，也不當，因爲這三句緊承"益生""使氣"而言，不當無。帛書甲本、乙本均有此三句，可證古本有此三句。

〔16〕八十：傅奕本作"八十三"，今刪三字，故改。

【韻腳韻部】

螫、據、搏、固、作、嗄，魚鐸對轉合韻（"據""固""嗄"屬魚部，其餘屬鐸部）。常、明、祥、彊，陽部。老、道、已，之幽旁轉合韻（"已"屬之部，其餘屬幽部）。

【義疏正解】

懷德深厚的人，就像嬰兒一樣。他們遠避禍害，所以有毒的動物如蜂蛇等不來刺咬，兇猛的野獸如虎狼等不來抓撕，善抓的猛禽如鷹雕等不來抓捕。嬰兒骨骼纖弱、筋腱柔軟而拳頭却握得很牢固，還不懂得女性和男性的交媾而陰莖却勃起，這是精氣達到了頂點的緣故啊；整天號哭而喉嚨不嘶啞，這是柔和到了極點的緣故啊。柔和協調是一種常道，知道常道是一種明達。扶助生命的行爲是一種不祥之兆，隨心所欲意氣用事是一種强悍。物體强壯了就要衰老，所以說使自己壯大强悍的行爲是不合乎大道的，不合乎大道就會早死。

第十九節（第五十六章）

【提要述評】

此節爲傅奕本第五十六章，河上公注本題"玄德第五十六"（河上公注本將上一章"物壯則老"以下三句及下一章"以此"以上五句均歸入此章，不當），唐玄宗注本題"知者不言章第五十六"。

本節的主旨在於宣揚一種玄同的德行（河上公注本題"玄德"，可能即基於此）。這種德行，是其無爲思想的一種體現。據《楚辭·漁父》記載，屈原被放逐後，漁父問其原因，屈原答曰："舉世皆濁我獨清，衆人皆醉我獨醒，是以見放。"於是漁父勸道："聖人不凝滯於物，而能與世推移。世人皆濁，何不淈其泥而揚其波？衆人皆醉，何不餔其糟而歠其醨？何故深思高舉，自令放爲？"其實，對於屈原所揭示的這一蘇世獨立、與污濁社會不可調和的矛盾，老子早在這一段文字中提出了解決的辦法。他面對春秋末年的污濁社會，在這裏提出了"玄同"的處世策略。這種策略的要點便是所謂的知而不言、塞兌閉門、挫銳解紛、和光同塵，而其特點則可謂是聰明又糊塗——實質聰明而裝作糊塗。舉世皆濁我獨清，但又不表現其清而在表面上混迹於濁；衆人皆醉我獨醒，但又不表現其醒而在表面上混同於醉。他致力於挫銳解紛而不像屈原那樣激進地與世抗爭，又致力於塞兌閉門而不像漁父所說的那樣變本加厲地給污濁社會推波助瀾。這種知而不言、和光同塵的"玄同"策略，表面上似乎是對污濁社會的退卻讓步，實際上則是一種處染不染、既保全自身又堅守大道的無爲而無不爲的有效方法。因此，達到了"玄同"境界的人，將蘇世獨立而不可能使他親近或疏遠，不可能使他得利或受害，不可能使他尊貴或卑賤，從而爲天下人所貴。

【校定原文】

知者不言[1]，言者不知[2]。塞其兌，閉其門[3]，挫其銳[4]，解其紛[5]，和其光[6]，同其塵[7]，是謂玄同[8]。故不可得而親[9]，亦不可得而疏[10]；不可得而利[11]，亦不可得而害[12]；不可得而貴[13]，亦不可得而賤[14]：故爲天下貴[15]。

右第五十六章，六十九言[16]。

【注釋探賾】
〔1〕"言"字下傅奕本有"也"字，據帛書乙本删。 知：通"智"，即第五十七章"民多知慧"、第六十五章"以知治邦"之"知"。 知者不言：王弼曰："因自然也。"覺按：老子認爲智者應該因順自然而行，不言或少言。第二章曰："聖人處無爲之事，行不言之教。"第五章曰："多言數窮，不如守中。"第十七章曰："猶兮其貴言也！"第二十三章曰："稀言自然。"第四十五章曰："大辯若訥。"第七十三章曰："天之道……不言而善應。"所以此文説"知者不言"。有人認爲這"知"指知"道"，如蘇轍曰："道非言説，亦不離言説，然能知者未必言，能言者未必知。"如今也有人如此理解（見許抗生譯文），實不當。因爲老子雖説"道可道，非恒道"（見第一章），但他知"道"後却並非"不言"，而且還反復宣揚"道"，可見他絕不會主張知"道"的人不説，所以"知者不言"不會指知"道"的人不説。同樣，下句"言者不知"也不會指言説的人不知"道"。

〔2〕"知"字下傅奕本有"也"字，據帛書乙本删。 言者不知：河上公曰："多言多患，駟不及舌。"

〔3〕河上公曰："塞閉之者，欲絶其源。"覺按：參見第十五節注〔6〕〔7〕。

〔4〕挫：銼削，削去。《説文·手部》："挫，摧也。"《淮南子·時則訓》"鋭而不挫"高誘注："挫，折也。"《戰國策·秦策二》"樗里疾挫我於内"高誘注："挫，猶毁也。" 鋭：尖鋭，鋒利，這裏用作名詞，表示鋒芒，喻指外露的欲望情緒。 挫其鋭：銼去自己的鋒芒，也就是使自己不露鋒芒，指不表露自己的欲望情緒。這是一種"無爲"之道。河上公曰："情欲有所鋭爲者，當念道無爲以挫止之。"

〔5〕解：排除，消除。 紛：糾紛，爭執，指積怨。嚴遵本作"忿"，古字通。 解其紛：河上公曰："紛，結恨不休也。當念道之淡薄以解釋。"王弼曰："除爭原也。"覺按：老子主張清靜無爲，所以要求消除積怨紛爭。

〔6〕和：使……柔和適中。參見第十八節注〔8〕。 光：眼光，洞察力。參見第十五節注〔13〕〔14〕。 和其光：河上公曰："雖有獨見之明，當和之使闇昧，不使曜亂。"王弼曰："無所特顯，則物無偏爭也。"覺按：老子主張虛靜無爲，所以他認爲自己即使有了敏鋭的洞察力，有了獨到的

見解，也應該深藏不露，以柔和的姿態出現，而不應該鋒芒畢露，展現自己的才華。其旨意與第四十一章所謂的"明道若昧"、第五十八章所謂的"光而不耀"是相同的。

〔7〕塵：《説文・麤部》："麤，鹿行揚土也。"原指鹿奔走時身後揚起的塵土，喻指世俗觀念。《莊子・齊物論》"而遊乎塵垢之外"郭象注："凡非真性，皆塵垢也。"成玄英疏："和光同塵，處染不染，故雖在囂俗之中，而心自遊於塵垢之外者矣。"皆可明此"塵"字之義。　同其塵：與《莊子・田子方》所謂的"絶塵"相反，"絶塵"是快速奔馳而遠離身後的塵土，"同其塵"則是慢慢行進而使自己與身後揚起的塵土混在一起，喻指自己混同於世俗，與第四十一章所説的"大白若辱"、第六十七章所説的"不敢爲天下先"同旨。河上公曰："不當自殊別也。"亦此意。

〔8〕河上公曰："玄，天也。人能行此上事，是謂與天同道。"覺按：河上公之解與上述數句並不切合，恐不當。細味上文，所謂"不言"，"塞其兑，閉其門，挫其鋭，解其紛，和其光，同其塵"等等，均是一種致力於深藏不露的行爲，所以此"玄"字當與"玄德"之"玄"相同，表示玄妙、深藏不露的意思（參見第十四節注〔12〕）。　玄同：深藏不露的混同。這是對"知者不言"，"塞其兑，閉其門；挫其鋭，解其紛；和其光，同其塵"等行爲準則的概括，是一種雖然聰明出衆却致力於韜光晦迹以混同於世俗的處事原則，所以稱之爲"玄同"。《莊子・胠篋》"而天下之德始玄同矣"郭象注、成玄英疏將"玄同"解爲"同於玄德"和"與玄道混同"，雖似可通，恐不當，因爲這是將"玄同"解成了"同玄"。有人將"玄同"解爲"與天地萬物混同爲一"（見《辭源》"玄同"條），則顯然不當。李嘉謀曰："塞其兑，謹其出也；閉其門，閑其人（覺按：當作"入"）也；挫其鋭者，治其内也；解其紛者，理其外也；和其光者，抑其在己也；同其塵者，隨其在物也。无出無入，无内無外，無己無物，是謂玄同。"可備一説。

〔9〕傅奕本"不"上無"故"字，據帛書甲、乙本補。　不可得而親："玄同"者"塞其兑"，與人"不相往來"（見第八十章），不去打聽關心別人，所以不可能使他與別人親近。

〔10〕河上公曰："志静無欲，與人無怨。"覺按："玄同"者"閉其門"，口不臧否人物，所以不可能使他與別人疏遠。魏源曰："人之相接，或以言親，或以貌疏。塞兑閉門，無可欣厭，則不可得而親疏矣。"

〔11〕河上公曰："身不欲富貴，口不欲五味。"覺按："玄同"者"挫其銳"，不顯露自己的欲望，所以不可能根據其欲望來使他得利。

〔12〕河上公曰："不與貪爭利，不與勇爭氣。"覺按："玄同"者"解其紛"，消除積怨，與人不爭，所以不可能使他與人爭鬥而受害遭殃。魏源曰："銳以爭利，紛以取害，挫銳解紛，則不求利而害亦不至矣。"

〔13〕河上公曰："不爲亂世主，不處闇君位。"覺按："玄同"者"和其光"，不顯露自己的才華，無所特顯，所以不可能使他尊貴。

〔14〕河上公曰："不以秉權而驕，不以失志爲屈。"覺按："玄同"者"同其塵"，並非是無德者的同流合污，而是得道者的韜光晦迹。也就是說，這種人是一種"處染不染"、身在囂俗之中而心遊塵垢之外的清高之人，所以不可能使他卑賤。

〔15〕河上公曰："其德如此，天子不得臣，諸侯不得屈，與世浮沉，容身避害，故爲天下之貴。"釋德清曰："以其聖人迹寄寰中，心超物表，不在親疏利害貴賤之間，此其所以爲天下貴也。"朱謙之曰："《莊子·徐無鬼篇》：'故無所甚親，無所甚疏，抱德煬和，以順天下，此謂真人。'語意同此。"覺按："玄同"者超世獨立，"親""疏""利""害""貴""賤"均由自主而不受制於人，故爲天下貴。

〔16〕六十九：傅奕本作"七十"，今删二字，補一字，故改。

【韻脚韻部】

兌、銳，月部。門、紛、塵，文真旁轉合韻（"塵"屬真部，其餘屬文部）。光、同，陽東旁轉合韻（"光"屬陽部，"同"屬東部）。親、利，真質對轉合韻（"親"屬真部，"利"屬質部）。疏、害、賤，魚月元通轉合韻（"疏"屬魚部，"害"屬月部，"賤"屬元部）。貴、貴，物部。

【義疏正解】

明智的人不發表言論，發表言論的人不明智。堵住自己的耳目，閉住自己的嘴巴，銼去自己的鋒芒，化解自己的紛爭，使自己的眼光顯得柔和不顯眼，使自己身後揚起的塵土與自己混在一起，這叫作深藏不露的混同。所以這種人不可能使他親近，也不可能使他疏遠；不可能使他得利，也不可能使他受害；不可能使他尊貴，也不可能使他卑賤：所以這種人被天下人尊重。

第二十節（第五十七章）

【提要述評】

此節爲傅奕本第五十七章，河上公注本題"淳風第五十七"，唐玄宗注本題"以政治國章第五十七"。

本節的主旨在於系統地宣揚其"無爲""好靜"的政治思想，同時也闡明了他産生這種政治思想的現實根源，並構擬了這種政治思想實行後能造就的政治境界——民衆"自化""自樸"而形成一種淳樸的社會風氣（河上公注本題"淳風"，可能即基於此）。

文章首先亮出其觀點：法令之"政"僅可用於治理諸侯國，權詐之"奇"僅可用於用兵打仗，這些均不足以平天下，只有無爲才能取天下。

接着，老子從産生這種觀點的現實根源着手，以當時鐵的事實對這些觀點進行了論證："忌諱""法令"多了，反而使人民更加貧窮而盜賊多起來，這説明法令之"政"有弊而無利；"利器""知慧"多了，反而使國家更加混亂而壞事多起來，這説明權詐之"奇"也有弊而無利。事實説明，有爲之"政"和"奇"均不足取，那就只有無爲之道可行了。

老子接着便借"聖人"之口詳盡述説了克服"政""奇"之弊的方略。這就是：在行政方面，君主應該以"無爲"取代"法令"，這樣，民衆就會"自化"而不做"盜賊"了；以"無事"取代"忌諱"，這樣，民衆就會"自富"而不會"彌貧"了。在意識形態方面，則君主應該"好靜"來使"知慧"多多的民衆"自正"而不做"壞事"，應該"無欲"來使"利器"多多的民衆"自樸"而使國家安寧。

老子無情地揭露了當時黑暗的政治現實，從而提出了"無爲""好靜""無事""無欲"的政治原則來反對當時統治者所推行的强權之"政"及其施展的詭詐之"奇"。他的"無爲""好靜"之道，是要求統治者因循"自然"（見第十七章）而不以自己制定的法令來强迫民衆，"以百姓之心爲心"（見第四十九章）而不以自己的觀念來規範民衆，以達到一種使民衆"自化""自正""自富""自樸"的境界，這可以説是一種反對强權政治而爭取民主政治的偉大構想，閃耀着民主主義的光芒。可惜在當時的社會條件下，這種政治理想不過是一種幻想而已，但它無疑反映了人們對當時黑暗的政治現實的强烈不滿，具有深刻的批判意義。

第二十五章所說的"人法地，地法天，天法道，道法自然"是老子"無爲"的政治思想得以形成的哲學基礎；而本節所述，則明確地揭示了其"無爲"思想得以形成的現實原因。這兩個方面是產生其"無爲"思想不可或缺的兩大基石，任何只見其哲學基礎而忽視其現實原因的觀點都犯了唯心主義的錯誤。因此，本節對於我們深刻地認識老子政治思想的來由具有特別重要的意義。

本節之旨，與第三十七章相同，可參閱。

【校定原文】

以政治邦[1]，以奇用兵[2]，以無事取天下[3]。吾何以知其然哉[4]？以此[5]：夫天下多忌諱而民彌貧[6]，民多利器而邦家滋昏[7]，民多知慧而衺事滋起[8]，法令滋章而盜賊多有[9]。故聖人云："我無爲而民自化[10]，我好靜而民自正[11]，我無事而民自富[12]，我無欲而民自樸[13]。"

右第五十七章，九十二言[14]。

【注釋探賾】

[1] 政：帛書本、河上公注本均作"正"。朱謙之曰："案'正''政'古二字通用，唯此與'奇'對，當作'正'。四十五章'清靜爲天下正'，與此章'我好靜而民自正'，皆當用本字。"覺按：如今一般人都取"正"字爲解，如陳鼓應曰："正：指清靜之道。"馮達甫曰："正，正直。謂用正直的教化治理國家。《論語・顏淵》：'季康子問政於孔子。孔子對曰："政者，正也。子帥以正，孰敢不正？"'正同此誼。"這種種說法實似是而非。西漢帛書本《老子》不用"政"字，如第八章"政善治"，第五十八章"其政悶悶"，帛書本均作"正"，可知帛書本當源於秦代的版本，因避秦始皇嬴政之諱而將"政"字統統改成了"正"，而此"正"字《尹文子・大道下》引作"政"（見下），也可見其古本當作"政"。至於"清靜爲天下正""我好靜而民自正"之"正"，其義與此"正"字不同，不可類比，故朱說未當。至於將"正"解爲"清靜之道"或"正直的教化"之類，也誤，因爲在《老子》中，所有的"正"字都無此義。而用孔子之道來解《老子》則更誤，因爲老子一向反對儒家的教化。第二章曰："聖人處無爲之事，行不言之教。"第十八章曰："大道廢，焉有仁義；智慧出，焉有大僞；六親不和，有孝慈。"第十九章曰："絕聖棄知，民利百倍。絕

德篇上　第二十節（第五十七章）

仁棄義，民復孝慈。"均其證。我認爲，此句之"政"字乃古本《老子》之原文，凡作"正"者，均爲避秦始皇諱而改，仍當解爲"政"，意指政治措施，如政策、法令等等。下文以"利器""知慧"應"奇"字，以"忌諱""法令"應"政"字，也可證此原字當作"政"而不當作"正"。《尹文子·大道下》云："《老子》曰：'以政治國，以奇用兵，以無事取天下。'政者，名法是也。以名法治國，萬物所不能亂。奇者，權術是也。以權術用兵，萬物所不能敵。凡能用名法權術而矯抑殘暴之情，則己無事焉。己無事，則得天下矣。故失治則任法，失法則任兵。以求無事，不以取彊。取彊，則柔者反能服之。"王弼曰："以正（覺按：當作"政"）治國，則不足以取天下，而以奇用兵也。夫以道治國，崇本以息末；以正治國，立辟（覺按：辟，法也）以攻末。本不立而末淺，民無所及，故必至於奇用兵也。"這些說法均值得參考。　邦：傅奕本作"國"，乃漢代以後避漢高祖劉邦諱而改，今據帛書甲本改作"邦"，以恢復古本原貌。"邦"或"國"與下文"天下"對言，指諸侯國（參見第十七節注〔14〕）。

〔2〕河上公曰："奇，詐也。"劉師培曰："《管子·白心篇》'奇身名廢'注云：'奇，邪不正也。'是'奇'即不正。以奇用兵，即不依正術用兵也。"覺按：凡不合正道的歪門邪道稱爲"奇"。《管子·小問》："公曰：'野戰必勝若何？'管子對曰：'以奇。'"注："奇，謂權譎以勝敵也。"兵不厭詐，所以"以奇用兵"。

〔3〕無事：見第十一節注〔7〕。　取天下：見第十一節注〔6〕。　王弼曰："以道治國，則國平；以正治國，則奇正（覺按：當作"兵"）起也（覺按：《道藏》本誤爲"九"，此依《古逸叢書》本）；以無事，則能取天下也。"吳澄曰："正者，法制禁令，正其不正，管、商以正治國；帝王以修身齊家爲本，不恃法制禁令以爲正。奇者，權謀詭詐，譎而不正，孫、吳以奇用兵，帝王以弔民伐罪爲心，不尚權謀詭詐以爲奇。奇者，僅可施於用兵，不可以治國；正者，僅可施於治國，不可以取天下。無事者，三皇無爲之治，如天不言而四時行、百物生，不期人之服從而天下無不服從，故唯無事者可以取天下也。"覺按："以政""以奇"是一種"有爲"之行，第二十九章云："將欲取天下而爲之者，吾見其不得已。夫天下，神器也，不可爲也。爲者敗之，執者失之。"第四十八章云："及其有事，又不足以取天下矣。"因此，老子此文之旨意是："政""奇"只能用來治國、用兵而不能用來取天下，只有"無事"才能取天下。今人大多未

· 87 ·

注意此文"邦國"與"天下"的區別，以致未明此文之旨意。下文云"法令滋章而盜賊多有"，也可證此文並未肯定"以政治邦"的功效，此語之微旨，足以消除前人以"政"爲"正"之誤解，實當注意。

〔4〕傅奕本"何"作"奚"，"知"下有"天下"兩字，據帛書乙本改、删。

〔5〕從開頭到"以此"，河上公本歸入上一章。俞樾曰："此數句當屬上章。如二十二章（覺按：當作"二十一章"）曰：'吾何以知衆甫之然哉？以此。'五十四章曰：'吾何以知天下之然哉？以此。'並用'以此'二字爲章末結句，是其例矣。"覺按：河上公本及俞說均不當。帛書甲本、乙本均無"以此"二字，可證以上數句不應歸上一章而應緊接下文。"此"即指下文所言。

〔6〕河上公曰："天下，謂人主也。忌諱者，防禁也。"覺按："天下"當指天下人，天下人的忌諱往往來自人主，所以河上公認爲"天下"指人主。　忌諱：禁忌避諱。《楚辭·七諫·謬諫》"恐犯忌而干諱"王逸注："所畏爲忌，所隱爲諱。"即由於國家禁令或風俗習慣等原因而不敢做某些事、不敢説某些話。　彌：同"彌"。社會上忌諱一多，人們怕這怕那而不敢幹事，所以"彌貧"。

〔7〕而邦：傅奕本作"國"，據帛書甲本補、改。　河上公曰："利器者，權也。民多權，則視者眩於目，聽者惑於耳，上下不親，故國家昏亂。"蘇轍曰："利器，權謀也。明君在上，常使民無知無欲。民多權謀，則其上眩而昏矣。"覺按："利器"之原義爲銳利的工具，喻指權術。昏：日入爲昏，故表示昏暗，引申指社會黑暗，時勢混亂。河上公、蘇轍理解爲糊塗迷亂，雖可通，但此"昏"字的主語爲"國家"，則理解爲黑暗、混亂爲妥。

〔8〕知：通"智"。　衺：邪惡，不正。　起：發生，興起。　王弼曰："民多智慧，則巧偽生；巧偽生，則邪事起。"覺按：第十八章曰："智慧出，焉有大僞。"即王弼所本。

〔9〕傅奕本"章"下無"而"，據帛書乙本改。　章：通"彰"，彰明，指明確地規定並公布。蘇轍曰："患人之詐僞，而多爲法令以勝之，民無所措手足，則日入於盜賊矣。"

〔10〕河上公曰："聖人言：我修道承天，無所改作，而民自化成。"覺按："無爲"之義見第十一節注〔4〕。"聖人"爲得道之君（參見第十節注

〔6〕),所以"無爲"。 化:《荀子·不苟篇》"神則能化矣"楊倞注:"化,謂遷善也。"又"變化代興謂之天德"楊倞注:"馴致於善謂之化。"

〔11〕靜:傅奕本作"靖",據帛書甲本改。 河上公曰:"聖人言:我好安靜,不言不教,民皆自忠正也。"覺按:"靜"參見第八節注〔11〕。

〔12〕事:見第十一節注〔7〕。河上公曰:"無徭役徵召之事,民安其業,故皆自富也。"

〔13〕河上公曰:"我常無欲,去華文,微服飾,民則隨我質樸。"王弼曰:"上之所欲,民從之速也。我之所欲唯無欲,而民亦無欲而自樸也。"覺按:"無欲"二字,帛書乙本作"欲不欲",與王弼所解更爲切近。

〔14〕九十二:本節删二字,補二字,故仍爲九十二字。

【韻脚韻部】

邦、兵,東陽旁轉合韻("邦"屬東部,"兵"屬陽部)。下、然,魚元通轉合韻("下"屬魚部,"然"屬元部)。貧、昏,文部。起、有,之部。爲、化,歌部。靜、正,耕部。事、富,之職對轉合韻("事"屬之部,"富"屬職部)。欲、樸,屋部。

【義疏正解】

依靠政治措施只能治理好範圍不大的諸侯國,依靠奇計詭詐只能使用好軍隊去打仗,依靠清靜無事才能奪取整個天下的控制權。我憑什麼知道事情是這樣的呢?就憑這些:社會上的忌諱多了而人們更加貧困,人們的權術多了而國家更黑暗,人們的智慧多了而邪惡的事情更多,法律禁令更加明確而盜賊還有不少。所以聖明的君主說過:"我無所作爲、不強行干預而民衆自己會變好,我愛好清靜、不加督責而民衆自己會端正,我不濫發政令、大興徭役而民衆自己會富足,我沒有欲望、不求享受而民衆自己會質樸。"

第二十一節（第五十八章）

【提要述評】

此節爲傅奕本第五十八章，河上公注本題"順化第五十八"，唐玄宗注本題"其政悶悶章第五十八"。嚴遵《道德真經指歸》將"其日固久矣"以上歸入上一節，將"方而不割"（嚴遵本無"是以聖人"四字）以下歸入下一節，從文義上來看，似乎有一定的道理，但據《韓非子·解老》（參見注〔15〕），則"方而不割"數句與"人之迷也"云云不應分割開來。

本節的主旨在於勸導統治者放棄苛察之政，奉行"無爲"之道，即不以苛政整治民衆，而順應自然、以身作則來感化民衆（河上公注本題"順化"，可能即基於此）。

春秋末期，禮崩樂壞，社會混亂，各國統治者便採取各種嚴格苛細的政策法令來維持統治，如晉國趙宣子"制事典，正法罪，辟獄刑"（見《左傳·文公六年》），魯國實行"稅畝"制（見《左傳·宣公十五年》），鄭國子產鑄刑書（見《左傳·昭公六年》）。然而，這些政策法令並沒有使這些國家迅速富強起來，相反，其民更貧，其國更弱了。老子有鑒於此，所以在此作了批判，認爲苛察之政是導致民貧國弱的禍根，只有無爲混沌之政才能使民富國強。接着，老子又進一步從哲學的高度分析了這種現象得以形成的原因。從辯證的觀點來看，禍福是會相互轉化的。正因爲如此，看上去會肇禍的昏昧之政反而能造福於民，而欲以造福的苛察之政反而會召禍。可惜的是人們都不明白這禍福互相轉化的道理而執意妄爲。面對這陷於迷途而積重難返的芸芸衆生該怎麼辦呢？老子認爲應該像聖人一樣潔身自好、以身作則而不去指責他們。老子在這裏所宣揚的是一種明哲保身的處世方略，這種退避的方略是其無爲思想的重要組成部分。

本篇所提出的禍福相互轉化的理論一向被人們看作爲辯證法思想而在中國哲學史上具有重要的地位，但老子的本旨其實並不在創立哲學原理，而在於勸誡人們歸正，因爲老子在這裏雖然沒有詳論禍福轉化的條件，但第九章云："富貴而驕，自遺其咎。"以此推論，則在老子的心目中，禍福轉化的決定性因素是人的主觀認識及其行動。從這種意義上來説，老子宣揚禍福的相互轉化，無非是要人們在遭禍時圖強致福，而在得福時謹慎避禍。

【校定原文】

其政閔閔[1]，其民偆偆[2]；其政詧詧[3]，其民缺缺[4]。禍兮，福之所倚[5]；福兮，禍之所伏[6]。孰知其極[7]？其無正衰[8]？正復爲奇[9]，善復爲祅[10]。人之迷也，其日固久矣[11]。是以聖人方而不割[12]，廉而不劌[13]，直而不肆[14]，光而不耀[15]。

右第五十八章，七十三言。

【注釋探賾】

[1] 政：見第二十節注[1]。　閔：河上公本作"悶"，均通"惛"（上古讀若"渾"，與"閔"音近）。《漢書·劉向傳》"臣甚惛焉"顔師古注："惛，古'閔'字。"《史記·范雎蔡澤列傳》"竊閔然不敏"《索隱》："鄒誕生本作'惛然'，音'昏'。或又作'閔'，音'敏'。閔，猶昏闇也。"此均可證"閔"與"惛"相通，故《説文通訓定聲》"閔"字條曰："閔"假借爲"惛"。《文選·四子講德論》"困閔於莒"李善注："《史記》曰：'燕昭王以子之之亂，而齊大破燕。燕昭王怨齊，於是詘身下士，先禮郭隗，以招賢者。樂毅爲魏使於燕，燕昭王以爲亞卿，使樂毅伐齊，破之，追至于臨淄。齊湣王走保於莒。''湣'與'閔'同。"李善注引文之"湣"，《史記·樂毅列傳》作"潣"，字同，此也可佐證從"昏"之"惛"與"閔"相通。"惛"是昏昧不明的意思，所以河上公注曰："其政弘大，悶悶昧昧，似若不明。"王弼曰："言善治政者，無形、無名、無事、無政（覺按：《道藏》本作"正"，此依《古逸叢書》本）可舉。""閔閔"又見於第二十章，可參見第六十四節注[22]。高亨認爲"悶""閔"皆借爲"潣"，從而解爲"濁"，不當。因爲"悶""閔"通"潣"於古書無徵，而認爲老子提倡污濁之政，也有違其"清靜"（見第四十五章）之本旨。許抗生從高説，失當。

[2] 偆偆（chǔnchǔn 蠢蠢）：河上公本作"醇醇"，通"偆偆"。《説文·人部》："偆，富也。"所以河上公注曰："政教弘大，故民醇醇富厚相親睦也。"此文"偆偆"與"缺缺"相對，又應下文之"福"字，當解爲"富"，這兩句之意即上一節所謂的"我無事而民自富"。《管子·治國》："凡治國之道，必先富民。"《管子·牧民》："倉廩實則知禮節，衣食足則

・91・

知榮辱。"民衆富了，才會遷善淳厚，所以使民富足乃是治國時最重要的事，因此老子着眼於此而言"偆偆"。至於帛書乙本作"屯屯"，"屯"即"萅"（春）之省文，實也通"偆"。現在一般注本都依王弼本作"淳淳"，並認爲通"惇惇"，從而解爲淳厚（參見高亨、陳鼓應等注），雖亦通，恐未得老子本意。

〔3〕詧（chá 察）：通"察"。一般本子都作"察"。　詧詧：清清楚楚，形容苛察詳明。王弼曰："立刑名、明賞罰以檢姦僞，故曰'察察'也。"

〔4〕缺缺：與"偆偆"相對，又應下文之"禍"字，表示缺少不足。這兩句之意即上一節所謂的"天下多忌諱而民彌貧"，所以河上公注曰："政教煩疾，民不聊生，故缺缺日以疏薄。"今人多從高亨之說，認爲"缺"通"獪"，從而解爲狡詐，雖可通，恐未當，因爲帛書甲本"其民"作"其邦"，"狡詐"與"其邦"義不相屬。

〔5〕《韓非子・解老》："人有禍，則心畏恐；心畏恐，則行端直；行端直，則思慮熟；思慮熟，則得事理。行端直，則無禍害；無禍害，則盡天年。得事理，則必成功。盡天年，則全而壽。必成功，則富與貴。全壽富之謂福，而福本於有禍，故曰：'禍兮福之所倚。'"河上公曰："倚，因也。夫禍因福而生（覺按：當作"福因禍而生"），人能遭禍而悔過，責己修善行道，則禍去福來。"覺按：倚：靠着。這句實是說："幸福潛藏在災禍中。"所以只要正確地對待災禍，就能因禍得福。

〔6〕《韓非子・解老》："人有福，則富貴至；富貴至，則衣食美；衣食美，則驕心生；驕心生，則行邪僻而動棄理。行邪僻，則身死夭；動棄理，則無成功。夫內有死夭之難而外無成功之名者，大禍也。而禍本生於有福，故曰：'福兮禍之所伏。'"河上公曰："禍伏匿於福中，人得福而爲驕恣，則福去禍來。"覺按：第九章云："富貴而驕，自遺其咎。"亦可明此文之義。

〔7〕《韓非子・解老》："夫緣道理以從事者，無不能成。無不能成者，大能成天子之勢尊，而小易得卿、相、將軍之賞祿。夫棄道理而妄舉動者，雖上有天子、諸侯之勢尊，而下有猗頓、陶朱、卜祝之富，猶失其民人而亡其財資也。衆人之輕棄道理而易妄舉動者，不知其禍福之深大而道闊遠若是也，故諭人曰：'孰知其極？'"河上公曰："禍福更相，孰能知其窮極也。"覺按："極"表示終點，盡頭。《呂氏春秋・制樂》："故禍兮

德篇上　第二十一節（第五十八章）

福之所倚，福兮禍之所伏，聖人所獨見，衆人焉知其極？"高誘注："極，猶終。"

〔8〕高亨曰："其，猶豈也。"朱謙之曰："'正'讀爲'定'。……'袤'字與'邪'同。"覺按："袤"同"邪"，爲句末語氣詞。"正"與下句"正"相應，不當讀爲"定"，後人多從朱說（見陳鼓應、馮達甫等注），失當。此"正"字與下文"奇"相對，指端正，正派。

〔9〕復：返回（參見第十五節注〔4〕），指轉變到原來的狀態。老子認爲衆人早已迷惑（見下文），所以稱其變壞爲"復"。　奇：不正，姦詐（見第二十節注〔2〕）。此應下文"人之迷"，故實指姦詐之人。河上公曰："奇，詐也。人君不正，雖正，復化下爲詐。"

〔10〕祅（yāo 妖）：河上公本作"訞"。河上公注曰："善人皆復化上爲訞祥也。"朱謙之曰："'祅''祆''訞'並通。《玉篇·示部》：'祆，於驕切。天反時爲災，地反物爲祅。《說文》作祅。'又《言部》：'訞，災也。'"覺按："祅"古又作"妖"。《左傳·宣公十五年》："天反時爲災，地反物爲妖。""祅"或"妖"除了表示地面上的反常怪異現象外，也可表示邪惡的事物或人，如《荀子·大略篇》："口言善，身行惡，國妖也。"此文應下文"人之迷"，故用法與《荀子》同，指邪惡的人。

〔11〕《韓非子·解老》："人莫不欲富貴全壽，而未有能免於貧賤死夭之禍也。心欲富貴全壽，而今貧賤死夭，是不能至於其所欲至也。凡失其所欲之路而妄行者之謂迷，迷則不能至於其所欲至矣。今衆人之不能至於其所欲至，故曰'迷'。衆人之所不能至於其所欲至也，自天地之剖判以至于今，故曰：'人之迷也，其日故以久矣。'"覺按："人之迷"指人們不懂得禍福會相互轉化的道理以及"正復爲奇，善復爲祅"等誤入歧途的現象。

〔12〕河上公曰："聖人行方正者，欲以率下，不以割截人。"王弼曰："以方導物，舍（覺按：當作"令"，參見注〔13〕引文）去其邪，不以方割物，所謂'大方無隅'（覺按：語見第四十一章）。"覺按："聖人"見第十節注〔6〕。　方：原義指方形，引申指人的品行端正規矩。所以《韓非子·解老》說："所謂'方'者，內外相應也，言行相稱也。"　割：原義爲用刀截割，引申指裁斷、評判。如《韓非子·說難》："明割利害以致其功。"又《解老》："理定而物易割也。"即此義。《廣雅·釋詁一》云："割，斷也。"《廣雅·釋詁二》云："割，裁也。"此文之"割"也當表示

・93・

裁斷、評判，指以自己的方正之行爲道德標準去評判別人，所以《韓非子·解老》解此句云："雖中外信順，不以誹謗窮墮。"現在一般人都把"割"解爲"割傷"（見陳鼓應、許抗生、馮達甫等注譯），與"方"字之義不相屬，不當。

〔13〕河上公曰："聖人廉清，欲以化民，不以傷害人也。今則不然，正己以害人也。"王弼曰："廉，清廉也。劌，傷也。以清廉清（覺按：當作"導"，參見注〔12〕引文）民，令去其邪（覺按：此四字涉上一注文而衍，參見注〔12〕引文），令去其污，不以清廉劌傷於物也。"朱謙之曰："'廉而不劌'與上文'方而不割'對文。方，方正也；廉，謂廉隅也；皆稜角傷刺之意。楊倞注《荀子·不苟篇》'廉而不劌'曰：'廉，稜也。《說文》："劌，利傷也。"但有廉隅，不至於刃傷也。'此於義爲長。'廉而不劌'一語，《荀子》中數見。《法行》云：'廉而不劌，行也。'《榮辱》云：'廉而不見貴者，劌也。'又《禮·聘義》'廉而不劌'疏：'廉，稜也。'皆與此同。"覺按："廉而不劌"與"方而不割"一樣，含義雙關。其原義指有稜角而不去刺傷他物，《荀子·法行篇》"夫玉者……廉而不劌，行也。"即用此義，故楊倞注云："雖有廉稜而不傷物。"但此文指"聖人"而言，則與上句一樣，並非用其原義而用其引申義，指聖人清廉守節而不傷害人。河上公、王弼之解爲當。《韓非子·解老》："所謂'廉'者，必生死之命也，輕恬資財也。"就是說，"廉"指有節操、清廉。現在一般人解爲"銳利""稜角"（見陳鼓應、馮達甫注），皆不當。又《說文·刀部》："劌，利傷也。"段玉裁注："利傷者，以芒刃傷物。"則"劌"即刺傷的意思。《方言》卷三："凡草木刺人……自關而東或謂之梗，或謂之劌；自關而西謂之刺。"也可用以明此義。此文則指用言語譏刺傷害人。《韓非子·解老》解此句云："雖死節輕財，不以侮罷羞貪。"可供參考。

〔14〕河上公曰："肆，申也。聖人雖直，曲己從人，不自申也。"王弼曰："以直導物，令去其僻，而不以直激沸於物也。所謂'大（覺按：《道藏》本脫"大"字，此依《古逸叢書》本）直若屈'也。"吳澄曰："直者不能容隱，縱肆其言，以訐人之短。……聖人之無事者以不事爲事……直者必肆，以不直爲直，則不肆。"覺按：此句與第四十五章的"大直若詘"旨意相同，可參閱。　直：正直無私。《韓非子·解老》曰："所謂'直'者，義必公正，公心不偏黨也。"　肆：《說文·長部》："肆，極陳也。""肄"即"肆"字。《論語·陽貨》"古之狂也肆"何晏《集解》："包曰：

肆，極意敢言。"此文之"肆"也當指肆意指責，故《韓非子·解老》解此句云："雖義端不黨，不以去邪罪私。"

〔15〕河上公曰："聖人雖有獨見之明，常如暗昧，不以耀亂人。"王弼曰："以光鑒其所以迷，不以光照求其隱匿（覺按：《古逸叢書》本作"慝"，字通）也。所謂'明道若昧'也。"覺按："明道若昧"見第四十一章。從《老子》書中"光"字的用法來看，"光"當指眼光，參見第十五節注〔13〕、第十九節注〔6〕，故河上公之解爲是。"光而不耀"，即第五十六章所說的"和其光"。現在一般人都解爲"光亮"（見陳鼓應、馮達甫注譯），與主語"聖人"義不相屬，不當。《韓非子·解老》把"光"理解爲顯貴光榮，可備一說。　耀：炫耀，顯示。　聖人爲什麼"方而不割，廉而不劌，直而不肆，光而不耀"呢？這主要是聖人牢守"玄同"的處事策略所致（參見第五十六章）。當然，聖人採取"玄同"的策略，是爲了保全自身，所以《韓非子·解老》便從"全身長生之道"來挖掘其原因，其說值得參考，今錄之如下："其故何也？使失路者而肯聽習問知，即不成迷也。今眾人之所以欲成功而反爲敗者，生於不知道理而不肯問知而聽能。眾人不肯問知聽能，而聖人強以其禍敗適之，則怨。眾人多而聖人寡，寡之不勝眾，數也。今舉動而與天下之爲讎，非全身長生之道也，是以行軌，節而舉之也。故曰：'方而不割，廉而不穢，直而不肆，光而不耀。'"

【韻腳韻部】

閔、偆，文部。訾、缺，月部。禍、倚，歌部。福、伏、極，職部。袺、耀，宵藥對轉合韻（"袺"屬宵部，"藥"屬藥部）。

【義疏正解】

國家的政策法令糊裏糊塗，它的民眾就富裕；國家的政策法令清清楚楚，它的民眾就貧乏。災禍啊，是幸福緊靠著的地方；幸福啊，是災禍潛伏的地方。誰能知道災禍和幸福互相轉化的盡頭？難道沒有正派的人麼？正派的又轉變爲奸詐的，好人又轉變爲妖孽。人們的迷惑啊，那時間本來就很久了。因此聖人方正規矩，但並不以此去裁決評判別人；清廉守節，但並不以此去譏刺傷害別人；正直無私，但並不以此去肆意指責別人；很有眼光，但並不以此向別人炫耀。

第二十二節（第五十九章）

【提要述評】

此節爲傅奕本第五十九章，河上公注本題"守道第五十九"，唐玄宗注本題"治人事天章第五十九"。

本節的主旨在於勸説統治者在治理人民時要奉行"嗇"的原則，這實際上是要他們牢守無爲之道（河公上注本題"守道"，可能即基於此）。

老子無爲哲學的一個重要方面可稱爲守藏原則。所謂守雌守柔、和光同塵、好靜無事、知而不言、方而不割、廉而不劌、直而不肆、光而不耀、不敢爲天下先等等，均是一種守藏的策略。老子在本節提出的"嗇"，也是一種守藏的策略。

應該指出的是，老子在此强調"嗇"的原則，並非着眼於經濟方面的節省儉約或養生方面的愛惜精力（前人持此誤説者甚多），而是着眼於政治方面的韜光晦迹，是要求聖君及早恪守無爲之道，不暴露自己的見識方略，不炫耀自己的德行才智，以便使人不知其極，無法摸透他的底細，無法估計他的能量，從而確保自己穩坐江山、長治久安。本節從"治人"下筆提出"嗇"，其後明説"無不克""有國"等等，均可説明此文是着眼於政治的。末句雖説到"長生久視"，其實也並非是在宣揚養生之道，而實是針對春秋時代"人主之疾死者不能處半"（見《韓非子·備内》引《桃左春秋》）的情況而説的，是説君主牢守"嗇"的原則，就能使人不知其極，使人無法加害於己，從而使自己長存久安、享盡天年。從這種意義上來説，這"嗇"的原則也就是使自己"長生久視"的原則。老子便是在這種語境中使用"長生久視"一語的，前人見此"長生久視"一語，便以爲此章是在談養生之道，這是一種以辭害志、不得要領的誤解，必須糾正。

【校定原文】

治人事天[1]，莫若嗇[2]。夫惟嗇[3]，是以早服[4]。早服，是謂重積德[5]。重積德，則無不克[6]。無不克，則莫知其極[7]。莫知其極，可以有國[8]。有國之母[9]，可以長久[10]。是謂深根固柢、長生久視之道也[11]。

右第五十九章，六十五言[12]。

德篇上　第二十二節（第五十九章）

【注釋探賾】

〔1〕《韓非子·解老》云："聰明睿智，天也；動靜思慮，人也。人也者，乘於天明以視，寄於天聰以聽，託於天智以思慮。故視强，則目不明；聽甚，則耳不聰；思慮過度，則智識亂。目不明，則不能決黑白之分；耳不聰，則不能別清濁之聲；智識亂，則不能審得失之地。目不能決黑白之色則謂之盲，耳不能別清濁之聲則謂之聾，心不能審得失之地則謂之狂。盲則不能避晝日之險，聾則不能知雷霆之害，狂則不能免人間法令之禍。書之所謂'治人'者，適動靜之節，省思慮之費也。所謂'事天'者，不極聰明之力，不盡智識之任。苟極盡，則費神多；費神多，則盲聾悖狂之禍至，是以嗇之。嗇之者，愛其精神、嗇其智識也。"河上公注"治人"曰："謂人君欲治理人民。"注"事天"曰："事，用也。當用天道，順四時。"覺按：韓非把"人"理解爲人的行爲——人爲的舉止思慮，把"天"理解爲人的天賦——天生的聽力、視力、智力；"治人"即處理人爲的舉止思慮，"事天"即使用天生的聽力、視力、智力。河上公則把"治人"理解爲治理人民，把"事天"理解爲利用天象時節。這是兩種最主要的歧解，後人的理解往往出入於這兩者之間，如陳鼓應就將"事天"解爲"保養天賦""養護身心"。但綜觀《老子》一書，"人"都不表示人爲的舉止思慮，"天"都不表示天賦，且下文又未涉及使用天賦之事，所以韓非的理解不可取。下文云"無不克""有國"，則"治人"當從河上公之説而解爲"治理人民"。至於"事天"，下文並未論及"用天道，順四時"之事，且《老子》書中表示天象時明言"天道"（見第四十七章）而不單説"天"，所以河上公之説也不當。此"事"字用作動詞帶賓語，當與第六十一章的"事人"之"事"同義，是侍奉的意思。"天"當即第六十七章中"天將救之"之"天"，指上天、天帝、萬物的主宰。古人以君權爲神授，認爲君主是秉承天意來治理人民（"天子"一詞反映了這一觀念。《尚書·皋陶謨》亦云："天工，人其代之。"），所以"治人"即爲"事天"，故此文云"治人事天"。

〔2〕嗇：吝嗇，愛惜，節儉。《韓非子·解老》："少費之謂嗇。"河上公曰："嗇，愛也。治國者當愛民財不爲奢泰，治身者當愛精氣而不爲放逸。"蘇轍曰："凡物方則割，廉則劌，直則肆，光則耀。唯聖人方而不割，廉而不劌，直而不肆，光而不耀，此所謂嗇也。夫嗇者，有而不用者也。"高亨曰："嗇，從來從㐭。來，麥也。即收麥而藏於㐭中之象也。是

· 97 ·

嗇本收藏之義，衍爲愛而不用之義。此嗇字謂收藏其神形而不用，以歸於無爲也。"覺按："嗇"是老子提倡的一種致力於守藏的策略。第二章的"處無爲之事"，第二十八章的"守其雌"，第五十二章的"守柔"，第五十六章的"知者不言""塞其兌""閉其門""挫其鋭""和其光""玄同"，第五十七章的"無爲""好靜""無事""無欲"，第五十八章的"方而不割，廉而不劌，直而不肆，光而不耀"，第六十七章的"儉""不敢爲天下先"等等，都可與此文的"嗇"互相發明、互相貫通。根據上下文，此文的"嗇"，並不像河上公所說的那樣指"愛民財""愛精氣"，而應該是指奉行無爲之道，不顯露自己的德才，是一種使人"莫知其極"以便"長久""有國"的政治策略。

〔3〕夫惟：與下句"是以"相應，引出原因，強調原因的獨特性，相當於現在的"正因爲"。《老子》中這種〔夫惟……是以（或用"故""是"）……〕的句式用得不少，又見於第二章、第八章、第十五章、第二十二章、第六十七章、第七十章、第七十一章、第七十二章、第七十五章。前人對此文的"夫惟"都不得其解，茲不煩列。

〔4〕服：服從，順服。此文指服從"道"，即第二十一章所說的"惟道是從"，所以《韓非子·解老》曰："嗇之謂術也，生於道理。夫能嗇也，是從於道而服於理者也。"王弼曰："早服常也。""道"是無爲的（見第三十七章），而"嗇"實際上是無爲原則的一種具體體現（見注〔2〕〔9〕），所以奉行"嗇"的人也就會及早地順從無爲之道，因此說："夫惟嗇，是以早服。"

〔5〕是謂：傅奕本作"謂之"，帛書乙本作"是胃"，《韓非子·解老》引文作"是謂"，今據改。　重（zhòng 衆）：《說文·重部》："重，厚也。"《荀子·富國篇》"若夫重色而衣之"楊倞注："重，多也。直用反。"《漢書·文帝紀》"是重吾不德也"顏師古注："重，謂增益也。"　重積德：第二十一章說："孔德之容，惟道是從。"可見順從"道"，便可積德；現在不但順從"道"，而且是及早地順從"道"，那就加大了積德的程度，所以說："早服，是謂重積德。"

〔6〕河上公曰："剋，勝也。重積德於己，則無不勝。"《韓非子·解老》曰："積德而後神靜，神靜而後和多，和多而後計得，計得而後能御萬物，能御萬物則戰易勝敵，戰易勝敵而論必蓋世，論必蓋世，故曰'無不克'。'無不克'本於'重積德'，故曰：'重積德，則無不克。'"

德篇上　第二十二節（第五十九章）

〔7〕極：盡頭，極致，頂點，最高的程度，即"登峰造極"之"極"。《國語·晉語一》"使知其極"韋昭注："極，至也。"　莫知其極：沒有人知道他的極致，即沒有人能知道他本領究竟有多大。《韓非子·解老》曰："戰易勝敵，則兼有天下；論必蓋世，則民人從。進兼天下而退從民人，其術遠，則衆人莫見其端末。莫見其端末，是以莫知其極。故曰：'無不克，則莫知其極。'"河上公曰："無不剋勝，則莫有知己德之窮極。"王弼曰："道無窮也。"

〔8〕《韓非子·解老》："凡有國而後亡之、有身而後殃之，不可謂能有其國、能保其身。夫能有其國，必能安其社稷；能保其身，必能終其天年；而後可謂能有其國、能保其身矣。夫能有其國、保其身者，必且體道；體道，則其智深；其智深，則其會遠；其會遠，衆人莫能見其所極。唯夫能令人不見其事極，不見其事極者爲保其身、有其國，故曰：'莫知其極。''莫知其極，則可以有國。'"蘇轍曰："德積既厚，雖天下之剛强，無不能克，則物莫測其量矣，如此而後可以有國。彼世之小人，有尺寸之柄而輕用之，一試不服，天下測知其深淺而爭犯之，雖欲保其國家而不可得也。吾是以知嗇之可以有國。"

〔9〕《韓非子·解老》："母者，道也；道也者，生於所以有國之術；所以有國之術，故謂之'有國之母'。"覺按："母"見第十五節注〔2〕。有國之母：指用來保持國家政權的根本原則，也就是老子提倡的無爲之道，它是產生"有國之術"的母體，所以稱爲"有國之母"。本節所謂的"嗇"，就是"有國之母"這一根本原則的一種具體體現。

〔10〕《韓非子·解老》："夫道以與世周旋者，其建生也長，持祿也久，故曰：'有國之母，可以長久。'"覺按：第十六章云："道乃久，沒身不殆。"所以說："有國之母，可以長久。"

〔11〕傅奕本句末無"也"字，據帛書乙本補。　《韓非子·解老》曰："樹木有曼根，有直根。根者，書之所謂'柢'也。柢也者，木之所以建生也；曼根者，木之所以持生也。德也者，人之所以建生也；祿也者，人之所以持生也。今建於理者，其持祿也久，故曰'深其根'。體其道者，其生日長，故曰'固其柢'。柢固，則生長；根深，則視久，故曰：'深其根，固其柢，長生久視之道也。'"覺按："深""固""長""久"均用作使動詞。　柢：《爾雅·釋言》："柢，本也。"《說文·木部》："本，木下曰本。""柢"與"根"同義。細分之，則"柢"即"本"，指樹幹底

· 99 ·

下未分叉的基部，即韓非所謂的"直根"；"根"則指"柢"以下分叉的部分，即韓非所謂的"曼根"。因此，此文說"深根固柢"而不說"深柢固根"。此文之"根""柢"當喻指立身的根基，韓非認爲指"德""禄"，可通。　視：原表示看，因爲人活着才能"視"，所以"視"引申指活着，與"生"同義。《吕氏春秋·重己》"莫不欲長生久視"高誘注："視，活也。"　道：原則，方法。

〔12〕六十五：傅奕本作"六十四"，今補一字，故改。

【韻脚韻部】

嗇、嗇、服、服、德、德、克、克、極、極，職部。母、久、道，之幽旁轉合韻（"道"屬幽部，其餘屬之部）。

【義疏正解】

治理人民侍奉上天，没有什麽原則能及得上吝嗇。正因爲吝嗇，因此會及早地順從無爲的大道。及早地順從無爲的大道，這叫作更多地積累道德。更多地積累道德，那就没有什麽不能戰勝的了。没有什麽不能戰勝，那就没有誰能知道他的本領究竟有多大。没有誰能知道他的本領究竟有多大，就可以擁有國家政權了。保有國家政權的根本原則，可用來使自己長存久安。這可以稱爲加深根須、加固根基、延長生命、使自己長久存活的原則啦。

第二十三節（第六十章）

【提要述評】

此節爲傅奕本第六十章，河上公注本題"居位第六十"，唐玄宗注本題"治大國章第六十"。

本節的主旨與上幾節同，也在宣揚其清靜無爲、不以煩政擾民的政治原則。文中明言"治大國""莅天下"，可知這些議論是針對那些身居君位（河上公注本題"居位"，可能即基於此）的統治者而發的。

老子首先將清靜無爲的政治原則化作了生動的比喻，提出了"治大國若烹小鮮"的政治策略，認爲"莅天下"必須奉行無爲之道，不擾民，"不傷人"，這樣，就會産生"其鬼不神"的效果。何以會如此呢？因爲聖君遵行無爲之道，不以苛政刑法傷人，則人民就不會犯上作亂；人民不犯上作亂，則無禍害；無禍害，就不會再懷疑鬼在作祟害人；無人懷疑鬼作祟，則鬼就顯得不神了。由此可見，鬼神不神取決於君主傷不傷人。老子把鬼道當作評判君道的一種標準，出人意表而又自有其邏輯，這種別具一格的政治評判是耐人尋味的。

在這裏，老子雖然沒有完全站在無神論的立場上否定鬼的存在，承認鬼有神奇的作用，但他認爲只要君主行"道"，其鬼就不神了。這種以道爲本、以人爲主、以鬼爲次的思想，無疑具有一定的歷史進步意義。

【校定原文】

治大國若烹小鮮[1]。以道莅天下[2]，其鬼不神[3]。非其鬼不神，其神不傷人[4]。非其神不傷人，聖人亦不傷人[5]。夫兩不相傷[6]，故德交歸焉[7]。

右第六十章，四十八言[8]。

【注釋探賾】

[1]《韓非子·解老》："事大衆而數搖之，則少成功；藏大器而數徙之，則多敗傷；烹小鮮而數撓之，則賊其澤；治大國而數變法，則民苦之。是以有道之君貴靜，不重變法，故曰：'治大國者若烹小鮮。'"河上公曰："鮮，魚也。烹小魚，不去腸，不去鱗，不敢撓，恐其縻也。治國煩，則下亂。"《詩經·檜風·匪風》"誰能亨魚"毛傳："亨魚煩則碎，治

民煩則散。知亨魚，則知治民矣。"王弼曰："不擾也。"范應元曰："治大國者譬若亨小鱗。夫亨小鱗者不可擾，擾之則魚爛。治大國者當无爲，爲之則民傷。蓋天下神器不可爲也。"覺按："天下神器不可爲也"見第二十九章。此文是以烹煮小鮮魚不可多攪動爲喻，説明治大國應該安靜無爲，不濫發政令以擾民。　烹：煮。今人都解爲"煎"（見陳鼓應、許抗生、馮達甫注譯），不當。

〔2〕傅奕本"天下"下有"者"，據帛書乙本删。　道：即"治大國若烹小鮮"之道，指無爲而不擾民的政治原則。　莅：臨，統治。帛書乙本作"立"，通"莅"。

〔3〕《韓非子·解老》："人處疾則貴醫，有禍則畏鬼。聖人在上，則民少欲；民少欲，則血氣治而舉動理；舉動理，則少禍害。夫内無痤疽癉痔之害而外無刑罰法誅之禍者，其輕恬鬼也甚，故曰：'以道莅天下，其鬼不神。'"覺按："神"表示神奇。人們陷於禍害而無可奈何時往往會疑神疑鬼，以爲是鬼在作祟，那麽鬼也就顯得神奇了。現在聖明的君主用"道"來治理天下，則社會安定，民無禍害，人們也就不會疑神疑鬼，鬼也就不顯得神奇了，所以説："以道莅天下，其鬼不神。"

〔4〕高亨曰："'其神不傷人'之'神'，宜讀爲神祇之神。'非'者，蓋'不唯'二字之合音，若合'之於'或'之乎'而爲'諸'、合'之焉'而爲'旃'、合'而已'而爲'耳'、合'不律'而爲'筆'、合'終葵'而爲'椎'、合'扶摇'而爲'飆'也。今繹此文曰：'以道莅天下，其鬼不魈；不唯其鬼不魈，其神不傷人；不唯其神不傷人，聖人亦不傷人。'始怡然理順矣。"覺按：依高説，則不傷人的有"鬼""神""聖人"三者，這與下文的"兩不相傷"牴牾，故高説不當。陳鼓應譯文從高説，失當。這"神"字，仍應理解爲"神奇"，與上句稍有不同的只是這"神"用作名詞罷了。這兩句實是説，鬼仍是鬼，當然不可能不神，所謂"其鬼不神"，只是指人民無禍，没有什麽鬼作祟禍人的事，所以就事實而論，那就並不是鬼不神，而是鬼雖神却不傷人。蘇轍曰："非其鬼之不神，亦（覺按：《道藏》本誤爲"非"，此依《四庫全書》本）有神而不傷人耳。"甚得其意。

〔5〕聖人：見第十節注〔6〕。　亦：語助詞，起强調作用。　河上公曰："非鬼神不能傷害於人，以聖人在位不敢傷人，故鬼神不敢干人。"蔣錫昌曰："言神不傷人者，由於聖人之先不傷人，上文所謂'治大國若烹

小鮮'也。"

〔6〕兩不相傷：指聖明的君主和人民、鬼和人這兩個方面都不互相傷害。即聖明之君不以刑法殺戮人民，人民也不犯上作亂；鬼不作祟害人，人也不驅鬼袪邪。《韓非子·解老》："鬼祟也疾人之謂鬼傷人，人逐除之之謂人傷鬼也。民犯法令之謂民傷上，上刑戮民之謂上傷民。民不犯法，則上亦不行刑，上不行刑之謂上不傷人，故曰：'聖人亦不傷民。'上不與民相害，而人不與鬼相傷，故曰：'兩不相傷。'"今人一般都把"兩不相傷"理解爲鬼神和聖人不傷人（見陳鼓應、許抗生、馮達甫注譯），於"相"字之義未洽，似未當。

〔7〕德：道德，美好的德行。此承上句"兩不相傷"而言，指不受傷害而保全身心的德行。《韓非子·解老》："身全之謂德。德者，得身也。"　交：《國語·越語下》"君臣上下交得其志"韋昭注、《呂氏春秋·貴當》"皆交爭証諫"高誘注均云："交，俱也。"即指各個方面都（如此）。歸：回歸，返回。　焉："於是間"的合音。　德交歸焉：保全身心之德都回歸到他們中間。聖君以道而治，則君主不受傷害而長生久視，人民不受傷害而繁衍生息，鬼不受傷害而神靈不滅，君、民、鬼都能全其性命，所以説"德交歸焉"。河上公對此義有所了悟，但並未全面，其言云："夫兩不相傷，人得治於陽，鬼得治於陰，人得全人性命，鬼得保其精神，故'交歸焉'。"《韓非子·解老》則把"德交歸焉"解爲"德""俱歸於民"，其言云："民不敢犯法，則上內不用刑罰，而外不事利其產業。上內不用刑罰，而外不事利其產業，則民蕃息。民蕃息而畜積盛。民蕃息而畜積盛之謂有德。凡所謂祟者，魂魄去而精神亂，精神亂則無德。鬼不祟人，則魂魄不去；魂魄不去，而精神不亂；精神不亂之謂有德。上盛畜積而鬼不亂其精神，則德盡在於民矣，故曰：'兩不相傷，則德交歸焉。'言其德上下交盛而俱歸於民也。"此説粗看也通，但仔細分析，韓非在此實將"兩不相傷"理解成了君、鬼不傷人，與其上文之説（見注〔6〕）自相牴牾，故不當。今人多從之（見陳鼓應、馮達甫注譯），失當。

〔8〕四十八：傅奕本作"四十九"，今删一字，故改。

【韻脚韻部】

鮮、神、神、人、人、人、焉，真元旁轉合韻（"鮮""焉"屬元部，其餘屬真部）。

【義疏正解】

　　治理大國就好像烹煮小鮮魚那樣不可多加攪動折騰。用這種無爲的政治原則來統治天下，那天下的鬼就不神奇了。這並不是説那鬼真的不神奇了，而是説它們的神奇作用不傷害人。這其實也並不是鬼的神奇作用不能傷害人，而是因爲聖明的君主不傷害人民。君主與人民、鬼與人這兩方面都不互相傷害，所以美好的德行都回歸到他們這裏來了。

第二十四節（第六十一章）

【提要述評】

此節爲傅奕本第六十一章，河上公注本題"謙德第六十一"，唐玄宗注本題"大國者下流章第六十一"。

上一節論述大國之內政，此節則論述大國之外交。本節的主旨，在於勸誡大國諸侯不要對小國逞强動武，而應該以謙下清靜的手段來奪取小國、兼并天下。而在宣揚其謙下清靜的主張時，主要論述了謙下的德行（河上公注本題"謙德"，可能即基於此）。

面對春秋時期大國對小國的兼并戰爭給人民帶來的痛苦，老子深惡痛疾，所以他堅決地反對這種兼并戰爭。爲此，他一方面直截了當地反對好戰殺人，明確指出戰爭於奪取天下毫無裨益，以期阻止戰爭的發生。如第三十章云："以道佐人主者，不以兵彊於天下。"第三十一章云："夫樂殺人者，不可以得志於天下矣。"另一方面，他又提出了用非戰的手段來奪取天下的方略，以引導諸侯大國放棄戰爭。這種非戰的手段就是本節所說的"下"與"靜"。老子認爲，大國完全可以用謙下的手段來獲取小國的民心而使其順服歸附，就像處於下游的江海能吸納百川一樣。至於"靜"，此節雖僅以比喻出之而未詳論，但其旨意則無非是清靜無爲，即第五十七章所說的"以無爲取天下"。

值得指出的是，老子所反對的是兼并天下時所採取的戰爭手段，而並不是從根本上反對兼并天下。此章的主旨是在論述兼并天下的手段，而並不是在論述如何處理好國與國之間的關係。他是勸大國以"下""靜"的手段去"兼畜人"，而並不是要求大國以謙下清靜的態度與小國長期和平共處。任繼愈認爲老子在此是"希望小國、大國維持春秋時期的情況"，"希望社會永遠停留在分散割據狀態"，陳鼓應認爲老子此章在呼籲國與國之間當謙虛並容，馮達甫認爲本章是在講如何處理國際關係而要求大國安分，均爲誤解。

【校定原文】

大邦者[1]，下流也[2]，天下之牝也[3]，天下之交也[4]。牝恒以靜勝牡[5]，以其靜[6]，故爲下也[7]。故大邦以下小邦[8]，則取小邦[9]；小邦以下大邦，則取於大邦[10]。故或下以取[11]，或下而取。大邦不過欲兼畜人[12]，小邦不過欲入事人[13]。夫兩者各得其所欲[14]，故大者宜爲下[15]。

右第六十一章，九十言[16]。

【注釋探賾】

〔1〕邦：此節九個"邦"字，傅奕本均作"國"，乃後世避漢高祖劉邦諱而改，今皆據帛書甲本改爲"邦"。

〔2〕下流也：傅奕本作"天下之下流"，據帛書甲本改。　下流：河流的下游，指位於低處的江海。王弼曰："江海居大而處下，則百川流之；大國居大而處下，則天下流之；故曰'大國下流也'。"蔣錫昌曰："六十六章：'江海所以能爲百谷王者，以其善下之。'是'下流'乃指江海而言。"覺按：下文云"大者宜爲下"，細味文意，此句也當爲"大邦宜爲下流"之意，指大國應該像江海那樣處於河流的下游，以便像海納百川那樣吸納各小國前來歸附。

〔3〕牝也：傅奕本作"交"，據帛書乙本改補。　牝（pìn 聘）：雌性的動物。河上公曰："牝者，陰類也，柔謙和而不倡也。"王弼曰："靜而不求，物自歸之也。"雌性的動物雖然溫柔平靜而不去主動求偶，也會吸引雄性前來，所以老子取以爲喻，認爲大國宜爲天下之牝，清靜無爲，以吸引各國前來投奔。

〔4〕交也：傅奕本作"牝"，據帛書乙本改補。　這兩句一般本子都是"交"在上句而"牝"在此句，帛書本則相反。相比而言，帛書本爲優，故今依帛書本改。因爲：一、"交"非比喻之詞，而"下流""牝"爲比喻之詞，故"牝"字句當緊接"下流"句。二、"交"與"流"押韻，以隔句爲優，且置於此結句處爲宜。　河上公曰："大國，天下之士民之所交會。"覺按："交"當指結交來往。《周禮·秋官·司儀》"凡諸侯之交"賈公彥疏："兩國一往一來謂之交。"這句緊承上文之"下流"與"牝"而言，點明大國應成爲天下各國嚮往結交的對象。當然，這"交"字也可理解爲"性交"而將此句屬下讀。

〔5〕恒以靜：傅奕本作"常以靖"，據帛書乙本改。　王弼曰："雄躁動貪欲，雌常以靜，故能勝雄也。"吳澄曰："牝不先動以求牡，牡常先動以求牝。動求者招損，靜俟者受益，故曰'以靜勝牡'。"覺按："勝"表示戰勝、制服。雌性的性要求具有被動性的特點，所以一般比較文靜，不

德篇上　第二十四節（第六十一章）

主動求偶；雄性的性要求具有主動性的特點，所以一般不能忍耐而只得屈就於雌性。有鑒於此，所以説："牝恒以靜勝牡。"

〔6〕静：傅奕本作"靖"，據帛書乙本改。

〔7〕吴澄曰："動求者居上，靜俟者居下，故曰'以靜爲下'。"高亨曰："爲下，猶居下也。下文曰'宜爲下'，六十八章曰'善用人者爲下'，皆斯義。"覺按：今人也大都將"爲下"解爲"處下""居於下處"（見陳鼓應、許抗生譯文），此説雖可通，但未必當。因爲：一、在老子的觀念中，"居下""處下"是一種無力衰敗的表現，所以第七十六章云："堅彊處下。"在老子看來，勝者應該"處上"，所以第六十六章云："聖人處之上。"第七十六章云："柔弱處上。"由此看來，作爲勝者的"牝"不會"居下"。二、把"爲下"解爲"居下"，則與"靜"無法構成因果關係，與"故"字之義不合。第四十五章曰："清靜可以爲天下正。"可見靜者應該是"處之上"的"聖人"（見第六十六章）。同樣的道理，守靜的"牝"也應處上而非處下。三、古代"爲"字一般不表示"居"。總之，把"爲下"解爲"居下"，恐怕只是囿於牝牡性交時的相互位置而作出的錯誤解釋，並不合乎老子的思想。此"爲"字當爲"做作"之義，"爲下"即做出一種謙下的姿態，而並非實指屈居人下。下文"大者宜爲下"，也只是指大國應該做出謙下的姿態。第六十八章的"爲之下"，也是指對人做出謙下的姿態，而非指居於別人之下。在老子看來，"爲下"只是一種手段，其目的是爲了"處上"。第三十九章所説的"侯王自謂孤、寡、不穀"是一種"爲下"，但其目的是爲了"處上"，即第六十六章所説的"聖人欲上民，必以其言下之"。總而言之，"爲下"是指一種主觀的態度，而非指客觀的位置。

〔8〕故：猶"夫"，發語詞。帛書甲本無此"故"字。　以：與下句"則"字相對，猶"若"（參見《古書虚字集釋》卷一）。　下：用作動詞。

〔9〕"取"下傅奕本有"於"，據帛書本删。帛書本此句無"於"字，下句有"於"字，區别主動、被動甚明。傅奕本此句、下句皆有"於"，河上公本此句、下句皆無"於"，不如帛書本之優。　取：輕易地奪取，即得其心而不用動武就兼并控制住對方。參見第十一節注〔6〕。蔣錫昌、朱謙之、陳鼓應等認爲本章四個"取"字都是"聚"的借字，不當。下文云"兼畜""入事"，則此章的四個"取"字當分别爲"兼并而統治""被兼并而臣事"之義，而並非"會聚""被聚"之義。河上公曰："能謙下

· 107 ·

之，則常有之。"甚得其義。

〔10〕取：用作被動詞，表示被輕易地奪取，即心悅誠服地被兼并而臣服於對方。有人將此"取"字解爲"被信任""得到支持"（見馮達甫注譯），不當。于鬯曰："大國取小國，取人之取也，觀下文'大國不過欲兼畜人'可知；小國取大國，見取於人之取也，觀下文'小國不過欲入事人'可知。"甚得其意。

〔11〕傅奕本"或"上無"故"，據帛書本補。

〔12〕不過：不超過，只，僅僅。　兼：兼并。　畜：養，指統治役使。古代將君主統治役使臣民比作"畜牧"，《周易·師》："君子以容民畜衆。"《逸周書·命訓解》："古之明王，奉此六者以牧萬民。"《荀子·王制篇》："安職則畜。"《荀子·富國篇》："計利而畜民，度人力而授事。"均可明此義。河上公曰："大國不失下，則兼并小國而牧畜之。"

〔13〕入：指并入而成爲附庸。　事：侍奉，指做別國的臣子。河上公曰："欲爲臣僕。"

〔14〕傅奕本"兩"上無"夫"，據河上公本補。

〔15〕河上公曰："大國小國各欲得其所欲，大國尤宜謙下也。"吳澄曰："兩者皆能下，則大小各得其所欲，然小者素在人下，不患乎不能下，大者非在人下，或恐其不能下，故曰：'大者宜爲下。'"覺按：此章主旨其實並非兼論大國與小國必須謙下，而是專論大國必須謙下，其中的"小邦"只是連帶提及之辭，觀開頭只說"大邦"，即可明此旨。認爲此章兼論大國、小國而尤其側重於大國，實未得老子本旨。老子此文當針對春秋時大國的兼并戰爭而發，所以竭力勸他們謙下清靜而不逞強動武，這與第三十章所說的"以道佐人主者，不以兵彊於天下……毋以取彊"等等是一脈相通的。老子此章的主旨是：大國不動用武力而謙下清靜，也能兼并他國而奪取天下。所以此章一開頭即提出"大邦者，下流也"的主張，通過論述而將此道理闡明後，此處才總結說："故大者宜爲下。"這"故"字便是應上之辭。若依河上公等的理解，則此"故"字便無着落。今人往往受河上公等說法的影響而棄"故"字於不顧（見陳鼓應、馮達甫譯文），未當。帛書乙本"故"作"則"，也是引出結論的連詞，與"故"字義近。許抗生理解爲表示對比的"則"（見其譯文），也不當。

〔16〕九十：傅奕本作"八十九"，今刪四字，補五字，故改。

【韻脚韻部】

流、交、牡、下，幽宵魚旁轉合韻（"交"屬宵部，"下"屬魚部，其餘屬幽部）。邦、邦、邦、邦，東部。取、取，侯部。人、人，真部。

【義疏正解】

　　大國，應該像江海那樣處於河流的下游，應該像天下的雌性動物那樣溫柔平靜，成爲天下各國結交的對象。雌性常常因爲平靜而制服了雄性，因爲她們平靜，所以顯得謙下。大國如果謙下地對待小國，就能輕易地奪取小國；小國如果謙下地對待大國，就會輕易地被大國奪取。所以，有的國家謙下地對待別國而奪取了別國，有的國家謙下地對待別國而被別國奪取。大國只是想兼并統治人家，小國只是想歸附別國去侍奉人家。這兩方面由於謙下而各自實現了他們的願望，所以大國應該作出謙下的姿態。

第二十五節（第六十二章）

【提要述評】

此節爲傅奕本第六十二章，河上公注本題"爲道第六十二"，唐玄宗注本題"道者萬物之奧章第六十二"。

本節的主旨在於闡明"道"的可貴之處，勸天子三公奉行此道（河上公注本題"爲道"，可能即基於此）。

在老子看來，"道"既是產生萬物的總根源，又是庇護萬物的保護傘（見第五十一章），本節便詳述了"道"的庇護作用。"道"庇護萬物，這一作用不但存在於自然界，而且也體現在人類社會中，所以它不但能使善人行善得道，而且也能使不善之人得到保護而免遭禍殃。老子宣揚"道"的這種作用，其實際目的是要求當時的"天子""三公"奉行此道，子養萬民，既保護善人，又保護不善之人，而不能根據自己的好惡拋棄殺戮那些自以爲可惡的人。這與第四十九章所說的"聖人恒无心，以百姓之心爲心。善者吾善之，不善者吾亦善之"的思想是一脈相通的。其實質是要求統治者實行無爲之治，不要多設"忌諱""法令"（見第五十七章）。

【校定原文】

道者[1]，萬物之奧也[2]，善人之寶也[3]，不善人之所保也[4]。美言可以市[5]，尊行可以加於人[6]，人之不善[7]，何棄之有[8]？故立天子，置三公[9]，雖有拱璧以先駟馬[10]，不如坐而進此道也[11]。古之所以貴此道者何也？不曰求以得、有罪以免邪[12]？故爲天下貴。

右第六十二章，八十七言[13]。

【注釋探賾】

[1] 道：見第一節注[10]。

[2] 奧：高亨曰："《禮記・禮運》：'故人以爲奧也。'鄭注：'奧，主也。'此'奧'字疑亦主義，'萬物之奧'猶言萬物之主也。"覺按：帛書甲本、乙本"奧"字並作"注"，《老子甲本釋文》注："'注'讀爲'主'，《禮記・禮運》：'故人以爲奧也'，注：'奧，猶主也。'"由於帛書之證，所以今人多解此句爲"萬物之宗主"或"萬物的主宰"（見許抗生、馮達

德篇上　第二十五節（第六十二章）

甫注譯），但第三十四章云："大道……衣被萬物而不爲主。"第五十一章云："道生之（萬物）……長而不宰。"由此可證高説之誤。河上公曰："奧，藏也。道以萬物之藏，無所不容也。"王弼曰："奧，猶曖也，可得庇蔭之辭。""奧"原指室之西南隅，所以引申指幽深的庇護之所。第三十四章説"大道""衣被萬物"，第五十一章説"道生之（萬物）……盖之覆之"，所以此文説："道者，萬物之奧也。"這"奧"字與"衣被""盖""覆"等同旨，爲庇護之辭，河上公、王弼之説爲當。至於帛書作"注"，當即後世之"住"，指住所，也爲庇護之辭，與"奧"近義。

〔3〕傅奕本"寶"字上有"所"字，"寶"字下無"也"字，據帛書甲本、乙本刪補。　河上公曰："善人以道爲身之寶，不敢違也。"

〔4〕傅奕本"保"下無"也"字，據帛書甲本、乙本補。　河上公曰："道者，不善人之所保倚也，遭患逢急，猶能知自悔卑柔也。"覺按：《左傳·僖公二十三年》"保君父之命而享其生祿"杜預注："保，猶恃也。"可見"保"在古代有依靠的意思，所以河上公解爲"保倚"。　所保：所恃，所依靠的東西，即用來保護自己的東西。道"衣被萬物"，"盖之覆之"，爲"萬物之奧"（見注〔2〕），當然除了庇護善人之外，也會庇護不善之人，所以它也是不善之人的依靠。此句前人的譯注多與原文不合，茲不煩駁。

〔5〕傅奕本"市"上有"於"，據帛書甲本、乙本刪。　美言：美妙動聽的言詞，指内容不實的花言巧語。第八十一章説"美言不信"，即其義。　市：做買賣。在市場做買賣，賣主往往用花言巧語招徠顧客，以期快速出售自己的貨物，所以説"美言可以市"。河上公曰："美言可以市者，夫市，交易而退，不相宜售，善言美語，求者欲疾得，賣者欲疾售。"

〔6〕行：傅奕本作"言"，據帛書甲本、乙本改。　加於：河上公本作"加"，帛書甲本作"賀"，"賀"即"加於"二字之誤，可見古本當作"加於"。　尊行：尊敬的行爲，即禮貌的行爲。第三十八章曰："禮者，忠信之薄也，而亂之首也。"所以在老子看來，"尊行"是一種不善之行，所以這裏將它與"美言"及"人之不善"並列。有人認爲"美言"兩句承上"善人之寶"而言，是指美好的言行（見馮達甫、陳鼓應注譯），與老子本旨不合，誤。此上兩句，當與下句連讀，爲下句之鋪墊。　加：河上公曰："加，别也。人有尊貴之行，可以别異於凡人，未足以尊道。"覺按：河上公之解基本上得其本旨，但不很精確。《禮記·内則》"不敢以貴富加

· 111 ·

於父兄宗族"鄭玄注："加，猶高也。"《禮記·檀弓上》"獻子加於人一等矣"鄭玄注："加，猶踰也。"《論語·公冶長》"吾亦欲無加諸人"何晏《集解》："馬曰：加，陵也。"可見"加於人"連言，是高出別人、凌駕於人的意思。由於周禮在當時受到統治者的推崇，所以合乎禮的"尊行"雖然"未足以尊道"，但還是爲人所重而成爲人們心目中出衆的行爲，所以説"尊行可以加於人"。又，俞樾曰："樾謹按：《淮南子·道應篇》《人間篇》引此文並作'美言可以市尊，美行可以加人'，是今本脱下'美'字。"奚侗曰："市，當訓取。《國語·齊語》：'市賤鬻貴。'高注：'市，取也。'加，當訓重。《爾雅·釋詁》：'加，重也。'此言美言可以取人尊敬，美行可以見重于人，二十七章所謂'善人者，不善人之師'也。各本脱下'美'字，而斷'美言可以市'爲句、'尊行可以加人'爲句，大謬。兹從《淮南·道應訓》《人間訓》引訂正。二句蓋偶語，亦韵語也。"覺按：今人大多從俞、奚之説（見朱謙之、馮達甫注），但今傳《老子》版本，如帛書甲本和乙本、河上公本、王弼本等"行"上都無"美"字，所以《淮南子》的引文未必可從。至於奚侗將"加"解爲"見重"，則大謬，因爲《爾雅·釋詁下》所謂"加，重也"是累加重疊的意思，而非尊重之義。《爾雅·釋詁下》之全文爲："從、申、神、加、弼、崇，重也。"郭璞注："隨從、弼輔、增崇，皆所以爲重疊。神，所未詳。"其實，"神"可能是"紳"字之譌，"紳"即加帶於腰，也是增加重疊之義。"申"也表示重疊、重複之義，如重申、申述皆可明此義。由此可見，今人從奚侗之説，失當。如今還有一些其他的説法，也多未得老子本義，兹不煩列。

〔7〕人之不善：即"人之不善者"，也即上文所説的"不善人"。

〔8〕河上公曰："人雖不善，當以道化之。蓋三皇之前，無有棄民，德化淳也。"覺按："道"庇護萬物，也庇護不善人（見注〔4〕），所以不可抛棄不善人。第二十七章云："聖人恒善救人，故無棄人。"與此同旨。此文也指聖人不可抛棄不善人。今人大多把它理解爲不善人不可抛棄道（見許抗生、陳鼓應、馮達甫注譯），誤。

〔9〕河上公曰："欲使教化不善之人。"覺按："三公"是輔助天子掌管軍政大權的最高官員，各個朝代的三公名稱不盡相同，周代以太師、太傅、太保爲三公。《尚書·周官》："立太師、太傅、太保，兹惟三公，論道經邦，燮理陰陽。"

〔10〕拱：兩手相合，指兩拇指與兩食指、中指相抵所圍成的大小（參

德篇上　第二十五節（第六十二章）

見拙文《"拱"之所表粗細考辨》，載《固原師專學報》1992年第2期）。
　　璧：扁平而呈圓形、中心有空而邊寬倍於孔徑的玉器。《爾雅·釋器》："肉倍好謂之璧，好倍肉謂之瑗，肉好若一謂之環。"郭璞注："肉，邊。好，孔。"邢昺疏："邊大倍於孔者名璧。"璧在古代往往作爲聘問時饋贈對方的禮品。《荀子·大略篇》："聘人以珪，問士以璧。"　拱璧：大小達兩手合圍的玉璧，即大璧，後世謂之"珙"，是一種貴重的玉器。《左傳·襄公二十八年》"與我其拱璧"孔穎達疏："拱，謂合兩手也。此璧兩手拱抱之，故爲大璧。"　駟馬：同駕一輛大車的四匹馬。四匹馬所拉的高大馬車，古代爲大官所乘。《詩經·小雅·采菽》："載驂載駟，君子所屆。"
　　拱璧以先駟馬：指先贈拱璧，後贈駟馬於人，這是春秋時一種送禮習慣。《左傳·僖公三十三年》"以乘韋先牛十二犒師"杜預注："古者將獻遺於人，必有以先之。"孔穎達疏："遺人之物，必以輕先重後，故先韋，乃入牛。《老子》云：'雖有拱璧以先四馬，不如坐進此道。'是古者將獻饋，必有以先之。"《左傳·襄公十九年》："公享晉六卿于蒲圃，賜之三命之服；軍尉、司馬、司空、輿尉、候奄皆受一命之服。賄荀偃束錦、加璧、乘馬（覺按：即"駟馬"）先吳壽夢之鼎。"杜預注："荀偃，中軍元帥，故特賄之。五匹爲束。四馬爲乘。壽夢，吳子乘也。獻鼎於魯，因以爲名。古之獻物，必有以先。今以璧、馬爲鼎之先。"孔穎達疏："古之獻物，必有以先。《老子》云'雖有拱抱之璧以先駟馬'，謂以璧爲馬先也。僖三十三年'鄭商人弦高以乘韋先牛十二犒師'，謂以韋爲牛先也。二十六年'鄭伯賜子展先路三命之服，先八邑'，謂以車服爲邑之先也。皆以輕物先重物，此錦、璧可執，馬可牽行，皆輕於鼎，故以璧、馬爲鼎之先，以輕先重，非以賤先貴，鼎價未必貴於璧馬也。"與《左傳·襄公十九年》之文對照可知，此文之"拱璧"與"駟馬"當爲天子、三公贈人的貴重禮品，因爲拱璧比駟馬輕，所以先贈拱璧，後贈駟馬。高亨將"拱璧""駟馬"誤解爲"使者乘車抱璧以聘鄰國"，以致認爲此文有誤，並以"先"爲"詵"之借字，實誤。許抗生從高說，不當。有人認爲拱璧、駟馬是進獻給天子的禮品（見馮達甫注），也誤，因爲不但《左傳·襄公十九年》之文可證璧、馬乃國君所贈臣下之物，而且下句之施事爲"天子""三公"，也可明此句之施事也當爲"天子""三公"，"天子"不應是受禮者。
　　〔11〕傅奕本"進"上無"坐而"二字，據帛書甲本、乙本補。《周

· 113 ·

禮·冬官·考工記》云："坐而論道，謂之王公；作而行之，謂之士大夫。"鄭玄注以爲"王公"指"天子、諸侯"，其實，"王公"當即此文所說的"天子""三公"（三公論道，見注〔9〕所引《尚書》）。據此，則此文當有"坐"字。　進：推薦。王弼曰："此道，上之所云也。言'故立天子，置三公'，尊其位，重其人，所以爲道也。物無有貴於此者，故雖有拱抱寶璧以先駟馬而進之，不如坐而進此道也。"

〔12〕曰：猶"爲"（參見《古書虛字集釋》卷二）。　求以得：承上"善人之寶"而言，指善人循道而行，有求必得。　有罪以免：承上"不善人之所保"而言。道既然是"不善人之所保"，則不善人有了罪過，若循道而行，就能避免殺身之禍，所以說"有罪以免"。

〔13〕八十七：傅奕本作"八十五"，今刪二字，補四字，故改。

【韻脚韻部】

道、奥、寶、保，幽覺對轉合韻（"奥"屬覺部，其餘屬幽部）。

【義疏正解】

道，是萬物的庇護者，是善良之人的法寶，也是不善良的人所依靠的東西。虛假的花言巧語尚且可以用來做買賣，虛僞的禮貌行爲尚且可以用來淩駕於衆人，那麼人群中那些不善良的，有什麼理由把他們拋棄呢？所以設立天子，設置三公，即使有兩手合圍那麼大的珍貴玉璧在前、四匹駿馬隨後的豐厚饋贈，也比不上坐着推薦這大道啊。古代看重這大道的原因是什麼呢？不就是因爲人的需求依靠它可以得到滿足、有了罪過依靠它可以避免禍殃麼？所以它被天下人看重。

第二十六節（第六十三章）

【提要述評】

此節爲傅奕本第六十三章，河上公注本題"恩始第六十三"，唐玄宗注本題"爲無爲章第六十三"。

本節的主旨在於闡明立身行事時應該堅持的基本出發點，即以"無爲"之"道"爲準則，"圖難於其易，爲大於其細"。

老子認爲，從總體上來說，立身行事應該以"道"爲準則，奉行合乎"道"的"無爲""無事"原則，所以此節首先強調了"爲無爲，事無事"的主張。要以"道"爲準則，就需要仔細體味平淡"無味"的"道"所蘊含的豐富内涵，所以本節又提出了"味無味"的主張。"道"除了"無爲""無事"的基本原則外，還具有豐富的内涵可用來指導人們立身行事，其中較爲重要的是事物發展的觀點，即小的會發展成爲大的，少的會發展爲多的，容易的會變成困難的。因此，就應該認真地對待小的、少的、容易的事。對於别人的怨恨，應該以恩德報之而避免其發展爲大怨（河上公注本題"恩始"，可能即基於此）。對於需要解决的事情，應該趁其容易解决的時候就加以解决而避免其發展爲難事。對於應該做的事情，應該從小處着手，積沙成塔，以成就其大事。這後面的兩項，是本節所要論述的重點，所以老子反復申述之，試看此文之脈絡：一、"圖難於其易"—"天下之難事必作於易"—"是以聖人猶難之，故終無難矣"。二、"爲大於其細"—"天下之大事必作於細"—"是以聖人終不爲大，故能成其大"。老子主張"圖""易"而"難之"，是爲了"無難"；主張"爲""細"而"不爲大"，是爲了"成其大"。這種"難之"而"無難"、"不爲大"而"大"、主觀努力與客觀結果之間看似對立實則統一的理論闡述，其出發點雖然是基於現實的功利目的，但其中却藴含着深刻的哲學邏輯，與現代哲學中的發展觀點、對立統一觀點、量變質變觀點等具有某種相似之處，值得我們重視。

【校定原文】

爲無爲[1]，事無事[2]，味無味[3]。大小多少[4]，報怨以德[5]。圖難於其易[6]，爲大於其細[7]。天下之難事必作於易^[8]，天下之大事必作於細。是以聖人終不爲大^[9]，故能成其大^[10]。夫輕諾者必寡信^[11]，多易者必多難^[12]。是以聖人猶難之^[13]，故終無難矣^[14]。

右第六十三章，八十三言^[15]。

【注釋探賾】

〔1〕爲：做。　無爲：見第一節注〔5〕。　爲無爲：奉行"無爲"。王道曰："人皆有所爲，聖人亦人耳，獨無所爲乎哉？但衆人所爲者，皆有爲之事；而聖人所爲者，乃無爲之道。此其所異也。"

〔2〕事：從事。　無事：見第十一節注〔7〕。　事無事：從事"無事"。河上公曰："預設備，除煩省事。"

〔3〕味：體味，體會辨察其味道或意味，此指體會其意味。　無味：沒有味道，指平淡無味的"道"。第三十五章云："道之出言也，曰：淡兮其無味。"即其義。　味無味：河上公曰："深思遠慮，味道意也。"王弼曰："以恬淡爲味。"覺按：以上三句均言爲"道"，所以河上公之説較爲切實。王弼之説若理解爲"把恬淡的道作爲體味的對象"，則也切合老子本旨；現在一般人從王説而理解爲"把恬淡當作味"或"把無味當作味"（見許抗生、陳鼓應注譯），則失之玄虛。

〔4〕高亨曰："大小者，大其小也，小而以爲大也。多少者，多其少也，少而以爲多也。視星星之火，謂將燎原；睹涓涓之水，云將漂邑。即謹小慎微之意。"覺按："大小多少"四字，前人有各種不同的解説。有人以爲此文有"脱簡"（見奚侗注），但各種本子包括帛書甲本都作"大小多少"，則此文當無脱誤。有人解爲"大生於小，多起於少"（見朱謙之、陳鼓應注），增字解經，與文不合，也未當。有人認爲指"仇恨的大小多少"（見許抗生譯文），雖與下句之義較爲連貫，但第七十九章説"和大怨，必有餘怨"，則老子所謂"報怨以德"當指報小怨，而不應指報大怨，故此文之"大""多"不當指仇恨而言。比較而言，還是高説有一半可取，此"大""多"當用作意動詞。"大小多少"即以小爲大、以少爲多，是指重視"小""少"而認真從事，與下文"圖難於其易，爲大於其細"相應。但下文"爲大於其細"並非是防微杜漸之意（見注〔7〕），故高説後半部分不可取。

〔5〕德：給人恩惠，給人好處。　報怨以德：即"以德報怨"。這是爲了及早化解矛盾、消除恩怨（即第五十六章所説的"解其紛"）以免積成

德篇上　第二十六節（第六十三章）

大怨。其旨意與上句"大小多少"相同，所以河上公曰："修道行善，絕禍於未萌也。"老子的這種觀點遭到了孔子的反對，《論語・憲問》載："或曰：'以德報怨，何如？'子曰：'何以報德？以直報怨，以德報德。'"

〔6〕傅奕本"於"上有"乎"，據河上公本删。　圖：圖謀，設法對付。

〔7〕傅奕本"於"上有"乎"，據河上公本删。　《韓非子・喻老》："有形之類，大必起於小；行久之物，族必起於少。故曰：'天下之難事必作於易，天下之大事必作於細。'是以欲制物者於其細也。故曰：'圖難於其易也，爲大於其細也。'千丈之堤，以螻蟻之穴潰；百尺之室，以突隙之熛焚。故曰：白圭之行堤也塞其穴，丈人之慎火也塗其隙，是以白圭無水難，丈人無火患。此皆慎易以避難、敬細以遠大者也。"河上公曰："欲爲大事，必作於小。禍亂從小來也。"覺按：韓非將"爲大"視同於"圖難"，將"大"理解爲"大禍"，所以説"遠大"（遠離大禍）。河上公所謂"禍亂從小來也"，其旨意實同於韓非；但所謂"欲爲大事，必作於小"，則是將此句理解爲："想幹大事業，必須從小事做起。"這便與韓非的理解不同了。從下文"聖人終不爲大，故能成其大"來看，河上公此説爲當。老子此文的"大"，並不是指大禍，所以老子並不主張"遠大"，而是主張"成其大"。總之，從下文來看，"爲大於其細"之旨並非在防微杜漸，而與《周易・繫辭下》所反對的"小人以小善爲無益而弗爲"的旨意相同。今有人從韓非之説（見馮達甫注），失當。

〔8〕《説文・人部》："作，起也。"

〔9〕聖人：見第十節注〔6〕。　爲大：即上文之"爲大"，指幹大事。因爲聖人"爲大於其細"，所以"不爲大"。陳鼓應將"爲大"理解爲"自以爲大"，與上下文不合，不當。其解可能是受第三十四章原文的影響所致，但第三十四章之文與此不同，不可比附。

〔10〕河上公曰："天下共歸之也。"

〔11〕不慎重考慮主客觀條件而輕易許諾别人，則往往會因爲其事難以辦成而失信。

〔12〕河上公曰："不慎患也。"覺按："易"用作意動詞，是"以爲容易"的意思。認爲事情易辦，就會不作準備，結果就會碰到困難，所以説"多易必多難"。《國語・晉語四》："文公問於郭偃曰：'始也，吾以治國爲易，今也難。'對曰：'君以爲易，其難也將至矣。君以爲難，其易也將至

· 117 ·

焉。'"韋昭注:"以爲易而輕忽之,故其難將至。以爲難而勤修之,故其易將至。"

〔13〕之:泛指一切事情,特指容易做的事。河上公曰:"聖人動作舉事猶進退重難之,欲塞其故源也。"吕惠卿曰:"'是以聖人由(覺按:"由"通"猶")難之,故終無難',以難之於其易,而不難之於其難也。"

〔14〕河上公曰:"聖人終身無患難之事,由避害深也。"吳澄曰:"上言事之難易,此言心之難易。始焉輕易諾人者,其終難於踐言,則寡信矣。始之多易者,終必多難。故不待至終難之時而心以爲難,雖始易之時而心猶難之,始終皆不敢易,所以終無難。"

〔15〕八十三:傅奕本作"八十五",今刪二字,故改。

【韻腳韻部】

味、德,物職通轉合韻("味"屬物部,"德"屬職部)。易、細、易、細,錫脂通轉合韻("易"屬錫部,"細"屬脂部)。大、大,月部。難、難,元部。

【義疏正解】

奉行因順自然而不強加干預的原則,致力於清靜無事而不濫發政令,體味平淡無味的"道"的意蘊。把小看作大,把少看作多,以給人恩惠的方式報答別人對自己的怨恨。對付困難的事情,要在它容易對付的時候就下手;幹大事,要在它的細小處着手。天下的難事一定是從容易的事發展起來的,天下的大事一定是從細小的事發展起來的。因此聖人始終不幹大事,結果卻能成就他的偉大事業。那輕率地許諾別人的人必定很少守信用,常常把事情看得很容易的人必定會常常碰到困難。因此聖人還是把什麼事都看得很難,所以最終也就没有什麼困難了。

第二十七節（第六十四章）

【提要述評】

此節爲傅奕本第六十四章，河上公注本題"守微第六十四"，唐玄宗注本題"其安易持章第六十四"。

本節緊承上一節而來，其主旨與上一節相同，主要是進一步闡發上一節所說的"圖難於其易，爲大於其細"以及"無爲"的原則。

老子在此首先論述了居安思危、防微杜漸的問題，認爲應該抓住安定的形勢而"治之乎其未亂"，抓住細微的苗頭（河上公注本題"守微"，可能即基於此）而"爲之乎其未有"，這些都是在闡發上一節所說的"圖難於其易"。接着，他以一系列的排比句來申述上一節所說的"天下之大事必作於細"的道理及"爲大於其細"的主張，用語形象整飭，涵義深刻精闢，因而成了後世的警句。當然，無論是"圖難於其易"還是"爲大於其細"，都必須採取"無爲"的辦法，否則就會"失之""敗之"。因此，文章進一步強調了"無爲""無執"的原則。而對於"爲大"來說，除了上一節所說的"不爲大"以外，若要"成其大"，還有一個"慎終如始"的問題，否則就會"幾成而敗之"。只有始終保持謹慎的態度，才能"無敗事"而獲得最後的勝利。至於謹慎的態度，主要包含兩個方面的內容：一是在物質追求方面應該淡泊寡欲而不貪財利（又可參見第十九章），二是在精神追求方面應該因循自然而絕學棄智（又可參見第十九章）。

此節文字圍繞"圖難於其易，爲大於其細"的主張漸次展開論述，條理井然，環環相扣。有人將它與上一節合爲一章（見魏源《老子本義》），未嘗不可。有人認爲"爲者敗之""以下和上文意不相聯，疑是別章文字"（見陳鼓應注），實爲未得其條理而導致的誤判。

【校定原文】

其安易持[1]，其未兆易謀[2]，其脆易判[3]，其微易散[4]。爲之乎其未有[5]，治之乎其未亂[6]。合襄之木[7]，生於豪末[8]；九成之臺[9]，起於累土[10]；千里之行，始於足下[11]。爲者敗之[12]，執者失之[13]。是以聖人無爲，故無敗；無執，故無失[14]。民之從事，恒於其幾成而敗之[15]。慎終如始[16]，則無敗事矣。是以聖人欲不欲[17]，而不貴難得之貨[18]；學不學[19]，以復衆人之所過[20]；以輔萬物之自然而不敢爲也[21]。

右第六十四章，一百三十二言[22]。

【注釋探賾】

〔1〕河上公曰："治身治國，安靜者易守持。"覺按："其"當泛指一切事物，而此句則特指天下，參見注〔13〕。　安：穩定，沒有動亂。　持：握住，引申爲控制。

〔2〕兆：徵兆。這裏用作動詞。　謀：圖謀，設法對付。　河上公曰："情欲禍患未有形兆時易謀止也。"

〔3〕脆："脃"字俗字。《説文·肉部》："脃，小耎易斷也。"《廣雅·釋詁一》："脆，弱也。"本書第七十六章云："人之生也柔弱，其死也堅彊。草木之生也柔脆，其死也枯槁。"《韓非子·解老》："有堅脆，則有輕重。"可見古代的"脆"與堅硬强直相對，是柔軟嬌嫩纖弱的意思，與現在使用的"脆"字含義不同（今之"脆"與"韌"相對，指堅硬而易折斷破碎）。　判：《説文·刀部》："判，分也，从刀半聲。"《説文·八部》："分，別也。从八从刀，刀以分別物也。"可見"判"是"判分"的意思，即用刀切斷。　其脆易判：即《説文》所説的"小耎（軟）易斷"。今人多理解爲"脆弱的東西容易破裂"（見許抗生、馮達甫譯文），實是囿於"脆"之今義而任意爲説，誤。河上公本等"判"作"破"，與上下文不押韻，顯然也是誤解"脆"字之義後所作的誤改，不可從。

〔4〕散：《國語·齊語》"其畜散而無育"韋昭注："散，謂失亡也。"此文表示"使失亡"。河上公曰："其未彰著微小，易散去也。"王弼曰："雖失無入有，以其微脆之故，未足以興大功，故易也。……不可以無之故而不持，不可以微之故而弗散也。無而弗持則生有焉，微而不散則生大焉。"

〔5〕河上公曰："欲有所爲，當於未有萌芽之時塞其端。"覺按："乎"猶"於"。"未有"應上文的"未兆"。

〔6〕河上公曰："治身治國於未亂之時，當預閉其門。"吳澄曰："此言圖之於其易。"覺按：此句之"未亂"應首句之"安"，則此句之"之"當與"其安易持"之"其"所指相同，指天下（見注〔1〕）。以上所述，是對上一節"圖難於其易"的闡發。任何事物都會發展變化，"安"會變成

120

亂，"未兆"會變成有形，"脆"會變成堅，"微"會變成大，只有清醒地看到這一點，抓住其易治之時，治之於其"未有""未亂"，才能使它們不發展成爲棘手的難題，這也就是上一節所說的"聖人猶難之，故終無難矣"。

〔7〕裒：古"抱"字，以臂合圍抱物。　合裒：兩臂合圍，形容樹木之粗。

〔8〕河上公曰："從小成大。"覺按："豪"通"毫"，長而尖銳的細毛。末：末端。　豪末：細毛的末端，形容樹芽之細。

〔9〕九：虛數，非實數，極言多。　成：河上公本作"層"，義同。九成：指極高。《文選·長笛賦》"託九成之孤岑兮"李善注："郭璞曰：'成，亦重也。'言'九'者，數之多也。"　臺：土築的高臺。

〔10〕累（léi雷）：高亨曰："'累'當讀爲'虆'，土籠也。起於累土，猶言起於蕢土也。《淮南子·說山篇》：'針成幕，蕢成城，事之成敗，必由小生。'高注：'蕢，土籠也。'字亦作'虆'。《孟子·滕文公篇》：'虆梩而掩之。'劉熙注：'虆，盛土籠也。'（《音義》：'虆，或作蕢。'）字又作'㔲'。《越絕書》：'越王使干戈人一㔲土以葬之。'司馬貞曰：'㔲，小竹籠以盛土也。'又或作'虆'。《管子·山國軌篇》'桿籠虆箕'（原作'捍寵虆箕'，據王念孫《讀書雜志》校改）是也。'虆'即'累'之正字。"覺按：帛書乙本"累"作"纝"（léi雷），可證成高說。帛書甲本作"蠃"，與"纝"音近相通。河上公曰："從卑至高。"這是在揭示"九成之臺，起於累土"的主旨。陳鼓應認爲河上公是將"累土"解爲"低地"，實誤解了河上公之意。又，有人將此"累"字解爲"堆集"（見《辭源》"累"字條），也通。這種理解古代就有了。《荀子·修身篇》云："故跬步而不休，跛鼈千里；累土而不輟，丘山崇成。"但上下文之"豪末""足下"均爲名詞性詞語，而帛書乙本"累"又作"纝"，相比而言，還是解爲"虆土"爲優。

〔11〕河上公曰："從近至遠。"吳澄曰："此言爲之於其細。"覺按：以上三個方面是對上一節"爲大於其細"的闡發。"天下之大事必作於細"，"合裒之木"並非一日長成，"九成之臺""千里之行"也不可能一蹴而就，從大處着眼固然不錯，但必須從小處着手，日積月累，方能取得偉大的成就，這也就是上一節所說的"聖人終不爲大，故能成其大"。

〔12〕爲：與"無爲"（見第一節注〔5〕）相對，即末句"輔萬物之自

然而不敢爲"之"爲"，指不因順自然而作故意的人爲努力硬做某些事情。此承上文言之，相當於上節所説的"爲大"。從小成大，從卑至高，從近及遠，循序漸進，是因循自然的"無爲"，不因循自然而欲一蹴而就、硬做蠻幹，便是"爲"。　之：指"事"，下文云"無敗事"是其證。　爲者敗之：指"爲大"而不能"成其大"（參見上節）。這與孔子所説的"欲速則不達"（見《論語·子路》）、孟子所説的揠苗助長"非徒無益，而又害之"（見《孟子·公孫丑上》）等旨意相同。凡是不因循自然，急於求成而違反客觀規律，就會壞事，所以説"爲者敗之"。

〔13〕執：持，引申爲掌握、控制。《淮南子·主術訓》"人主之所以執下"高誘注："執，制。"此"執"與上文"持"相應，又與上句"爲"相類，指不因循自然而以人爲的力量强行控制天下。　之：指"天下"（見第二十九章）。　執者失之：老子雖然説"其安易持"，但這只是對歷史經驗的總結而並不是他的主張。他不主張以人爲的力量去强行控制天下，而主張"治之乎其未亂"（見上文）；主張以"無爲""無事"來"取天下"，來使民衆"自化"（見第五十七章）；認爲天下是"神器"，是"不可爲"、不可執的，"爲者敗之，執者失之"（見第二十九章）。因此，此文在説明"其安易持"的道理後進一步申述了"執者失之"的主張。

〔14〕奚侗、馬敍倫、陳鼓應等認爲"爲者敗之"至"故無失"數句與上下文的意義不聯貫，是第二十九章的文字，因錯簡而誤屬於此。這種説法實不當，見注〔12〕〔13〕〔15〕。

〔15〕恒：傅奕本作"常"，乃後世避漢文帝諱而改，今據帛書甲本、乙本改回。　河上公曰："從，爲也。民之爲事，常於功德幾成，而貪位好名，而奢泰盈滿，而自敗之也。"王弼曰："不慎終也。"覺按：此句承上文"爲者敗之"而言。　幾：接近，將近。一般人做事，往往在即將成功時得意忘形，被局部的某些勝利冲昏了頭腦，過高地估計了自己的力量而急於求成，肆意妄爲，結果便壞了事，以致前功盡棄。

〔16〕河上公曰："終當如始，不致懈怠。"朱謙之曰："按《韓詩外傳》云：'官怠於有成，病加於小愈，禍生於懈惰，孝衰於妻子。察此四者，慎終如始。'蓋亦本此。"

〔17〕河上公曰："聖人欲人之所不欲也。人欲彰顯，聖人欲韜光；人欲文飾，聖人欲質朴；人欲於色，聖人欲於德。"覺按：從下句"不貴難得之貨"來看，此文的"欲"當指物欲，而非指情欲、色欲。《孟子·盡

心下》"養心莫善於寡欲"趙岐注:"欲,利欲也。"即此文之義。　欲不欲:以不欲爲欲,把不貪求財利作爲自己的追求。"咎莫憯於欲得"(見第四十六章),所以聖人"欲不欲"。

〔18〕傅奕本"不"字上無"而",據帛書甲本、乙本補。　《韓非子・喻老》:"宋之鄙人得璞玉而獻之子罕,子罕不受。鄙人曰:'此寶也,宜爲君子器,不宜爲細人用。'子罕曰:'爾以玉爲寶,我以不受子玉爲寶。'是鄙人欲玉,而子罕不欲玉。故曰:'欲不欲,而不貴難得之貨。'"覺按:"難得之貨"指黃金珠玉等珍寶(參見第四十七節注〔3〕),是貪利之人所看重的東西,聖人以不貪利作爲自己的追求,所以"不貴難得之貨"。

〔19〕河上公曰:"聖人學人所不能學。人學智詐,聖人學自然;人學治世,聖人學治身守道真也。"王弼曰:"不學而能者,自然也。"覺按:"不學"之"學",指西周以還所倡導的對政教禮治等知識的學習,見第十一節注〔1〕。　學不學:以不學爲學,把不學習政教禮治等知識作爲自己的學習,也就是第十九章所説的"絶學"及第四十八章所説的"爲道"。

〔20〕《韓非子・喻老》:"王壽負書而行,見徐馮於周塗。馮曰:'事者,爲也;爲生於時,知者無常事。書者,言也;言生於知,知者不藏書。今子何獨負之而行?'於是王壽因焚其書而儛之。故知者不以言談教,而慧者不以藏書篋。此世之所過也,而王壽復之,是學不學也。故曰:'學不學,復歸衆人之所過也。'"河上公曰:"衆人學問皆反也。過本爲實,過實爲華,復之者,使反本實者也。"覺按:朱謙之將"復"解爲"復補",許抗生從之。"復補"是恢復補救的意思,所以任繼愈解爲"補救,彌補",陳鼓應譯爲"補救"。這些説法實誤。《老子》中的"復"均表示返回的意思(參見第十五節注〔4〕),與"歸"同義,所以又常常將"復歸"二字連用(參見第十五節注〔14〕)。此文之"復",《韓非子・喻老》引文作"復歸",也可證此"復"字當解爲返回。前人之所以將此"復"字誤解爲"復補""補救",主要是因爲將此文的"過"錯誤地理解成了"過錯"(見許抗生、陳鼓應譯文)。此"過"字,當依從韓非的理解,是"非議""指責"的意思。《呂氏春秋・適威》:"故亂國之使其民,不論人之性,不反人之情,煩爲教而過不識,數爲令而非不從。"高誘注:"過,責。"即此文"過"字之義。　衆人之所過:衆人所非議的做法,指"不學"。當時儒家提倡崇禮而非議"不學",即以《論語》所載爲例,《子

張》載子貢之言，大肆頌揚孔子學習"文武之道"。《爲政》載孔子之言云："思而不學則殆。"《季氏》載孔子之言云："困而不學，民斯爲下矣。"又載孔子教訓孔鯉說："不學《詩》，無以言。""不學禮，無以立。"《陽貨》載孔子之言云："好仁不好學，其蔽也愚；好知不好學，其蔽也蕩；好信不好學，其蔽也賊；好直不好學，其蔽也絞；好勇不好學，其蔽也亂；好剛不好學，其蔽也狂。"再看《左傳·昭公十八年》所載（括號內是筆者注）："往者見周原伯魯（原伯魯爲周大夫）焉，與之語，不說（通"悅"）學。歸以語閔子馬（魯國儒者）。閔子馬曰：'周其亂乎！夫必多有是（"是"指"不學"）說，而後及其大人（"大人"指在位的大臣）。大人患失而惑，又曰："可以無學，無學不害。"不害而不學，則苟而可，於是乎下陵上替，能無亂乎？夫學，殖也。不學將落，原氏其亡乎！'"由此可見，當時對不學政教禮治的非議是相當普遍的，所以老子稱之爲"衆人之所過"。

〔21〕然：見第十四節注〔6〕。　不敢爲：因爲"爲者敗之"，所以"不敢爲"。　《韓非子·喻老》："夫物有常容，因乘以導之。……故冬耕之稼，后稷不能羨也；豐年大禾，臧獲不能惡也。以一人力，則后稷不足；隨自然，則臧獲有餘。故曰：'恃萬物之自然而不敢爲也。'"覺按："以"字下承上省去了賓語"欲不欲""學不學"，是"以不貪利之心與不學政教禮治之爲"的意思。"貪利"會損害萬物之性，所以不貪利（"欲不欲"）可以"輔萬物之自然"。學習政教禮治，則以政教禮治來干預社會的意念就會日益增加（參見第四十八章），只有不學習政教禮治（"學不學"）而"爲道"，才能"損之又損，以至於無爲"（見第四十八章），所以可以此來"輔萬物之自然。"

〔22〕一百三十二：傅奕本作"一百三十一"，今補一字，故改。

【韻腳韻部】

持、謀、有，之部。判、散、亂，元部。末、土、下，月魚通轉合韻（"末"屬月部，其餘屬魚部）。之、之，之部。爲、敗，歌月對轉合韻（"爲"屬歌部，"敗"屬月部）。執、失，緝質通轉合韻（"執"屬緝部，"失"屬質部）。事、之、始、事，之部。欲、學，屋覺旁轉合韻（"欲"屬屋部，"學"屬覺部）。貨、過、爲，歌部。

【義疏正解】

天下穩定的時候容易控制，事情還沒有顯露出徵兆的時候容易設法對付，事物處於柔嫩的階段容易截斷，事物處於微小的階段容易消滅。處理事情要在它還沒有發生的時候就下手，治理天下要在它還沒有發生動亂的時候就着手。粗達兩臂合圍的大樹，是從細如毫毛末梢似的萌芽生長起來的；多層的土築高臺，是從一籮筐泥土開始壘起來的；上千里的行程，是從脚下第一步開始的。硬做蠻幹的人會敗壞事情，强行控制天下的人會失去天下。因此聖人不硬做蠻幹，所以不會敗壞什麽；不强行控制天下，所以不會失去天下。一般人做事，常常在事情即將做成的時候把事情敗壞了。事情結束時謹慎得像開始時那樣，就不會把事情敗壞了。因此聖人把不追求財利當作自己的追求，因而不看重那些難以得到的財物；把不學習政教禮治等知識作爲自己的學習，從而回歸到衆人所非議的做法上來；以此來輔助萬物自己生成而不敢硬做蠻幹啊。

第二十八節（第六十五章）

【提要述評】

此節爲傅奕本第六十五章，河上公注本題"淳德第六十五"，唐玄宗注本題"古之善爲道章第六十五"。

本節的主旨在宣揚其愚民的政治主張，認爲只有實行愚民政策，才能造就淳樸的道德（河上公注本題"淳德"，可能即基於此）而把國家治理好。

《韓非子·五蠹》云："上古競於道德，中世逐於智謀，當今爭於氣力。"老子生活在"逐於智謀"的春秋時代，深感智謀巧詐之積弊，所以他竭力貶斥智謀。第十八章云："智慧出，焉有大僞。"第十九章云："絕聖棄知，民利百倍。"第五十七章云："民多知慧而衺事滋起。"所以在此節中，老子將"民之難治"歸咎於"其多知"，認爲"以知治邦，邦之賊也；不以知治邦，邦之福也"，竭力反對"明民"而主張愚民，認爲只有這樣，才有德行，才能使天下大治。總之，愚民政策乃是"古之善爲道者"的政治策略，是使普天下人民和睦順從的有效手段。如果民不愚而智，則巧詐四起，衺事日增，社會就不得安寧了。

老子在這裏宣揚的愚民策略，與第三章所說的"虛其心""弱其志""使民無知無欲"是一脈相通的，其目的是要使民衆愚昧無知而達到淳樸無詐的狀態，以便於統治者治理。這種愚民策略，雖然與當今的民主思想相背，顯得消極反動，但從政治理論上來說，實不失爲一種有效的政治手段。從這種意義上來說，老子的愚民策略，實豐富了我國古代政治理論的寶庫。當今很多學者，從現在的民主觀念出發來維護老子的崇高形象，所以強詞奪理，硬說老子在此只是主張使民衆淳樸，而非主張使民衆愚昧。這其實是對《老子》此文的歪曲，必須糾正。

【校定原文】

古之善爲道者[1]，非以明民[2]，將以愚之[3]。民之難治，以其多知也[4]。故以知治邦[5]，邦之賊也[6]；不以知治邦，邦之福也[7]。恒知此兩者[8]，亦稽式也[9]。恒知稽式[10]，是謂玄德[11]。玄德深矣，遠矣，與物反矣[12]，乃復至於大順[13]。

右第六十五章，七十四言。

【注釋探賾】

〔1〕道：指自然無爲之道，它是一種最根本的政治原則。參見第一節注〔10〕。　河上公曰："說古之善以道治身及治國者。"覺按：從下文來看，此當指以道治國者而非指治身者，與第十五章之"古之善爲道者"同義，參見第五十九節注〔1〕。

〔2〕河上公曰："不以道教民明智巧詐也。"覺按："明"表示聰明，明智。這裏用作使動詞。老子之所以反對"明民"，是因爲他看到聰明會導致詐僞邪惡（見注〔4〕），但這並不意味着"明"字含有"巧詐"的意思。

〔3〕河上公曰："將以道德教民，使質朴不詐僞。"王弼曰："愚，謂無知守真順自然也。"覺按："愚"與上句的"明"、下文的"知"相對，顯然是指不明智，即愚昧無知。愚昧無知則質樸老實而不詐僞，與原始人類混沌的自然之性相合（參見第六十四節注〔17〕〔18〕），但正如"明"字不表示"巧詐"一樣，"愚"字本身也不含有"質樸不詐僞""守真順自然"的意思，河上公、王弼的注解只是在闡發《老子》此句的義蘊，今人將"愚"字解爲"淳樸，樸質"或"誠樸"（見陳鼓應、馮達甫注），未當。

〔4〕知：通"智"。河上公曰："民之不可治理者，以其智太多，必爲巧僞。"覺按："智慧出，焉有大僞"（見第十八章），"民多知慧而衺事滋起"（見第五十七章），所以難治。

〔5〕邦：傅奕本作"國"，據帛書甲本改。下同。　知：通"智"，智慧，智謀。《韓非子·八說》："古人亟於德，中世逐於智，當今爭於力。"其《五蠹》則云："上古競於道德，中世逐於智謀，當今爭於氣力。"韓非所謂"中世"即老子生活的春秋時代，所謂"智"即"智謀"，其文可藉以明此文之義。老子此語，正是抨擊時弊之言。

〔6〕賊：《楚辭·招魂》"恐自遺賊些"王逸注："賊，害也。"蘇轍曰："吾以智御人，人亦以智應之，而上下交相賊矣。"覺按：以智治國，君臣上下、民衆之間就勾心鬥角，互相殘害，所以是國之害。第十八章云："智慧出，焉有大僞。"《韓非子·揚權》云："聖人之道，去智與巧。智巧不去，難以爲常。民人用之，其身多殃；主上用之，其國危亡。"均可用

來發明此文之義。

〔7〕河上公曰："民守正直，不爲邪飾，上下相親，君臣同力，故爲國之福也。"覺按："絕聖棄知，民利百倍"（見第十九章），所以"不以知治智邦"，是"邦之福"。

〔8〕恒：傅奕本作"常"，據帛書甲本、乙本改。

〔9〕河上公本"稽"作"楷"。河上公曰："兩者，謂'智''不智'也。常能知智者賊、不智者福，是治身治國之法式也。"王弼曰："稽，同也。今古之所同則，不可廢。"范應元曰："稽，古兮反，考也，同也，如《尚書》'稽古'之'稽'。"高亨曰："'稽'讀爲'楷'。《廣雅·釋詁》：'楷，法也。'《說文》：'式，法也。''稽''楷'古通用。《莊子·大宗師篇》'狐不偕'，《韓非子·說疑篇》作'狐不稽'，即其左證。"覺按：今人之說多與高說類同（見朱謙之、許抗生、陳鼓應、馮達甫注譯），此說也被寫進了詞典（見《辭源》"稽式"條），似乎成了學術界之定論。但從語義邏輯上來看，"知此兩者"爲"楷式"或"法式"實不可通，所以此說未必確當。高亨基於這樣的認識，所以認爲："'知'字涉下文而衍。……'此兩者亦稽式'，言'以智治國國之賊，不以智治國國之福'二者，乃治國之法則也。衍一'知'字則不可通。"但帛書本等古本均有"知"字，可證此"知"字並非衍文，所以高說不可從。我認爲，河上公本之"楷"爲"稽"之形訛，而非"稽"之本字。這"稽"字與"知"字相應，當爲動詞，應解爲"考"，是考察、查核的意思。《荀子·解蔽篇》"參稽治亂而通其度"楊倞注："參，驗。稽，考。度，制也。"《荀子》此文的意思是"檢驗考察治亂的情況而通曉它的法度"。而老子此文的"知"，即知曉，相當於《荀子》的"通"；"此兩者"，即指以智治國爲賊、以不智治國爲福，相當於《荀子》的"治亂"；"稽"即考查，相當於《荀子》的"參稽"；"式"即法，相當於《荀子》的"度"。此文之意爲：通曉此治亂二者，也就是考查了法度。其語義邏輯與《荀子》同。只有如此理解，才文通而字順。

〔10〕恒：傅奕本作"能"，據帛書甲本、乙本改。

〔11〕玄德：見第十四節注〔12〕。

〔12〕"玄德"是深藏不露的德行，是以不智治邦來愚民，使民衆歸於原始的混沌狀態，是一種"爲道"反本的做法；而"物"則不斷離道向外發展，正如第四十二章所說："道生一，一生二，二生三，三生萬物。"因

德篇上　第二十八節（第六十五章）

此，"玄德"與"物"相反。

〔13〕河上公曰："玄德與萬物反異，故能至大順。大順者，天理也。"覺按："復"表示返回，參見第十五節注〔4〕。　大順：最大的和順，指順應自然而達成的一種十分和諧的政治局面。薛蕙曰："順，治也。天下每每大亂，罪在於好智。夫惟不用智，然後至於大治矣。"可備一説。

【韻脚韻部】

道、愚，幽侯旁轉合韻（"道"屬幽部，"愚"屬侯部）。治、知，之支旁轉合韻（"治"屬之部，"知"屬支部）。賊、福、式、式、德，職部。遠、反、順，元文旁轉合韻（"順"屬文部，其餘屬元部）。

【義疏正解】

古代善於奉行大道的人，並不是利用大道來使民衆聰明，而是要用大道來使他們愚昧。民衆之所以難以治理，是因爲他們智慧太多。所以用智謀來治理國家，是國家的禍害；不用智謀來治理國家，是國家的福氣。常常明白這兩個方面，也就是在考查法度。常常知道考查法度，這叫作深藏不露的德行。這種深藏不露的德行可深啦，可遠啦，與萬物相反了，於是就返回到了最和順的境界。

第二十九節（第六十六章）

【提要述評】

此節爲傅奕本第六十六章，河上公注本題"後己第六十六"，唐玄宗注本題"江海爲百谷王章第六十六"（唐玄宗御製本題"江海章第六十六"）。

本節的主旨在揭示聖明君主獲得並維持其統治地位的手段，這就是"以其言下之"、"以其身後之"、與人"不爭"的自我謙退策略（河上公注本題"後己"，可能即基於此）。

在本節中，老子以江海居於百川之下從而能成爲百川之王的自然現象爲例證，說明聖明君主要穩居統治地位，必須謙下退讓。只有這樣，民衆才不覺得他們的君主是自己的負擔而樂意擁戴他。這種謙下退讓以便"上民""先民"的策略，是其"不爭"以使"天下莫能與之爭"的無爲原則的一個重要方面，是老子政治思想的重要組成部分。第三十九章云："貴以賤爲本，高以下爲基。是以侯王自謂'孤''寡''不穀'。"第六十一章云："大邦者，下流也……大者宜爲下。"第六十八章云："善勝敵者不與，善用人者爲之下。"第七章云："聖人後其身而身先。"第六十七章云："不敢爲天下先。"均可與本節之義相互發明。老子這種謙下退讓以便居上的策略，實際上是一種爭取民心以獲得擁戴的民心工程，是一般政治家都使用的權術。

【校定原文】

江海所以能爲百谷王者[1]，以其善下之也[2]，故能爲百谷王。是以聖人欲上民[3]，必以其言下之[4]；欲先民[5]，必以其身後之[6]。是以聖人處之上而民弗重[7]，處之前而民不害也[8]。是以天下樂推而不猒也[9]。不以其不爭與[10]？故天下莫能與之爭[11]。

右第六十六章，八十七言[12]。

【注釋探賾】

[1] 河上公曰："江海以卑下，故衆流歸之，若民歸就於王也。"覺按：《荀子·正論篇》："天下歸之之謂王。"《說文·王部》："王，天下所歸往

德篇上　第二十九節（第六十六章）

也。"江海爲百川所歸，所以被喻稱爲"百谷"之"王"。

〔2〕之：指代"百谷"。

〔3〕聖人：見第十節注〔6〕。河上公曰："欲在民之上也。"

〔4〕河上公曰："法江海處謙虛。"覺按："以其言下之"即第三十九章所說的"侯王自謂'孤''寡''不穀'"之類。

〔5〕河上公曰："欲在民之前也。"覺按："先"表示在前面，即帶領、領導的意思。參見第五十一節注〔4〕。

〔6〕河上公曰："先人而後己也。"朱謙之曰："《金人銘》曰：'君子知天下之不可上也，故下之；知衆人之不可先也，故後之。'《淮南·說山訓》曰：'江海所以能長百谷者，能下之也；夫唯能下，是以能上之。'語意同此。"覺按："後"表示在後面，即不爭先。

〔7〕河上公曰："聖人在民上爲主，不以尊貴虐下，故民戴仰，不以爲重。"覺按："重"讀 zhòng（衆）。高亨解爲"累"，則讀爲 chóng（蟲）。今人多從高說（見陳鼓應、馮達甫注譯），似未當。

〔8〕奚侗曰："處上而不壓抑，則民不以爲重；處前而不壅遏，則民不以爲害。"

〔9〕傅奕本無"也"，據帛書甲本、乙本補。　猒：通"厭"。河上公曰："聖人恩深愛厚，視民如赤子，故天下樂共推進以爲主，無有厭之也。"

〔10〕傅奕本無"與"字，據帛書乙本補。　河上公曰："天下無厭聖人之時，是由聖人不與人爭先後也。"

〔11〕河上公曰："言人皆爭於有爲，無有爭於無爲也。"覺按：聖人自居於"下""後"，而這些又是別人所不屑爲的，所以別人不會與他相爭。參見第六十七節注〔13〕。

〔12〕八十七：傅奕本作"八十五"，今補二字，故改。

【韻脚韻部】

王、王，陽部。下、後，魚侯旁轉合韻（"下"屬魚部，"後"屬侯部）。害、猒，月談通轉合韻（"害"屬月部，"猒"屬談部）。爭、爭，耕部。

【義疏正解】

江海之所以能成爲千百條河流之王，是因爲它們善於處在千百條河流的下面，所以能成爲千百條河流之王。因此，聖人想要在上面統治民衆，

131

就一定要用他的言辭對民衆表示謙下；想要在前面領導民衆，就一定要把他自己的切身利益放在民衆之後來考慮。因此，聖人身居民衆之上而民衆不覺得負擔沉重，身居民衆之前而民衆不覺得有危害。因此天下的人樂意擁戴他而不厭棄他。這不是因爲他不與人相爭嗎？所以天下沒有誰能和他相爭。

第三十節（第八十章）

【提要述評】

此節爲傅奕本第八十章，河上公注本題"獨立第八十"，唐玄宗注本題"小國寡民章第八十"。

本節主要描繪了老子的政治理想，即形成一種"小邦寡民"各自獨立的政治局面（河上公注本題"獨立"，可能即基於此）。而其主旨，則仍然是在宣揚其"無欲""無爲"的政治思想。

春秋時代，大國爲了增强自己的實力，不斷發動兼并小國的戰爭以爭奪土地與人民（參見第三十一章、第六十一章），老子面對這種殘酷的現實，對社會的發展前途深感失望，於是便希望社會回歸到遠古時代"小邦寡民"的狀態中去。在這樣的社會裏，國家小，人口少；人們憨厚淳樸，没有貪欲，滿足現狀，安土重遷，各行其事，自給自足；没有戰爭，甲兵無用；政治簡樸，結繩而治；社會安定，人人幸福。這種帶有濃重的自給自足的小農經濟意識的美好藍圖，便是老子的政治理想。當然，在當時的社會條件下，這種桃花源式的農民理想國只不過是一種烏托邦，但它無疑反映了廣大農民對當時動盪不安的社會現實的强烈不滿，具有批判現實的意義。

老子的這種政治理想，常被人們當作復古倒退的反動思想來進行批判。其實，老子的這種理想，不過是其"無欲""無爲"思想的一種延伸和體現。他是爲了反對大國的兼并戰爭才主張"小邦寡民"的，而絶不是一味追求復古。他的復古傾向，不過是一種批判現實的手段而已，而並不是他的真正目的。此節的主旨，其實並不在鼓吹復古倒退，而只是在宣揚"無欲""無爲"的政治思想，所謂"甘""美""樂""安"而"不相往來"，所謂"使民有什伯人之器而不用"和"雖有甲兵，無所陳之"云云，對於我們深刻準確地理解此文的主旨具有極爲重要的意義，值得細加體會。而這種使民"無欲"、"復結繩而用之"的政治思想與第十九章所謂的"絶聖棄知""少私寡欲"以及第六十五章宣揚的愚民主張是一脈相承的，將其相互對照，也有利於我們把握此文之主旨。

【校定原文】

小邦寡民[1]，使民有什伯人之器而不用[2]，使民重死而遠徙[3]——雖有舟輿，無所乘之[4]；雖有甲兵，無所陳之[5]。使民復結繩而用之[6]，甘其食[7]，美其服[8]，樂其俗[9]，安其居[10]。鄰邦相望[11]，雞犬之聲相聞[12]，民至老死不相往來[13]。

右第八十章，七十六言[14]。

【注釋探賾】

〔1〕邦：傅奕本作"國"，據帛書甲本改。　小：使……小。　寡：使……少。王雱曰："小制國，寡聚民，則淳厚。蓋國大民衆，則利害相摩，巧偽日生，觀都邑與聚落之民，質詐殊俗，則其驗也。"姚鼐曰："上古建國多而小，後世建國多而大，周有方五百里、方四百里之國。國大人衆，雖欲反上古之治亦愈難矣，故老子欲小其國、寡其民。"

〔2〕傅奕本"之"上無"人"字，"用"下有"也"字，據帛書甲本和乙本、河上公本增刪。　使：讓。許抗生、陳鼓應、馮達甫等譯爲"雖"或"即使"，不當。參見第十六節注〔1〕。　什伯人之器：前人有不同的解釋，主要有四種說法。一是理解爲兵器。俞樾曰："什伯之器，乃兵器也。《後漢書·宣秉傳》注曰：'軍法：五人爲伍，二五爲什，則共其器物，故通謂生生之具爲什物。'然則'什伯之器'猶言'什物'矣。其兼言'伯'者，古軍法以百人爲伯。《周書·武順篇》：'五五二十五曰元卒。四卒成衞曰伯。'是其證也。'什''伯'皆士卒部曲之名。《禮記·祭義篇》曰：'軍旅什伍。'彼言'什伍'，此言'什伯'，所稱有大小，而無異義。徐鍇《說文繫傳》於人部'伯'下引《老子》曰：'有什伯之器。''每什伯共用器，謂兵革之屬。'得其解矣。'使有什伯之器而不用，使民重死而不遠徙'兩句一律。下文云：'雖有舟輿，無所乘之；雖有甲兵，無所陳之。''舟輿'句蒙'重死不遠徙'而言，'甲兵'句蒙'什伯之器不用'而言，文義甚明。"高亨曰："俞解'什伯之器'爲'兵器'是也。《文子·符言篇》：'天下雖大，好用兵者亡；國家雖安，好戰者危。故小國寡民，雖有什伯之器而不用。'正解'什伯之器'爲兵器也。"二是理解爲各種用具。奚侗曰："《史記·五帝紀》'作什器于壽邱'《索隱》曰：'什器，什，數也。蓋人家常用之器非一，故以十爲數，猶今云什物也。'此云'什伯'，象言之耳。國小民寡，生事簡約，故雖有什伯之器，亦無所用之也。"三是理解爲其才能十倍或百倍於普通人的人才，即把"器"理解爲"才器"。蘇轍曰："民各安其分，則小有材者不求用於世。什伯人

德篇上　第三十節（第八十章）

（覺按：《道藏》本無"人"字，此依《四庫全書》本）之器，則材（覺按：《道藏》本作"財"，此依《四庫全書》本）堪什夫伯夫之長者也。"四是理解爲高效能的器械。復旦大學哲學系注《老子注釋》云："十百人之器，指具有十人或者百人工作效能的器械。"王力主編《古代漢語》第二冊注云："什伯之器，效用十倍百倍的工具。"從字義及上下文來考慮，第一說文通字順，可取。古代"什伯"通"什佰"，爲軍隊編制，十人爲什，百人爲伯，故"什伯"用來指軍隊，"什伯人之器"即軍人之器，也就是兵器。至於第二說，實於常理不合，因爲無論什麼樣的社會，人們不可能將各種用具都棄而不用，且此句有"人"字，解爲"各種用具"，則"人"字無着落。至於第三說，也誤，因爲此句言"民有什伯人之器"，此"器"爲民之所有，故不可能指人才。至於第四說，也通，因爲古代"什伯"通"什百"，可表示"十倍百倍"，"什伯人之器"即"十倍、百倍於人力的器械"。

〔3〕重：以……爲重，看重，不輕易。　重死：把死看得很重，不輕易地去死，指不輕易地冒着生命危險去幹犯上作亂的事。河上公曰："君能爲民興利除害，各得其所，則民重死而貪生也。"　遠徙：傅奕本"遠"上有"不"字，據帛書甲本、乙本刪。一般本子都有"不"字，河上公曰："政令不煩，則安其業，故不遠遷其常處也。"老子是否主張使民不遠徙呢？從下文"樂其俗，安其居""民至老死不相往來"來看，老子不但反對使民"遠徙"，也反對使民近徙，而主張使民不徙。如果此文說"使民不遠徙"，就意味着老子只反對遠徙，而不反對近徙，這與"樂其俗，安其居"的說法就不一致了，所以此文不應作"不遠徙"。吳澄曰："惟老死於所生之處，孰肯輕易遠徙哉？……雖相鄰之國，目可以相望；雞犬之聲，耳可以相聞。如此至近，至老死不相往來，不但不遠徙而已。"《漢書·劉向傳》"黜遠外戚"顏師古注："遠，謂疏而離之也。"《方言》卷六："伆、邈，離也。楚謂之越，或謂之遠。"此文"遠"字與"重"對文，用作動詞，表示疏遠、遠離的意思。"遠徙"即遠離遷徙，也就是不遷徙。

〔4〕這兩句承"遠徙"而言，指不出行，與末句"民至老死不相往來"之義也相貫。

〔5〕這兩句承"有什伯人之器而不用"而言，指無戰爭。　甲兵：鎧甲兵器，兼指身穿鎧甲、手執兵器的士兵。古代作戰，往往陳列軍隊。

《左傳·僖公四年》："齊侯陳諸侯之師。"即其例。

〔6〕復：返回（參見第十五節注〔4〕）。　結繩：拿繩子打結。這是古代的一種記事方法。相傳遠古原始人在發明文字以前，拿繩子打成各種各樣的結，用來表示各種各樣的事情。《周易·繫辭下》："上古結繩而治，後世聖人易之以書契，百官以治，萬民以察。"孔穎達疏："結繩者，鄭康成注云：'事大，大結其繩；事小，小結其繩。'義或然也。"　使民復結繩而用之：指回歸到淳樸的原始時代。河上公曰："去文反質，信無欺也。"吳澄曰："民淳事簡，上古結繩之治可復。雖有書契，亦可不用，不但不用什伯之器而已。"高亨曰："'使民復結繩而用之'，謂廢書契也。"《莊子·胠篋》"民結繩而用之"成玄英疏："刻木爲契，結繩表信，上下和平，人心淳樸。"

〔7〕"甘"字上傅奕本有"至治之極民各"六字，據帛書乙本、河上公本刪。一般本子都無此六字，傅奕蓋據《史記·貨殖列傳》引文所補，實未當。因爲"甘其食"云云當與"使民復結繩而用之"緊接，承上省"使民"二字，意謂"使民甘其食、美其服、樂其俗、安其居"，這是一種"使民無知無欲"（第三章）的教化措施。　甘：與下句"美"一樣，用作意動詞，表示"以……爲甘甜"。河上公曰："甘其蔬食，不魚食百姓也。"

〔8〕河上公曰："美其惡衣，不貴玉色也。"

〔9〕樂：傅奕本作"安"，據帛書甲本、乙本改。　樂：喜歡。　河上公曰："樂其質朴之俗，不轉移。"

〔10〕安其居：傅奕本作"樂其業"，據帛書甲本、乙本改。　河上公曰："安其茅茨，不好文飾之屋。"蘇轍曰："內足而外無所慕，故以其所有爲美，以其所處爲樂，而不復求也。"《莊子·胠篋》"甘其食，美其服，樂其俗，安其居"成玄英疏："止分，故甘；去華，故美；混同，故樂；恬淡，故安居也。"

〔11〕邦：傅奕本作"國"，據帛書甲本改。

〔12〕河上公曰："相去近也。"覺按：以上兩句應本節首句之"小邦"而言，所以河上公認爲這兩句指其相距之近。但是，"雞犬之聲相聞"一句除了表示相距之近外，其實還表示一種太平盛世所呈現出來的安樂景象，指雞鳴狗叫之聲此起彼落、延綿不斷，能夠相互聽得見，以形容人煙稠密，社會繁榮。《莊子·胠篋》云："子獨不知至德之世乎？……鄰國相望，雞狗之音相聞，民至老死而不相往來。若此之時，則至治已。"《孟

子·公孫丑上》:"夏后殷周之盛,地未有過千里者也,而齊有其地矣。雞鳴狗吠相聞而達乎四境,而齊有其民矣。"《史記·律書》:"天下殷富,粟至十餘錢,鳴雞吠狗,煙火萬里,可謂和樂者乎。"雞鳴狗吠在後來與"至德""至治""盛""和樂"等字眼用在一起,說明它不只是表示距離之近,同時也用來形容太平盛世的和樂繁榮景象。

〔13〕傅奕本"民"字上有"使"字,"相"字下有"與"字,據帛書乙本刪。此句承上文"甘其食,美其服,樂其俗,安其居"而來,指人民因順自然、恬淡無欲、自我滿足,所以即使鄰國的安樂情景就在眼前,也不羨慕而互相往來。河上公曰:"其無情欲。"蘇轍曰:"民物繁夥而不相求,則彼此皆足故也。"《莊子·胠篋》:"鄰國相望,雞狗之音相聞,民至老死而不相往來。"郭象注:"無求之至。"成玄英疏:"境邑相比,相去不遠,雞犬吠聲,相聞相接,而性各自定,無求於世,卒於天命,不相往來,無為之至。"

〔14〕七十六:傅奕本作"八十五",今補一字,删十字,故改。

【韻腳韻部】

乘、陳,蒸真通轉合韻("乘"屬蒸部,"陳"屬真部)。食、服,職部。

【義疏正解】

使國家小一些、人民少一點,使民衆有了軍人的兵器而不使用,使民衆慎重地對待死亡而不遷徙——即使有了船和車,也沒有什麼地方需要乘坐它們;即使有了鎧甲兵器,也沒有什麼地方需要陳列它們。使民衆返回到遠古結繩時代而用結繩來記事,使他們覺得自己的食物很甘甜,覺得自己的衣服很美麗,喜歡自己的風俗,安心於自己的住處。相鄰的國家可以相互望得見,雞狗的叫聲可以相互聽得見,但其老百姓之間到老死也不互相來往。

第三十一節（第八十一章）

【提要述評】

此節爲傅奕本第八十一章，河上公注本題"顯質第八十一"，唐玄宗注本題"信言不美章第八十一"。

本節的主旨在於揭示某些表面形式與實質內容（河上公注本題"顯質"，可能即基於此）之間所存在的矛盾現象，並闡明了聖人的處事原則。

老子認爲，言語內容的真實善良與其形式的華美巧辯相對立，而精通大道又與廣聞博見相對立。此中的原因，主要在於人們追求的目標不同。一心追求內容的真實，就往往不注意形式的華美；而一心追求形式的華美，就往往會不顧內容的真實。一心追求內容的善良，就往往不注意形式的巧辯；而一心追求巧辯，就往往會不顧內容的善良。一心追求大道，就往往不再去打聽其他的事情；一心追求廣聞博見，就往往會不專心於大道。老子的論述似乎把內容的真、善與形式的美完全對立起來了，從而否定了內容與形式之間可能達到的完美統一，因而被今人斥之爲絕對化、片面化與武斷。但我們應該看到，老子的論述正與韓非所謂的"良藥苦於口"和"忠言拂於耳"（《韓非子·外儲說左上》）一樣，只是在揭示社會生活中某些値得注意的矛盾現象，而並不是作什麼哲學的理論概括。良藥也可能不苦，忠言也未必逆耳，而人們說良藥苦口、忠言逆耳却無絕對化、片面化與武斷之嫌。同樣，信言未必不美，美言未必不信，而老子說"信言不美，美言不信"也不應該斷之爲絕對化、片面化與武斷。只有這樣來看待老子的話才較爲合理。

老子還認爲，聖人處世，應該遵循天道，施捨幫助別人而不與人爭奪財利。這種"爲而不爭"的"聖人之道"，是老子政治思想的一個重要方面，其目的是爲了使"天下莫能與之爭"（第六十六章）。正因爲這樣，才能做到"既以爲人己愈有，既以與人己愈多"。"爲人""與人"只是一種手段，其真正的目的是藉此爭取民心而得國，從而使自己更富裕。這種相反相成的思想不但具有辯證法因素，而且也表現了老子對當時統治者貪得無厭的掠奪政策的強烈不滿。

【校定原文】

信言不美[1]，美言不信[2]。善言不辯[3]，辯言不善[4]。

德篇上　第三十一節（第八十一章）

知者不博[5]，博者不知[6]。聖人無積[7]，既以爲人己愈有[8]，既以與人己愈多[9]。天之道，利而不害[10]；聖人之道，爲而不爭[11]。

右第八十一章，五十七言。

【注釋探賾】

〔1〕河上公曰："信言者，如其實也。不美者，樸且質也。"

〔2〕河上公曰："滋美之言者，孳孳之美辭。不信者，飾僞多空虛也。"蘇轍曰："信則爲實而已，故不必美。美則爲觀而已，故不必信。"

〔3〕河上公曰："不辯者，不文彩也。"

〔4〕河上公曰："辯者，謂巧言也。"蘇轍曰："以善爲主，則不求辯。以辯爲主，則未必善。"

〔5〕河上公曰："知者，謂知道之士。不博者，守一元也。"蘇轍曰："有一以貫之，則無所用博。"覺按：《荀子·修身篇》："多聞曰博。"由於"爲道者日損"（見第四十八章）而"棄知""絕學"（見第十九章、第二十章），"既得其母，以知其子；既知其子，復守其母"，"塞其兌，閉其門"（見第五十二章），所以知"道"之士見聞"不博"。

〔6〕河上公曰："博者，多見聞。不知者，失要真也。"蘇轍曰："博（覺按：《道藏》本脫"博"字，此依《四庫全書》本）學而日益者，未必知道也。"覺按：見聞廣博的"爲學者日益"（見第四十八章）而有爲，違背了道的無爲原則，所以"不知"。

〔7〕聖人：見第十節注〔6〕。　積：積蓄，指錢財貨物的積蓄。《左傳·僖公三十三年》"居則具一日之積"杜預注："積，芻米菜薪。"即其例。因爲"多藏必厚亡"（第四十四章），所以"聖人無積"。河上公曰："聖人積德不積財，有德以教愚，有財以與貧也。"《戰國策·魏策一》"聖人無積"吳曾祺注："積，聚也。無聚，謂不私爲己有，散以與人也。"

〔8〕既：《戰國策·魏策一》引《老子》此文作"盡"，姚宏注："盡，劉作'既'。"鮑彪注："'既'亦'盡'也。"　爲（wèi衛）：《戰國策·魏策二》"臣請問文之爲魏"姚宏注："爲，助也。"　既以爲人己愈有：以財貨助民則得民心，得民心則得國，得國則自己就更富有了。《莊子·天下》"以有積爲不足"郭象注："寄之天下，乃有餘也。"《禮記·大學》："道得衆則得國，失衆則失國。是故君子先慎乎德，有德此有人，有人此有土，有土此有財，有財此有用。德者本也，財者末也。外本內末，爭民

施奪。是故財聚則民散，財散則民聚。"其所講的道理與此文類似。

〔9〕河上公曰："既以財賄布施與人而財益多，如日月之光無有盡時。"覺按：把財貨布施給百姓則百姓富足，"百姓足，君孰與不足"（《論語·顏淵》），所以"既以與人己愈多"。《莊子·天下》："无藏也，故有餘。"郭象注："付萬物使各自守，故不患其少。"其義與此文同。

〔10〕河上公曰："天生萬物，愛育之，令長，天無所傷害。"覺按：參見第五十一章。

〔11〕爲：與上文"既以爲人"之"爲"同義。河上公曰："聖人法天，所施爲化，功成事就，不與天下爭功名，故能全其聖功。"蘇轍曰："勢可以利人，則可以害人矣。力足以爲之，則足以爭之矣。能利能害而未嘗害，能爲能爭而未嘗爭，此天與聖人所以大過人而爲萬物宗者也。"覺按：參見第六十六章。

【韻腳韻部】

美、信，脂真對轉合韻（"美"屬脂部，"信"屬真部）。辯、善，元部。知、積、爭，支錫耕對轉合韻（"知"屬支部，"積"屬錫部，"爭"屬耕部）。多、害，歌月對轉合韻（"多"屬歌部，"害"屬月部）。

【義疏正解】

真實的話不漂亮，漂亮的話不真實。善良的話不巧辯，巧辯的話不善良。通曉道的人不廣聞博見，廣聞博見的人不通曉道。聖人沒有什麼錢財積蓄，全都拿來幫助別人而自己更加富有，全都拿來送給別人而自己更加充裕。上天的原則，是給萬物好處而不去傷害它們；聖人的原則，是幫助別人而不與人爭奪。

第三十二節（第六十七章）

【提要述評】

本節爲傅奕本第六十七章，河上公注本題"三寶第六十七"，唐玄宗注本題"天下皆謂章第六十七"。

本節的主旨在揭示聖人的偉大之處：以"慈""儉""後"三個法寶（河上公注本題"三寶"，可能即基於此）來處世立身。

老子認爲自己的偉大之處在於與衆不同，脫離了世俗觀念。"春秋無義戰"，一般國君爲了爭奪土地，往往與戰國時的國君一樣，"糜爛其民而戰之"，"驅其所愛子弟以殉之"（《孟子·盡心下》語），而老子則不取糜爛、驅趕之道，而主張以"慈"戰之，這是一種以道德感化手段來取代政法強制手段的措施。一般國君"爭地以戰"，"爭城以戰"（《孟子·離婁上》語），而老子則反對用戰爭的方式擴大疆域，主張以節儉的方式來吸引他國歸附，以擴大版圖，這是一種以政治手段來取代軍事手段的措施。一般國君爭奪霸主地位，欲爲諸侯之先（如《左傳·哀公十三年》所載吳王先晉人，即其例），而老子則反對爭先，主張以謙退的手段來獲得天下人的擁戴，這是一種以無爲的方法來取代有爲之行的措施（參見第二十九節提要述評）。以"慈"得"勇"、以"儉"得"廣"、以"後"得"先"，這些實際上都是一種以柔弱謙下之道來獲取人心從而達到其目的的政治策略，具有一定的理論意義與實際效用，值得重視。

【校定原文】

天下皆謂吾大，似不肖[1]。夫惟不肖，故能大[2]。若肖，久矣其細也夫[3]。吾有三寶，持而寶之[4]：一曰慈[5]，二曰儉[6]，三曰不敢爲天下先[7]。夫慈，故能勇[8]；儉，故能廣[9]；不敢爲天下先，故能爲成事長[10]。今捨其慈，且勇[11]；捨其儉，且廣[12]；捨其後，且先[13]：是謂入死門[14]。夫慈，以戰則勝[15]，以守則固[16]。天將救之，以慈衛之[17]。

右第六十七章，一百六言[18]。

【注釋探賾】

〔1〕河上公曰："老子言天下皆謂我德大，我則佯愚似不肖。"覺按："吾"指得道的聖人，參見注〔10〕。 肖：像。 不肖：不像，指不像別人那麼賢能，即不同於世俗所公認的賢能。《禮記·雜記下》"某之子不肖"鄭玄注："肖，似也。不似，言不如人。"《漢書·吳王濞傳》"吳王不肖"顏師古注："凡言不肖者，謂其鄙陋無所象似也。" 似不肖：好像不賢能，指看上去與世俗所公認的賢能不同。第二十章之文可明此義，其言云："衆人熙熙，若享太牢，若春登臺。我獨泊兮，其未兆，若嬰兒之未咳，儽儽兮若無所歸。衆人皆有餘，我獨若遺。我愚人之心也哉！沌沌兮！俗人皆昭昭，我獨若昏；俗人皆察察，我獨若悶悶。忽兮其若海，飂兮若無所止。衆人皆有以，我獨頑且鄙。吾獨欲異於人。"陳鼓應將它解爲"不像任何具體的東西"，與"不肖"之義相違甚遠，不當。

〔2〕夫惟：見第二十二節注〔3〕。 夫惟不肖，故能大：傅奕本作"夫惟大，故似不肖"，帛書乙本作"夫唯不宵，故能大"，"宵"通"肖"，今參照帛書乙本改。因爲此句與下句相對，下句云"若肖，久矣其細也夫"，則此句原文當作"夫惟不肖，故能大"。此外，第三十四章"以其終不爲大，故能成其大"，也可佐證此文當作"夫惟不肖，故能大"。

〔3〕其：指代"吾"。 夫：吧。 王弼曰："久矣其細，猶曰'其細久矣'。肖則失其所以爲大矣，故曰：'若肖，久矣其細也夫（覺按：《道藏》本"夫"在"曰"字上，此依《古逸叢書》本）！'"

〔4〕持：執持，保持。 寶：以……爲寶，把……當作寶物，珍視。

〔5〕曰：猶"爲"，參見第十八節注〔9〕。 慈：慈愛。河上公曰："愛百姓如赤子。"

〔6〕儉：節儉。河上公曰："賦斂若取之於己也。"覺按：參見第二十二節注〔2〕。

〔7〕河上公曰："執謙退，不爲倡始也。"

〔8〕河上公曰："先以仁慈，故乃勇於忠孝。"覺按："慈"指上級仁慈（參見注〔5〕），"勇"指下屬勇敢。上級慈愛下屬，則下屬會感激上級而效忠，從而能勇敢殺敵，不怕犧牲。《韓非子·外儲說左上》："吳起爲魏將而攻中山。軍人有病疽者，吳起跪而自吮其膿。傷者之母立泣，人問曰：'將軍於若子如是，尚何爲而泣？'對曰：'吳起吮其父之瘡而父死，今是子又將死也，今吾是以泣。'"吳起慈愛軍人，軍人感激而盡忠，所

德篇上　第三十二節（第六十七章）

以會勇敢效死，這便是"慈，故能勇"的範例。正因爲"慈"能使人勇敢，所以下文說"夫慈，以戰則勝，以守則固"（參見注〔16〕）。蔣錫昌認爲此"勇"謂勇於謙退，勇於防禦，非謂勇於爭奪，勇於侵略"，其說與下文"以戰則勝"不合，誤。陳鼓應從其說，失當。

〔9〕《韓非子·解老》："是以智士儉用其財，則家富；聖人愛寶其神，則精盛；人君重戰其卒，則民衆；民衆，則國廣。是以舉之曰：'儉，故能廣。'"河上公曰："天子身能節儉，故民日用（覺按："日用"二字當倒）廣矣。"覺按："廣"當指國土廣大。君主節儉，賦斂減省（參見注〔6〕），則能吸引他國歸附，所以"能廣"。

〔10〕爲成事長：傅奕本作"成器長"，據帛書甲本改。《韓非子·解老》："聖人盡隨於萬物之規矩，故曰：'不敢爲天下先。'不敢爲天下先，則事無不事，功無不功，而議必蓋世，欲無處大官，其可得乎？處大官之謂'爲成事長'。是以故曰：'不敢爲天下先，故能爲成事長。'"韓非把"先"字理解爲超前做事的人，雖可通，但從第六十六章"先民"一語來看，"先"字應該是領導的意思，與"長"同義。又，帛書乙本此句作"故能爲成器長"，亦通。成器，即成材，指得道之人。"能爲成器長"，即河上公所說的"我能爲道人之長也"。高亨、陳鼓應將"器"解爲"物"，馮達甫將"器"解爲"神器"，實是拿第二十九章"天下神器"之文律此，不當。蘇轍曰："世以進銳爲能，而以不敢先爲恥，不知進銳之多惡於人，而不敢先之樂推於世，其終卒爲器長也。蓋樸散而爲器，聖人用之則爲官長。自樸成器，始有屬有長矣。"

〔11〕河上公曰："今世人舍慈仁，但爲勇武。"覺按：《潛夫論·勸將》："是以一旦軍鼓雷震，旌旗並發，士皆奮激，競於死敵者，豈其情厭久生而樂空死哉？乃義士且以徼其名、貪夫且以求其賞爾。"本文之"且"與《潛夫論》之"且"同義，表示"欲"（又可參見《古書虛字集釋》卷八）。"且勇"即欲人勇敢也。河上公之說未確。王弼將"且"解爲"取"，也誤。高亨、陳鼓應、馮達甫等從王弼之說，失當。

〔12〕河上公曰："舍其儉約，但爲奢泰。"覺按："廣"無奢泰義，河上公之說誤。"廣"當指擴大國土。《漢書·夏侯勝傳》："武帝雖有攘四夷、廣土斥境之功，然多殺士衆，竭民財力，奢泰亡度，天下虛耗，百姓流離，物故者（過）半。"漢武帝的做法，與春秋時大國諸侯的兼并戰爭相似，即此所謂"捨其儉，且廣"之例。

· 143 ·

〔13〕河上公曰："舍其後己，但務先人。"覺按：此與第六十六章的"欲先民，必以其身後之"相反。

〔14〕河上公曰："所行如此，動入死道。"

〔15〕以戰則勝：傅奕本作"以陳則正"，據河上公本並參照帛書乙本改。

〔16〕《韓非子·解老》："故臨兵而慈於士吏，則戰勝敵；慈於器械，則城堅固。故曰：'慈，於戰則勝，以守則固。'"河上公曰："夫慈仁者，百姓親附，并心一意，故以戰則勝敵，以守衛則堅固。"蘇轍曰："以慈御物，物之愛之如己父母，雖爲之效死而不辭，故可以戰，可以守。"覺按：上級慈愛下屬，則下屬勇敢作戰，不怕犧牲（見注〔8〕），所以"以戰則勝，以守則固"。

〔17〕河上公曰："天將救助善人，必與慈仁之性，使能自（覺按：《道藏》本作"白"，此據《四部叢刊》本）營助也。"蘇轍曰："天之將救是人也，則開其心志，使之無所不慈，無所不慈，則物皆爲之衛矣。"

〔18〕一百六：傅奕本作"一百五"，今補一字，故改。

【韻脚韻部】

寳、寳，幽部。勇、廣、長，東陽旁轉合韻（"勇"屬東部，其餘屬陽部）。先、門，文部。固、衛，魚月通轉合韻（"固"屬魚部，"衛"屬月部）。

【義疏正解】

天下人都說我偉大，但是我似乎並不像別人那麼賢能。正因爲我不像別人那麼賢能，所以能偉大。如果我像別人那麼賢能，那我顯得渺小也就很久了吧。我有三個法寳，我牢守着而且珍視它們：第一個是慈愛，第二個是節儉，第三個是不敢做天下人的先導。我慈愛，所以能使部下勇敢；我節儉，所以能使國土廣大；我不敢做天下人的先導，所以能夠成爲成就事業的長官。現在捨棄了慈愛，却要部下勇敢；捨棄了節儉，却要使國土廣大；捨棄了退讓，却要做天下人的領導：這叫作走進了死胡同。那慈愛，用來打仗就能戰勝敵人，用來守衛就會牢不可破。上天將要救助某人的時候，就會賦以慈愛之性來護衛他。

第三十三節（第六十八章）

【提要述評】

本節爲傅奕本第六十八章，河上公注本題"配天第六十八"，唐玄宗注本題"善爲士章第六十八"。

本節的主旨在闡明戰爭中應該遵行的不爭謙退策略，是體現老子軍事思想的重要章節。

老子反對逞強天下的爭霸戰爭（參見第三十章、第三十一章），所以即使發生了戰爭，他也反對使用武力，反對爭鬥，因而認爲"不武""不怒""不與"的將士才是"善爲士者""善戰者""善勝敵者"。這種"不武""不怒""不與"的德行乃是一種"不爭之德"，是一種以"不爭"來使"天下莫能與之爭"（見第六十六章）的以退爲進的無爲原則，是一種致力於以政治手段解決戰爭問題的戰略方針，是處理敵我矛盾時值得注意的軍事策略。至於"爲之下"的謙卑態度，則是調動部下積極性以增強戰鬥力的有效手段，與上一節所謂的"慈"具有相同的作用，同時也與他主張的"以賤爲本"（第三十九章）、"大者宜爲下"（第六十一章）、"以其言下之"（第六十六章）的謙卑原則相貫通。老子最後指出，這種"不武""不怒""不與"的"不爭之德"與"爲之下"的用人手段，是合乎天道的（河上公注本題"配天"，可能即基於此），這就將其具體的軍事原則與用人方略提到了哲學的高度來加以認識，體現了老子軍事思想的理論深度。當然，其中"不武""不怒"之類不浮躁的守藏鎮靜之德，以及"爲之下"的用人方略，也完全適用於軍事領域以外，值得借鑒。

【校定原文】

古之善爲士者不武[1]，善戰者不怒[2]，善勝敵者不與[3]，善用人者爲之下[4]。是謂不爭之德[5]，是謂用人之力[6]，是謂配天古之極也[7]。

右第六十八章，四十六言[8]。

【注釋探賾】

[1] 傅奕本"武"下有"也"字，據帛書甲本、乙本删。 河上公曰："言貴道德，不好武力。"王弼曰："士，卒之帥也。武，尚先陵人也。"蘇

轍曰："士當以武爲本，行之以怯，若以武行武則死矣。"覺按：今人多從王弼之說，將"士"解爲將帥，雖也通，但在古籍中，"士"多不指將帥而指士兵，所以王說不可從。焦竑曰："古者車戰爲士，甲士三人在車上，左執弓，右持矛，中御車，掌旗鼓，皆欲其強武，戰卒七十二人在車下。蓋至爭者惟兵，故借之以明不爭之德也。" 武：勇猛。這裏用作動詞，指炫耀勇力。這是一種不知守藏、違背"嗇"道（參見第五十九章）的浮躁行爲。

〔2〕河上公曰："善以道戰者，禁邪於心胸，絕禍於未萌，無所誅怒也。"高延第曰："《孫子》云：'主不可以怒而興師，將不可以慍而致敵（覺按：當作"戰"）。'皆'不武''不怒'之義也。"覺按：高氏所引《孫子》見《火攻篇》。戰爭不僅是武力的較量，同時也是智慧的較量。善戰者指揮若定，不意氣用事，所以"不怒"。因怒而戰者往往意氣用事而失去理智，不能冷靜地進行客觀周密的分析考慮，所以不善戰。肆意發怒，也是一種違背"嗇"道（參見第五十九章）、與人相爭的浮躁行爲。

〔3〕與：傅奕本作"爭"，帛書乙本作"興"，據王弼本改。 陶鴻慶曰："'與'即'爭'也。《墨子·非儒下篇》云：'若皆仁人也，則無說而相與。'與下文'若兩暴交爭'云云文義相對，是'相與'即'相爭'也。王氏引之《經義述聞》謂'古者相當、相敵，皆謂之與'，疏證最詳。'當'與'敵'並與'爭'義近。"覺按：《經義述聞》卷十八"一與一，誰能懼我"條舉證頗多，可參見。該條末又云："《越語》說戰曰：'彼來從我，固守勿與。'《老子》曰：'善勝敵者不與。'皆謂兩軍敵也。解者皆誤以爲與共之'與'，而增字以足之。韋昭注《越語》，則曰'勿與戰'；王弼注《老子》，則曰'勿與爭'，蓋古義之湮久矣。"河上公曰："善以道勝敵者，附近以仁，來遠以德，不與敵爭而敵自服。"高延第曰："不與，謂不待交兵接刃。《孫子》云：'用兵之法，全國爲上，破國次之；全軍爲上，破軍次之。''不戰而屈人之兵，善之善者也。'即勝敵不與之義也。"覺按：高氏所引《孫子》見《謀攻篇》。

〔4〕河上公曰："善用人自輔者，當爲人執謙下。"王弼曰："用人而不爲之下，則力不爲用也。"覺按："爲之下"之義可參見第二十四節注〔7〕。高延第曰："卑謙接物，人人得盡其情，士卒親附，皆樂爲之用。《列子》云：'以賢臨人，未有能得人者也；以賢下人，未有不得人者也。'"

德篇上　第三十三節（第六十八章）

〔5〕奚侗曰："不武、不怒、不與，是不爭之德也。"覺按：以"不武""不怒""不與"的手段來取勝，是老子無爲哲學的重要内容之一。不爭，則天下莫能與之爭，所以"不武""不怒""不與"者是"善爲士者""善戰者""善勝敵者"。參見第二十九節【提要述評】。　謂：通"爲"（參見《經傳釋詞》卷二）。

〔6〕力：能力，指技能。　河上公曰："能身爲人下，是謂用人之力也。"覺按：此句承"善用人者爲之下"而言。

〔7〕俞樾曰："此文王弼無注。河上公以'是謂配天'四字爲句，注云：'能行此者，德配天也。''古之極'三字爲句，注云：'是乃古之極要道也。'然此章每句有韻，前四句以'武''怒''與''下'爲韻，後三句以'德''力''極'爲韻。若以'是謂配天'爲句，則不韻矣。疑'古'字衍文也。'是謂配天之極'六字爲句，與上文'是謂不爭之德，是謂用人之力'文法一律。其衍'古'字者，'古'即天也。《周書·周祝篇》曰：'天爲古。'《尚書·堯典篇》曰：'若稽古帝堯。'鄭注曰：'古，天也。'是'古'與'天'同義。此經'配天之極'，佗本或有作'配古之極'者，後人傳寫誤合之耳。"覺按：第七十三章云："天之道，不爭而善勝。"所以此文説"不爭之德""配天古之極"。　極：最高準則。

〔8〕四十六：傅奕本作"四十七"，今删一字，故改。

【韻脚韻部】

武、怒、與、下，魚部。德、力、極，職部。

【義疏正解】

古代善於做武士的不耀武揚威，善於打仗的不激動發怒，善於戰勝敵人的不與敵人交鋒爭鬥，善於用人的待人謙卑。這是不與人相爭的德行，這是用人的技能，這是和上天的規律相合的最高準則啊。

第三十四節（第六十九章）

【提要述評】

本節爲傅奕本第六十九章，河上公注本題"玄用第六十九"，唐玄宗注本題"用兵有言章第六十九"。

本節的主旨與上節相似，主要闡明戰爭中應該遵行的不爭謙退策略。

老子反對逞强天下的爭霸戰爭（參見第三十章、第三十一章），所以極力宣揚"不敢爲主而爲客，不敢進寸而退尺"的觀點，反對主動地進攻爭奪，而主張被動地退却防守，這顯然是一種謙退不爭的原則。第二十二章云："夫惟不爭，故天下莫能與之爭。"正因爲如此，所以"行無行，攘無臂，執無兵"等無爲不爭的行爲可使天下莫能與之爭，結果便會"仍無敵"。由此可見，這一切退守無爲、深藏不露的用兵方略（河上公注本題"玄用"，可能即基於此），實是一種以退爲進、以守爲攻的策略，最終將造成無敵於天下的結局。然而，老子始終以不爭謙退爲基本原則，所以對於强大無比的"無敵"這一結局，他表示出深深的憂慮，認爲"無敵"是最大的災禍，因爲無敵於天下的强大者，往往會喪失不爭謙退之德。"禍莫大於無敵"，這對於那些被勝利衝昏頭腦的春秋霸主來說，無疑是極好的箴言。最後，老子又提出了"抗兵相若，則哀者勝矣"的命題，進一步豐富了上兩節"夫慈，以戰則勝"及"善用人者爲之下"的論述。這一命題，經過後人的提煉與重構，成了流傳千古的兵家名言——"哀兵必勝"。

【校定原文】

《用兵》有言[1]，曰："吾不敢爲主而爲客[2]，不敢進寸而退尺[3]。"是謂行無行[4]，攘無臂[5]，執無兵[6]，仍無敵[7]。禍莫大於無敵。無敵，則幾亡吾寶[8]。故抗兵相若[9]，則哀者勝矣[10]。

右第六十九章，五十七言。

【注釋探賾】

〔1〕河上公曰："陳用兵之道。老子疾時用兵，故託己設其義。"覺按：《用兵》當是老子假託的書名。參見第三節注〔5〕。

〔2〕河上公曰："主，先也。我不敢先舉兵。客者，和而不倡兵，當承

· 148 ·

德篇上　第三十四節（第六十九章）

天而後動。"蘇轍曰："主，造事者也。客，應敵者也。"覺按：主客相待，主人處於主動地位，所以喻指主動的肇事進攻者；客人處於被動地位，所以喻指被動的應敵者。

〔3〕河上公曰："侵人境界、利人財寶爲進，閉門守城爲退也。"蘇轍曰："進者，有意於爭者也。退者，無意於爭者也。"覺按："進"指軍隊向前推進，即有意於爭奪；"退"指軍隊向後退却，即無意於爭奪。

〔4〕行：王弼曰："行，謂行陳也。"覺按：今人大多從王弼之說，把"行"讀爲 háng（航），解爲"行列，陣勢"，但上文並未提及布陣之事，所以王說實不可取。此"行"字緊承"不敢進寸而退尺"，當爲行走、前進之義。"行無行"與第六十三章的"爲無爲，事無事，味無味"的結構相同，應解爲"以無行爲行"，即"把不進軍作爲進軍"，也就是以守爲攻之意，其義與"不敢爲主而爲客"也相應。

〔5〕河上公曰："雖有大怒者，無臂可攘。"覺按："攘臂"見第一節注〔9〕。　攘無臂：捋起衣袖而並無手臂揮動，指"不敢爲主而爲客，不敢進寸而退尺"的將士以謙退爲原則，即使激動憤怒，也不體現在具體的行動上而對人橫加施暴，與上一節所謂的"善戰者不怒"旨意相同。

〔6〕執無兵：指"不敢爲主而爲客，不敢進寸而退尺"的將士以謙退防守爲原則，即使手執兵器，但並不主動進攻、肆意殺人，所以等於沒有拿兵器。

〔7〕仍：引（參見第一節注〔9〕）。　無敵：沒有敵手，沒有與自己相抗衡的對手。王弼曰："言無有與之抗也。"　仍無敵：指"不敢爲主而爲客，不敢進寸而退尺"的將士以謙退防守爲原則，不去觸犯別人，即使引來別人侵略進攻，也因爲自己從事的是反侵略的正義戰爭而必將打敗侵略者，從而無敵於天下。

〔8〕王弼曰："言吾哀慈謙退，非欲以取强無敵於天下也。不得已而卒至於無敵，斯乃吾之所以爲大禍也。寶，三寶也。故曰'幾亡吾寶'。"覺按：帛書乙本"幾"作"近"，義同。　寶：第六十二章云："道者，萬物之奧也，善人之寶也。"第六十七章云："吾有三寶，持而寶之：一曰慈，二曰儉，三曰不敢爲天下先。"可見老子所謂"寶"，實指"道"而言，亦即無爲、柔弱、謙退之道（第三十七章："道恒無爲而無不爲。"第四十章："弱者，道之用。"第八十一章："天之道，利而不害；聖人之道，爲而不爭。"可明其無爲、柔弱、謙退之義），也指"慈""儉""不敢爲天下

先"等慈愛退讓的原則。至於天下無敵者，則爲強大者，如果不處"下流"（見第六十一章），就會失去柔弱謙退之道，所以說"無敵，則幾亡吾寶"。"亡吾寶"，失去了柔弱謙退，也就失去了使自己保持强大的内因而將失敗（第五十二章："守柔曰彊。"第七十六章："故堅彊者，死之徒也；柔弱者，生之徒也。是以兵彊者則不勝，木彊則恒。故堅彊處下，柔弱處上。"第六十七章："捨其後，且先；是謂入死門。"皆可明失去柔弱謙退便將失敗之義），所以說"禍莫大於無敵"。這兩句中的"無敵"，一般本子作"輕敵"，實不合老子之旨，不當。帛書甲本作"無適"，帛書乙本作"無敵"，與傅奕本同，可見古本《老子》當作"無敵"。但是，今之解《老子》者，又往往把這"無敵"解爲"無視敵人""目無敵人"（見許抗生、馮達甫注譯），如此解釋不但不合老子之旨，而且也與"仍無敵"之"無敵"理解不一，顯然不當。

〔9〕抗：對抗，相敵。

〔10〕河上公曰："哀者慈仁，士卒不遠於己。"覺按："哀"爲憐憫、慈愛之意。《説文·口部》："哀，閔也。"《吕氏春秋·報更》"人主胡可以不務哀士"高誘注："哀，愛也。"此"哀"字承上"寶"字而言，相當於"慈"。第六十七章說："夫慈，以戰則勝，以守則固。"所以此文說："抗兵相若，則哀者勝矣。"須補充説明的是，此"哀"字後世往往理解爲"悲憤"，此句又化爲成語"哀兵必勝"，意謂受侵略壓抑而悲憤的一方，往往有必死的決心而奮起反抗，所以一定能戰勝敵人。但如此理解，未必合乎老子原意。

【韻腳韻部】

客、尺，鐸部。行、兵，陽部。臂、敵，錫部。

【義疏正解】

《用兵》有這樣的話，說："我不敢做主動的進攻者而做被動的應戰者，不敢前進一寸而後退一尺。"這是說把不進軍當作自己的進軍，即使激動地捋起衣袖也沒有手臂舉起來憤怒地對人揮動，即使手握兵器也等於沒拿兵器，即使引來别人進攻也會無敵於天下。但災禍沒有比無敵於天下更大的了。無敵於天下，就差一點要丟了我的法寶。所以互相對抗的軍隊力量相似，那麼慈愛士卒的一方會取得勝利。

第三十五節（第七十章）

【提要述評】

本節爲傅奕本第七十章，河上公注本題"知難第七十"，唐玄宗注本題"吾言其易知章第七十"。

本節的主旨在抒發其懷才不遇、不爲世人所知（河上公注本題"知難"，可能即基於此）的怨憤。

《史記·老莊申韓列傳》曰："老子脩道德，其學以自隱無名爲務。居周久之，見周之衰，迺遂去。……老子，隱君子也。"但從此文來看，老子之"以自隱無名爲務"，實是其虛靜無爲、柔弱不爭之道不爲世用所致，而並非出於其自願，所以在此文中他埋怨世人無知，以致不知其言，不行其道。當然，他在此表現得十分自信，雖然知音甚少，他也認爲這是曲高和寡所致，所以說"知我者稀，則我貴矣"，並以"聖人被褐而懷玉"來爲其隱居生活作自我解脫。但無論如何，這不過是一種無可奈何的自慰而已，絲毫也不能排解其心頭的鬱悶，所以此文仍然洋溢着一種悲憤愁怨的基調。至於其言是否真的"甚易知，甚易行"，事實恐怕並不像老子所說的那樣。老子的學說雖然不能說不可理解，但要真正透徹地把握其旨意還是有一定難度的，自古以來衆說紛紜的解釋即可證明這一點。至於將其學說付諸實施，則更由於各時代統治者的不同需要而呈現出程度不一的困難，在他生活的時代即未能實行其道。此後他的學說雖爲人們重視而不斷流傳，但大都是被融入其他各派的思想之中而間接地影響着中國正統的意識形態，像西漢竇太后尊崇黃老之學的時代畢竟是極少見的。

總之，老子及其學說在他活着的時候被置之不顧，以致他有懷才不遇的怨憤，但在後代則被不同程度地認可與吸取了，而在現代更受到了人們的重視，若其在天有靈，這可能會使他得到一些真正的慰藉了吧。古今中外聖人君子的命運，如此者實不在少數。

【校定原文】

吾言甚易知、甚易行，而人莫之能知，莫之能行[1]。言有宗[2]，事有主[3]。夫惟無知[4]，是以不吾知也[5]。知我者稀[6]，則我貴矣[7]。是以聖人被褐而懷玉[8]。

· 151 ·

右第七十章，五十一言。

【注釋探賾】

〔1〕王弼曰："可不出戶窺牖而知，故曰'甚易知'也。無爲而成，故曰'甚易行'也。惑於躁欲，故曰'莫之能知'也。迷於榮利，故曰'莫之能行'也。"

〔2〕宗：根本，主旨。《淮南子·主術訓》"無爲者道之宗"高誘注："宗，本。"《左傳·昭公二年》："卑讓，禮之宗也。"杜預注："宗，猶主也。"此文之"宗"指"道"而言，第四章云："道盅，而用之又不盈；淵兮，似萬物之宗。"呂惠卿曰："無爲而自然者，'言之宗'也。自其宗推之，則言雖不同，皆苗裔而已矣，其有不知者乎？"

〔3〕主：根本，主旨，與上句之"宗"同義，此文也指"道"。第三十四章云："大道……衣被萬物而不爲主。""道"雖不爲主，其實是萬物之主，所以此文以"主"稱之。呂惠卿曰："無爲而自然者，'事之君'也。得其君而治之，則事雖不同，皆臣妾而已矣，其有不行者乎？"

〔4〕夫惟：見第二十二節注〔3〕。 無知：指世人不知道其言論以道爲宗旨。 河上公曰："夫唯世人之無知者，是我道德之暗昧，不見於外，窮微極妙，故無知也。"呂惠卿曰："惟其不知'宗'之與'君'，此所以不吾知也。"

〔5〕不吾知：即"不知我"

〔6〕王弼曰："唯深，故知者希也。"

〔7〕河上公曰："唯達道者乃能知我，故爲貴。"王弼曰："知我益希，我亦無匹，故曰'知我者希，則我者貴'也。"覺按：此即常言所謂"物稀而爲貴"之理。

〔8〕聖人：見第十節注〔6〕。 被（pī披）：同"披"，穿。 褐（hè赫）：用毛麻等編織成的粗劣短衣，爲貧民百姓所穿。 被褐：身穿粗布衣，喻指外表簡陋平凡，與普通人一樣。 懷玉：懷抱寶玉，喻指內含美德，遵守大道，不失本性。 聖人被褐而懷玉：喻指聖人懷道而隱居於民間。這是比喻之詞，有人譯爲"有道的聖人穿着粗衣而内懷美玉"（見陳鼓應譯文），未能揭示其內涵，不當。河上公曰："被褐者，薄外也。懷玉者，厚內，匿寶藏德，不以示於人也。"王弼曰："被褐者，同其塵；懷玉者，寶其真也。聖人之所以難知，以其同塵而不殊，懷玉而不渝，故難知而爲貴也。"

德篇上 第三十五節（第七十章）

【韻腳韻部】

知、知，支部。行、行，陽部。知、知，支部。稀、貴，微物對轉合韻（"稀"屬微部，"貴"屬物部）。

【義疏正解】

我的話很容易理解，很容易實行，然而人們沒有誰能理解它，沒有誰能實行它。我說話有一定的宗旨，辦事有一定的根據。正因爲人們不知道其宗旨，因此他們不理解我啊。理解我的人很少，那麼我就顯得可貴了。因此聖人外表普通得好像穿着粗布短衣而本質則可貴得好像揣着寶玉一樣。

第三十六節（第七十一章）

【提要述評】

本節爲傅奕本第七十一章，河上公注本題"知病第七十一"，唐玄宗注本題"知不知上章第七十一"。

本節的主旨在宣揚謙虛的美德，以防止人們在認知方面易犯不懂裝懂的毛病（河上公注本題"知病"，可能即基於此）。

老子提倡"不自見"（見第七十二章），所以他宣揚"知者不言"的論調（見第五十六章），認爲知曉了某些事物後不應擺出一副自鳴得意的樣子，而應該不表現出來，也即人們常說的大智若愚。這種思想，與第四十五章所說的"大巧若拙，大辯若訥"等是一致的。反之，他則反對不懂裝懂的"不知知"，並反復申述聖人由於以"不知知"爲病，因此無"不知知"之病。文章一唱三歎，反復申述，語重心長。其旨與孔子所說的"知之爲知之，不知爲不知，是知也"（見《論語·爲政》）大致相同而更表現出一種謙虛守藏的姿態，體現了一種更高的精神境界，值得我們發揚光大。

【校定原文】

知不知，尚矣；不知知，病矣[1]。夫惟病病[2]，是以不病[3]。聖人之不病，以其病病，是以不病[4]。

右第七十一章，三十一言[5]。

【注釋探賾】

[1] 河上公曰："知道而言不知，德之上。不知道而言知，德之病也。"蘇轍曰："道非思慮之所及，故不可知。然方其未知，則非知無以入也，及其既知而存知，知則病矣。故知而不知者，上；不知而知者，病。"奚侗曰："尚，上也。知之而不自以爲知，是爲上德之人；若不知而自以爲知，則有道者之所病也。"覺按：河上公、蘇轍把"知"理解爲對"道"的認識把握，雖可備一說，但似嫌狹隘，故以奚說爲優。至於第二、第四個"知"，河上公加"言"字爲釋，則把"不知"和"知"當作一種表現在外的行爲；奚侗加"自以爲"爲釋，則把"不知"和"知"理解爲一種內在的觀念。兩說皆通，但第五十六章云："知者不言，言者不知。"第七十二章云："聖人自知而不自見。"以此觀之，河上公之說似較合老子原

德篇上　第三十六節（第七十一章）

旨。特別是第七十二章與本章相承，值得參照，所以我認爲第二、第四個"知"字的意思應是"表現出知曉的樣子"。知不知，即常言所謂大智若愚；不知知，即常言所謂不懂裝懂。　　尚：通"上"（河上公本等作"上"）。　　病：毛病，缺點，錯誤。

〔2〕夫惟：見第二十二節注〔3〕。　　病：第一個用作意動詞；第二個爲名詞，指"不知知"。　　病病：以病爲病，把這種毛病當作毛病，指認識到這種毛病而加以防範。

〔3〕河上公曰："聖人無此强知之病者，以其苦衆人有此病。"覺按：此二句當指聖人以衆人之"不知知"爲病，故無"不知知"之病。又，帛書本、景龍碑本等無以上兩句，所以有人認爲以上兩句絶非《老子》古本之舊（見朱謙之《校釋》），但河上公本等有此兩句，《潛夫論·思賢》也曾引此兩句，所以《老子》古本未必無此兩句。蔣錫昌曰："《御覽·疾病部》引作：'聖人不病，以其病病；夫唯病病，是以不病。'較諸本爲長，當據改正。蓋'夫唯'之句，常承上句之意而重言之，此《老子》特有文例也。今試以全書證之。二章：'功成而弗居。夫唯弗居，是以不去。''夫唯弗居'二句，係承上句'弗居'之意而重言之，例一。八章：'水善利萬物而不爭。……夫唯不爭，故無尤。''夫唯不爭'二句，係承上文'不爭'之意而重言之，例二。十五章：'保此道者不欲盈。夫唯不盈，故能蔽不新成。''夫唯不盈'二句，係承上句'不欲盈'之意而重言之，例三。七十二章：'無厭其所生。夫唯不厭，是以不厭。''夫唯不厭'二句，係承上句'無厭'之意而重言之，例四。此文'夫唯病病，是以不病'二句誤倒在'聖人不病，以其病病'二句上，又衍末句'是以不病'四字，致失古本之真也。"蔣説值得參考，故録之，但《太平御覽》徵引古書，常有任意改動之處，今爲謹慎起見，故不依其引文改動。

〔4〕傅奕本"病"上有"吾"字，據帛書乙本删。

〔5〕三十一：傅奕本作"三十二"，今删一字，故改。

【韻脚韻部】

尚、病、病、病、病、病、病，陽部。

【義疏正解】

知曉了並不表現出知曉的樣子，是最好的；不知道却裝出知道的樣子，是一種毛病。正因爲把這種毛病看作毛病，因此不會有這種毛病。聖人不會有這種毛病，是因爲他把這種毛病看作毛病，因此不會有這種毛病。

第三十七節（第七十二章）

【提要述評】

本節爲傅奕本第七十二章，河上公注本題"愛己第七十二"，唐玄宗注本題"人不畏威章第七十二"。

本節的主旨在勸誡統治者不要濫施暴政，而應該採取"不自見""不自貴"的謙退無爲方針。老子認爲，統治者的暴政煩刑，只能使民衆走投無路、鋌而走險，使他們不怕一切嚴刑制裁起來反抗，這樣，統治者就會受到極大的懲罰。爲了避免這種嚴重後果，統治者應該致力於使民衆安居樂業，不能使他們不得安居、沒有生路。只有這樣，人民才不會厭棄統治者。所以聖明的君主往往能清楚地認識自己、珍愛自己（河上公注本題"愛己"，可能即基於此），既不抛頭露面，對民衆指手劃脚，又不高高在上，對民衆施加高壓。這種謙退無爲的"不自見""不自貴"，與第六十六章所說的"聖人欲上民，必以其言下之；欲先民，必以其身後之"的主張是一脈相通的，所以它必將達到"天下樂推而不厭"的目的。這樣，統治者就能穩坐江山，不再有"大威"臨頭了。此節文字雖然是爲統治者的長治久安獻計獻策，但其中要求統治者使民衆安居樂業的獻言無疑是在爲民請命。至於"民不畏威，則大威將至矣"的警告，無疑也清醒地看到了民衆的偉大力量。

【校定原文】

民不畏威，則大威將至矣[1]。毋狎其所居[2]，毋猒其所生[3]。夫惟弗猒[4]，是以不猒[5]。是以聖人自知而不自見[6]，自愛而不自貴[7]，故去彼取此[8]。

右第七十二章，四十九言[9]。

【注釋探賾】

[1] 傅奕本"至"上無"將"字，據帛書乙本補。　河上公曰："威，害也。人不畏小害，則大害至。"覺按：這兩句當與第七十四章的"若民恒且不畏死，奈何以殺懼之"一樣，是勸誡統治者的話。　威：威勢，指刑罰，故河上公解爲"害"。《韓非子‧解老》："理相奪予，威德是也。""威"字即此義。　大威：極大的懲罰，指民衆的懲罰，即古代所謂"天

德篇上　第三十七節（第七十二章）

誅"，故王弼曰："民不能堪其威，則上下大潰矣，天誅將至，故曰：'民不畏威，則大威至。'"民衆不怕統治者的刑罰，是因爲苛政煩刑使之無法安居樂業，於是他們就會拼死反抗，起來造反，致使天下大亂，於是對統治者的極大懲罰也就必將來臨了（參見第六十一節注〔2〕）。陳鼓應將"畏威"之"威"解爲"威壓"，將"大威"之"威"解爲"禍亂"，前後不一，顯然不當，而將"威"解爲"禍亂"，更是不顧字義的無稽之説。

〔2〕毋：傅奕本作"無"，據帛書甲本、乙本改。　狎（xiá 狹）：通"狹"（河上公本作"狹"，上古"狎""狹"同音），這裏用作使動詞。其：指代"民"。　所居：居住的地方。

〔3〕毋：傅奕本作"無"，據帛書甲本、乙本改。　猒：通"厭"，與下文兩"猒"字意義當一致，即第六十六章"天下樂推而不猒"之"猒"。第六十六章之"猒"與"樂"相對，是厭棄的意思。此文之"猒"也應是不樂、厭棄的意思。只不過此"猒"字與上句"狎"一樣，用作使動詞而已。上句"毋狎其所居"指統治者不要使民衆住處狹窄不堪，而要使民衆"安其居"；此句"毋猒其所生"則指統治者不要使民衆厭棄其謀生之道，而要使民衆"樂其業"。此兩句相對成文，猶如第八十章之"樂其俗，安其居"。今人大都將此節的前兩個"猒"（厭）解爲"厭笮""壓""壓迫""壓榨""壓制"，將第三個"猒"（厭）解爲"厭惡""厭棄"（見奚侗、高亨、朱謙之、許抗生、陳鼓應、馮達甫等注釋），同一個字出現在相連的三句之中，使用的語境也相似（都用在否定詞後），而將它們理解爲兩種意義，如此隨意，顯然不當。再説，"所生"即生活的依靠，指從事的職業，所以將"猒"解爲壓迫，則"猒其所生"意爲壓迫其職業，也於文義不通，故此"猒"字不當解爲"壓"。

〔4〕夫惟：見第二十二節注〔3〕。　弗：傅奕本作"無"，據帛書甲本、乙本改。　弗猒：不厭，指不厭其所生。

〔5〕不：傅奕本作"無"，據帛書乙本改。　不猒：即第六十六章之"樂推而不猒"之意。

〔6〕河上公曰："自知己之得失，不自顯見德美於外而藏之於内。"覺按："聖人"見第十節注〔6〕。　見（xiàn 現）：同"現"。　自知而不自見：與第七十一章的"知不知"旨意相同，可參見。同時，"自知"與第六十六章所説的"欲先民"旨意相同，"不自見"與第六十六章所説的"必以其身後之"旨意相同。"自知而不自見"的目的是爲了達到第六十六

157

章所說的"處之前而民不害""天下樂推而不猒",也就是本節上句所說的"不猒",所以此句用"是以"與上文相連。今之注釋者大都未能明瞭此層意思,所以此文與上文的聯繫也就暗昧不明了。

〔7〕河上公曰:"自愛其身以保精氣,不自貴高榮名於世。"覺按:"自愛而不自貴"即第六十六章所說的"聖人欲上民,必以其言下之"。

〔8〕河上公曰:"去彼'自見''自貴',取此'自知''自愛'。"

〔9〕四十九:傅奕本作"四十八",今補一字,故改。

【韻脚韻部】

至、生,質耕通轉合韻("至"屬質部,"生"屬耕部)。猒、猒、見,談元通轉合韻("猒"屬談部,"見"屬元部)。愛、貴,物部。

【義疏正解】

民衆不怕統治者的懲罰,那麼對統治者的天大懲罰就要到來了。不要使民衆的住處狹窄不堪,不要使民衆厭棄自己的謀生之道。正因爲統治者不使民衆厭棄其謀生之道,因此民衆也不厭棄他。因此聖人清楚地瞭解自己而不表現自己,十分珍惜自己而不抬高自己。所以拋棄那表現自己、抬高自己的做法而採取這認識自己、珍惜自己的行爲方式。

第三十八節（第七十三章）

【提要述評】

本節爲傅奕本第七十三章，河上公注本題"任爲第七十三"，唐玄宗注本題"勇於敢章第七十三"。

本節的主旨在於宣揚天道廣大，疏而不漏，違背天道而任意妄爲（河上公注本題"任爲"，可能即基於此）者必將受到懲罰而有殺身之禍。

老子在此首先擺出截然相反的兩種行爲及其不同的結果：一是"勇於敢"，這是一種"堅彊者"（見第七十六章）"取彊"（見第三十章）的有爲之行，是一種不遵循天道的"爭""先"（見第六十六章）之"勇"，所以會"不得其死"（見第四十二章）而被"殺"；二是"勇於不敢"，這是一種"柔弱者"（見第七十六章）"守柔"（見第五十二章）示"弱"（見第四十章）的無爲之行，是一種"輔萬物之自然而不敢爲"（見第六十四章）的"嗇"（見第五十九章）、"後"（見第六十六章）之"勇"，所以會"長生久視"（見第五十九章）而得"活"。上天厭惡有爲爭強者，而世人却仍然沉迷於爭強有爲，所以老子在此無可奈何地發出了深深的喟歎："天之所惡，孰知其故？"然後，老子向人們展示了"天之道"：雖與世不爭，沉默不言，却善謀善勝，自會來報應。"天網恢恢，疏而不失"，一切違背天道的惡行終將得到應有的懲罰。這後面的大部份論述，其實都在警告那些"勇於敢"的任意妄爲者：必須因循自然規律，否則必不得好死。第二十三章云："從事而道者同於道，得者同於得，失者同於失。同於得者，道亦得之；同於失者，道亦失之。"可與此節相互發明。

【校定原文】

勇於敢則殺[1]，勇於不敢則活[2]。此兩者[3]，或利或害[4]。天之所惡[5]，孰知其故[6]？天之道[7]，不爭而善勝[8]，不言而善應[9]，不召而自來[10]，默然而善謀[11]。天網恢恢[12]，疏而不失[13]。

右第七十三章，五十七言[14]。

【注釋探賾】

[1] 河上公曰："勇於敢有爲，則殺其身也。"王弼曰："必不得其死

也。"覺按："勇"即有勇氣，膽大無畏。"勇"表示勇敢，着眼於主觀意識。《墨子·經上》："勇，志之所以敢也。" 敢：果敢堅强，堅決地盡力。"敢"表示勇敢，着眼於客觀行爲，所以河上公以"敢有爲"釋之。《説文·殳部》："敊，進取也。""敊"即古"敢"字。《廣雅·釋詁四》："敢，犯也。"第七十六章云："堅彊者，死之徒也。"第四十二章云："彊梁者不得其死。"所以，"勇於敢則殺"。

〔2〕河上公曰："勇於不敢有爲，則活其身。"王弼曰："必齊命也。"覺按：第三十章云："故善者果而已矣，毋以取彊焉。"第六十四章云："是以聖人……以輔萬物之自然而不敢爲也。"第六十七章云："不敢爲天下先，故能爲成事長。"第七十六章云："柔弱者，生之徒也。"均與此文"勇於不敢則活"之義相通。

〔3〕河上公曰："謂敢與不敢也。"

〔4〕河上公曰："活身爲利，殺身爲害。"

〔5〕河上公曰："惡有爲也。"

〔6〕河上公曰："誰能知天意之故，不犯之也。"

〔7〕"天之道"上傅奕本有"是以聖人猶難之"一句，奚侗等認爲是第六十三章之文複出於此，今據帛書乙本删。

〔8〕河上公曰："天不與人爭貴賤而人自畏之。"覺按：第八章云："夫惟不爭，故無尤矣。"第二十二章云："夫惟不爭，故天下莫能與之爭。"第六十六章云："不以其不爭與？故天下莫能與之爭。"第六十八章云："善勝敵者不與……是謂配天古之極也。"不爭無尤，爭則有尤，故爭而勝之，不能算善勝。不爭而天下莫能與之爭，才是善勝，才合乎天道，所以說："天之道，不爭而善勝。"

〔9〕河上公曰："天不言，萬物自動以應時。"王弼曰："順則吉，逆則凶，不言而善應也。"覺按：河上公認爲"善應"的施事是"萬物"，王弼認爲"善應"的施事是"天"。兩説皆通，但從上句"善勝"的施事來看，王弼之説爲當，河上公之説不可取。老子認爲，上天雖不言，但人們順從天意則吉，違背天意則凶，上天的報應十分靈驗，所以說"不言而善應"。《荀子·天論篇》："天行有常，不爲堯存，不爲桀亡，應之以治則吉，應之以亂則凶。"與此文旨意類似。《論衡·明雩篇》曰："夫人不能以行感天，天亦不隨行而應人。"則與此文旨意相反。

〔10〕河上公曰："天不呼召，萬物皆自負陰而向陽也。"王弼曰："處

下則物自歸。"覺按：河上公、王弼都認爲"不召"的施事是天，"自來"的施事是物，但從上下文來看，"自來"的施事當爲"天"，則"不召"的施事當爲人或物。第三十二章云："天地相合以降甘露，民莫之令而自均焉。……譬道之在天下，猶川谷之與江海也。"《韓非子·解老》："道者，萬物之所然也，……以爲近乎，遊於四極；以爲遠乎，常在吾側。"天道存在於天下一切事物之中，無時無刻不與事物在一起，故天道之於天下萬物，猶川谷之歸於江海，此當即所謂"不召而自來"之義。

〔11〕默然：沉默無聲。河上公本作"繟然"，注云："繟，寬也。天道雖寬博，善謀慮人事，修善行惡，各蒙其報。"蘇轍曰："繟然舒緩，若無所營，而其謀度非人所及也。"覺按：第六十八章云："善戰者不怒。""默然"無聲是"不怒"，"繟然"寬舒也是"不怒"，"不怒"而戰者爲"善戰"，所以"默然"或"繟然"而謀者爲"善謀"。

〔12〕恢：《說文·心部》："恢，大也。" 恢恢：廣大的樣子。

〔13〕河上公曰："天之羅網恢恢甚大，雖則疏遠，若司察人善惡，無所失也。"覺按：此側重於指天理昭彰，每一個任意妄爲的人都會受到上天的懲罰。

〔14〕五十七：傅奕本作"六十四"，今刪七字，故改。

【韻脚韻部】

殺、活、害，月部。惡、故，魚鐸對轉合韻（"惡"屬鐸部，"故"屬魚部）。勝、應，蒸部。來、謀、恢，之部。

【義疏正解】

勇於敢作敢爲就會被殺害，勇於不敢作爲就能活着。這敢作敢爲與不敢作爲兩種行爲，或者得利或者受害。上天所厭惡的，誰能知道它的緣故？上天的規律，是不爭鬥而善於取勝，不說話而善於報應，不召喚而自動來臨，沉默無聲而善於謀劃。上天這張網廣大無邊，網眼雖然稀疏却不會漏掉什麼。

第三十九節（第七十四章）

【提要述評】

本節爲傅奕本第七十四章，河上公注本題"制惑第七十四"，唐玄宗注本題"民常不畏章第七十四"。

本節的主旨在於反對當時統治者以酷刑濫殺來維持其統治的辦法，以抑制消除統治者捨棄道德、專重殺戮的迷惑（河上公注本題"制惑"，可能即基於此）。

爲了勸阻統治者濫殺民衆，老子在這裏作了一系列的假設與判斷：如果苛政重刑使民衆無法生活下去而不怕死了，則用刑殺根本不能嚇退民衆造反。只有使民衆安居樂業而樂生怕死，然後懲處那些爲非作歹者，才能有殺一儆百之效而使民衆不敢造反。但是，即使民衆樂生怕死，懲處爲非作歹者也應由司法機關執行。如果君主越俎代庖，肆意殺人，則必將自遺其咎。

總之，老子堅決反對統治者任意殺人，所以從正面、反面反復申述其主張，它與第七十二章的思想是一脈相通的，可參見。

【校定原文】

若民恒且不畏死[1]，奈何以殺懼之[2]？若使民恒且畏死[3]，而爲奇者[4]，吾將得而殺之[5]，孰敢也[6]？若民恒且必畏死[7]，則恒有司殺者殺[8]。夫代司殺者殺[9]，是代大匠斲[10]。夫代大匠斲者，稀不傷其手矣[11]。

右第七十四章，七十言[12]。

【注釋探賾】

[1] 若民恒且：傅奕本作"民常"，據帛書乙本增改。　且：句中語助詞，含有"將"的意思，表示擬測。參見《助字辨略》卷三。　河上公曰："治國者刑罰深酷，民無聊（《道藏》本作"即"，此據《四部叢刊》本）生，故不畏死也。"

[2] 奈何以殺：傅奕本作"如之何其以死"，據帛書甲本改。　奈何：如何，怎麼。《尹文子·大道下》："《老子》曰：'民不畏死，如何以死懼之？'凡民之不畏死，由刑罰過；刑罰過，則民不賴其生；生無所賴，視

德篇上　第三十九節（第七十四章）

君之威末如也。刑罰中，則民畏死；畏死，由生之可樂也；知生之可樂，故可以死懼之。"河上公曰："人君當寬刑罰，人去其情欲，奈何設刑法以死懼之？"

〔3〕恒且：傅奕本作"常"，據帛書乙本改。　河上公曰："當除己之殘刻，教民之去利欲。"

〔4〕王弼曰："詭異亂群，謂之奇也。"覺按：凡不合正道的歪門邪道叫作"奇"，參見第二十節注〔2〕、第二十一節注〔9〕。

〔5〕傅奕本"得"上無"將"字，據帛書甲本補。

〔6〕河上公曰："以道教，而民不從，反爲奇巧，乃應王法執而殺之，誰敢有犯者？老子傷時王不先以道德化人，而先以刑罰者也。"蘇轍曰："政煩刑重，民無所措手足，則常不畏死，雖以死懼之，無益也。民安於政，常樂生畏死，然後執其詭異亂群者而殺之，孰敢不服哉？"

〔7〕傅奕本無"若民恒且必畏死"一句，據帛書乙本補。

〔8〕則恒：傅奕本作"常"，據帛書甲本、乙本改。　司：主管，掌管。　司殺者：主管殺人的，指刑獄之官，如"士""士師"之類。《尚書・舜典》："皋陶，蠻夷猾夏，寇賊姦宄，汝作士，五刑有服。"《孟子・公孫丑下》："今有殺人者，或問之曰：'人可殺與？'則將應之曰：'可。'彼如曰：'孰可以殺之？'則將應之曰：'爲士師，則可以殺之。'"由此可見，古代分職治事，不可越俎代庖，所以老子強調指出："恒有司殺者殺。"但河上公有別解，其注曰："司殺者，謂天。居高臨下，司察人之過，'天網恢恢，疏而不失'者是。"這是説民之"爲奇者"由天誅之，即上一節所謂的"勇於敢則殺"，"天之所惡"則自取滅亡。此也可備一説。

〔9〕夫：傅奕本作"而"，據帛書甲本、乙本改。

〔10〕河上公曰："天道至明，司察有常，猶春生、夏長、秋收、冬藏，斗杓運以節行之。人君欲代殺之，是猶拙夫代大匠斲木，乃勞而無功也。"

〔11〕傅奕本"傷"上有"自"字，據帛書甲本、乙本删。河上公曰："人君行刑罰，猶拙夫代大匠斲木也，必方圓不得其理，自傷其手。代天殺者，不得其理，反受其殃。"

〔12〕七十：傅奕本作"六十一"，今增十二字，删三字，故改。

【韻脚韻部】

懼、奇、殺、敢、殺，魚歌月談通轉合韻（"懼"屬魚部，"奇"屬歌部，"殺"屬月部，"敢"屬談部）。

【義疏正解】

　　如果民衆經常不怕死，怎麽能用殺頭來恐嚇他們？如果使民衆經常怕死，而那些搞歪門邪道的人，我將抓住他們而把他們殺了，誰還敢搞歪門邪道呢？如果民衆經常而且一定怕死，那麽常常有主管殺人的去施行殺戮。代替主管殺人的去殺戮，這就好像是代替技術高超的木匠去砍削木材一樣。代替技術高超的木匠砍削木材的，很少有不砍傷自己手的啊。

第四十節（第七十五章）

【提要述評】

本節爲傅奕本第七十五章，河上公注本題"貪損第七十五"，唐玄宗注本題"民之飢章第七十五"（唐玄宗御製本題"人之飢章第七十五"）。

本節的主旨在控訴統治者的橫徵暴斂、濫發政令、大興徭役、厲民自養，認爲統治者的這種貪得無厭無益有損（河上公注本題"貪損"，可能即基於此），必將使民衆飢餓輕死而難治。

老子認爲，民衆飢寒交迫，難以治理，甚至輕死造反，都源於統治者的貪婪掠奪。統治者收稅繁多，則民衆飢餓；統治者濫發政令、大興徭役而不清靜無爲，則民衆不堪忍受而難以治理；統治者養生無度，奢侈揮霍，則民不聊生而不顧死活進行反抗。歸結到一點，統治者貴生貪婪，還不如不追求生活享受。這一節所述，實是在進一步揭示"民不畏威"（第七十二章）、"民恒且不畏死"（第七十四章）的原因，即大肆剝削、苛政擾民必將使人民陷於飢寒交迫的絶境，從而導致人民"輕死"反抗而難以治理。而老子的最終目的，則是想以此勸誡統治者奉行他的政治主張，即淡泊寡欲、清靜無爲。第七十二章、第七十四章側重於抨擊統治者殘酷的政治壓迫，此章及第七十七章則側重於抨擊統治者貪婪的經濟剝削，可互相觀照，以體會老子對統治者的憤怒及其爲民請命的勇氣。

【校定原文】

民之飢者，以其上食稅之多也[1]，是以飢。民之難治者，以其上之有爲也[2]，是以難治。民之輕死者，以其上求生之厚也[3]，是以輕死[4]。夫惟無以生爲者[5]，是賢於貴生也[6]。

右第七十五章，六十一言[7]。

【注釋探賾】

[1] 河上公曰："人民所以飢寒者，以其君上食稅下太多也。"

[2] 河上公曰："民之不可治者，以其君上多欲、好有爲也。"蘇轍曰："上以有爲導民，民亦以有爲應之，故事多而難治。"覺按："有爲"即有所作爲，指作故意的人爲努力，不因順自然而作强行干預，如濫發政令、

165

大興徭役等等，也即"無爲"（參見第一節注〔5〕）之反，相當於第四十八章的"有事"（參見第十一節注〔7〕）與第六十四章的"爲"（參見第二十七節注〔12〕）。"法令滋章而盜賊多有"（見第五十七章），所以"上之有爲"而其民"難治"。

〔3〕傅奕本"生"字下重"生"字，據帛書甲本、乙本刪。 統治者求生太厚，則食稅必多，而民眾飢寒交迫，就會拼死反抗，所以"輕死"。

〔4〕王弼曰："言民之所以僻，治之所以亂，皆由上，不由其下也。"

〔5〕傅奕本"爲"下有"貴"字，據帛書甲本、乙本刪。

〔6〕是：指代"無以生爲者"。 吳澄曰："賢，猶勝也。貴生，貴重其生，即生生之厚。求生之心重，保養太過，將欲不死，而適以易死。至人非不愛生，順其自然，無所容心，若無以生爲者，然外其身而身存，賢於重用其心、以貴生而反易死也。"覺按：統治者貴生而"求生之厚"，則食稅多而民不聊生，民不聊生則"輕死"反抗而"不畏威"，"民不畏威，則大威將至"（見第七十二章），統治者將受到極大的懲罰，所以其貴生還不如"無以生爲者"，因此說："無以生爲者，是賢於貴生也。"

〔7〕六十一：傅奕本作"六十三"，今刪二字，故改。

【韻腳韻部】

飢、飢，脂部。治、治，之部。死、死，脂部。

【義疏正解】

民眾飢餓，是因爲他們的統治者侵吞賦稅太多，因此他們飢餓。民眾難以治理，是因爲他們的統治者不清靜無爲而以繁政擾民，因此他們難以治理。民眾不在乎死去，是因爲他們的統治者追求生活享受太豐厚了，所以他們不在乎死去。只有那些不爲生活進行活動的人，他們才勝過注重生活的人啊。

第四十一節（第七十六章）

【提要述評】

本節爲傅奕本第七十六章，河上公注本題"戒彊第七十六"，唐玄宗注本題"民之生章第七十六"（唐玄宗御製本題"人之生章第七十六"）。

本節的主旨在勸戒統治者勿取堅彊之道（河上公注本題"戒彊"，可能即基於此），而取柔弱之道。

老子首先以人與草木出生時"柔弱"而死亡時"堅彊"這種人所共見的現象爲例，說明堅强的事物屬於死亡一類，因失去生機而處於劣勢；而柔弱的事物屬於生長一類，因充滿生機而處於上升之勢。從這一簡明的推論中，我們可以看出其守柔處弱思想的現實根源。當然，此節主旨在戒强，所以他又舉了"兵彊""木彊"兩個强而破滅的實例來勸戒統治者。老子在這裏能夠透過表象而看到事物内在的發展變化趨勢，是難能可貴的。而"堅彊處下，柔弱處上"的結論雖爲宣揚自己守柔處弱的觀點以勸戒統治者别逞强而作，却也爲弱小的新生力量戰勝强大的腐朽勢力提供了有力的理論武器，極大地鼓舞着歷代人民反對强暴政治的鬥爭。

【校定原文】

人之生也柔弱[1]，其死也堅彊[2]。草木之生也柔脆[3]，其死也枯槁。故堅彊者，死之徒也[4]；柔弱者，生之徒也[5]。是以兵彊者則不勝[6]，木彊則恒[7]。故堅彊處下，柔弱處上[8]。

右第七十六章，五十九言。

【注釋探賾】

[1] 生：出生。今人大都解爲"活着"（見許抗生、陳鼓應、馮達甫譯文），如此則"弱"字無着落，故不當。　柔：柔軟（參見第十五節注[12]）。　弱：弱小，纖弱（參見第四節注[2]）。　人之生也柔弱：即第五十五章所說的"赤子""骨弱筋柔"。

[2] 堅：硬。《說文·臤部》："堅，剛也。"　彊：同"强"，强直，挺直而不彎曲。《逸周書·謚法解》"剛彊直理曰武"孔晁注："彊，不撓。"

[3] 脆：小而軟，柔嫩。見第二十七節注[3]。

〔4〕徒：類，屬。參見第十三節注〔2〕。

〔5〕《說苑·敬慎》載："常摐有疾，老子往問焉，曰：'先生疾甚矣，無遺教可以語諸弟子者乎？'常摐曰：'子雖不問，吾將語子。'……張其口而示老子曰：'吾舌存乎？'老子曰：'然。''吾齒存乎？'老子曰：'亡。'常摐曰：'子知之乎？'老子曰：'夫舌之存也，豈非以其柔耶？齒之亡也，豈非以其剛耶？'常摐曰：'嘻！是已。天下之事已盡矣，無以復語子哉！'"此亦可用來喻說"堅彊者，死之徒也；柔弱者，生之徒也"。

〔6〕河上公曰："強大之兵，輕戰樂殺，毒流怨結，衆弱爲一，強故不勝也。"王弼曰："強兵，以暴於天下者，物之所惡也，故必不得勝。"

〔7〕恒（gèng更去聲）：傅奕本作"共"，據帛書甲本改。《周禮·冬官·弓人》"恒角而短"鄭玄注："恒，讀爲揯。揯，竟也。"《釋文》："恒，古鄧反。"鄭注之"揯"字當爲"㮓"之誤。《說文·木部》："㮓，竟也。"段玉裁注："《弓人》注曰：'恒，讀爲㮓。㮓，竟也。'"《老子》此文說"木彊則恒"，"恒"當讀爲從木之"㮓"（gèng），指樹木之終。樹大了會被人砍伐，或因樹大招風而容易吹折，所以其生命將終結，因而說"木彊則㮓"。"恒"與上句"勝"字皆屬蒸部而押韻，若作"共"，則失韻而無義。有的本子作"兵"，也無韻而不當。又，彭耜《道德真經集注》引黃茂材曰："《列子》載老聃之言曰：'兵強則滅，木強則折。'《列子》之書，大抵祖述老子之意，且其世相去不遠。'木強則折'，其文爲順。今作'共'，又讀如'拱'，其說不通，當以《列子》之書爲正。"俞樾曰："'木強則兵'於義難通。河上公本作'木強則共'，更無義矣。《老子》原文本作'木強則折'，因'折'字闕壞，止存右旁之'斤'，又涉上句'兵強則不勝'而誤爲'兵'耳。'共'字則又'兵'字之誤也。《列子·黃帝篇》引老聃曰：'兵強則滅，木強則折。'即此章之文，可據以訂正。"此可備一說，因爲古代"滅""折"同屬月部而押韻。但是，今傳各本《老子》並不作"兵強則滅，木強則折"，則《列子》所引老聃之言或有改作，故今不據以訂正。《淮南子·原道訓》云："是故欲剛者，必以柔守之；欲強者，必以弱保之。積於柔則剛，積於弱則強，觀其所積，以知禍福之鄉。強勝不若己者，至於若己者而同；柔勝出於己者，其力不可量。故兵強則滅，木強則折，革固則裂，齒堅於舌而先之敝。是故柔弱者，生之榦也；而堅強者，死之徒也。"此言皆本於《列子·黃帝》而繼承了《老子》此章之言，但未明言引《老子》，所以更不可據。

〔8〕事物的發展往往是物極必反，否極泰來。堅强的事物已發展到頂峰，接着便走下坡路，所以從發展趨勢來看，是處於劣勢的，因此説"處下"。柔弱的東西剛誕生，接着是向强壯發展，所以從發展趨勢來看，是處於優勢的，因此説"處上"。"堅彊處下"與第五十五章所説的"物壯則老"同旨。"柔弱處上"與第五十二章的"守柔曰彊"、第七十八章的"柔之勝剛，弱之勝彊"同旨。

【韻脚韻部】

弱、槁，宵藥對轉合韻（"弱"屬藥部，"槁"屬宵部）。徒、徒，魚部。勝、恒，蒸部。下、上，魚陽對轉合韻（"下"屬魚部，"上"屬陽部。）

【義疏正解】

人出生的時候柔軟纖弱，他們死了就堅硬强直了。草木長出來的時候柔軟嬌嫩，它們死了就枯萎乾硬了。所以堅强的屬於死亡的一類，柔弱的屬於生長的一類。因此兵力强大了就不會勝利，樹木强硬了生命就會終結。所以堅强的處在下風，柔弱的佔據上風。

第四十二節（第七十七章）

【提要述評】

本節爲傅奕本第七十七章，河上公注本題"天道第七十七"，唐玄宗注本題"天之道章第七十七"。

本節的主旨在論述天道（河上公注本題"天道"，可能即基於此）之"損有餘而補不足"，並強烈抨擊了違反天道的"人之道"，進而頌揚了遵行天道的聖人。

老子首先以張弓來喻説天道。張弓時，弓弦若有高低長短都要作適當的調整，高的要壓低，低的要抬高，長的要截短，短的要補足。其中"高者抑之"與"有餘者損之"的道理是一樣的，"下者舉之"與"不足者補之"的道理也是一樣的，所以要而言之，天之道就是"損有餘而補不足"。

老子在此論述"天之道"，其真正的目的並不在於作哲學的探討，而在於對現實的關心，只不過他把對現實的關心上升到哲學的高度來論述而已。所以，在闡明"天之道"以後，他便以強烈的對比，抨擊違反天道的"人之道"——"損不足以奉有餘"。這無疑是對第七十五章所説的"民之飢者，以其上食税之多也"和"民之輕死者，以其上求生之厚也"的進一步概括，反映了他對當時統治者橫徵暴斂的剝削政策的強烈不滿與憤怒控訴，體現了當時小生産者均貧富的思想。但是，面對天下烏鴉一般黑的社會，他只能無可奈何地發出了"孰能損有餘而奉不足於天下者"的疑問，這種合乎天道的人在當時顯然是難以找到的，所以他只能以"其惟有道者乎"的擬測之歎來呼唤人們的良知，希望世上出現"損有餘而奉不足"的"有道者"。

最後他以頌揚理想中的"聖人"作結，希望統治者都像聖人一樣，無私地幫助民衆而不計較個人得失，其同情民衆之心不言而喻。

總之，此節論"天之道"，其目的是要抨擊違反天道的"人之道"，以要求"人之道"合乎"天之道"。借"天道"來勸戒統治者，這是老子常用的手法（參見第九章、第二十三章、第二十五章、第六十八章、第七十三章、第七十九章、第八十一章），其所述雖爲天，但其着眼點則在人，這是值得注意的。如果以爲老子就天而論天，就有意無意地抹殺了他批判現實的戰鬥鋒芒，削弱了其文章的現實意義。當然，他要求統治者遵行天

德篇上　第四十二節（第七十七章）

道，"損有餘而補不足"，雖然反映了他對統治者的不滿以及對民衆的同情，但總的來說，這還是在爲統治者着想。第四十二章曰："物或損之而益，或益之而損。"第八十一章曰："既以爲人己愈有，既以與人己愈多。"所以，他要求統治者"損有餘而補不足"，無疑是爲了使他們的統治地位更爲穩固，這樣，民衆就會因"益之而損"，永遠處於被壓迫被剝削的境地。可見，老子的思想具有複雜性，這也是值得我們注意的。

【校定原文】

天之道，其猶張弓者歟[1]！高者抑之，下者舉之；有餘者損之，不足者補之[2]。天之道，損有餘而補不足[3]；人之道則不然，損不足以奉有餘[4]。孰能損有餘而奉不足於天下者？其惟有道者乎[5]！是以聖人爲而不恃[6]，功成而不居[7]，其不欲見賢邪[8]！

右第七十七章，八十八言[9]。

【注釋探賾】

[1] 其：表示揣測的語氣詞。　張弓：繃弓，把弓弦繃在弓上。《說文·弓部》："張，施弓弦也。"任繼愈、陳鼓應等把"張弓"解爲"拉開弓"（射箭），誤。古代把弓弦繃緊在弓上叫"張"（上弦則弓緊張，故曰"張"），把繃緊的弓弦放鬆叫"弛"，《說文·弓部》："弛，弓解也。"至於拉開弓，則叫作"引"，《說文·弓部》："引，開弓也。"而拉弓射箭，則叫作"彎"，《說文·弓部》："彎，持弓關矢也。"

[2] 嚴遵曰："夫弓人之爲弓也，既煞既生，既禽既張，制以規矩，督以準繩。弦高急者，寬而緩之；弦弛下者，攝而上之；其有餘者，削而損之；其不足者，補而益之。弦質相任，上下相權，平正爲主，調和爲常，故弓可抨而矢可行也。"谷神子注："天道亦然，故云'其猶張弓'。"高亨曰："蓋施弦於弓時，弦之位高，則抑之；弦之位下，則舉之；弦之長有餘，則損之；弦之長不足，則補之。天道正如是耳。"朱謙之曰："四句皆以張弓明消息盈虛自然之理。"

[3] 天之道，損有餘而補不足：舉例來說，月滿而虧，便是"損有餘"；月朔而盈，便是"補不足"。又如夏至後，白天漸短是"損有餘"，夜晚漸長是"補不足"。再如上一節所說的"堅彊處下"是"損有餘"，"柔弱處上"是"補不足"。

〔4〕河上公曰："世俗之人，損貧益富，奪弱與强。"

〔5〕傅奕本"道"上無"有"字，據河上公本補。河上公曰："言誰居有餘之位自省爵禄以奉天下不足者？唯有道德之君而能行之也。"蘇轍曰："有道者贍（覺按：《道藏》本誤爲"澹"，此依《四庫全書》本）足萬物而不辭，既以爲人己愈有，既以予人己愈多。非有道者，無以堪此。"覺按：參見第八十一章。

〔6〕河上公曰："聖人爲德施惠，不恃望其報。"覺按："聖人"見第十節注〔6〕。　爲：助也，即第八十一章"爲而不爭"之"爲"（參見第三十一節注〔11〕），此文指把自己的財物奉獻給天下民衆。　恃：見第十四節注〔10〕。

〔7〕河上公曰："功成事就，不處其位。"覺按：參見第四十六節注〔11〕。　居：佔有。此與"功"相配，指居功，即把功勞佔爲己有，認爲事情的成功是靠了自己的力量。

〔8〕其：見注〔1〕。　其……邪：與上文"其……歟""其……乎"同。河上公本等無"邪"字，則"其"爲代詞，指代聖人。帛書乙本此句作"若此其不欲見賢也"，"其"也爲代詞，該句即"其不欲見賢也若此"之倒，表示一種驚歎之情，意爲"他不願顯示其賢德竟像這樣啊"。許抗生譯爲"如果是這樣，他就會不想表露出自己的聰明和才智的"，誤。　見（xiàn現）：同"現"。河上公曰："不欲人知己之賢，匿功不居榮名，畏天損有餘。"覺按：第二十二章曰："不自伐，故有功；不自矜，故能長。"第七十二章曰："是以聖人自知而不自見，自愛而不自貴。"均與此文同旨。此文所謂不恃人、不居功、不見賢，都是爲了避免處於"有餘"的境地，其義直承上文，河上公之說甚得老子旨意。

〔9〕八十八：傅奕本作"八十七"，今增補一字，故改。

【韻脚韻部】

歟（或"者"）、舉、補、餘、者（或"下"）、乎（或"者"）、居、邪，魚部。

【義疏正解】

上天的原則，大概就像把弓弦繃緊在弓上吧！高的把它壓低，低的把它抬高；有多餘的就把它減少，不夠的則把它補上。上天的原則，是減少有餘的而補充不夠的；人間的原則却不是這樣，是減少不夠的去奉獻給有餘的。誰能夠在天下減少有餘的去奉獻給不夠的人呢？大概只有得道的人吧！因此聖人幫助別人而不去憑藉他們，大功告成而不佔爲己有，大概是不願顯示自己的賢德吧！

第四十三節（第七十八章）

【提要述評】

本節爲傅奕本第七十八章，河上公注本題"任信第七十八"，唐玄宗注本題"天下柔弱章第七十八"。

本節的主旨在闡明柔弱勝堅强的道理，要求世人特別是君主應該守柔弱以取勝。

老子首先以"天下莫不知"的柔弱之水能滴穿堅硬之石的現象爲例，説明柔弱能戰勝剛强的道理。接着他便將此道理應用於實踐，指責世人不能遵循此道。最後他要求君主老老實實地採用聖人合乎正道的話（河上公注本題"任信"，可能即基於此），以忍受國恥、承受國難的堅守柔弱之法來保住其地位。

此節與第七十六章同樣是闡明柔弱勝剛强的道理，但論證的方法則不同。第七十六章以人、物之生死爲喻，是以事物内在的發展趨勢來論證的。而本節則以水之運動（"攻"）爲喻，是以水運動時不斷積累的動能產生的作用來論證的。這種韌性的動能具有强大的力量，亦即第五十二章所説的"守柔曰彊"，所以它能戰勝剛强。但是，水雖然"柔"，而"守柔"積累的動能却是"彊"的，這種動能既然是"彊"的，用它來論證"弱之勝彊"就有邏輯缺陷了。之所以會產生這種邏輯漏洞，是因爲作者把"水"和"水"之"攻"混同了，即把水本身的表象"柔弱"和它運動所積累起來的動能之"彊"混爲一談了。然而，這樣的概念置換具有相當的隱蔽性，所以往往不會被人察覺。

【校定原文】

天下莫柔弱於水[1]，而攻堅彊者莫之能先[2]，以其無以易之也[3]。柔之勝剛[4]，弱之勝彊[5]，天下莫不知[6]，而莫之能行[7]。故聖人之言云："受邦之垢[8]，是謂社稷之主[9]。受邦之不祥[10]，是爲天下之王[11]。"正言若反也[12]。

右第七十八章，七十三言。

德篇上　第四十三節（第七十八章）

【注釋探賾】

〔1〕河上公曰："言水柔弱，圓中則圓，方中則方，擁之則止，決之則行。"

〔2〕莫之能先：即"莫能先之"。　先：領先於，超過。　河上公曰："水能懷山襄陵，磨鐵（《道藏》本作"水"，此據《四部叢刊》本）銷銅，莫能勝水而以成其功也。"覺按：第四十三章云："天下之至柔，馳騁於天下之至堅。"與此同旨。

〔3〕河上公曰："夫攻堅强者，無以易於水。"覺按："其"指代"攻堅彊者"（依河上公之解）。王弼認爲"其"指"水"，亦通。　無以：没有什麽可以拿來。　之：指水。

〔4〕河上公曰："舌柔齒剛，齒先舌亡。"

〔5〕河上公曰："水能滅火，陰能消陽。"覺按：參見第七十六章。

〔6〕河上公曰："知柔弱者久長，剛强者折傷。"

〔7〕河上公曰："恥謙卑，好强梁。"

〔8〕邦：傅奕本作"國"，據帛書甲本改。　垢：朱謙之曰："'垢'有垢污之義。按《莊子·天下篇》引老聃曰：'知其雄，守其雌，爲天下谿。知其白，守其辱，爲天下谷。人皆取先，己獨取後。曰受天下之垢。'郭象注：'雌、辱、後、下之類，皆物之所謂垢。'宣十五年《左傳》伯宗曰：'川澤納污，山藪藏疾，瑾瑜匿瑕，國君含垢，天之道也。'杜注：'忍垢恥。'蓋退身處後，推物在先，處衆人之所惡，故幾於道，此'垢'之本義。"覺按："垢"表示屈辱、恥辱。第六十六章云："聖人欲上民，必以其言下之；欲先民，必以其身後之。""下之""後之"便是忍受屈辱。但此文云"受邦之垢"，則主要應指忍受國恥而言，即國君能忍受本國失敗所帶來的恥辱。這是一種柔弱的行爲。越王勾踐被吳王打敗後"入宦於吳，身執干戈爲吳王洗馬"，"文王見詈於王門，顔色不變"（均見《韓非子·喻老》），即"受邦之垢"之例；結果勾踐攻滅吳國，"殺夫差於姑蘇"，"武王擒紂於牧野"（均見《韓非子·喻老》），即"柔之勝剛，弱之勝彊"之例。

〔9〕謂：通"爲"（參見《經傳釋詞》卷二）。　社稷：土地神和穀神。古代君主建國必先立社稷以祭之，滅人之國必變置其社稷，所以社稷成爲國家政權的標誌，因而用來稱代國家。　河上公曰："人君能受國之垢濁者，若江海不逆小流，則能長保社稷，爲一國之君主。"覺按：第六十六

· 175 ·

章云："聖人欲上民，必以其言下之；欲先民，必以其身後之。是以聖人處之上而民弗重，處之前而民不害也。是以天下樂推而不猒也。"此即忍受屈辱而能爲社稷之主的意思，但此文主要指忍受國恥之事。常言道："小不忍則亂大謀。"今國君以國家長遠利益爲重，權衡敵強我弱的形勢而忍受國恥，不逞強硬拼，則可免於亡國之災而爲一國之主，所以說："受邦之垢，是謂社稷之主。"

〔10〕邦：傅奕本作"國"，據帛書甲本改。　河上公曰："君能引過歸己，代民不祥，則可以王天下。"奚侗曰："《書·湯誥篇》：'萬方有罪，在予一人。予一人有罪，無以爾萬方。'《莊子·則陽篇》：'古之君人者，以得爲在民，以失爲在己；以正爲在民，以枉爲在己。'皆此所謂受國之垢與不祥也。"覺按：《爾雅·釋詁上》："祥，善也。"《說文·示部》："祥，福也。"古代凡不善之事、不幸之災均稱"不祥"，所以把罪過歸於自己，只是"受邦之不祥"的一個方面，另一個更爲重要的方面還應包括承受不幸之災。《帝王世紀·殷商》云："湯自伐桀後，大旱七年。殷吏卜曰：'當以人禱。'湯曰：'吾所爲請雨者，民也。若必以人禱，吾請自當。'遂齋戒，翦髮斷爪，以己爲牲，禱於桑林之社。"此亦當爲"受邦之不祥"的一種。

〔11〕王：傅奕本作"主"，據帛書甲本、乙本改。

〔12〕河上公曰："此乃正直之言，世人不知，以爲反言。"蘇轍曰："正言合道而反俗，俗以受垢爲辱、受不祥爲殃故也。"覺按：正言：合乎正道的話。　反：與"正"相對，指與正道相反。忍受國恥能成爲國君，承受國難能成爲帝王，這本是一種守柔弱以取勝的合乎正道的話，但君王至尊，要他們忍受屈辱災難則似乎違反正道，所以說"若反"。當然，"正言若反"在此雖針對"聖人之言"而言，但若綜觀《老子》全書，"正言若反"的情況比比皆是。第三十八章的"上德不德"，第四十一章的"明道若昧""大白若黥"云云，第四十五章的"大成若缺""大直若訕"云云，第四十七章的"不行而知""不爲而成"等，第五十七章的"我無爲而民自化"云云，都是"正言若反"之例。高延第曰："此語並發明上下篇玄言之旨。凡篇中所謂'致虛''守靜'，'曲則全，枉則直，窪則盈，敝則新'，柔弱勝堅強，不益生則久生，無爲則有爲，不爭莫與爭，知不言，言不知，損而益，益而損，言相反而理相成，皆正言也。"

【韻脚韻部】

水、先，微文對轉合韻（"水"屬微部，"先"屬文部）。剛、彊、行，陽部。垢、主，侯部。祥、王，陽部。言、反，元部。

【義疏正解】

　　天下没有什麽東西比水更柔軟弱小的了，但攻擊堅硬强大的東西却没有什麽能超過它的，因爲攻擊堅硬强大的東西中没有什麽東西可以用來代替它的。柔軟的勝過堅硬的，弱小的勝過强大的，天下没有誰不知道這樣的事情，却没有誰能做這樣的事情。所以聖人的話説："忍受國家所遭到的恥辱，那才能成爲國家的君主；承受國家所碰到的不幸，那才能成爲天下的帝王。"這合乎正道的話好像違反正道似的。

第四十四節（第七十九章）

【提要述評】

本節爲傅奕本第七十九章，河上公注本題"任契第七十九"，唐玄宗注本題"和大怨章第七十九"。

本節的主旨在於指責統治者的"和大怨"，認爲有了大怨才進行調和是最差的辦法，最好的辦法是與民不結怨。

老子認爲，統治者與被統治者之間如果有了"大怨"，那麼"民不畏威"而造反（見第七十二章），統治者則"殺之"（見第七十四章）。如此，即使加以調和，也"必有餘怨"，所以根本不是好辦法。最好的辦法是不結怨，即像聖人那樣，手執債券也不向人討債。然後，老子對比鮮明地向統治者指明了兩條道路：一是做只放債而不收債的有德之司契者（河上公注本題"任契"，可能即基於此），也就是做第七十七章所說的"損有餘而補不足"的"有道者"；二是做只收稅而不施捨的無德之司徹者，也就是做第七十七章所說的"損不足以奉有餘"的無道者。最後，老子以"天道無親，恒與善人"來勸統治者做有德者。其實，所謂天"與善人"，實指民助善人。有德者樂於施捨而不索取，則不與民結怨，故"天下樂推而不厭"（第六十六章），統治者就不會有什麼災殃；無德者重搜刮而不施捨，則與民結怨，故民衆將"輕死"而反抗（見第七十五章），統治者必將有"大威"之天誅臨頭（見第七十二章）。

【校定原文】

和大怨[1]，必有餘怨[2]，安可以爲善[3]？是以聖人執左契而不責於人[4]。故有德司契，無德司徹[5]。天道無親，恒與善人[6]。

右第七十九章，四十一言。

【注釋探賾】

[1] 河上公曰："殺人者，死；傷人者，刑：以相和報也。"覺按："大怨"當指統治者與被統治者之間所形成的已激化的矛盾對抗，即第七十四章所說的"民恒且不畏死"而統治者"殺之"，所以河上公以"殺人""傷人""死""刑"解之。

〔2〕河上公曰："任刑者，失人情，必有餘怨及於良人。"王弼曰："不明理其契，以致大怨已至，而德以和之，其傷不復，故必有餘怨也。"覺按：結怨太深，致使矛盾激化、發生衝突而造成雙方人員死傷，這樣就難以調和了，即使再"報怨以德"（第六十三章），也難以使死者復生、傷者完全恢復，所以必在死傷者的親友中留下怨恨，故曰"必有餘怨"。

〔3〕和大怨，必有餘怨，可見"和大怨"不能徹底解決問題，所以不可以爲善。在老子看來，最好的辦法是不結怨，即第五十六章所說的"塞其兌，閉其門，挫其銳，解其紛，和其光，同其塵"，以達到"不可得而疏""不可得而害"的境地。或如第六十六章所說的聖人"以其言下之"，"以其身後之"，從而形成"處之前而民不害""天下樂推而不厭"的局面。其次的辦法是除怨於未萌之時，或及時化解小怨，即第六十四章所說的"爲之乎其未有，治之乎其未亂"，以及第六十三章所說的"圖難於其易"。

〔4〕高亨曰："《說文》：'契，大約也。券，契也。'古者契券以右爲尊。《禮記·曲禮》：'獻粟者執右契。'鄭注：'契，券要也，右爲尊。'《商子·定分篇》：'以左券予吏之問法令者，主法令之吏謹臧其右券木柙，以室臧之。'《戰國策·韓策》：'操右契而爲公責德於秦、魏之王。'並其證也。聖人所執之契，必是尊者，何以此文云'執左契'？今識三十一章曰：'吉事尚左，凶事尚右。'用契券者自屬吉事，可證老子必以左契爲尊。蓋左契右契孰尊孰卑，因時因地而異，不盡同也。'《說文》：'責，求也。'凡貸人者執左契，貸於人者執右契。貸人者可執左契以責貸於人者令其償還。聖人執左契而不責於人，即施而不求報也。"覺按："聖人"見第十節注〔6〕。　契：券，契約，是古代的一種憑證。古代在竹簡或木版上刻上契約文字，刻好後剖爲左右兩半，左邊爲左契（也稱左券），右半爲右契（也稱右券），雙方各留一半，驗證時將兩半相合，如果契合，即爲真實憑證，據以履行協議。至於左契、右契何者爲尊？債權人（放債者、貸人者）、債務人（借債者、貸於人者）各執左契還是右契？高亨之說未當，今人大都從其說，誤。《韓非子·外儲說左下》："以功受賞，臣不德君，翟璜操右契而乘軒。"《戰國策·韓策三》："操右契而爲公責德於秦、魏之主"鮑彪注："左契，待合而已；右契，可以責取。"《史記·平原君虞卿列傳》："且虞卿操其兩權，事成，操右券以責；事不成，以虛名德君。"《史記·田敬仲完世家》："公常執左券，以責於秦、韓。"《索隱》："券，要也。左，不正也。言我以右執其左而責之。"《正義》："左券下，

右券上也。"再結合高亨所舉之例來看，則古代契券一律以右爲尊，以左爲下。右契可以責取，爲債權人所執；左契待合而已，爲債務人所執。古代皆如此，則《老子》之文不應例外，而執契討債，也無所謂"吉事""凶事"，故第三十一章之文不足以證明老子以左契爲尊。因此，老子也當以右契爲尊。此文云"執左契"，實相當於《史記·田敬仲完世家》的"執左券"，是指聖人拿右契去核對債務人之左契，核對完畢後再執其左契，即《索隱》所謂"以右執其左"。凡討債，右契雖爲債權人之憑證，但與左契尚未對合之時，還不足以討還債務；只有與左契對合後執其左契，才有了完全的討債權。因此，手執對合後的左契，則完全可以討還債務，今聖人執左契而不責於人，即對馬上可以討回的債務不求償還，這是一種施德而避免結怨的好方法，所以老子用"是以"與上文連接。《戰國策·齊策四》載馮諼爲孟嘗君"收責於薛"，馮諼"載券（《戰國策集注彙考》"券"作"卷"，而引鮑彪注曰"券，亦契"，可證其"卷"字爲訛誤，故改。下同）契而行"，"驅而之薛，使吏召諸民當償者悉來合券。券徧合，起，矯命以責賜諸民，因燒其券，民稱萬歲"。馮諼燒掉的券契，即包括核對過的左契。此即"執左契而不責於人"之實例。　責：求，索取，指討還債務。

〔5〕于鬯曰："'徹'當訓取。《孟子·公孫丑篇》'徹彼桑土'趙《章句》云：'徹，取也。'《詩·鴟鴞篇》毛傳云：'徹，剝也。'剝，亦取也。"蔣錫昌曰："《廣雅·釋詁三》：'司，主也。'《釋詁二》：'徹，稅也。'《論語·顏淵篇》：'盍徹乎？'鄭注：'周法，什一而稅謂之徹。'《孟子·滕文公篇》：'夏后氏五十而貢，殷人七十而助，周人百畝而徹，其實皆什一也。'是'徹'乃周之稅法。此言有德之君主執左契而不責於人，無德之君主以收稅爲事。不責於人則怨無由生，取於人無厭則大怨至也。"覺按：司契：掌管契約，指只是放債而訂立契約，並不去收債，這樣就不會與民結怨，所以"有德"。　司徹：掌管稅收，指只搜刮民財而不施與，這樣就會與民結怨，所以"無德"。"無德司徹"，即第七十五章所說的"其上食稅"。

〔6〕恒：傅奕本作"常"，據帛書甲本改。　朱謙之曰："此二句爲古語，見《說苑·敬慎篇》引《黃帝金人銘》，又《後漢書·袁紹傳》注引作《太公金匱》語。又《郎顗傳》顗引《易》曰：'天道無親，常與善人。'"覺按：《左傳·僖公五年》引《周書》曰："皇天無親，惟德是

德篇上　第四十四節（第七十九章）

輔。"與此二句同義。　與：相當於《周書》之"輔"，輔佐、幫助的意思。高亨曰："《吕氏春秋·樂成篇》：'孰殺子產，吾其與之。'高注：'與，助也。'"　善人：相當於《周書》之"德"，指有德行的好人。上文以"和大怨"爲不善，以"不責於人"而不結怨於人爲善，以"司契"爲"有德"。此"善人"即指"執左契而不責於人"的"有德"的"聖人"。

【韻脚韻部】

怨、怨、善、人，元真旁轉合韻（"人"屬真部，其餘屬元部）。契、徹，月部。親、人，真部。

【義疏正解】

調和極大的仇恨，必然會有遺留的怨恨，怎麽可以算是好辦法呢？因此聖人拿着核對過的左半邊的債券而不向債務人討債。所以有德行的統治者掌管契約，無德行的統治者只管收税，上天的原則是對人没有親疏之别，永遠幫助有德行的好人。

下篇 道

第四十五節（第一章）

【提要述評】

本節爲傅奕本第一章，河上公注本題"體道第一"，唐玄宗注本題"道可道章第一"。

本節的主旨在體察領悟"道"的性質（河上公注本題"體道"，可能即基於此）。

"道"是老子假設出來的一個抽象的哲學概念，是其哲學體系的核心，具有多種性質（參見第一節注〔10〕）。老子在很多章節中都論述到"道"，本節則側重於論述"道"的不可說明性及其產生天地萬物的本源特質。

老子認爲，他所假設的哲學體系中的"道"，是永恒存在的，但又是難以命名、難以說明白的。那些可以命名、可以說明白的"道"，並不是他假設的"道"。這就把他假設的抽象之"道"與世人所說的具體之"道"區別開來了。接着，他着重論述了"道"的本源特質，認爲"道"是產生天地萬物的本源與母體。這種本源和母體是玄妙莫測的，但萬物的微小基因都是從中產生的。如果我們能排除物欲的干擾，以抽象的觀念去體察，就能看到道的這種細微之處；至於有物欲的人，以具體的觀念去觀察，則也能看到道所產生的萬物。

"道"雖然是老子假設的概念，顯得微妙莫測，不可捉摸，似乎是一種純屬主觀的想象，因而常被人稱爲精神實體，但究其實，這一假設的概念，正如現在探討物質基本結構時所碰到的小於基本粒子的物質因素一樣，雖難實證却爲實有。所以，老子的這種假設，並不是唯心主義的，而應該被視爲唯物主義的；這種"道"並不是一種精神實體，而是一種雖難實證却爲實有的客觀存在的物質因素，只不過它極其微小（"妙"），所以與小於基本粒子的物質因素一樣難以捉摸而已。正因爲這種"道"是一種客觀存在的物質因素，它才能產生天地萬物這些客觀的事物。

本節的論述，無論其内容，還是其語言形式，都顯得"玄之又玄"，所以前人的解釋分歧很大，究竟誰體會到了老子的真意，尚有待進一步探索。閱讀本章時，只有對照第六章、第二十一章、第二十五章、第三十二章、第三十四章、第四十章、第四十二章、第五十二章的内容，才能相互貫通，真正領會其真意。

【校定原文】

道可道[1]，非恒道[2]；名可名，非恒名[3]。無名，天地之始[4]；有名，萬物之母[5]。故恒無欲也[6]，以觀其妙[7]；恒有欲也[8]，以觀其徼[9]。此兩者，同出而異名[10]，同謂之玄[11]，玄之又玄[12]，衆妙之門[13]。

右第一章，六十一言[14]。

【注釋探賾】

〔1〕道：河上公曰："謂經術政教之道也。"王弼曰："可道之道，可名之名，指事造形，非其常也。"覺按：此句第一個"道"，即王弼所說的"可道之道"，指可以道說的道理，它是一般人所稱說的"道"，而不是老子所假設和推崇的"道"，所以河上公認爲指"經術政教之道"。但是，可以道說的道理，應該包括宇宙間所有事物的具體法則，而不應只局限於人類社會中意識形態方面的"經術政教"。河上公的解釋顯然太現實化而缺乏哲學的理性，與老子此文的哲學思辨不合。在這一點上，韓非的思維模式比河上公開闊，他把這個可以道說的"道"解爲"理"，《韓非子·解老》云："凡理者，方圓、短長、麤靡、堅脆之分也，故理定而後可得道也。故定理有存亡，有死生，有盛衰。夫物之一存一亡、乍死乍生、初盛而後衰者，不可謂'常'。"可見，這可以道說的"道"，一方面具有不永恒的特點，即或存或亡，或死或生，或盛或衰，但另一方面，它是一種確定不變的"理"。正因爲這種道理具有固定不變的性質，所以才可以道說，可以將它說明白，因此也就成了"可道"之"道"。總之，這第一個"道"（指具有確定性而不永恒存在的可道說的"道"）與下句的"道"（指沒有確定性却永恒存在的不可道說的"道"），其涵義是不同的。此句第二個"道"字，用在"可"字後，是動詞，表示"說"。 道可道：道理可以說出來。其涵義爲：那道理如果可以說明白。

〔2〕恒：傅奕本作"常"，今傳大多數版本都作"常"，《韓非子·解老》也引作"常"，但漢代帛書本作"恒"，作"常"者顯然是漢代以後避漢文帝諱而改（參見第九節注〔8〕），今據帛書甲本改爲"恒"，以復古本之舊。 非恒道：河上公曰："非自然長生之道。常道當以無爲養神、無事安民、含光藏輝、滅迹匿端，不可稱道也。"覺按："恒"即永恒，這

裏指永遠存在，所以河上公用"長生"來解釋。現在往往有人理解爲"永恒不變"（見馮達甫譯注及第五十八節注〔15〕、第六十九節注〔4〕），實誤。因爲這一句中的"道"，與上一句中的"道"不同，是指"不可道"之"道"。爲什麼它不可道説呢？是因爲它雖然永恒地存在着，却又變化多端而沒有確定性。這一點韓非解釋得很清楚。《韓非子•解老》云："萬物各異理，而道盡稽萬物之理，故不得不化；不得不化，故無常操；無常操，是以死生氣禀焉，萬智斟酌焉，萬事廢興焉。天得之以高，地得之以藏，維斗得之以成其威，日月得之以恒其光，五常得之以常其位，列星得之以端其行，四時得之以御其變氣，軒轅得之以擅四方，赤松得之與天地統，聖人得之以成文章。道，與堯、舜俱智，與接輿俱狂，與桀、紂俱滅，與湯、武俱昌。以爲近乎，遊於四極；以爲遠乎，常在吾側；以爲暗乎，其光昭昭；以爲明乎，其物冥冥。而功成天地，和化雷霆；宇内之物，恃之以成。凡道之情：不制不形，柔弱隨時，與理相應。萬物得之以死，得之以生；萬事得之以敗，得之以成。"又云："夫物之一存一亡、乍死乍生、初盛而後衰者，不可謂'常'。唯夫與天地之剖判也具生，至天地之消散也不死不衰者謂'常'。而常者，無攸易，無定理。無定理，非在於常所，是以不可道也。聖人觀其玄虛，用其周行，強字之曰'道'，然而可論。故曰：'道之可道，非常道也。'"韓非所謂"無攸易"，即《老子》第二十五章所説的"不改"，指其永恒地存在着而不會被什麼東西代替。所謂"不得不化，故無常操"，"無定理，非在於常所"，即指其永遠變化着而沒有確定性，韓非正是從這種意義上去理解其"不可道"的。這是唯一正確的解釋。　道：是老子假設出來的一個哲學概念（見第一節注〔10〕）。它是一種不可以道説的大道，此文稱之爲"道"，只是一種勉強的説法（見第二十五章），與上一句所説的"可道"之"道"有着本質上的區別。"可道"之"道"是反映各種事物具體法則的道理，這"不可道"之"道"則是一種"盡稽萬物之理"（包括所有事物的具體法則）的總法則。所以，它也不應該只局限於人類社會中意識形態方面的"無爲養神、無事安民"等等。在這一點上，河上公的解釋雖然不能算錯，却未免太狹隘了，而韓非的解釋，顯然更具有哲學的眼光而值得重視。　以上兩句旨在説明什麼是永恒的"道"，但由於這種"道"是不可以説明的，所以老子便用否定的形式來爲這永恒的"道"作界説，也就是用"凡是可以説明白的道都不是永恒的道"來説明"不能説明白的道才是永恒的道"。

〔3〕恒：傅奕本作"常"，據帛書甲本改。　這兩句與上兩句相似，其義可類推。第一個"名"字，即王弼所說的"可名之名"，指可以稱說的名稱，即社會上流行的表示各種具體事物的稱呼。這種名稱一方面具有規定性，對具體的事物進行了規定，所以它們可以用來區別各種不同的事物，即《荀子·正名篇》所說的"名定而實辨"，但另一方面，這種名稱具有不永恒的特點，它們會隨着具體事物的興衰存亡而興衰存亡，所以說它們"非恒名"。第二個"名"字，用在"可"字後，是動詞，表示稱說。

名可名：名稱可以稱說。其涵義為：那名稱如果可以用來稱呼某一事物。　恒：永恒，指永遠存在的。第三個"名"，指不可以稱說的名稱，也就是指"道"（或"大"）這一名稱。"道"是抽象的，沒有確定性，所以無法用具有規定性的名稱去規定它，而只能用不可以稱說的名稱去稱呼它。第三十二章曰："道恒無名。"第四十一章曰："道隱無名。"均其證（參見第三節注〔18〕、第七十六節注〔1〕）。"道"是永恒存在的，所以用來表示"道"的名稱也就具有了永恒的性質，所以說它是"恒名"。第二十一章曰："自今及古，其名不去。"即此意。當然，"道"這一名稱是不可以用來稱呼老子所假設的道的，如今使用這一名稱，也只是一種勉強的稱呼，所以第二十五章說："吾未知其名，故彊字之曰'道'，彊爲之名曰'大'。"總之，此節第一個"名"是"可名"之"名"，是表示各種具體事物的名稱，具有規定性而不能永恒存在；第三個"名"是"不可名"之"名"，是勉強借用來表示"道"的名稱，不具有規定性而能永恒地存在。

〔4〕河上公曰："無名，謂道。道無形，故不可名也。始者，道之本也。吐氣布化，出於虛無，爲天地之本始者也。"覺按："無名"即沒有名稱，指"道"。第三十二章曰："道恒無名。"第三十七章曰："無名之樸。"河上公注曰："無名之樸，道也。"第四十一章曰："道隱無名。"均其證。

天地：帛書甲本、乙本作"萬物"，《史記·日者列傳》引《老子》也作"萬物"，所以現在有人認爲當作"萬物"（見馮達甫注譯）。其實，作"萬物"雖可，作"天地"也可。第二十五章云："有物混成，先天地生。"與此"無名，天地之始"正相吻合，可知此文作"天地"也未必不合老子原旨。

〔5〕河上公曰："有名，謂天地。天地有形，位陰陽，有剛柔，是其名也。萬物母者，天地含氣，生萬物，長大成就，如母之養子也。"奚侗曰：

道篇下　第四十五節（第一章）

"'無名''有名'皆謂道。天地之始，未立道名。二十五章：'有物混成，先天地生。'《莊子·天地篇》：'泰初有无，无有无名。'即此誼也。既有名矣，則'道生一，一生二，二生三，三生萬物'，道固萬物之母也。二十五章：'可以爲天下母，吾不知其名，字之曰道。'"許抗生曰："奚侗說是。'道'就其先於天地萬物而言是無名的，但就其生育萬物而言，道與物有了聯繫，也就不能不給它一個名稱（字之曰道，強爲之名曰大）。所以說'有名，萬物之母也'。《德篇》中有'天下有始，以爲天下母'句，即可證天下始與天下母皆指道。因此，此段中萬物之始與萬物之母亦應都指'道'言。"覺按：此當從奚、許之說。綜觀《老子》一書，所謂天地萬物之"始"與天地萬物之"母"同義，都是指產生天地萬物的本源，均指"道"而言（參見第十五節注〔1〕〔2〕）。第二十五章、第五十二章將產生天地萬物的本源敍述爲"有物混成，先天地生……可以爲天下母，吾未知其名"和"天下有始，可以爲天下母"而不徑稱"道"，便是本章所謂的"無名"之道。第四十二章曰："道生一，一生二，二生三，三生萬物。"第五十一章曰："道生之。"這是將產生天地萬物的本源徑稱爲"道"，也就是本章所謂的"有名"之道。當然，這種"有名"是一種勉强的"有名"，所以第二十五章說"吾未知其名，故彊字之曰道"。以上兩句，自司馬光以來，又往往有人讀爲："無，名天地之始；有，名萬物之母。"這種讀法至今仍盛行（參見高亨、陳鼓應、馮達甫注譯），其實不當。因爲如此讀法，則將"無""有"看作是老子使用的哲學概念，其意爲：無，用來稱呼天地之始；有，用來稱呼萬物之母。（參見馮達甫注譯。陳鼓應的注譯不釋"名"字，則爲刪字解經，更誤。）但是，綜觀《老子》一書，老子從未用"無""有"來稱呼天地萬物之"始"或"母"。雖然第四十章說："天下之物生於有，有生於無。"但這也至多只能將"無"看作產生天地萬物的本始——即道之本體（參見第四節注〔5〕），而絕不能將"有"看作產生天地萬物的母體——道（陳鼓應認爲"無""有"都指稱"道"，誤。參見第四節注〔4〕〔5〕、第十五節注〔2〕）。所以，即使"無，名天地之始"講得通，"有，名萬物之母"仍然講不通，故其說必誤。參見注〔9〕。

〔6〕恒：傅奕本作"常"，據帛書甲本、乙本改。傅奕本"欲"下無"也"，據帛書甲本、乙本補。

〔7〕王弼曰："妙者，微之極也。萬物始於微而後成，始於無而後生，

故常無欲空虛，可以觀其始物之妙。"覺按："無欲"一詞，又見於第三章、第三十四章、第五十七章，指沒有欲望，沒有物欲，也就是沒有一切物質方面的考慮，所以王弼以"空虛"解之，此文引申而指抽象的觀念。

其：指道。　妙：通"眇"（帛書甲本作"眇"，是其證），所以王弼解爲"微之極"，指極其微小。第三十二章說"道恒無名，樸，雖小"，可見在老子看來，道是極小的（參見第四節注〔5〕，第七十六節注〔3〕），所以此文用"妙"來說明道。由於道的這種小是微小之極，而有物欲的人只能看到較大的有形物質，所以他們不可能體察道的這種微小，只有無欲的人從抽象的觀念出發，才能不囿於有形物質的可見性而深入地體察道的這種微小，所以說："恒無欲也，以觀其妙。"第三十四章曰："大道汜汜兮……故恒無欲，可名於'小'矣。"正因爲大道"無欲"，才成其小，從這種意義上來說，則要觀其小，也必須與大道有同樣的心態——"無欲"。從這種角度來考慮，也可以明白"恒無欲也，以觀其妙"的道理。今人往往不能聯繫第三十二章、第三十四章對道"小"的論述，也往往不注意帛書甲本之"眇"，所以往往不依從王弼之說而將"妙"解爲"奧妙"（見許抗生、陳鼓應注譯）或"神妙""深微"（見《辭源》"妙"字條），不當。

〔8〕傅奕本"恒"作"常"，據帛書甲本、乙本改。傅奕本"欲"下無"也"，據帛書甲本、乙本補。　有欲：有物欲，指有具體的觀念。

〔9〕王弼曰："徼，歸終也。凡有之爲利，必以無爲用（覺按：見第十一章）。欲之所本，適道而後濟，故常有欲，可以觀其終物之徼也。"覺按：前人對"徼"（jiào 叫）有各種不同的解釋，如《經典釋文·老子道經音義》："徼，小道也，邊也，微妙也。"還有人從通假的角度將它解爲"竅""皦"等，但還是王弼的解釋爲好，即應該把"徼"理解爲歸宿、終極的意思。此文之"徼"與"妙"相對，都承"天地之始""萬物之母"而來（這兩句用"故"與上文相連，可知其緊承上文），是着眼於道生成萬物而言的。第四十二章曰："道生一，一生二，二生三，三生萬物。"可見從道生成萬物的角度來看，道的最終歸宿是"萬物"，所以此文之"妙"指道未生成萬物時的微小，"徼"則指道的最終歸宿，即道生成變化後的最終形態，也就是道生成的萬物。從這種意義上來說，道又是極大的，所以老子又常稱"道大"（第二十五章）、"大道""可名於'大'"（第三十四章）、"道隱無名"（第四十一章）。此文之"徼"與"妙"相對，跟第三十四章"可名於'大'"與"可名於'小'"相對是類似的。無欲的人沒

有物質方面的考慮，以抽象的觀念去觀察，所以能體察無形的道而看到它的微小，但無欲却又妨害了對有形之物的觀察。有欲的人雖然不能體察道的微小，但其欲望總是與有形的具體之物相聯繫的，所以他們能觀察到道生成的萬物。　又，"徼"字帛書甲本、乙本均作"所噭"，《說文·口部》："噭，吼也。从口，敫聲。一曰：噭，呼也。"此"噭"即相當於上文所說的"可名"之"名"。"所噭"即"所名"或"所呼"，也就是所稱呼的東西，而可稱呼的東西即指萬物，所以"所噭"與"徼"字之義實同。　以上四句，自司馬光、蘇轍以來，又往往有人讀爲："故常無，欲以觀其妙；常有，欲以觀其徼。"這種讀法至今仍流行（參見高亨、陳鼓應、馮達甫注），其實不當。帛書甲本、乙本在"無欲""有欲"下均有"也"字，可見古本《老子》本於"無欲""有欲"下讀斷，而不在"無""有"下讀斷。再說，在"無""有"下讀斷，把"欲"字屬下讀，則"欲"字不好解釋。一般誤讀的人都不釋此"欲"字（參見陳鼓應注譯），則爲删字解經，顯然不當。蘇轍、馮達甫等解爲"將"，也不當，因爲《老子》中的"欲"都不表示"將"。主張在"無""有"下讀斷的學者，其最有力的理由是：老子主張無欲，反對有欲，所以"常有欲"不可能"以觀其徼"（參見陳鼓應注）。其實，老子雖然主張無欲，但並未一概排斥有欲，所以第十九章只說"寡欲"而不說"無欲"，第三十六章大談"將欲翕之""將欲弱之""將欲廢之""將欲奪之"之後還說"是謂微明"，第六十一章肯定了大邦、小邦"各得其所欲"，第六十六章更肯定了"聖人欲上民""欲先民"之心，凡此種種，都可證老子並非一概排斥有欲。即使是第三章竭力主張"使民無知無欲"，也只是要以"不見可欲"的手段來"使民心不亂"，可見老子並未否定"有欲"的存在（正因爲他看到人有欲，所以要"不見可欲"，以使民"無欲"）。更何況此文說"有欲"，是就人們觀察有形之物來說的，其實質並非在提倡"有欲"，所以和他主張"無欲"並不矛盾。總之，在"無""有"下讀斷，從而認爲老子的"道"是"常無"和"常有"的統一（見馮達甫注），實爲誤解。老子所說的"無""有"，不過是他在解釋道生成萬物的過程時所使用的兩個階段性概念（參見第四節及注），而根本不是組成"道"的對立統一物。

〔10〕河上公曰："兩者，謂'有欲''無欲'也。同出者，謂同於人心。異名者，所名曰異。名無欲者長存，名有欲者亡身。"王弼曰："兩者，'始'與'母'（覺按：《道藏》本"母"誤爲"無"，此依《古逸叢

書》本）也。同出者，同出於'玄'也。異名，所施不可同也。在首則謂之始，在終則謂之母。"王安石曰："兩者，'有''無'之道，而同出於道也。言'有''無'之體用皆出於道。世之學者，常以'無'爲精、'有'爲粗，不知二者皆出於道，故云'同謂之玄'。"（引自劉惟永《道德真經集義》）覺按：今人大多不從河上公、王弼之說而認爲"兩者"指上文的"無""有"或"常無""常有"（參見高亨、朱謙之、陳鼓應、馮達甫注譯），這完全是誤讀所致（見注〔5〕〔9〕），不可從。第四十章云："天下之物生於有，有生於無。"可見"有"是出於"無"的東西，並不與"無"同出於道。此文說"兩者同出"，則"兩者"肯定不指"有""無"而言。至於河上公之說，也誤，因爲下文說"同謂之玄"，而"有欲"是不能稱爲"玄"的。第六章曰："谷神不死，是謂玄牝。玄牝之門，是謂天地之根。"可見，能稱得上"玄"的，是"牝"與"天地之根"。"牝"即此文之"母"，"天地之根"即此文的"天地之始"，所以王弼對"兩者"的解釋才符合老子的思想，"兩者"應該指天地之"始"與萬物之"母"。　同出：指同出於道，即都出於對"道"的描述。"始""母"這兩個名稱雖然不同，但都出於對"道"的一種描述，所以說"同出而異名"。

〔11〕王弼曰："玄者，冥也，默然無有也，'始''母'之所出也，不可得而名，故不可言'同名曰玄'，而言'謂之玄'者，取於不可得而謂之然也。"覺按："玄"表示玄妙，深藏不露（參見第十四節注〔12〕）。"始""母"都是老子假設的東西，是難以捉摸的，所以"同謂之玄"。

〔12〕王弼曰："謂之然，則不可以定乎一'玄'而已，則是名則失之遠矣，故曰'玄之又玄'也。"覺按："玄之又玄"形容玄妙的深度達到了極點，實在難以捉摸。

〔13〕王弼曰："衆妙皆從同（覺按："同"當作"玄"）而出，故曰'衆妙之門'也。"覺按："妙"表示微之極（見注〔7〕），指生成萬物的極其微小的道的元素。帛書甲本、乙本作"眇"，古字通。　衆妙：衆多的微小元素，指萬物所蘊含的道的元素。　門：門戶，進出口。即第六章所說的"玄牝之門"，此指"始""母"而言。萬物是由道生成的，而生成萬物的道的元素都是經過玄虛的"始""母"才化成萬物的，所以說玄虛的"始""母"兩者是"衆妙之門"。今人對此句的解釋莫衷一是，都未得其義，因而仍使人難以理解，茲不贅述。

〔14〕六十一：傅奕本作"五十九"，今補二字，故改。

【韻脚韻部】

道、道，幽部。名、名，耕部。始、母，之部。妙、徼，宵部。玄、玄、門，真文旁轉合韻（"玄"屬真部，"門"屬文部）。

【義疏正解】

道理可以説明白的，就不是永恒的大道了；名稱可以用來稱呼事物的，就不是永恒的名稱了。没有名稱的道，是天地的本源；有了名稱的道，是萬物的母體。所以常常没有欲望的人，可以觀察到道的微小；常常有欲望的人，可以觀察到道的歸宿。這本源和母體兩個名稱，同樣出於道而稱呼不同，同樣可以把它們稱爲玄妙，玄妙而又玄妙，是衆多微小元素經由的門户。

第四十六節（第二章）

【提要述評】

本節爲傅奕本第二章，河上公注本題"養身第二"，唐玄宗注本題"天下皆知章第二"。

本節的主旨在宣揚其實行無爲之治、不言之教的政治主張。

老子首先以哲學的思辨論述了事物概念中所存在的相反相成現象："美"與"惡"、"善"與"不善"、"有"和"無"、"難"和"易"、"長"和"短"、"高"和"下"、"音"和"聲"、"先"和"後"等等既互相對立，又互相依存。這種觀念是合乎辯證法的，受到學術界的一致讚揚。對於相反相成事物的哲學論述，老子是中國古代哲學家中最早的一位，在中國哲學史上具有重要的地位。當然，本節的主旨並不在構建對立統一的哲學規律，而在於借此論證其政治主張。既然世間事物都是相反相成的，那麼在當今"有爲"之治與"有言"之教不能奏效時，就應該以其相對的"無爲"之治與"不言"之教來維持社會秩序。所以，此文的核心實在"處無爲之事，行不言之教"兩句。聖人既然無爲，則必因順自然；因順自然而成功，當然不會以自然之功爲己功；而不居功自傲，則功德反而常在不去。可見，只有奉行無爲、因順自然的聖君才能功德常存而長保其身（河上公注本題"養身"，可能即基於此）。

"無爲""不言"的政治主張，是老子針對當時統治者苛政繁刑的有爲之治與發號施令的有言之教提出來的，它反映了被統治者對當時社會政治的強烈不滿，但其是否能成功，可能並不像老子所預言的那樣樂觀。至於"生而不有，爲而不恃，功成不處"之類的話，無疑也是爲當時貪婪的統治者所擬的箴言，希望統治者爲民造福而不掠奪民脂民膏，不貪天之功以爲己有。

【校定原文】

天下皆知美之爲美，斯惡已[1]；皆知善之爲善，斯不善已[2]。故有無之相生[3]，難易之相成，長短之相形，高下之相傾[4]，音聲之相和[5]，先後之相隨[6]。是以聖人處無爲之事[7]，行不言之教[8]，萬物作而不爲始[9]，生而不有，爲而不恃[10]，功成不處[11]。夫惟不處[12]，是以不去[13]。

右第二章，九十三言。

【注釋探賾】

〔1〕斯：則，就。 已：通"矣"。 又，"惡"字上承上省"知"字，"斯惡已"等於說"斯知惡已"。下文"斯不善已"的句法與此同。這是古漢語中常見的省略法。前人對此都未得其義例，往往在"惡"字前加"有"字來解釋（見許抗生、馮達甫等譯文），不當。這兩句實是說："美"與"惡"是同一範疇的概念，人們能判斷美，就有了識別美惡的標準，也就能識別惡了。

〔2〕王弼曰："'善''不善'猶'是''非'也。"

〔3〕河上公曰："見有而爲無也。"覺按：此指"有"與"無"的概念是相對地產生的。所謂"有"，是相對於"無"來說的；所謂"無"，是相對於"有"來說的。所以"有""無"的概念是同時產生的，相互依存的。沒有"無"就無所謂"有"，沒有"有"就無所謂"無"。此文的"有""無"是指事物的存在或佔有與否，與第四十章所說的"有""無"不同。

〔4〕河上公曰："見高而爲下也。"覺按：《經典釋文·老子道經音義》云："傾，高下不正貌。"即傾斜的意思。高的和低的比較時，上端會形成斜度，猶如山的高處和低處形成斜坡一樣，可見高和低是相互對比時出現傾斜的情況下顯現的，所以說"高下之相傾"。

〔5〕音聲：《詩經·周南·關雎·序》："聲成文謂之音。"注："聲謂宮、商、角、徵、羽也。聲成文者，宮商上下相應。"《禮記·樂記》"故形於聲"鄭玄注："宮、商、角、徵、羽，雜比曰音，單出曰聲。"可見宮、商、角、徵、羽五個音階中只發一個音叫作"聲"，幾個音互相配合叫作"音"。 和：調和配合。 音聲之相和：合音和單聲是在演奏時互相調和配合的過程中才加以區分的，如果沒有演奏時的互相配合，"音""聲"也就不會被區別開，所以說"音聲之相和"。

〔6〕先：傅奕本作"前"，據帛書甲本、乙本改。 王弼曰："此六者，皆陳自然不可偏（覺按：《道藏》本作"偏"，此依《古逸叢書》本）舉之明數也。"覺按：以上六句是說"有"與"無"、"難"與"易"、"長"與"短"、"高"與"下"、"音"與"聲"、"先"與"後"等概念都是相反相成的。就是說，其正反兩方面既互相對立，又互相依存，互爲條件，不可

195

能只存在其中一個方面。有了其中的一個方面，就必然有它相對的另一個方面。這六個例子是對上文"美"與"惡"、"善"與"不善"之例的類推，其目的其實並不局限於説明此六者，而在於闡發相反相成的觀念。這種觀念是合乎辯證法的，所以其外延可進一步推而廣之。

〔7〕河上公曰："以道治也。"覺按："聖人"見第十節注〔6〕。　處：處理，辦。　無爲：見第一節注〔5〕。此承上文而來，則此"無爲"是相對"有爲"而言的，天下有"有爲"，就一定有"無爲"。老子認爲，有爲會敗壞事情，第七十五章曰："民之難治者，以其上之有爲也。"第二十九章曰："夫天下，神器也，不可爲也。爲者敗之，執者失之。"因此，聖人應該"處無爲之事"。

〔8〕河上公曰："以身師道。"覺按："不言之教"見第六節注〔4〕。此承上文而來，則"不言"與"言"相對，天下有"言"，也就應該有"不言"。老子認爲"多言數窮"（第五章），所以聖人應該"行不言之教"。

〔9〕始：開始，初創。　不爲始：不爲（之）開創，指遵循自然之道，因順時勢，任憑萬物自然地興起而不在其興起之前妄爲造作。《國語·越語下》："夫聖人隨時以行，是謂守時。天時不作，弗爲人客；人事不起，弗爲之始。"韋昭注："作，起也。先動爲始。"與此句之旨相似。

〔10〕見第十四節注〔10〕。

〔11〕河上公曰："功成事就，退避不居其位。"王弼曰："因物而用，功自彼成，故不居也。"覺按："處"表示居，見第四十二節注〔7〕。聖人因循自然，無爲而成，故不貪天之功以爲己功。

〔12〕夫惟：見第二十二節注〔3〕。　不處：承上句而言，指不居功。

〔13〕河上公曰："福德常在，不去其身。"王弼曰："使功在己，則功不可久也。"覺按：此句承上句而言，指功勞不去其身，即人們永遠懷念其功德。"去"與"處"相對，有"處"則有"去"，"不處"則没有什麽可"去"，所以"不去"。

【韻脚韻部】

生、成、形、傾，耕部。和、隨，歌部。事、教、始、有、恃，之宵旁轉合韻（"教"屬宵部，其餘屬之部）。處、處、去，魚部。

【義疏正解】

如果天下的人都知道美好的東西是美好的，就能識別醜惡的東西了；都知道善良的事物是善良的，就能識別不善良的事物了。所以有和無的概念是互相對比而產生的，難和易是互相對比而形成的，長和短是互相對比而體現的，高和低是互相對比而出現傾斜時顯現的，音和聲是互相調和配合時相對形成的，前和後是互相跟隨時相對形成的。因此聖明的君主做那因順自然而不強行干預的事情，施行那不發表言論的政教，萬物興起時不去給它們創始，萬物產生了不去佔有它們，輔助它們而不去憑藉它們，大功告成而不佔爲己有。正因爲不把功勞佔爲己有，因此不會失去。

第四十七節（第三章）

【提要述評】

本節爲傅奕本第三章，河上公注本題"安民第三"，唐玄宗注本題"不尚賢章第三"。

本節的主旨在宣揚其治理人民、使人民安定不亂的方法（河上公注本題"安民"，可能即基於此），這些方法是其無爲思想的重要組成部分。

老子認爲，社會的動亂是由人們的貪欲引起的。由於人有貪欲，所以看到賢能的人得到高官厚禄，就會競起追逐；看到金銀財寶，就會貪污偷盜；看到美色佳餚，就會鬼迷心竅。因此，要使民衆安定不亂，就必須抑制消除其貪欲。在老子看來，人的主觀貪欲又是由外界的物質因素引起的，所以只有"不尚賢""不貴難得之貨""不見可欲"，才能使民"不爭""不爲盜""不亂"。在這裏，老子注意到了物質因素對社會安定的重要作用，所以主張治民時要"實其腹""彊其骨"，但他更注意到了人們的精神狀態對社會安定的重要作用，所以特別強調要"虛其心""弱其志"，要使大多數的人愚昧無知、沒有貪欲而想不到起來造反，使少數聰明而想起來造反的人又不敢起來造反。這樣，所有的人就被自覺或不自覺地控制住了，天下也就太平無事了。老子宣揚的這些政治策略，重在封閉防範而不在啓發引導，這體現了老子無爲思想的特色。至於他提出的"不尚賢"，則與儒家的"尊賢"（《論語·子張》）及墨家的"尚賢"（《墨子·尚賢》）相背，其旨雖在防止人們的貪欲橫流與爭權奪利，却也是其"絕聖棄知"（第十九章）思想在用人方面的體現，反映了他的無爲思想與有爲思想在用人方針上的對立。

【校定原文】

不尚賢[1]，使民不爭[2]；不貴難得之貨[3]，使民不爲盜[4]；不見可欲[5]，使民心不亂[6]。是以聖人之治也[7]，虛其心[8]，實其腹[9]，弱其志[10]，彊其骨[11]。恒使民無知無欲[12]，使夫知者不敢爲[13]，則無不治矣[14]。

右第三章，六十五言[15]。

【注釋探賾】

[1] 河上公曰："賢，謂世俗之賢，辯口明文，離道行權，去質爲文。

不尚者，不貴之以祿，不尊之以官也。"覺按："尚賢"是當時社會早已流行的政治觀念與政治方針。《墨子·尚賢上》云："古者聖王之爲政，列德而尚賢，雖在農與工肆之人，有能則舉之，高予之爵，重予之祿，任之以事，斷予之令。"

〔2〕河上公曰："不爭功名，乃自然也。"覺按：《孝經·紀孝行章》"在醜不爭"唐玄宗注："爭，競也。"老子認爲，君主尊崇賢能之人，給賢能之人以高官厚祿，會刺激人民互相競爭，所以只要君主不尚賢，就能使人民不爭。

〔3〕河上公曰："言人君不御好珍寶，則黄金棄於山，珠玉捐於淵也。"覺按：參見第二十七節注〔18〕。

〔4〕河上公曰："上化清淨，下無貪人。"覺按：老子認爲，君主喜歡難得之貨，會使人民也追求難得之貨而進行偷盜，所以只要君主不貪財，就能使人民不偷盜。

〔5〕河上公曰："放鄭聲，遠佞人。"覺按："見"（xiàn 現）同"現"，是展現、顯露的意思。　可欲：見第九節注〔5〕。

〔6〕河上公曰："不邪淫也。"覺按：可以引起人們欲望的東西會誘發人們的欲望而使人失去理智，所以使人見不到，就能使其心不亂。

〔7〕聖人：指得道的君主。參見第十節注〔6〕。

〔8〕河上公曰："除嗜欲，去煩亂。"覺按："虛其心"就是使其心虛空，使人們心中不想什麼，没有欲望，無所追求，没有什麼巧詐的心計（參見第六十節注〔1〕）。人民淡泊無欲，無所追求，就不會"爭"，"不爲盜"，就容易治理了，所以治民時要"虛其心"。

〔9〕實其腹：使其腹充實，就是使人民吃飽。民飢則會拼死造反，"倉廩實則知禮節，衣食足則知榮辱"（《管子·牧民》），只有使人民吃飽了，才容易治理，所以治民時要"實其腹"。

〔10〕河上公曰："和柔謙讓，不處權也。"覺按："弱其志"就是使其意志薄弱。人民没有鬥志，則不會犯上作亂，所以治民時要"弱其志"。

〔11〕河上公曰："愛精重施，髓滿骨堅也。"覺按："彊其骨"就是使其筋骨強健。人民筋骨強健，則有足夠的體力從事勞動以謀生，於是能安居樂業而不造反，所以治民時要"彊其骨"。蘇轍對以上一段文字有所闡發，頗具深意，值得重視。其言云："尚賢，則民恥於不若而至於爭；貴難得之貨，則民病於無有而至於盜；見可欲，則民患於不得而至於亂。雖

然，天下知三者之爲患，而欲舉而廢之，則惑矣。聖人不然：未嘗不用賢也，獨不尚賢耳；未嘗棄難得之貨也，獨不貴之耳；未嘗去可欲也，獨不見之耳。夫是以賢者用而民不爭，難得之貨、可欲之事畢效於前而盜賊禍亂不起，是不亦虛其心而不害腹之實、弱其志而不害骨之強也哉？今將舉賢而尚之，寶貨而貴之，衒可欲以示之，則是心與腹皆實也；若舉而廢之，則是志與骨皆弱也。心與腹皆實，則民爭；志與骨皆弱，則無以立矣。"

〔12〕恒：傅奕本作"常"，據帛書甲本、乙本改（參見第九節注〔8〕）。 河上公曰："反朴守淳。"覺按："使民無知無欲"承"虛其心"而言。"知"通"智"。"使民無知"即第六十五章所說的"愚之"。

〔13〕夫：彼，那。 知：通"智"。《經典釋文·老子道經音義》云："音智。" 爲：作爲，指造反作亂。范應元曰："使夫智巧之人不敢妄爲也。"覺按："使夫知者不敢爲"承"弱其志"而言。

〔14〕"則"字上傅奕本有"爲無爲"三字，"治"字傅奕本作"爲"，據帛書乙本刪改。當然，有"爲無爲"三字也通，其解如蘇轍曰："即用三者之自然而不尚、不貴、不見，所謂爲無爲也。"但是，從文勢來看，則無"爲無爲"三字爲順，故今刪之。

〔15〕六十五：傅奕本作"六十八"，今刪三字，故改。

【韻腳韻部】

賢、爭，真耕通轉合韻（"賢"屬真部，"爭"屬耕部）。腹、骨、欲，覺物屋通轉合韻（"腹"屬覺部，"骨"屬物部，"欲"屬屋部）。

【義疏正解】

不尊崇德才兼備的人，使人們不競爭；不看重難以得到的財物，使人們不做盜賊；不展示可以引起人們欲望的東西，使人們的心思不迷亂。因此聖明的君主治理人民的時候，使他們的腦子空空的，使他們的肚子飽飽的，削弱他們的意志，增強他們的筋骨。永遠使人民沒有智謀、沒有欲望，使那些聰明的人不敢有所作爲，國家就沒有不安定的了。

第四十八節（第四章）

【提要述評】

本節爲傅奕本第四章，河上公注本題"無源第四"，唐玄宗注本題"道沖章第四"。

本節的主旨在描述大道的性質，説明"道"是虚無潛隱的，却又是天地萬物的本源（河上公注本題"無源"，可能即基於此）。

老子在這裏首先以空虚之器來喻説"道"，但比喻往往有或這或那的缺陷，此文也如此。"道"似空虚之器，但有形的空虚之器總是可以裝滿的，而"道"則是無形的空虚之器，所以它能包羅一切而永遠不會被裝滿。老子在這裏既用比喻，又加補充説明，便達到了既形象又無缺陷的效果。接着，老子用"淵"來喻説"道"是萬物的本源。然而，"道"雖然是萬物的本源，却又是潛藏不露的，所以老子説"湛兮"。不過，作爲天地萬物本源的"道"終究是存在的，所以老子還是肯定了它的存在，並在最後指明"道"是天帝的祖先，這就把道的本源特性進一步作了强調，否定了上帝創造一切的觀念。此文雖多用不肯定的或然之詞，如"似""似或""象"之類，但這只是基於"道"的虚無潛隱、不可名狀（參見第十四章、第一章）的特點而特意設置的措辭，其本旨還是肯定了"道"的存在，可謂是微詞妙旨，形神兼具。而把"道"看作是天帝的祖先，則徹底否定了天帝創造一切、天帝至高無上的世俗觀念，帶有鮮明的無神論傾向，值得稱道。

【校定原文】

道盅[1]，而用之又不盈[2]；淵兮[3]，似萬物之宗[4]。挫其鋭[5]，解其紛[6]，和其光[7]，同其塵[8]，湛兮[9]，似或存[10]。吾不知誰之子[11]，象帝之先[12]。

右第四章，四十二言。

【注釋探賾】

[1] 盅（chōng 充）：俞樾曰："按《説文·皿部》：'盅，器虚也。《老子》曰："道盅而用之。"''盅'訓'虚'，與'盈'正相對，作'沖'者，假字也。"

〔2〕盈：傅奕本作"滿"，據帛書乙本改（參見第八節注〔3〕）。《說文·皿部》："盈，滿器也。" 用之又不盈：這是以容器爲喻，形容大道猶如極其空虛的器皿，使用起來能包容一切，無論多少東西投進去都不可能將它裝滿，所以王弼注曰："形雖大，不能累其體；事雖殷，不能充其量。"蘇轍曰："夫道沖然至無耳，然以之適衆有，雖天地之大，山河之廣，無所不遍，以其無形，故似不盈者。"《莊子·齊物論》："夫道未始有封……注焉而不滿。"《莊子·秋水》："爾將可與語大理矣。天下之水，莫大於海，萬川歸之，不知何時止而不盈。"均可藉以明此文"不盈"之義。值得辨正的是，高亨曰："'盈'當讀爲'逞'。《左傳·襄公二十五年傳》'不可億逞'杜注：'逞，盡也。'《文選·思玄賦》李注引《字林》：'逞，盡也。''盈''逞'古通用。《左傳·昭公四年傳》'逞其心以厚其毒'，《新序·善謀篇》引'逞'作'盈'；《昭公二十三年傳》'沈子盈'，《穀梁傳》作'沈子逞'；《襄公二十三年傳》'欒盈'，《史記·晉世家》作'欒逞'。並其證。其本字當作'䀇'或'窒'。《說文》：'䀇，器中空也。窒，空也。'《爾雅·釋詁》：'䀇，盡也。'……'道沖而用之或不盈'者，謂道虛而用之或不盡也。六章稱道曰'用之不勤'，'勤'亦盡也。三十五章稱道曰'用之不可既'，'既'亦盡也。並與此句同意。又五章曰'虛而不屈'，'屈'亦盡也。四十五章曰'大盈若沖，其用不窮'，'窮'亦盡也。亦可作此句左證。"此說羅列證據，雖似確鑿可信，但綜觀《老子》一書，"盈"字均爲充滿義而不表示窮盡義，而此文"盈"與"盅"相對，與第四十五章"盈""盅"相對類似，亦當爲充滿義，所以高說雖通而不足取。至於陳鼓應、馮達甫等既將"不盈"解爲"不滿"，又將它解爲"不窮""不可窮盡"（此蓋受高亨之說影響所致），自亂其解，更不足取。

〔3〕淵：深潭。《山海經·中山經·中次八經·驕山》"恒遊于雎漳之淵"郭璞注："淵，水之府奧也。"引申指事物聚集的地方，即淵藪。《尚書·武成》"萃淵藪"孔安國傳："淵，府。"孔穎達疏："水深謂之淵，藏物謂之府。史遊《急就篇》云：'司農少府，國之淵。''淵''府'類，故言：'淵，府。'"此文"淵"字與上文"盅"相對，是以深淵喻說大道。深淵爲水匯聚的地方，引申指事物彙聚的地方，道爲萬物彙聚的地方，所以老子以"淵"喻"道"，說"道"像深淵，是"萬物之宗"。今人往往把"淵"解爲"深"（見高亨、陳鼓應、馮達甫注譯），不當，因爲"深"與"宗"並無什麼語義上的聯繫。

〔4〕宗：歸聚，本源。《廣雅·釋詁三》："宗，聚也。"《淮南子·天文訓》："月者，陰之宗也。"高誘注："宗，本也。"第五十一章云："道生之……是以萬物莫不尊道而貴德。"可見道生萬物，爲萬物之本源，而萬物都歸向朝宗它，所以此文說"道""似萬物之宗"。又，此"宗"字若理解爲祖宗（見河上公注），也通。

〔5〕河上公曰："銳進也。人欲銳情，進取功名，當挫止之，法道不自見也。"

〔6〕河上公曰："紛，結恨也。當念道無爲以解釋。"

〔7〕河上公曰："言雖有獨見之明，當如闇昧，不當以曜亂人也。"

〔8〕河上公曰："當與衆庶同，不當自殊別。"譚獻《復堂日記》卷四"閱老子"條云："昔人云：'"大兵之後，必有凶年"八字，注文誤入。'予以爲'偏將軍居左，上將軍居右，言以喪禮處之'三句亦注文，'言以喪禮處之'句，易州石本及《御覽》引皆無。上經第十、下經第五十一皆有'生而不有，爲而不恃，長而不宰，是謂玄德'四語，必有一衍誤，然各本皆有。上經第四、下經第五十六皆有'挫其銳，解其紛，和其光，同其塵'，下經第五十二又與五十六皆有'塞其兑，閉其門'二句，竊疑此六句皆誤羼。"馬敍倫曰："此文'挫其銳'四句乃五十六章錯簡，而校者有增無刪，遂複出也。"覺按：譚獻、馬敍倫認爲以上四句是衍文，可備一說，因爲此節上下文都在說"道"，而這四句却指人的行爲而言（見河上公注及第十九節注〔4〕〔5〕〔6〕〔7〕），與上下文不類，但現存各種版本，包括帛書本，都有這四句，所以這四句也可能並非衍文，而是形容道的潛隱不露，與下句"湛"字之義相屬，王弼就是這樣理解的，其言云："銳挫而無損，紛解而不勞，和光而不污其體，同塵而不渝其真，不亦湛兮似或存乎？"此當取王弼之說。

〔9〕湛（chén 沉）：沉没。《說文·水部》："湛，没也。"

〔10〕似或：好像，或許，表示一種不肯定的語氣。因爲"道"是一種"無狀之狀，無物之象"（見第十四章），着眼於其"無狀""無物"，則似乎不存在；着眼於其"狀""象"，則似乎是存在的，所以說"似或存"。

〔11〕河上公曰："老子言：我不知道所從生之矣。"

〔12〕河上公曰："道自在天帝之前。此言道乃先天地生也。"覺按：參見第二十五章。"先"與上句"子"相對，指祖先，前代。高亨曰："象，猶似也。象帝之先，猶言似天帝之祖也。古者祖先亦單稱曰先。……有道

· 203 ·

然後有天帝，故曰'象帝之先'。"

【韻脚韻部】

盅、盈、宗，耕冬旁轉合韻（"盈"屬耕部，其餘屬冬部）。紛、塵、存、先，真文旁轉合韻（"塵"屬真部，其餘屬文部）。

【義疏正解】

大道就像空虛的容器，但使用它的時候又不會被裝滿；又像深水潭啊，好似萬物的源頭。銼去了自己的鋒芒，化解了自己的紛爭，使自己的光輝柔和不顯眼，使自己混同於塵俗，沉沒不見啊，好像還存在着。我不知道它是誰的後代，好像是上天的祖先。

第四十九節（第五章）

【提要述評】

本節爲傅奕本第五章，河上公注本題"虛用第五"，唐玄宗注本題"天地章第五"（唐玄宗御製本題"天地不仁章第五"）。

本節的主旨在於宣揚其因循自然的無爲哲學，同時也宣揚了虛空的作用（河上公注本題"虛用"，可能即基於此）。

老子首先指出，天地對萬物無所謂仁愛，聖人對百姓也無所謂仁愛，而是一切因順自然，任其自生自滅。接着，老子進一步以橐籥爲喻來說明"天地不仁"，認爲天地之間空虛無比，無意造物，但這種虛空具有無限的創造力，在運動中會不斷産生出事物來。最後，老子又以"多言數窮"之理來闡發"聖人不仁"，認爲聖人不仁，應奉行無爲之道，實行不言之教。

須說明的是，老子在這裏宣揚"天地不仁""聖人不仁"，並不是在鼓吹天地、聖人之殘忍，而是主張一切因循自然，讓萬物、百姓在一種沒有仁愛或不仁愛的自由氛圍中自然地生長消亡，全其天性，這是其無爲哲學的一種延伸。他宣揚"天地不仁"，是把"天地"當作沒有意識的自然物，這對於以往將天地當作人格神的觀念來說，無疑是一個光輝的否定。當然，他宣揚"天地不仁"的最終目的還在於人道（參見第四十二節提要述評），所以此節的重點其實還在"聖人不仁"。而宣揚"聖人不仁"的直接目的與現實意義，無疑是在反對儒家的仁愛之說。老子主張"不仁"而駁斥"仁"，這是他的基本思想之一。第十八章云："大道廢，焉有仁義。"第十九章云："絶仁棄義，民復孝慈。"第三十八章云："失道而後德，失德而後仁。"如果我們將這些論述聯繫起來閱讀，就可明此思想脈絡。

【校定原文】

天地不仁[1]，以萬物爲芻狗[2]；聖人不仁[3]，以百姓爲芻狗[4]。天地之間，其猶橐籥乎[5]！虛而不屈[6]，動而俞出[7]。多言數窮[8]，不如守中[9]。

右第五章，四十五言。

【注釋探賾】

[1] 河上公曰："天施地化，不以仁恩，任自然。"王弼曰："天地任自

然，無爲無造，萬物自相治理，故不仁也。"覺按：這是說天地對萬物並沒有特別的愛護，一切任其自然而已，與第七十九章的"天道無親"同旨。

〔2〕芻（chú 除）：餵牲口的草。　芻狗：用草紮成的狗，供祭禮之用，祭後即棄去。《莊子・天運》："夫芻狗之未陳也，盛以篋衍，巾以文繡，尸祝齊戒以將之。及其已陳也，行者踐其首脊，蘇者取而爨之而已。"《釋文》："芻狗，李云：結芻爲狗，巫祝用之。"蘇轍曰："天地無私，而聽萬物之自然，故萬物自生自死，死非吾虐之，生非吾仁之也。譬如結芻以爲狗，設之於祭祀，盡飾以奉之，夫豈愛之？時適然也。既事而棄之，行者踐之，夫豈惡之？亦適然也。"覺按：這裏以芻狗爲喻，表示天地對萬物，既無仁愛之心，也無憎惡之心，就像人們裝飾芻狗與拋棄芻狗一樣，一切因循自然，任其自生自滅而已。

〔3〕河上公曰："聖人愛養萬民，不以仁恩，法天地之行自然。"覺按：《莊子・齊物論》云"大仁不仁"，即繼承了此文的思想。又《韓非子・外儲說右下》："治強生於法，弱亂生於阿，君明於此，則正賞罰而非仁下也。爵祿生於功，誅罰生於罪，臣明於此，則盡死力而非忠君也。君通於不仁，臣通於不忠，則可以王矣。"這是從法治的立場出發，對老子的"不仁"思想作了發揮。

〔4〕王弼曰："聖人與天地合其德，以百姓比芻狗也。"覺按：得道的聖人效法天地之道，一切因循自然，任百姓自生自滅而無愛憎之心，所以說"以百姓爲芻狗"。老子在這裏要表明的，是指聖人對百姓的"無爲"態度，即既無意於仁愛，也無意於憎惡，一切順其自然發展，它與第六十四章"輔萬物之自然而不敢爲"的旨意相同，而並不是指聖人對百姓有意地加以愛護憐憫或有意地不顧其死活。

〔5〕其：見第四十二節注〔1〕〔8〕。　橐籥：古代冶煉時用來鼓風吹火的設備，作用相當於後世的風箱。"橐"是鼓風的皮囊，即《墨子・備穴》"具鑪橐，橐以牛皮"之"橐"。"籥"是送風的竹管。范應元曰："囊底曰'橐'，竹管曰'籥'。冶煉之處，用籥以接橐橐之風炁，吹鑪中之火。"

〔6〕屈：傅奕本作"詘"，據河上公本改。帛書甲本、乙本作"淈"，與"屈"通。屈（jué 倔）：竭盡，窮盡。《荀子・宥坐篇》："其洸洸乎不淈盡，似道。"楊倞注："淈，讀爲屈，竭也。似道之無窮也。"與此用法

類似，所以河上公曰："言空虛無有竭時。"

〔7〕俞：通"愈"。 虛而不屈，動而俞出：風箱之中雖空虛，但其風無窮，越鼓動，出來的空氣越多，比喻天地之間雖空蕩，其中之物無窮，越運動，產出的東西越多。馮達甫認爲這兩句謂"道沖"與"用之或不盈"，把"天地"與"道"混爲一談，顯然不當。

〔8〕河上公曰："多事害神，多言害身，口開舌舉，必有禍患。"覺按：《經典釋文·老子道經音義》於"多言數窮"下注云："王云：'理數也。'顧云：'勢也。'"此"數"字表示"理數"與"勢"，即指道理上的一種必然趨勢，所以河上公用"必"解之。陳鼓應認爲"數"通"速"，不當，因爲多言必窮是指遲早會窮，而不一定速窮。

〔9〕河上公曰："不如守德於中，育養精神，愛氣希言。"覺按："守"表示保住，保留。《詩經·大雅·鳧鷖·序》"能持盈守成"孔穎達疏："執而不釋謂之持，主而不失謂之守。持是手執之，守是身護之。" 中：内心。《淮南子·說山訓》"則中不平也"高誘注："中，心也。" 守中：即"守言於中"。"言"字承上省，"於"字之省略爲古漢語中常見的文例，帛書甲本、乙本則不省"於"而作"守於中"。《法言·問神》："言，心聲也。"守言於中，是指把心聲之言保留在心中，與第二章"行不言之教"、第五十六章"知者不言"同旨。今人多把"中"解爲"沖"或"中虛""虛靜"（見馮達甫、陳鼓應注譯），不當。

【韻腳韻部】

狗、狗，侯部。屈、出，物部。窮、中，冬部。

【義疏正解】

天地不講求仁慈，把萬物當作草紮成的狗似的無所愛憎；聖明的君主不講求仁慈，把百姓當作草紮成的狗似的無所愛憎。天和地之間，大概就像風箱一樣吧！空空的却不會竭盡，越動就越有東西生出來。多說話從理數上來說勢必會窮困，所以還不如把話保留在心中。

第五十節（第六章）

【提要述評】

本節爲傅奕本第六章，河上公注本題"成象第六"，唐玄宗注本題"谷神章第六"（唐玄宗御製本題"谷神不死章第六"）。

本節的主旨在於闡述道的特點與功用，從總體上描寫道的形象（河上公注本題"成象"，可能即基於此）。

老子認爲，道空虛似山谷，又神秘莫測而常存不死，是產生天地萬物的本源，雖然不可感覺而若有若無，實際上它是取之不盡、用之不竭的。總之，道是虛無的而無法感知的，所以從感覺上來說它不過是"若存"而已，但歸根到底，它究竟還是存在的，是天地萬物的本源。

這一章與第一章、第四章的論述密切相關，可參見。

要補充說明的是，從河上公開始，常有人以道家養生之術來解說此章內容，穿鑿附會，荒誕不經，所以其解說往往不能與原文文句切合。而至今猶有人承襲此類誤說，對此章文字亂作發揮，大失老子本旨，不可信從。

【校定原文】

谷、神、不死[1]，是謂玄牝[2]。玄牝之門[3]，是謂天地之根[4]。綿綿若存[5]，用之不勤[6]。

右第六章，二十六言。

【注釋探賾】

[1] 王弼曰："谷神，谷中央無谷也，無形無影，無逆無違，處卑不動，守靜不衰，谷以之成而不見其形，此至物也。"覺按：《老子》中的"谷"都表示山谷、溪谷。河上公解爲"養"，不可從。老子認爲山谷具有空虛、處卑、容納污泥濁水等特點（參見第三節注[9]）。谷是空虛的，而道也是空虛的，第四章說"道盅"，即其義；谷是處卑納垢的，而道也是處卑納垢的，第八章說"居眾人之所惡，故幾於道矣"，即其義。谷的特點與道相合，所以這裏用"谷"來喻說道。　神：神奇莫測。《周易·繫辭上》："陰陽不測之謂神。"韓康伯注："神也者，變化之極，妙萬物而爲言，不可以形詰者也。"道是神奇莫測的，第二十一章曰："道之爲物，

道篇下　第五十節（第六章）

惟恍惟忽。"所以這裏用"神"來形容道。　不死：《韓非子·解老》在解釋"常道"時説："唯夫與天與地之剖判也俱生，至天地之消散也不死不衰者謂'常'。"道是不死的，所以這裏用"不死"來説明道。　總之，此句"谷""神""不死"是從不同的方面來描摹道的德性。司馬光曰："中虚，故曰谷；不測，故曰神；天地有窮而道無窮，故曰不死。"蘇轍曰："谷至虚而猶有形，谷神則虚而無形也。虚而無形，尚無有生，安有死耶？謂之谷神，言其德也。"

〔2〕玄：見第四十五節注〔11〕。　牝：《説文·牛部》："牝，畜母也。"　玄牝：指道。道既是玄妙莫測的，又是產生萬物的本源，即生成萬物的母體，所以稱爲"玄牝"。蘇轍曰："謂之玄牝，言其功也。牝生萬物，而謂之玄焉，言見其生之而不見其所以生也。"

〔3〕門：門户，進出口。　玄牝之門：道的門户，相當於第一章的"始""母"（見第四十五節注〔13〕），所以此文稱之爲"天地之根"。蘇轍曰："玄牝之門，言萬物自是出也。天地根，言天地自是生也。"

〔4〕根：根源，本源。河上公曰："根，元也。"　天地之根：相當於第一章所説的"天地之始"。

〔5〕蘇轍曰："綿綿，微而不絶也。若存，存而不可見也。"覺按："綿綿"修飾"存"，指延續不斷、永遠存在（見第四十五節注〔2〕）。只是因爲不可見其形，所以説"若存"。

〔6〕勤：《淮南子·原道訓》"纖微而不可勤"高誘注："勤，猶盡也。"
用之不勤：與第三十五章"用之不可既"同義。《莊子·齊物論》："夫道未始有封……酌焉而不竭。"也可明此"用之不勤"之義。

【韻脚韻部】
死、牝，脂部。門、根、存、勤，文部。

【義疏正解】
山谷似的、神奇莫測的、常存不死的，這叫作玄妙的母體。玄妙母體的門户，這是天地的本源。細微不斷地好像存在着，使用它永遠用不完。

209

第五十一節（第七章）

【提要述評】

本節爲傅奕本第七章，河上公注本題"韜光第七"，唐玄宗注本題"天長地久章第七"。

本節的主旨在宣揚其謙退（河上公注本題"韜光"，可能即基於此）、無私的政治策略。

老子在這裏首先把自己所要宣揚的謙退無私的政治策略附會成天地的德性——"不自生"，然後以天地"不自生，故能長生"爲哲學依據來論證"聖人後其身而身先，外其身而身存"以及"無私"而"能成其私"的論點，因而使其論點帶上了天經地義的色彩而頗具說服力。顯然，此章的重心不在天地之道而在人道。其所述天地之道只是他的附會與預設，其目的是爲了增強其論證人道時的力度。而其所論之人道，重點在"後其身""外其身""無私"等手段，至於"身先""身存""能成其私"等結果，不過是爲了進一步強調其手段的正確性，以求閱讀此文的統治者能採用其宣揚的這些手段。

《老子》一書中宣揚謙退無私而"不自生"的章節很多，如第六十六章、第七十五章等均如此，可參見。其論述的目的無非在於勸說統治者放棄對人民的肆意干涉與強取豪奪，勸他們用這種"無私"的手段來鞏固統治以"成其私"。

本節所說的"不自生"而"能長生"、"後其身"而能"身先"、"外其身"而能"身存"、"無私"而"能成其私"等等，含有辯證法的因素，值得注意。不刻意求生，則不過分操勞，所以能"長生"。先人後己，則受人愛戴，所以能"身先"。捨己爲人，則人感恩報答，所以能"身存"。大公無私，則爲人擁戴，所以能"成其私"。顯然，這手段與結果之間的轉化過程蘊含着微妙的人生哲學，值得細細體味。

【校定原文】

天長地久[1]。天地所以能長且久者，以其不自生[2]，故能長生[3]。是以聖人後其身而身先[4]，外其身而身存[5]。不以其無私邪[6]？故能成其私[7]。

右第七章，四十九言。

【注釋探賾】

〔1〕河上公曰："說天地長生久壽以教喻人也。"

〔2〕河上公曰："天地所以獨能長且久者，以其安靜自然，施不求報，不如世人居處，汲汲求自饒之利，奪人以自與矣。"覺按："生"爲使動用法，表示"使……生存"。　自生：自己使自己生存，也就是爲自己謀生，即第五十章所說的"生生而動"。　不自生：不爲自己謀生。一切因循自然是天地的"不自生"，下文的"後其身""外其身"便是聖人的"不自生"。

〔3〕河上公曰："以其不求生，故能長生不終也。"覺按：人爲自己謀生，就會爲了自己的生存而操心奔忙；操心奔忙，則會死去。這也就是第五十章所說的"民之生生而動，動皆之死地"。相反，"善攝生者"不爲自己的生存操心奔忙，則"無死地"，所以此文說"不自生，故能長生"。老子的這一推論，其實是借人類之道來類推描述天地之道，所謂"不自生"，實是一種擬人之詞。

〔4〕聖人：見第十節注〔6〕。　河上公曰："先人而後己，天下敬之，先以爲長。"覺按：參見第二十九節注〔5〕〔6〕。第十三章亦云："貴以身爲天下者，則可以託天下矣；愛以身爲天下者，則可以寄天下矣。"因此，"聖人後其身而身先"。

〔5〕外：置之於外，即不顧、不放在心上的意思。河上公曰："薄己而厚人，百姓愛之如父母，敬之如神明，祐之若赤子，故身常存也。"

〔6〕河上公曰："聖人爲人所愛、神明所祐，非以其公正無私所致乎？"王弼曰："無私者，無爲於身也。"覺按："無私"指"後其身""外其身"而言。

〔7〕河上公曰："人以私者，欲以厚己也。聖人無私，而己自厚，故能成其私也。"王弼曰："身先、身存，故曰'能成其私'也。"《淮南子·道應訓》則以實例來解說這幾句，其言云："公儀休相魯，而嗜魚。一國獻魚，公儀子弗受。其弟子諫曰：'夫子嗜魚。弗受，何也？'答曰：'夫唯嗜魚，故弗受。夫受魚而免於相，雖嗜魚，不能自給魚；毋受魚而不免於相，則能長自給魚。'此明於爲人爲己者也。故老子曰：'後其身而身先，外其身而身存。非以其無私邪？故能成其私。'"又，薛蕙曰："夫聖人之無私，初非有欲成其私之心也，然而私以之成，此自然之道耳。如欲成其

私，即有私也，未有有私而能成其私者也。程子有云：'老子之言，竊弄闔闢者也。'予嘗以其言爲然，廼今觀之，殆不然也。"覺按：薛氏之説似是而非。所謂"未有有私而能成其私者"顯屬空談，而老子之旨，雖側重於"後其身""外其身""無私"，但其初衷未嘗不欲"身先""身存""成其私"也，觀第六十六章之"欲上民""欲先民"自可明白"聖人"之初欲，故不必勉强將老子思想拔高。陳鼓應從薛蕙之説而爲老子此文辯護（見其注譯及書前所附《初版序》），實未得老子真旨。

【韻腳韻部】

久、久，之部。生、生，耕部。先、存，文部。私、私，脂部。

【義疏正解】

上天長壽，大地悠久。天地之所以能夠長壽而悠久，是因爲它們不爲自己謀生，所以它們能夠長久地生存着。因此聖人把自己的切身利益置於別人之後而自己反能在前頭領導別人，把自己的身體置之度外而自己反能生存。這不是因爲他無私麽？所以他能成全自己的私利。

第五十二節（第八章）

【提要述評】

本節爲傅奕本第八章，河上公注本題"易性第八"，唐玄宗注本題"上善若水章第八"。

本節的主旨在宣揚無爲不爭謙退之道。

老子首先用水來喻說"上善"之人的德行。他認爲水體現了道的精神，"利萬物而不爭"，又甘居衆人所厭惡的下位。而"上善"之人的德行"若水"，他們甘居低位，心胸深沉，賑濟貧困，說話真實，從政善治，辦事能幹，行動合時，與世無爭，所以無人怪怨他們。這種德行既"若水"，又合乎道，所以老子一一條陳，以期衆人能向"上善"之人學習而改變其本性（河上公注本題"易性"，可能即基於此），踐行此文之七"善"而不爭。

水是遠古中國人深受其害的東西，老子從中發掘出不少可貴的人格精神，並以一系列排比句出之。這無論是從內容上還是從形式上來說，都不亞於儒家對水的人格精神的發掘。我們不妨將孔子論水的人格精神的一段話錄於下，供大家對照觀賞。《荀子•宥坐》："孔子觀於東流之水。子貢問於孔子曰：'君子之所以見大水必觀焉者，是何？'孔子曰：'夫水大，徧與諸生而無爲也，似德；其流也埤下，裾拘必循其理，似義；其洸洸乎不淈盡，似道；若有決行之，其應佚若聲響，其赴百仞之谷不懼，似勇；主量必平，似法；盈不求概，似正；淖約微達，似察；以出以入，以就鮮絜，似善化；其萬折也必東，似志。是故君子見大水必觀焉。'"（其意爲：孔子觀賞向東流去的河水。子貢問孔子說："君子看見浩大的流水就一定要觀賞它，這是爲什麼？"孔子說："那流水浩大，普遍地施捨給各種生物而無所作爲，好像德；它流動起來向着低下的地方，彎彎曲曲一定遵循那向下流動的規律，好像義；它浩浩蕩蕩沒有窮盡，好像道；如果有人掘開堵塞物而使它通行，它好像回聲應和原來的聲音一樣隨即奔騰向前，它奔赴上百丈深的山谷也不怕，好像勇敢；它注入量器時一定很平，好像法度；它注滿量器後不需要用刮板刮平，好像公正；它柔軟地所有細微的地方都能到達，好像明察；各種東西在水裏出來進去地淘洗，便漸趨鮮美潔淨，好像善於教化；它千曲萬折而一定向東流去，好像意志。所以君子看見浩大的流水一定要觀賞它。")

【校定原文】

　　上善若水[1]。水善利萬物而不爭[2]，居衆人之所惡[3]，故幾於道矣[4]。居善地[5]，心善淵[6]，與善天[7]，言善信[8]，政善治[9]，事善能[10]，動善時[11]。夫惟不爭[12]，故無尤矣[13]。

右第八章，五十二言。

【注釋探賾】

　　[1] 河上公曰："上善之人如水之性。"

　　[2] 水善利萬物：河上公曰："水在天爲霧露，在地爲泉。"覺按：參見第六節注 [1] 所引《淮南子·原道訓》之文。　不爭：見注 [12] 所引河上公之説。李贄曰："水之善，固利萬物而不爭者也。何以見其不爭也？衆人處上，彼獨處下；衆人處高，彼獨處卑；衆人處易，彼獨處險；衆人處順，彼或處逆；衆人處潔，彼或處穢。所處盡衆人之所惡，夫誰與之爭乎？不爭，則無尤矣，此所以爲上善也。"

　　[3] 河上公曰："衆人惡卑濕垢濁，水獨静流居之矣。"

　　[4] 河上公曰："水性幾與道同。"王弼曰："道無水有，故曰'幾'也。"《經典釋文·老子道經音義》："幾，音機，近也。"覺按："水善利萬物而不爭，居衆人之所惡"，而道也是利萬物而不與人爭功（參見第五十一章），居於人們所厭惡的下位（《莊子·知北遊》："東郭子問於莊子曰：'所謂道，惡乎在？'……莊子曰：'在螻蟻。'曰：'何其下邪？'曰：'在稊稗。'曰：'何其愈下邪？'"即其義），所以兩者是相似的。但是，道是無形的，水是有形的，從根本上説，兩者是不同的，所以只能説"幾"。

　　[5] 此句至本節末，都在具體闡發"上善若水"而"幾於道"，具體説明最善良的人具有水的德性而合乎大道的種種德行。　地：大地，喻指低下。《荀子·儒效篇》："至高謂之天，至下謂之地。"《荀子·禮論篇》："天者，高之極也；地者，下之極也。"　居善地：即"居善下"，也就是上文的"居衆人之所惡"。老子主張處下（參見第三十九章、第六十一章、第六十六章、第六十八章），所以宣揚"居善地"，這種德行是"若水"而合乎道的。河上公曰："水性善喜於地，在草木之上即流而下，有似於牝，動而下人也。"蘇轍曰："避高趨下，未嘗有所逆，善地也。"

道篇下　第五十二節（第八章）

〔6〕心：與上下文"居""與"等相對，也用作動詞，表示思考。淵：深水潭，喻指深沉。《詩經・邶風・燕燕》"其心塞淵"毛傳："淵，深也。"　心善淵：即"心善深"，指思考問題深沉不露。蘇轍曰："空虛靜默，深不可測，善淵也。""心善淵"之德行不但"若水"（因爲淵水深而莫測），而且也"幾於道"，因爲道也是深遠莫測的。第十五章云："古之善爲道者，微妙玄通，深不可識。"第六十五章曰："古之善爲道者……是謂玄德。玄德深矣，遠矣。"可見，思考深沉莫測是合乎道的。

〔7〕與：帛書甲本、乙本均作"予"，可見此"與"當解爲施與、給予。今人多理解爲交往（見陳鼓應、馮達甫注譯），誤。　天：傅奕本作"人"，據帛書乙本改。此字一般本子作"仁"，一般學者都以仁慈、仁愛、友愛解之（見許抗生、陳鼓應、馮達甫注譯），實不當。至於作"人"，於義不通，所以一般學者認爲"人""仁"古通而解爲"仁"（參見朱謙之《校釋》），也不當。因爲老子是主張"不仁"的（參見第四十九節提要述評），所以此文無論作"仁"，還是作"人"而通"仁"，均不合老子本旨。我認爲此文古本原作"天"，後壞損而訛爲"人"，後人又妄改爲"仁"。帛書乙本作"天"，正保存了古本面貌，十分可貴。許抗生認爲"與善仁"之義順通而"予善天"之義不通，實是未得老子真旨而導致的誤解。第七十七章云："天之道，損有餘而補不足。"即可明此"與善天"之義。"與善天"的結構與"居善地"相似，是指施與時善於像上天一樣"損有餘而補不足"。此句河上公本雖也訛爲"與善人"，但河上公所注原本似乎也作"與善天"，故其注云："萬物得水以生，與虛不與盈也。""與虛不與盈"，即"與不足而不與有餘"，故從河上公的注文中也可明白此文當作"天"。《孟子・離婁下》："源泉混混，不舍晝夜，盈科而後進。"流水總是灌滿了坑坑窪窪後與多餘的水一起向前流去，所以上善之人遵循天道之"損有餘而補不足"是一種"若水"的德行，當然也是一種合乎道的德行。

〔8〕信：真實。　河上公曰："水內影照形，不失其情。"水反映事物是真實的，"言善信"與之相似，所以是一種"若水"的德行。第二十一章云："道之爲物，惟怳惟忽。忽兮怳兮，其中有象；怳兮忽兮，其中有物。幽兮冥兮，其中有精。其精甚真，其中有信。"所以"信"也是一種合乎道的德行。

〔9〕政：用作動詞，指搞政治，處理政事。　治：治理得好，安定太平。　政善治：河上公曰："無有不洗清且平也。"蘇轍曰："洗滌群穢，

平準高下，善治也。"覺按：水無爲而有益於治（參見第六節及其注），所以"政善治"是一種"若水"的德行。得道的聖人"無爲而民自化"，"好靜而民自正"（見第五十七章），所以"政善治"也是一種合乎道的德行。

〔10〕事：動詞，做事。　能：勝任。《史記·田敬仲完世家》"寡人弗能拔"《索隱》："能，猶勝也。"　事善能：河上公曰："能方能圓，曲直隨形。"覺按：第七十八章云："天下莫柔弱於水，而攻堅彊者莫之能先。"水柔弱而能勝過一切，所以"事善能"是一種"若水"的德行。第三十七章云："道恆無爲而無不爲。"所以"事善能"又"幾於道"。

〔11〕河上公曰："夏散冬凝，應期而動，不失天時也。"覺按：《禮記·學記》："當其可之謂時。"《説苑·建本》："因其可之曰時。"可見"時"指應時，合時，適合時宜，順應時勢。"動善時"即善於順應時勢，所以既是一種不失天時的"若水"之德，也是一種因循自然而合乎道的德行。

〔12〕夫惟：見第二十二節注〔3〕。　不爭：指上善之人與世無爭。此"不爭"承上文水之"不爭"而言，所以也是一種"若水"的德行。河上公曰："壅之則止，決之則流，聽從人也。"當然，"不爭"也是一種合乎道的德行（參見第六十六章、第六十八章）。

〔13〕河上公曰："水性如是，故天下無有怨尤水者也。"蘇轍曰："有善而不免於人非者，以其爭也。水惟不爭，故兼七善而無尤。"覺按："尤"表示怪怨，歸咎。此文不當指水而言，當指上善之人不被人責怪。第六十六章云："聖人處之上而民弗重，處之前而民不害也。是以天下樂推而不猒也。不以其不爭與？"因爲聖人不爭，所以民衆"弗重""不害""不猒"。"弗重""不害""不猒"等即是"無尤"，所以此文説："夫惟不爭，故無尤矣。"

【韻脚韻部】

淵、天、信，真部。治、能、時、尤，之部。

【義疏正解】

最善良的人就像水一樣。水善於造福萬物而與世無爭，處在衆人所厭惡的低下地位，所以和道差不多了。最善良的人立身處世善於像大地一樣甘居低下的地位，思考問題善於像深水潭一樣深沉不露，施與賑濟善於像上天一樣損有餘而補不足，發表言論善於真實守信，從政善於治理得安定太平，做事善於得心應手，行動善於順應時勢。正因爲最善良的人與世無爭，所以就不會遭受什麽怪怨了。

第五十三節（第九章）

【提要述評】

本節爲傅奕本第九章，河上公注本題"運夷第九"，唐玄宗注本題"持而盈之章第九"。

本節的主旨與上一節相似，也在宣揚不爭謙退之道。不同的只是上一節正面主張"不爭"謙退，而本節則從反對"持而盈之""歃而銳之""金玉盈室""富貴而驕"入手來宣揚"其已""身退"的不爭謙退主張。或者説，本節是從化險爲夷（河上公注本題"運夷"，可能即基於此）的角度來論述的。

老子在此首先反對"持而盈之"。從下文來看，這是針對統治者搜刮金銀財寶以使自己"金玉盈室"而言的。但是，如果從本節的"富貴""成名功遂"來看，則"持而盈之"的東西也可以引申指功名富貴等各個方面。如果在這些方面"持而盈之"，使其達到最充盈的程度，也就是使自己功成名就而富貴之極，則物極必反，也必然會轉向衰落，所以不但是對金銀財寶，就是對功名富貴，如果追求不止，也還不如"其已"爲好，即應該急流勇退、適可而止。這就是第十五章所説的"不欲盈"及第四十四章所説的"知足不辱，知止不殆"的道理。不"盈之"而"已"是一種謙退，反對"歃而銳之""富貴而驕"而主張功成名就後身退，也是一種謙退的策略。總之，全章都是圍繞謙退這一主旨展開的，而老子在最後又將這謙退的策略歸結爲"天之道"，這就使其論述帶上了哲學的色彩，進一步增強了説服力。天道是"損有餘而補不足"的（第七十七章），所以所有的追求都不能貪得無厭而使自己"有餘"，而應該掌握分寸，適可而止，功成身退。否則，鋭意進取而不止，則必受其禍。老子的退隱，可以説是對其"身退"主張的身體力行；而春秋時越國滅吳後，范蠡功成身退而致富，文種功成不退而被殺，可以算是對老子之論的最好實證了。

【校定原文】

持而盈之，不如其已[1]。歃而銳之[2]，不可長保[3]。金玉盈室[4]，莫之能守[5]。富貴而驕，自遺其咎[6]。成名功遂身退[7]，天之道也[8]。

右第九章，四十二言[9]。

【注釋探賾】

〔1〕河上公曰："盈，滿也。已，止也。持滿必傾倒，不如止也。"覺按：《國語·越語下》："夫國家之事，有持盈，……持盈者與天，……天道盈而不溢，盛而不驕，勞而不矜其功。……今君王未盈而溢，未盛而驕，不勞而矜其功。"韋昭注："持，守也。盈，滿也。未盈，國未富實而君意溢。"《荀子·宥坐篇》："弟子挹水而注之。中而正，滿而覆，虛而欹。孔子喟然而歎曰：'吁！惡有滿而不覆者哉？'子路曰：'敢問持滿有道乎？'孔子曰：'聰明聖知，守之以愚；功被天下，守之以讓；勇力撫世，守之以怯；富有四海，守之以謙。此所謂挹而損之之道也。'"《管子·白心》："思索精者明益衰，德行修者王道狹，臥名利者寫生危。……持而滿之，乃其殆也。名滿於天下，不若其已也。名進而身退，天之道也。"注："持滿者善覆，故危也。"從這些引文及古注中可知，"持"即第六十七章"吾有三寶，持而寶之"之"持"，表示保持、守住。"盈"與"滿"同義，表示最充盈、最圓滿的程度。此"盈"後有代詞"之"，用作動詞，表示充滿、使……達到最充盈最圓滿的程度。上面引文中的"盈""滿"指國家富足、聰明聖知、功被天下、勇力撫世、富有四海、德行修好、名滿天下等各方面的最高成就，而這兩句則與下文"金玉盈室，莫之能守"相對（"持"對"守"，"盈"對"盈"），故"盈之"的"之"當指金銀財寶而言。"盈之"就是使金銀財寶達到最充盈的程度，也就是使"金玉盈室"。第四十四章說"多藏必厚亡"，只有"知止"才能"不殆"，所以此文說"金玉盈室，莫之能守"，"持而盈之，不如其已"。這兩句，今人多未徹底搞懂，茲不贅述。

〔2〕孫詒讓曰："'敜'即'揣'之或體，見《集韻·四紙》。《集韻·三十四果》又以'敜'爲或'捶'字，二字古本通也。然以注義推之，此'揣'字蓋當讀爲'捶'。王云：'既揣末令尖，又銳之令利。'即謂捶鍛鉤鍼，使之尖銳。河上公本'梲'作'銳'。《淮南子·道應訓》云：'大馬之（覺按：當作"大司馬"）捶鉤者。'高注云：'捶，鍛擊也。'《說文·手部》云：'揣，量也，一曰捶之。'蓋'揣'與'捶'聲轉字通也。"覺按："敜"（duǒ 朵），帛書乙本作"掄"，河上公本作"揣"，均與"捶""錘""鍛"等一音之轉而相通（"耑""短""垂""段"都是聲符而古音相近；形符"攴"表示敲擊，"扌"表示用手敲擊，"金"表示用金屬之具敲擊），都是

· 218 ·

錘擊、鍛打的意思。　銳：傅奕本作"挩"，據河上公本改。"銳"用作使動詞。此文語帶雙關，字面上是指使金屬銳利，言外之意指人銳意進取功名（見注〔3〕）。

〔3〕王弼曰："既揣末令尖，又銳之令利，勢必摧衄，故不可長保也。"覺按：尖銳鋒利的東西由於經常用來刺物而必然折斷，所以不可長保。此喻指銳意進取功名（參見第四十八節注〔5〕、第十九節注〔4〕）的人會曇花一現。銳意進取功名的人當然不是"不爭"之人，爭則必招致怨尤（參見第八章），即下文所說的"富貴而驕，自遺其咎"，所以這種人勢必不可長保。

〔4〕盈：傅奕本作"滿"，指帛書甲本改。

〔5〕這兩句申述"持而盈之，不如其已"。

〔6〕河上公曰："夫富當賑貧，貴當矜賤，而反自驕恣，必被禍害。"覺按：這兩句申述"揣而銳之，不可長保"。　咎：災禍，禍殃。

〔7〕遂：成。　成名功遂身退：帛書乙本作"功遂身退"，河上公本作"功成名遂身退"。　第二章云："功成不處。"與此文同旨。

〔8〕傅奕本"道"下無"也"，據帛書乙本補。　河上公曰："言人所為，功成事立，名迹稱遂，不退身避位，則遇於害，此乃天之常道也。譬日中則移，月滿則虧，物盛則衰，樂極則哀。"覺按：第七十七章云："天之道，其猶張弓者歟！高者抑之，下者舉之；有餘者損之，不足者補之。"天之道既是"高者抑之"，所以功成名就後應該身退。

〔9〕四十二：傅奕本作"四十一"，今補一字，故改。

【韻脚韻部】

已、保、守、咎、道，之幽旁轉合韻（"已"屬之部，其餘屬幽部）。

【義疏正解】

保持已經擁有的金銀財寶並努力使它們達到最充盈的程度，還不如停止追求。鍛打金屬而使它銳利，它就不可能長期被保全。黃金寶玉堆滿了內室，就沒有誰能保住它們。富裕高貴了而驕橫放縱，就會自己給自己留下禍殃。成就了名聲、事業成功後自身引退，這是上天的原則啊。

第五十四節（第十章）

【提要述評】

本節爲傅奕本第十章，河上公注本題"能爲第十"，唐玄宗注本題"載營魄章第十"。

本節的主旨在宣揚其行道的主張，文章以一系列的"能……乎"委婉地表達了遵行大道的具體行爲規範（河上公注本題"能爲"，可能即基於此）。前三句談治身之道，後三句談治國之道，最後以道之"玄德"作結，勸說世君行無爲之道。

老子認爲，遵行大道必須從治身入手，而治身之要首先在活命，活命的關鍵則在"裹一"（保持道所産生的物質元素）而"載營魄"（不失魂落魄）；其次在養氣，即"專氣"（聚集自己的精氣），使自己像嬰兒一樣柔和；再次在洗心，即"滌除玄覽"（淨化自己的心靈），使自己一塵不染。在自己體魄健康、精神充足、意志堅韌、心境清靜的前提下，才可轉入"愛民治國"。在政治生活中，老子認爲遵行大道者必須遵循三條原則：一是"無以知"，即不用智謀；二是"爲雌"，即處卑守靜；三是"無以爲"，即虛靜無爲。最後，老子盡情地讚頌了道生萬物而不去佔有、利用、支配萬物的"玄德"，希望君主們能以此爲準則，施行無爲之政。

【校定原文】

載營魄裹一[1]，能無離乎[2]？專氣致柔[3]，能如嬰兒乎[4]？滌除玄覽[5]，能無疵乎[6]？愛民治國[7]，能無以知乎[8]？天門啓闔[9]，能爲雌乎[10]？明白四達[11]，能無以爲乎[12]？生之畜之[13]，生而不有[14]，爲而不恃，長而不宰，是謂玄德[15]。

右第十章，七十二言。

【注釋探賾】

〔1〕載：據說唐玄宗曾將"載"改爲"哉"而將它歸屬於上一章之末句（見元劉惟永編集之《道德真經集義》引褚伯秀之說），後人從之者不絕，至今仍有人依從此說（見馮達甫注譯），實不當。帛書乙本上章末句作"天之道也"，此句作"載營袙抱一"，可明古本"載"字不當作"哉"

而屬上句。《楚辭·遠遊》："載營魄而登霞兮,掩浮雲而上征。"王逸注："抱我靈魂而上升也。"屈原此語或本於《老子》,則《老子》古本自作"載營魄"而不可無"載"字。"載"是裝載的意思。"載營魄"是指軀體裝載着營魄。古人認爲人的魂魄與軀體可合可離,《左傳·昭公七年》説"其魂魄猶能馮依於人",是指魂魄依附於人的軀體。《左傳·昭公二十五年》説"魂魄去之",以及成語所謂"喪魂落魄""魂不附體",是指魂魄離開人的軀體。正因爲魂魄可附於軀體或者離開軀體,所以此文説"載營魄"而不能無"載"字。有人認爲"載"是語助詞(見陳鼓應注),也不當。 河上公曰:"營魄,魂魄也。"覺按:《左傳·昭公七年》:"人生始化曰魄,既生魄,陽曰魂。"孔穎達疏:"魂魄,神靈之名,本從形氣而有,形氣既殊,魂魄亦異。附形之靈爲魄,附氣之神爲魂也。附形之靈者,謂初生之時耳目心識、手足運動、啼呼爲聲,此則魄之靈也。附氣之神者,謂精神性識、漸有所知,此則附氣之神也。"古人把能離開身體而存在的精神叫作魂,把依附於軀體而又能獨立存在的精神叫作魄;魂用於思維想象,魄用於感覺運動。魂魄離開軀體則人死而成尸,所以人體"載營魄"才能活着。 河上公曰:"言人能抱一,使不離於身,則長存。一者,道德所生太和之精氣也,故曰一。"覺按:"裹"見第五節注〔5〕。"一"見第五節注〔1〕、第二節注〔1〕。第三十九章曰:"萬物得一以生……萬物無以生,將恐滅。"所以人"裹一"才得以生。此文之"裹一"與第二十二章的"裹一"相同,即相當於第三十九章所説的"得一"。"載營魄"是看重精神的表現,"裹一"是看重道的表現。今人對這"裹一"的解釋各異,但大都爲隨文發揮,不能與第二十二章的"裹一"以及第三十九章、第四十二章的"一"相貫通,顯然不當,茲不贅駁。

〔2〕離:分離,此指軀體跟"營魄"及"一"的分離。《史記·太史公自序》云:"形神離則死。"漢樂府《焦仲卿妻》云:"我命絶今日,魂去尸長留。"可見軀體與"營魄"分離則死而成尸。第三十九章云:"萬物得一以生……萬物無以生,將恐滅。"可見軀體與"一"分離則化爲烏有而"滅"。 能……乎:這是一種用來表達希望的疑問句結構,該結構中的詞語所提供的是一種理想的結論。下幾句同。"能無離乎"是希望軀體跟"營魄"及"一"不分離,也就是希望自己能不死不滅,因爲只有軀體跟"營魄"及"一"不分離,人才能不滅而活。《莊子·庚桑楚》:"老子曰:'衛生之經,能抱一乎?能勿失乎?'"其義與此同。

〔3〕河上公曰："專守精氣使不亂，則形體能應之而柔順矣。"覺按："專"（tuán 團）通"團"或"摶"，是集中、結聚的意思。《呂氏春秋·論威》："并氣專精。"《管子·內業》："摶氣如神，萬物備存。能摶乎？能一乎？"注："摶，謂結聚也。結聚純氣，則無所不變化，故如神而物備存矣。"本文之"專氣"與"并氣""摶氣"同。　氣：精氣，即陰陽元氣，也是人的元氣，它是一種能生成萬物而富有生命力的靈氣（參見六十五節注〔10〕）。《周易·繫辭上》："精氣爲物。"孔穎達疏："謂陰陽精靈之氣，氤氳積聚而爲萬物也。"陰陽元氣聚合在一起會形成和氣，從而生成萬物（參見第五節注〔6〕〔4〕），也就是說，只有"專氣"（摶氣）才能導致和氣而生成萬物，所以要"專氣"。《楚辭·九辯》云："乘精氣之摶摶兮。"王逸注："楚人名圓曰摶也。"可見摶氣爲楚人常語，指結聚精氣，即結聚陰陽元氣。　致：通"至"，達到（參見第二節注〔6〕）。　柔：見第十五節注〔12〕。

〔4〕能如嬰兒乎：表示希望能像嬰兒一樣。在老子看來，嬰兒是"專氣致柔"的最好代表，第五十五章說嬰兒"骨弱筋柔"而爲"精之至""和之至"，即可明此義。

〔5〕河上公曰："當洗其心使潔清也。心居玄冥之處，覽知萬事，故謂之玄覽。"高亨曰："'覽'讀爲'鑒'。'覽''鑒'古通用。《楚辭·離騷》：'皇覽揆余初度兮。'《考異》：'覽，一作鑒。'《文選·西征賦》李注引'覽'作'鑒'。《九章·抽思》：'覽余以其脩姱。'《考異》：'覽，一作鑒。'並其證。玄者形而上也，鑒者鏡也。玄鑒者，內心之光明，爲形而上之鏡，能照察事物，故謂之玄鑒。《淮南子·修務篇》：'執玄鑒於心，照物明白。'《太玄·童》：'修其玄鑒。''玄鑒'之名，疑皆本於《老子》。《莊子·天道篇》：'聖人之心靜乎！天地之鑒、萬物之鏡也。'亦以心譬鏡。洗垢之謂滌，去塵之謂除。《說文》：'疵，病也。'人心中之欲如鏡上之塵垢，亦即心之病也。故曰：'滌除玄鑒，能無疵乎！'意在去欲也。"覺按：今人多從高亨之說（見許抗生、陳鼓應、馮達甫注譯），實不當。因爲"玄鑒"既爲"內心之光明"，"執玄鑒於心"就能"照物明白"，則何必還要"滌除"它呢？曹植《學官頌》："玄鏡獨鑑，神明昭晰。"陸雲《陸士龍文集》卷三載《贈陸士龍》之八："明明大象，玄鑒照微。"也都說明玄鏡是指一種高明的觀察能力，是無須"滌除"的。因此，此當從河上公之說，"玄覽"當指心。"玄"是深藏不露的意思（參見第四十五節注

· 222 ·

〔11〕）。老子頌揚上善之人"心善淵"（見第八章），也就是認爲心理活動應該是深沉不露的（參見第五十二節注〔6〕），所以此文將"心"稱爲"玄覽"。"覽"是觀看，將心與"覽"聯繫在一起，猶後人稱内心爲"心目""心眼"。"滌除玄覽"等於説"洗心"，指滌蕩衆君（衆多的普通君主）心中的疑慮邪念。《周易·繫辭上》"聖人以此洗心"韓康伯注："洗濯萬物之心。"孔穎達疏："萬物有疑，則卜之，是蕩其疑心；行善得吉，行惡遇凶，是盪其惡心也。"

〔6〕河上公曰："不淫邪也。"覺按：疵：小毛病，缺點。 無疵：没有小毛病，指非常完美，連小缺點都没有。 能無疵乎：表示希望衆人没有一點點私心雜念，即第三章所説的"虚其心"，"弱其志"，"恒使民無知無欲，使夫知者不敢爲"。

〔7〕河上公曰："治身者愛氣則身全，治國者愛民則國安。"

〔8〕王弼曰："任術以求成，運數以求匿者，智也。……治國無以智，猶棄智也。能無以智乎？則民不辟而國治之也。"覺按：以：用。 知：通"智"。 能無以知乎：表示希望治國不用智謀。第十九章曰："絶聖棄知，民利百倍。"第六十五章曰："古之善爲道者，非以明民，將以愚之。民之難治，以其多知也。故以知治邦，邦之賊也；不以知治邦，邦之福也。"均可明此文之義。今人多據景龍碑本等將"知"改爲"爲"（見高亨、陳鼓應、馮達甫注譯），不當。此句帛書乙本作"能毋以知乎"，可證古本作"知"而不作"爲"。

〔9〕啓：傅奕本給"開"，乃漢人避諱而改（參見第十五節注〔9〕），今據帛書乙本改。 天門：自然之門户，即第一章所説的"衆妙之門"，也就是第一章所説的"始"（"無名"）、"母"（"有名"），是生成萬物的道的元素所經由的門户。《莊子·庚桑楚》："有乎生，有乎死，有乎出，有乎入，入出而无見其形，是謂天門。天門者，無有也，萬物出乎无有。"郭象注："天門者，萬物之都名也。謂之天門，猶云'衆妙之門'也。"成玄英疏："天者，自然之謂也；自然者，以無所由爲義。言萬有皆無所從，莫測所以，自然爲造物之門户也。"《莊子》説"天門者，无有也，萬物出乎无有"，表明道家的天門，即第一章所説的"無名，天地之始；有名，萬物之母"，是產生萬物的門徑，所以郭注認爲即"衆妙之門"。前人對"天門"的解釋多未得道家真旨，與《老子》之文不能貫通，不可從，恕不贅述。 啓：開啓。 闔：關閉。 啓闔：猶"闔闢"，表示變化。《周

易·繫辭上》："是故闔戶謂之坤，闢戶謂之乾，一闔一闢謂之變。" 天門啓闔：自然之門開啓或關閉，指自然的造物與滅物，引申指道引起的社會變化。天門開啓而生萬物，喻指新的統治者產生；天門關閉則萬物無由生，喻指舊的統治者滅亡。王弼曰："天門，謂天下之所由從也。開闔，治亂之際也。或開或闔，經通於天下，故曰'天門開闔'也。"

〔10〕河上公曰："治身當如雌牝，安靜柔弱；治國，應變而不唱也。"覺按："雌"即雌性。老子以"雌"喻指處卑守靜。第二十八章云："知其雄，守其雌，爲天下谿；爲天下谿，恒德不離，復歸於嬰兒。"第六十一章云："牝恒以靜勝牡，以其靜，故爲下也。"均可藉以明此文"雌"字之義。河上公認爲此句兼指治身、治國而言，不當。細味此文，可知此節前三句言治身，後三句言治國，所以此句之"爲雌"與上下文之"無以知""無以爲"均當指治國而言。"天門啓闔，能爲雌乎"的言外之意是：在社會大變動、新舊朝代更替之時，應該處卑守靜。因爲老子認爲，只有處卑守靜，才能成爲天下之君主。第六十六章云："江海所以能爲百谷王者，以其善下之也，故能爲百谷王。"第四十五章云："清靜可以爲天下正。"均可藉以明此文之義。

〔11〕明白：清楚，明察。 達：通達，通曉。《素問·寶命全形論》"能達虛實之數者"王冰注："達，謂明達。"《論語·顏淵》"樊遲未達"皇侃疏："達，猶曉也。" 四達：通曉四方，對四面八方的情況都瞭如指掌，形容極其聰明。《莊子·山木》"始用四達"郭象注："感應旁通爲四達。"《莊子·刻意》："精神四達並流，无所不極，上際於天，下蟠於地。"成玄英疏："夫愛養精神者，故能通達四方，並流無滯。既而下蟠薄於厚地，上際逮於玄天，四維上下，無所不極，動而常寂，非輕用之者也。"均可用來明此"四達"之義。 明白四達：即第四十七章所說的"不出於戶，可以知天下"與"不行而知，不見而名"。

〔12〕王弼曰："言至明四達，無迷無惑，能無以爲乎？則物化矣。所謂道常無爲，侯王若能守，則萬物自化（覺按：語見第三十七章）。"覺按：此"無以爲"與上文"無以知"的結構相同，與第三十八章的"無以爲"不同。 以：用。 爲：見第二十七節注〔12〕、第四十節注〔2〕。
明白四達，能無以爲乎：是希望君主既明察，又不爲。即第四十七章所說的"不行而知，不見而名，不爲而成"。俞樾曰："按唐景龍碑作：'愛民（覺按：景龍碑作"人"而不作"民"）治國，能無爲？天門開闔，能

爲雌？明白四達，能無知？'其義並勝，當從之。'愛民治國，能無爲'，即孔子無爲而治之旨。'明白四達，能無知'，即知白守黑之義也。王弼本誤倒之。"其實，景龍碑本未必可從。上文"能無以知乎"甚合老子之旨，不當從景龍碑本改（見注〔8〕）。此句"能無以爲乎"，雖然帛書乙本作"能毋以知乎"，河上公本作"能無知乎"，但據第四十七章之文，老子自以"知""名"（明）與"不爲"連言，可知此文之"爲"未必有誤。今人多將此文之"爲"改爲"知"（見高亨、陳鼓應、馮達甫注譯），雖通，恐未當。

〔13〕河上公曰："道生萬物而畜養之。"覺按：參見第五十一章。此下承上句"無以爲"而言，申述道的無爲，以此作爲君王的行爲準則。

〔14〕此下與第五十一章之文相同，可參見第十四節注〔10〕〔11〕〔12〕。

〔15〕河上公曰："言道德玄冥不可得見，欲使人知道也。"

【韻腳韻部】

離、兒、疵、知、雌、爲，歌支通轉合韻（"離""爲"屬歌部，其餘屬支部）。有、恃、宰、德，之職對轉合韻（"德"屬職部，其餘屬之部）。

【義疏正解】

人體攜帶着魂魄、含着混沌之氣，能不再分離嗎？聚集精氣達到柔和的境界，能像嬰兒一樣嗎？清洗玄妙莫測的心眼，能使人沒有一點小毛病嗎？愛護民衆治理國家，能不用智謀嗎？自然之門開啓或關閉的時候，能做一個處卑守靜的雌性嗎？明察秋毫通曉四方，能不採用強行干預的政治措施嗎？道產生萬物、畜養萬物，生出萬物而不去佔有它們，幫助萬物而不去憑藉它們，培育萬物而不去主宰它們，這叫作深藏不露的德行。

第五十五節（第十一章）

【提要述評】

本節爲傅奕本第十一章，河上公注本題"無用第十一"，唐玄宗注本題"三十輻章第十一"。

本節的主旨在説明"無"（虛無之空）的功用（河上公注本題"無用"，可能即基於此）。

人們往往只注意到有形的東西給自己帶來的好處，却忽略了無形的東西所發揮的作用。老子從相反相成、"有無之相生"（見第二章）的觀念出發，提出了"有之以爲利，無之以爲用"的命題，認爲有形的東西固然能給人們帶來好處，但無形的東西却也在其中發揮了作用。在這裏，老子所要强調的是"無"的功用，所以此節先列舉了車子、陶器、房屋三例，説明這些有形的實物之所以能給人們帶來好處，全在於其中無形的空間發揮了作用。從這些實例中我們可以體會到，老子此文所謂的"無"，與第四十章所説的"無"不同，它並不是絶對的"無"，而是相對於"有"的"無"，是與"有"相反相成的"無"，是一種"有"中之"無"，即有形之物中所包含着的無形空間。離開了"有"，也就不會有這種"無"。老子將這種"無"看作與"有"同樣重要的一種物質形態，是富有理性的，它體現了一個哲學家超乎常人的思辨力。當然，他在這裏强調"無"的功用，並没有否定"有"的功用，他對"有"之"利"也是同樣注重的。可以説，"有"之"利"依賴於"無"之"用"，而"無"之"用"也依賴於"有"之"利"。老子在這裏所揭示的"無"與"有"的對立統一，與第二章的觀念一樣，是合乎辯證法的。他既注重"有"之"利"而又强調"無"之"用"的觀念，對後世也發生了深刻的影響。《淮南子·説山訓》云："鼻之所以息，耳之所以聽，終以其無用者爲用矣。物莫不因其所有而用其所無，以爲不信，視籟與竽。"（高誘注："無用者，謂鼻耳中空處也。籟，三孔籥也。以其管孔空處以成音也，故曰'視籟與竽'也。"）這種觀念，即源於老子。

【校定原文】

三十輻共一轂[1]，當其無，有車之用[2]。埏埴以爲器[3]，當其無，有器之用[4]。鑿户牖以爲室[5]，當其無，

226

道篇下　第五十五節（第十一章）

有室之用[6]。故有之以爲利[7]，無之以爲用[8]。

右第十一章，四十九言。

【注釋探賾】

〔1〕河上公曰："古者車三十輻，法月數也。共一轂者，中有孔，故衆輻湊之。"范應元曰："古者制器尚象，車之輻有三十者，以象一月也。"覺按：《周禮·冬官·輈人》："輪輻三十，以象日月也。"　輻：車輪的輻條，古代用木條製成，一端接合車輞（車輪外周的輪圈），另一端接合車轂。　共：帛書乙本作"同"，義同。　轂（gǔ 鼓）：車輪中心有圓孔的圓木，周圍與車輻的一端相接，中間的圓孔供插軸用。　又，據下文的句式，則此句當爲"三十輻共一轂以爲車"之省。下文的"鑿户牖以爲室"，帛書乙本作"鑿户牖"而省"以爲室"三字，與此同例，可證此句省"以爲車"三字。

〔2〕高亨曰："當，猶在也。"河上公曰："無，爲空虛。轂中空虛，輪得轉行；輿中空虛，人得載其上。"覺按："其"字似不當兼指。河上公認爲"其"既指代轂，又指代車，恐未當。下文兩個"其"分別指代"器"與"室"，則此"其"字當指代"車"，而不是指代"轂"。今人多認爲指代轂（見王力主編的《古代漢語》第二册《老子》文選注、陳鼓應注譯），實不當，因爲轂中必插軸，而一插軸就不是"無"了。　無：虛無，没有。此文的"無"與"其"連用，是相對於"有"的一個概念，指有形的東西中所包含着的無形的空間。又，畢沅、高亨、朱謙之等將此句讀爲："當其無有，車之用。"下面兩句也以"當其無有"爲句，實不當。因爲此文在强調"無之以爲用"，所以此車之"用"當承"無"而言，不當承"無有"而言。

〔3〕河上公曰："埏，和也。埴，土也。和土以爲飲食之器。"覺按："埏"（shān 山）同"挻"，表示以水和土並揉捏捶擊。　埴（zhí 直）：細密的黄黏土。《荀子·性惡篇》"故陶人埏埴而爲器"楊倞注："埏，擊也。埴，黏土也。擊黏土而成器。"　以：猶"而"。帛書乙本作"而"。

〔4〕河上公曰："器中空虛，故有所受。"

〔5〕河上公曰："謂作室屋。"覺按：户：單扇的房門。　牖（yǒu 有）：窗。

〔6〕河上公曰："户牖空虛，人得以出入。室中空虛，人得以居處。"覺按："其"字不當兼指，河上公之説恐未當（參見注〔2〕）。造房時雖

開門窗，但門窗一關也就無所謂"無"，但仍"有室之用"，所以此"其"字不應指代"戶牖"，而應指代"室"。

〔7〕有：與"無"相對。"無"在此指無形的空間，"有"在此指有形的實物（如上文所說的"車""器""室"之類）。上文陳說"車""器""室"爲列舉實例，此句則作理論上的引申闡發，以使其結論具有更爲普遍的意義。　之：語助詞。　以：猶"可"（參見《古書虛字集釋》卷一）。　爲：作，造成，產生。

〔8〕無：與"有"相對，指"有"中之"無"，如上文所說的"車""器""室"之類的中空部分。此句作一理論上的總結，目的在於強調因看不見而不爲人注意的"無"的重要作用，但並不是以此來否定"有"的作用。王安石則誤認爲老子在這裏只看到了"無"的作用而否定了"有"的作用。他在《老子》一文中批判老子說："老子者獨不然，以爲涉乎形器者皆不足言也，不足爲也，故抵去禮、樂、刑、政而唯道之稱焉。是不察於理而務高之過矣。……今知'無'之爲車用，'無'之爲天下用，然不知所以爲用也。故'無'之所以爲用（覺按："爲用"當作"爲車用"）者，以有轂輻也；'無'之所以爲天下用者，以有禮、樂、刑、政也。如其廢轂輻於車，廢禮、樂、刑、政於天下，而坐求其'無'之爲用也，則亦近於愚矣。"（見《臨川文集》卷六十八）這種批判，顯然失當，因爲老子明明說"有之以爲利"，而並沒有認爲"有"之不足言、不足爲也。

【韻脚韻部】
轂、器、室、利，屋質通轉合韻（"轂"屬屋部，其餘屬質部）。用、用、用、用，東部。

【義疏正解】
三十根輻條共同裝在一個輪轂上而製成車子，就在於車中那無形的空間，才有了車子的功用。揉和擊打黏土而製成陶器，就在於陶器中那無形的空間，才有了陶器的功用。開鑿門窗而造成房屋，就在於房屋中那無形的空間，才有了房屋的功用。所以有形的可以產生利益，無形的可以產生功用。

第五十六節（第十二章）

【提要述評】

本節爲傅奕本第十二章，河上公注本題"檢欲第十二"，唐玄宗注本題"五色章第十二"。

本節的主旨在貶斥可以引起人們欲望的各種事物，要求統治者限制人們的欲望（河上公注本題"檢欲"，可能即基於此）。

老子認爲，繽紛的色彩服飾、衆多的音樂曲調、豐盛的美味佳餚、縱情的馳騁打獵、難得的金銀財寶，在供人享受的同時却會刺激人的欲望而傷害人的身心與德行，所以他宣揚聖人的治國之道，主張"爲腹不爲目"，只要讓人民吃飽肚子就行了，而不能使人民耳聞目睹這些具有誘惑力的東西。這些論述，實際上是第三章"不可見欲"之論的補充與發揮。這種排斥聲色珍寶、反對吃喝玩樂的主張，無疑反映了當時平民階層對統治者奢侈淫逸的生活方式的強烈不滿，而對於艱苦樸素的傳統道德觀念的形成無疑也具有深刻的影響。但是，老子在這裏只是要求統治者限制人民的物質追求，而並未將矛頭指向統治者，所以歸根結底，此文不過是爲統治者的統治獻計獻策而已，而並非在諫諍統治者的縱情聲色、淫逸奢侈。應該補充說明的是，老子在此排斥"五色""五音""五味""馳騁田獵""難得之貨"，只是在反對物欲橫流、縱情放蕩、窮奢極欲的腐朽生活方式，不能簡單地視之爲反對精神文明。

【校定原文】

五色令人目盲[1]，五音令人耳聾[2]，五味令人口爽[3]，馳騁田獵令人心發狂[4]，難得之貨令人行妨[5]。是以聖人之治也[6]，爲腹不爲目[7]，故去彼取此[8]。

右第十二章，五十二言[9]。

【注釋探賾】

[1] 五色：古代以青、黃、赤、白、黑爲五色，此泛指各種色彩。盲：瞎，失明，此指眼睛不能分辨顏色。色彩太多，往往會使人眼花繚亂而不能細辨各種顏色，所以説"五色令人目盲"。《淮南子·精神訓》："五色亂目，使目不明。"高誘注："不明，視而昏也。"

〔2〕五音：古代以宮、商、角、徵、羽五個音階爲五音，此泛指由五音組成的各種音樂。《詩經·周南·關雎·序》："聲成文謂之音。"孔穎達疏："以聲變乃成音，音和乃成樂，故別爲三名，對文則別，散則可以通。……下云'治世之音'，音即樂也。" 聾：此指耳朵不能分辨不同的音樂。因爲各種不同的音樂如果一起齊奏，那就會震耳欲聾，使耳朵分辨不出曲調，所以說"五音令人耳聾"。《淮南子·精神訓》云："五聲譁耳，使耳不聰。"高誘注："不聰，聽無聞也。"又，此"聾"字也可理解爲不能分辨各種音樂的好壞。音樂有各種各樣，《詩經·周南·關雎·序》云："治世之音安以樂，其政和；亂世之音怨以怒，其政乖；亡國之音哀以思，其民困。"如果各種音樂都流行，往往會使人分辨不出其好壞，所以說"五音令人耳聾。"《莊子·天地》："二曰五聲亂耳，使耳不聰。"成玄英疏："五聲，謂宮、商、角、徵、羽也。淫滯俗聲，不能聞道，故曰不聰。"這便是把"聾"理解爲不能區別音樂的好壞。《韓非子·十過》所載晉平公"好五音"而"窮身"的事蹟，也可證成成玄英之說，今不妨錄於此以供參考，其文云："晉平公觴之於施夷之臺。酒酣，靈公起。公曰：'有新聲，願請以示。'平公曰：'善。'乃召師涓，令坐師曠之旁，援琴鼓之。未終，師曠撫止之，曰：'此亡國之聲，不可遂也。'平公曰：'此道奚出？'師曠曰：'此師延之所作，與紂爲靡靡之樂也。及武王伐紂，師延東走，至於濮水而自投。故聞此聲者，必於濮水之上。先聞此聲者，其國必削，不可遂。'平公曰：'寡人所好者，音也，子其使遂之。'師涓鼓究之。平公問師曠曰：'此所謂何聲也？'師曠曰：'此所謂清商也。'公曰：'清商固最悲乎？'師曠曰：'不如清徵。'公曰：'清徵可得而聞乎？'師曠曰：'不可。古之聽清徵者，皆有德義之君也。今吾君德薄，不足以聽。'平公曰：'寡人之所好者，音也，願試聽之。'師曠不得已，援琴而鼓。一奏之，有玄鶴二八，道南方來，集於郎門之垝；再奏之而列；三奏之，延頸而鳴，舒翼而舞，音中宮商之聲，聲聞于天。平公大說，坐者皆喜。平公提觴而起，爲師曠壽，反坐而問曰：'音莫悲於清徵乎？'師曠曰：'不如清角。'平公曰：'清角可得而聞乎？'師曠曰：'不可。昔者黃帝合鬼神於泰山之上，駕象車而六蛟龍，畢方並鎋，蚩尤居前，風伯進掃，雨師灑道，虎狼在前，鬼神在後，騰蛇伏地，鳳皇覆上，大合鬼神，作爲清角。今主君德薄，不足聽之。聽之，將恐有敗。'平公曰：'寡人老矣，所好者音也，願遂聽之。'師曠不得已而鼓之。一奏而有玄雲從西北方起；再奏

道篇下　第五十六節（第十二章）

之，大風至，大雨隨之，裂帷幕，破俎豆，隳廊瓦。坐者散走，平公恐懼，伏于廊室之間。晉國大旱，赤地三年。平公之身遂癃病。故曰：不務聽治，而好五音不已，則窮身之事也。"

〔3〕河上公曰："爽，亡也。人嗜五味，則亡失於道味。"王弼曰："爽，差失也。失口之用，故謂之爽。"覺按："五味"本指酸、苦、甜、辛、鹹。此"味"字則猶如《韓非子·二柄》"桓公好味"之"味"，指各種美味的食物。　爽：通"喪"，是喪失的意思。朱駿聲《說文通訓定聲》"爽"字條既說"爽"假借爲"喪"，又舉《老子》"五味令人口爽"爲例證，其說甚是。　口爽：指嘴巴失去了正常的味覺，分辨不出味道的好壞。整天食用各種美味佳餚，反而會因爲吃膩了而不能辨別其美味，所以說"五味令人口爽"。《莊子·天地》云："四曰五味濁口，使口厲爽。"成玄英疏："五味，謂酸、辛、甘、苦、鹹也。厲，病；爽，失也。令人著五味，穢濁口根，遂使鹹苦成痾，舌失其味，故言厲爽也。"

〔4〕河上公曰："人精神好安靜。馳騁呼吸，精神散亡，故發狂也。"覺按：趕馬快跑叫"馳"，任馬亂跑叫"騁"。"馳騁"即縱馬奔馳。　田：通"畋"，打獵。　狂：瘋狂，精神失常。

〔5〕河上公曰："妨，傷也。金銀珠玉，心貪意欲，不知猒足，則行傷身辱也。"覺按："難得之貨"見第二十七節注〔18〕。　行：德行。《周禮·地官·師氏》："以三德教國子：一曰至德，以爲道本；二曰敏德，以爲行本；三曰孝德，以知逆惡。教三行：一曰孝行，以親父母；二曰友行，以尊賢良；三曰順行，以事師長。"鄭玄注："德、行，內外之稱，在心爲德，施之爲行。"　妨：《說文·女部》："妨，害也。"　行妨：德行受傷害。難得之貨會使民爲盜（參見第三章），所以"令人行妨"。《儀禮·聘禮》云："多貨則傷于德。"鄭玄注："貨，天地所化生，謂玉也。君子於玉比德焉。朝聘之禮，以爲瑞節，重禮也。多之，則是主於貨，傷敗其爲德。"可見儒家也有類似的看法。

〔6〕傅奕本無"之治也"三字，據帛書甲本、乙本補。"聖人之治也"與第三章的"聖人之治也"相同，指治民。一般本子無"之治也"三字，所以一般學者都認爲下文的"爲腹不爲目"是指聖人的治身之道（參見河上公、王弼注以及許抗生、陳鼓應、馮達甫等注譯），誤。

〔7〕爲腹：治腹，即致力於使肚皮吃飽，也就是第三章所說的"實其腹"。　不爲目：不治目，即不致力於使人大飽眼福，也就是不讓人看到

"五色"之類令人眼花心亂的東西，也即第三章所説的"不見可欲"。前人不能聯繫第三章的內容來看此章，所以對"爲腹不爲目"的理解多未得其旨，兹不贅駁。

〔8〕彼：指"爲目"。　此：指"爲腹"。

〔9〕五十二：傅奕本作"四十九"，今補三字，故改。

【韻脚韻部】

盲、聾、爽、狂、妨，陽東旁轉合韻（"聾"屬東部，其餘屬陽部）。腹、目，覺部。

【義疏正解】

各種色彩使人眼睛失明，各種音樂使人耳朵失靈，各種美味的食物使人口舌失去正常的味覺，縱馬奔馳出外打獵使人心神發瘋，難以得到的財物使人德行敗壞。因此聖明君主治理人民的時候，致力於飽其肚皮而不致力於飽其眼福，所以抛棄那使人眼見心動的做法而採取這使人吃飽肚皮的措施。

第五十七節（第十三章）

【提要述評】

本節爲傅奕本第十三章，河上公注本題"猒恥第十三"，唐玄宗注本題"寵辱章第十三"。

本章的主旨在於批判世人患得患失的思想，宣揚其置身度外的"無私"（見第七章）主張。

老子認爲，人們之所以會"寵辱若驚"，是因爲其患得患失、厭惡恥辱（河上公注本題"猒恥"，可能即基於此）的思想在作祟。得寵了怕失寵，受辱了怕遭受更大的禍患，所以會膽戰心驚。老子在這裏特別强調了"寵爲下"——得寵並不是上等的好事。得寵者得到了上面的恩賜，唯恐得罪上面而失寵，於是只能戰戰兢兢、誠惶誠恐地曲意逢迎、唯命是從。由此可見，得寵實是使自己淪落成了賣身求榮的奴隸，使自己完全喪失了人格的尊嚴。正因爲如此，所以老子在此特別貶斥了得寵。"寵辱若驚"，是由於患得患失；而患得患失，是由於太注重自身的利害。因此，老子認爲，只要將自身置之度外，就不會有什麼禍患。而只有這種置身度外、一切爲天下民衆着想的人，才可以把天下託付給他。這些論述，不但是對第七章所説的"外其身"的"無私"觀念的補充與闡發，而且也是其反對當時統治者不顧"民之飢"而只顧"求生之厚"現象（見第七十五章）的一種正面表述。有人認爲此章在强調"貴身"，實是一種誤解。

【校定原文】

"寵辱若驚[1]，貴大患若身[2]。"何謂"寵辱若驚"？寵爲下[3]，得之若驚[4]，失之若驚[5]，是謂"寵辱若驚"。何謂"貴大患若身"？吾所以有大患者，爲吾有身[6]。及吾無身[7]，吾有何患乎[8]？故貴以身爲天下者[9]，則可以託天下矣[10]；愛以身爲天下者[11]，則可以寄天下矣[12]。

右第十三章，八十八言。

【注釋探賾】

[1] 河上公曰："身寵亦驚，身辱亦驚。寵，尊榮也。辱，恥辱也。"于鬯曰："'寵辱若驚，貴大患若身'兩句當係古語，故老子爲分釋之。"

覺按：《國語·楚語上》"其寵大矣"韋昭注："寵，榮也。""寵"表示"榮"，所以此文與"辱"相對。又，此文之"寵""辱"都用作被動詞。

〔2〕河上公曰："貴，畏也。若，至也。畏大患至身，故皆驚。"覺按：河上公認爲此句在闡明上一句的原因，可取，但其詞語解釋不可取。貴：《經典釋文·老子道經音義》："重也。"亦即第三章"不貴難得之貨"之"貴"，是珍視、看重的意思。十分看重就會膽小謹慎而產生害怕的心理，所以河上公解爲"畏"，但不如依字作解爲好。若：與上句"若"相對，不當分爲二義，仍應解爲"如"或"像"。即從下文來看，此"若"字也不當解作爲"至"。又，"身"字上承上省"貴"字，"貴大患若身"即"貴大患若貴身"，表示看重大禍就像看重自己的身體一樣。這句承上一句而言，指患得患失的人在得寵或受辱時之所以會心驚肉跳，是因爲他們太看重大禍臨頭了，就像他們看重自己的身體一樣。反言之，珍惜自己身體的人，必定害怕大禍臨頭而十分重視大禍，這種人在得寵或受辱時往往會想到寵辱可能帶來的大禍，所以也就驚慌不安了。這就是這兩句的邏輯聯繫。今人對這兩句的理解分歧很大，但大都不當，茲不贅駁。

〔3〕下：下等。在老子看來，得寵並不是上等的好事，因爲得寵後，便有失寵的可能，所以說"寵爲下"。正因爲"寵爲下"，所以會得寵若驚。第二十八章說"知其雄，守其雌"，"知其白，守其黑"，也可佐證此文當作"寵爲下"。河上公本"寵爲下"作"辱爲下"，陳景元本作"寵爲上，辱爲下"，俞樾、高亨、馮達甫等也認爲"寵爲下"當作"寵爲上，辱爲下"，這都是以常人的觀念來規範、妄改《老子》，甚誤。帛書甲本、乙本之文與傅奕本類似，可證傅奕本反映了古本的面貌。

〔4〕河上公曰："得寵榮者驚，處高位如臨危也，貴不敢驕，富不敢奢。"蘇轍曰："古之達人，驚寵如驚辱，知寵之爲辱先也。"覺按：沒有得到尊榮，就沒有什麼可失去的；得到了尊榮，反而有失去尊榮的可能。患得患失的人怕失去尊榮，所以會在得到尊榮時心驚肉跳。

〔5〕河上公曰："失者，失寵處辱。驚者，恐禍重來。"覺按：上一句解釋"寵若驚"，這一句解釋"辱若驚"。"失之"即"失寵"，也就是受辱。失寵者雖已受辱，但既已失寵，也就有可能蒙受更大的凌辱，甚至有殺身之禍，所以失寵者會在失去尊榮時膽戰心驚。

〔6〕河上公曰："有身，憂其勤勞，念其飢寒，觸情從辱，則遇禍患。"覺按：爲：因爲。 有身：有身體，指心目中有自己的身體，即看重自己

的身體，相當於第五十章的"生生"。人看重自己的身體，就會爲謀生而活動，乃至追求寵榮，但"生生而動，動皆之死地"（見第五十章），"之死地"便是"大患"，所以看重自己的身體便會有大患。陳鼓應將此句解爲"大患是來自身體"，誤。

〔7〕及：傅奕本作"苟"，據帛書甲本、乙本改。"及"與"苟"同義。王念孫曰："及，猶'若'也。……言'若吾無身'也。"（見《經傳釋詞》卷五"及"字條）　無身：沒有身體，指心目中沒有自己的身體，就是將自身置之度外，相當於第七章所說的"外其身"。陳鼓應曰："老子說這話是含有警惕的意思，並不是要人棄身或忘身。老子從來沒有輕身、棄身或忘身的思想，相反的，他却要人貴身。"其實，老子雖然不主張輕身、棄身，却不能說沒有"忘身"的思想，這裏的"無身"與第七章的"外其身"便是其忘身思想的鐵證。至於說他要人"貴身"，也並不儘然（見注〔9〕）。因此，陳鼓應的說法實是不顧此文文義而導致的誤解。

〔8〕將自身置之度外，就不會爲謀生四處奔波，也不會去追求寵榮。不"生生而動"，也就不會"之死地"（見第五十章）；不求得到尊榮，也就不會有失去尊榮的恥辱。如此無得也無失，也就不會有什麼禍患，所以說："及吾無身，吾有何患乎？"

〔9〕爲：見第三十一節注〔11〕。　以身爲天下者：拿出自己的一切來幫助天下民衆的人，也就是第七章所說的"後其身""外其身"的"聖人"及第八十一章所說的"爲人"與"與人"的"聖人"。此承上文"無身"而言，所以句首用"故"字。下文"愛以身爲天下者"與此句類似，都指"無身"者，而並不表示"貴身""愛身"。"貴""愛"與"身"之間有"以"字，也可表明這一點。但是，古今有不少人認爲老子在這裏說的是"貴身""愛身"。如王弼曰："無以易其身，故曰'貴'也，如此乃可以託天下也。無物可以損其身，故曰'愛'也，如此乃可以寄天下也。"朱謙之曰："《莊子‧讓王篇》曰：'夫天下之重也，而不以害其生，又況他物乎？唯無以天下爲者，可以託天下也。'又《吕氏春秋‧貴公篇》曰：'天下，重物也，而不以害其生，又況於他物乎？惟不以天下害其生者，可以託天下。'文誼皆出此章。"陳鼓應將此幾句譯爲："所以能夠以貴身的態度去爲天下，才可以把天下寄託給他；以愛身的態度去爲天下，才可以把天下委託給他。"這種種解說，不但不合此文文句所表達的意思，而且也不合老子的思想。老子雖然愛身（參見第四十四章），但反對"有身"（見

235

本章)、"生生"(見第五十章)、"益生"(見第五十五章)、"貴生"(見第七十五章),而主張"無身"(見本章)、"不自生"、"外其身"、"無私"(見第七章)、"無以生爲"(見第七十五章)。在處理自身與天下民衆的關係時,老子主張"後其身而身先"(見第七章),"以其身後之"來"先民"(見第六十六章),"損有餘而奉不足於天下"(見第七十七章),"受邦之不祥"以爲"天下之王"(見第七十八章),"既以爲人己愈有,既以與人己愈多"(見第八十一章),而反對"求生之厚"來治民(見第七十五章),所以對於那些將自身看得比天下還重的人,老子絕不會同意把天下託付給他們。陳鼓應說:"這一章老子強調'貴生'思想。老子認爲一個理想的治者,首要在於'貴身',不胡作妄爲,這樣,大家才放心把天下的重責委任給他。"這全然是誤解。"貴生"的人一旦居於統治地位,就會不顧"民之飢"而"求生之厚"(見第七十五章),人們(包括老子)怎麼會放心地把治理天下的重任託付給他呢?

〔10〕則:河上公本也作"則"。帛書甲本、乙本作"若","若"應該解爲"乃"。王弼本作"若",王弼即把此"若"字解爲"乃"。楊樹達也把這"若"字解爲"乃"(見《詞詮》卷五"若"字條)。許抗生、馮達甫等把"若"解爲"你",不當。當然,此"若"字也可解爲"則",王引之即作此解,見《經傳釋詞》卷七"若"字條。

〔11〕此句與"貴以身爲天下者"意義相似,但並不重複。因爲"貴"所表示的是一種理智上的意念、信仰,而"愛"所表示的是一種感情上的欲望、嚮往。高亨曰:"貴者,意所尚也。愛者,情所屬也。"

〔12〕則:帛書甲本、乙本作"女",所以許抗生、馮達甫等解爲"你",實不當。因爲這"女"實與"若"音近相通,所以一般本子都作"若"而不作"女"。這"女"字既然通"若",則也應解爲"乃"(河上公本作"乃"而不作"若",義同),或解爲"則"。

【韻腳韻部】
驚、身、驚、驚、驚、驚、身、身、身,耕真通轉合韻("驚"屬耕部,"身"屬真部)。下、下、下、下,魚部。

【義疏正解】
"得到尊榮或蒙受恥辱就像受到驚駭一樣,這是因爲他們像珍視自己的身體一樣太看重重大的禍患了。"什麼叫作"得到尊榮或蒙受恥辱像受到驚駭一樣"?得到尊榮是下等的事,所以得到尊榮時會像受到驚駭一樣,失去尊榮時也會像受到驚駭一樣，這就叫作"得到尊榮或蒙受恥辱像受到驚駭一樣"。什麼叫作"像珍視自己的身體一樣看重重大的禍患"？我們之所以有重大的禍患，是因爲我們心目中有自己的身體。如果我們不把自己的身體放在心上，我們還有什麼禍患呢？所以崇尚將自身奉獻給天下的人，就可以把治理天下的大權交付給他了；熱衷於將自身奉獻給天下的人，就可以把治理天下的重任託付給他了。

第五十八節（第十四章）

【提要述評】

本節爲傅奕本第十四章，河上公注本題"贊玄第十四"，唐玄宗注本題"視之不見章第十四"。

本節的主旨在描述"道"最初生成的原始物質元素"一"的性質，讚歎它的玄妙（河上公注本題"贊玄"，可能即基於此），並闡明了認知它的方法。

首先應該明瞭的是，本節在描述"一"，而不是在描述"道"。今人大都認爲此章在描述"道"，這實是一種誤解。在老子的哲學觀念中，最根本的是"道"，它不但是產生天地萬物的總根源，而且也是決定天地萬物發展的總規律。從宇宙本體論的角度來看，"道"的本體是"無"，它產生"有"或"一"，所以第四十章說"有生於無"，第四十二章說"道生一"。本節在描述"一"，"一"是"道"（或者說是道的本體"無"）最初產生的原始物質元素，相當於"有"。它與"道"的本體有關，與"道"的規律無關。這種"一"，是一種看不見、聽不到、抓不着的東西，"迎之不見其首，隨之不見其後"，所以和產生它的"道"一樣難以命名，只能姑且稱之爲"一"。"一"的這種玄妙莫測、不可捉摸的性質，顯然秉承了其上輩"道"的"不皦"，而它運動時也必然會回歸到"無物"的"道"，從這種意義上來說，它是"無狀"的，是屬於"無物"的。但另一方面，它所產生的下輩"萬物"是具體可感的，所以它應該是一種"狀"，是一種"象"。總括言之，它應該是一種"無狀之狀，無物之象"。這種恍忽難知的"一"雖然不可感覺，却又是延綿不絕的，至今猶然，那麼怎麼來認識它呢？老子認爲，只要掌握了自古就存在的"道"，就能夠把握它，就能知道古代產生天地萬物的本源。

在這裏，老子描述"一"的手法是使用一系列的否定語，如"不見""不聞""不得""不可致詰""不可名""無狀之狀，無物之象""不見其首""不見其後"，真是將"一"的"忽悅"描述得淋漓盡致，給人一種不可捉摸、玄而又玄的感覺。老子的這種思維模式，看上去似乎是超現實、超形象、超感性的，其實却沒有超現實、超形象、超感性。他認識"一"而方法還是局限於"視""聽""搏""詰""名"等現實的手段。他其實並

· 238 ·

沒有超越"狀""象"等具體的形象概念，以及"見""聞"等具體的感性經驗，却又力圖擺脫具體形象與感性經驗的束縛，所以只能以否定具體形象、否定直接感覺等手段，用"無狀""不見"一類的語言來進行描述。老子這種力圖擺脫具體形象與感性經驗來探究超形象、超感性的微觀世界與本質世界的精神是難能可貴的，它代表了人類在認識世界方面應有的一種更高層次的追求。從認識論方面來看，老子的追求在人類認識史上無疑是一個重大的飛躍，具有突破性的意義。可惜的是，他尚未能完全擺脫感性認識的羈絆，未能進入理性認識的世界自由馳騁。這是歷史的局限，是不能苛求於老子的。

【校定原文】

視之不見名曰夷[1]，聽之不聞名曰希[2]，搏之不得名曰微[3]。此三者不可致詰[4]，故混而爲一[5]。一者，其上不皦[6]，其下不昧[7]，繩繩兮不可名[8]，復歸於無物[9]。是謂無狀之狀[10]，無物之象[11]。是謂忽恍[12]。迎之不見其首[13]，隨之不見其後[14]。執古之道[15]，可以御今之有[16]，能知古始[17]，是謂道紀[18]。

右第十四章，九十八言[19]。

【注釋探賾】

[1] 河上公曰："無色曰夷。言'一'無彩色，不可得而視之矣。"覺按："名"表示命名，稱，叫。此"名"字下省略了"之"字，帛書甲本"名"下有"之"字，其意義更爲顯豁。 夷：未必表示"無色"，河上公的解釋不過是隨文作解而已。帛書本這一句的"夷"作"聲"（微），第三句的"微"作"夷"，可見"夷""微"二字在這裏是同義詞。《經典釋文·老子道經音義》注"夷"字曰："鍾會云：'滅也。'""夷"表示完全消滅，什麽也沒有，所以老子用來稱呼看不見的東西。又，范應元本"夷"作"幾"，范應元曰："'幾'字，孫登、王弼同古本。傅奕云：'幾者，幽而无象也。'"據此，則古本《老子》可能作"幾"。上古"夷"屬脂部，"幾"屬微部，作"幾"則與下兩句之"希""微"同部相押，從押韻的角度來看更勝一籌。

[2] 河上公曰："無聲曰希。言'一'無音聲，不得聽而聞之矣。"《經典釋文·老子道經音義》注"希"字曰："希疏也，靜也。"覺按：參見第

三節注〔16〕。

〔3〕河上公曰："無形曰微。言'一'無體，不可搏持而得之。"覺按："搏"通"捕"，表示搜索抓取。《説文·手部》："搏，索持也。"即摸索而執持的意思（參見第十八節注〔4〕所引段注），所以河上公將"搏"解爲"搏持"。 得：得到。 微：《詩經·邶風·式微》"微君之故"毛傳："微，無也。""微"表示没有，所以老子用來稱呼抓不着的東西。帛書甲本、乙本作"夷"，與"微"同義。又，陳鼓應曰："'夷''希''微'：這三個名詞都是用來形容感官所不能把捉的'道'。"這種説法代表了很多人的看法，但實際上却是錯誤的。從下文來看，河上公的説法才正確。"夷""希""微"在這裏是用來形容"一"的，而並非用來形容"道"。當然，"一"是"道"的物質外殼（參見第二節注〔1〕），所以"一"所具有的這些性質，也爲"道"所具有，但"一"並不就是"道"，將"一"與"道"混爲一談是錯誤的。參見第二節注〔1〕、第五節注〔1〕。

〔4〕河上公曰："三者，夷、希、微也。不可致詰者，謂無色、無聲、無形，口不能言，書不能傳，受之以靜，求之以神，不可詰問而能得也。"覺按：《禮記·樂記》"致樂以治心"鄭玄注："致，猶深審也。"《荀子·勸學篇》"及至其致好之也"楊倞注："致，極也。"可見"致"即深入徹底的意思。 詰：追問，查問。

〔5〕河上公曰："混，合也。故三名合而爲一。"高亨曰："故，疑當讀爲'固'，言此三者本合而成一也。"覺按："一"是老子使用的一個哲學概念，見第二節注〔1〕。

〔6〕傅奕本"上"字下有"之"，據帛書甲本、乙本删。 其：指代"一"。 上：上輩。 其上：指"道"。第四十二章曰："道生一，一生二，二生三，三生萬物。"第四十章曰："天下之物生於有（覺按："有"相當於"一"），有生於無。"可見"一"的上輩是"道"或"無"（"道"的本體），"一"的下輩是天下萬物。 皦（jiǎo 繳）：分明，清楚。 不皦：不明白清楚。第二十一章曰："道之爲物，惟恍惟忽……幽兮冥兮……"可見"道"是模糊不清、幽暗不明的，所以説"其上不皦"。

〔7〕傅奕本"下"字下有"之"字，據帛書甲本、乙本删。 其下："一"的下輩，指天下萬物（見注〔6〕）。 昧：昏暗不明。 天下萬物視而可見，明明白白，所以説"其下不昧"。

〔8〕河上公曰："繩繩者，動行無窮極也。不可名者，非一色也，不可

· 240 ·

道篇下　第五十八節（第十四章）

以青、黄、赤、白、黑别也；非一聲也，不可以宫、商、角、徵、羽聽也；非一形也，不可以長、短、小、大度也。"覺按："繩繩"通"承承"。《詩經·周南·螽斯》"宜爾子孫繩繩兮"，《韓詩外傳》卷九第一章引作"宜爾子孫承承兮"，是"繩繩"與"承承"相通之證。"承"是接續的意思，"承承"即連續不斷的意思，所以河上公解爲"無窮極"。道是"無窮極"而永恒存在的（參見第四十五節注〔2〕），則"一"當然也是"無窮極"而永遠存在的，所以用"繩繩"來形容它。

〔9〕河上公曰："物，質也。物當歸之以無質。"覺按："復歸"即返回（參見第十五節注〔14〕）。第四十章曰："反者，道之動。""一"生於"道"，則其運動時也將嚮"道"回歸，所以此文說"復歸"。　無物：無質，指沒有固定性質的基因，相當於第四十章的"無"，即"道"的本體（參見第四節注〔5〕）。"一"相當於第四十章的"有"（參見第四節注〔4〕）。第四十章曰："有生於無。"那麼"有"如果要復歸的話，也就只能是歸於"無"，所以此文說"一""復歸於無物"。

〔10〕是：這，指"一"。　狀：形狀，狀態。　無狀之狀："一"是"視之不見""搏之不得"的，所以説它"無狀"；但它又相當於"有"，能產生出具有形狀的萬物，所以它應該是一種有形質的東西（參見第四節注〔4〕），因而可稱爲"狀"。而歸根結底，其内在的實質是一種產生萬物的"有"（"狀"），"無狀"不過是它的一種外在特點而已，所以老子稱之爲"無狀之狀"。王弼曰："欲言無邪，而物由以成；欲言有邪，而不見其形；故曰'無狀之狀，無物之象'也。"

〔11〕無物：無質的基因，相當於"無"（見注〔9〕）。　象：凡形之於外者曰象，即外化之形象，也就是某種事物的體現。　無物之象：無質基因的外在體現。"無"是"道"的本體（參見第四節注〔5〕），"一"是"道"的物質外殼（參見第二節注〔1〕），所以"一"也就是"無"的物質外殼，是"無"的一種外在體現，因而老子將它稱爲"無物之象"。高亨、馮達甫等認爲"無物之象"當從蘇轍本作"無象之象"，實是未得老子真旨的誤解。《韓非子·解老》引文和帛書乙本均作"無物之象"，也可證古本不作"無象之象"。

〔12〕忽怳：傅奕本作"芴芒"，音近義通，今據河上公本改。河上公曰："言'一'忽忽怳怳，若存若亡，不可得見。"范應元曰："芴則於无非无，芒則於有非有也。"覺按："忽怳"是雙聲聯緜字，也寫作"惚恍"

· 241 ·

"汒望""芴芒""怳忽""恍惚""恍忽""慌忽"等，音義均通。"忽""惚""汒""芴"之於"勿"，猶"憮"之於"無"，是同源詞。"忽"從心，表示心中之"無"，是一種似無又非無的感覺。"怳""恍"與"光"，也是同源詞。"怳""恍"從心，表示心中之"光"，"光"是可見又不可捉摸的東西，所以"恍"表示一種似有又非有的感覺。"望""芒""慌"之於"亡"，猶"惘"之於"亡"，也是同源詞，表示心中之"亡"，是一種似亡又非亡的迷惘。因此，"忽怳"連用，便用來形容若有若無、若存若亡、模糊不清、不可捉摸的樣子。"一"是"狀"而又"無狀"，是"象"而又"復歸於無物"，真是若有若無、不可捉摸，所以也可稱爲"忽怳"。

〔13〕河上公曰："'一'無端末，不可預待也。"李嘉謀曰："其來無始，故迎之不見其首。"

〔14〕河上公曰："言'一'無影迹，不可得而見。"李嘉謀曰："其去無終，故隨之不見其後。"

〔15〕道：見第一節注〔10〕。第二十五章曰："有物混成，先天地生……故彊字之曰'道'。"可見"道"是開天闢地之前就已存在的東西，所以老子稱之爲"古之道"，但帛書甲本、乙本却作"今之道"，許抗生認爲："從老子的整個思想看，今'道'與古'道'一也。'道'是永遠不變的，所以古今雖異，其'道'則一。疑後人不知此義而改'今'爲'古'。"這種說法似是而非，因爲"道"並不是永遠不變的（參見第四十五節注〔2〕），更何況老子的思想是傾向於復古的，所以此文不當作"今之道"。

〔16〕御：《史記·范雎蔡澤列傳》"弊御於諸侯"《索隱》："御者，制也。"即控制的意思，此引申指把握。　有：是老子使用的一個哲學概念，相當於上文所說的"一"（參見第四節注〔4〕）。上文都在說明"一"是不可捉摸的，但既然不可捉摸，老子自己怎麼能認知呢？在這裏老子便向讀者公開了他認知"一"的方法，即"執古之道，可以御今之有"。前人大都不明白這"有"與"一"的關係，所以把此文之"有"解爲"萬事萬物""具體的事物"或"有形的物"（見許抗生、陳鼓應、馮達甫注），這樣就把此文與上文割裂開來了，顯然不當。

〔17〕始：指天地萬物的本源（見第四十五節注〔4〕）。老子認爲天地萬物的本源是道（參見第十五節注〔1〕），所以說"執古之道""能知古始"。

〔18〕道：用作狀語，表示用道、憑藉道。　紀：原指絲的頭緒，如《墨子·尚同上》："譬若絲縷之有紀，罔罟之有綱。"引申而指總綱要領，所以《禮記·樂記》"中和之紀"鄭玄注云："紀，揔要之名也。"這裏用作動詞，表示從總體上去把握要領，理出頭緒。《國語·周語上》"紀農協功"韋昭注："紀，謂綜理也。"亦此義。　道紀：用道來把握要領、理出頭緒，即指"執古之道"來"御今之有"並"知古始"。前人多把"道紀"解爲"道之紀綱""道的綱紀""道的規律"（見河上公、許抗生、陳鼓應、馮達甫注），這在邏輯上與上文不協，顯然不當。

〔19〕九十八：傅奕本作"一百"，今刪二字，故改。

【韻脚韻部】

夷、希、微，脂微旁轉合韻（"夷"屬脂部，其餘屬微部）。詰、一、一、昧、物，質物旁轉合韻（"詰""一"屬質部、"昧""物"屬物部）。狀、象、恍，陽部。首、後、道，幽侯旁轉合韻（"首""道"屬幽部，"後"屬侯部）。有、始、紀，之部。

【義疏正解】

看它看不見，叫作完全泯滅；聽它聽不到，叫作稀裹糊塗；抓它抓不着，叫作一點也沒有。這三種狀態不可能被深入徹底地追問下去，因爲它們本來就混合而成了渾然一體的混沌之氣。這渾然一體的混沌之氣，它的上輩不分明，它的下輩不曖昧，連續不斷啊不可命名，它運動時將回歸到沒有固定性質的基因。它可以稱作沒有形態的形態，無質基因的外在體現。它也可以叫作模模糊糊渺渺茫茫。在前面迎接它看不見它的前頭，在後面跟隨它看不見它的後頭。掌握了古代就存在的大道，可以用來把握現在這些具有一定性質的物質元素，能夠知道古代天地萬物的本源，這叫作憑藉道來把握要領、理出頭緒。

第五十九節（第十五章）

【提要述評】

本節爲傅奕本第十五章，河上公注本題"顯德第十五"，唐玄宗注本題"古之善爲士章第十五"。

本節的主旨在揭示古代奉行大道者的德行（河上公注本題"顯德"，可能即基於此）。

在老子的觀念中，"道"是最重要的，而"爲道者"便是其心目中的"聖人"。由於"道"是玄妙莫測的，所以老子在這裏把"爲道者"也説成是"微妙玄通，深不可識"的；對於"道"，老子自稱只能勉强給它起個名字（見第二十五章），所以對於"爲道者"，老子在這裏也自稱只能勉强給他們作一番形容。其實，老子在這裏説"深不可識""彊爲之容"，不過是爲了强調"爲道者"與"道"在德性上的統一，而不是他真的不能以明白的語言來揭示"爲道者"的德行。正如他在一些章節中（如第四十章、第四十二章、第五十一章等）明確地論述過"道"一樣，他在這裏所形容的"爲道者"的德行，在其他章節中也都有過明確的表述（詳見注釋），所以我們不可被他的故弄玄虚所蒙蔽。老子不但是一位思想深刻的哲學家，而且也是一位才華横溢的文學家。此節便是他以文學的筆調爲哲學家畫像的傑作。他先排出七個比喻來顯現"爲道者"慎重、戒懼、恭敬、淡泊、淳樸、大度、混沌的德行，再以兩個反問來强調"爲道者"撥亂反正、起死回生的功德，最後以直陳的口氣述説"爲道者"深悟物極必反之道，所以"知足""知止"，既"能敝"（即滿而能虚，損己之有餘以補天下人之不足），又"不成"（即急流勇退，功成不居）。由於此節文字文學性較强，故其義不顯，只有結合其他章節，才能透徹地理解此文。因此，本節注釋特别致力於以《老子》解《老子》，以期能澄清前人對此節的種種誤解。

【校定原文】

古之善爲道者[1]，微妙玄通[2]，深不可識[3]。夫惟不可識[4]，故彊爲之容[5]，曰：豫兮若冬涉川[6]，猶兮若畏四鄰[7]，儼兮其若客[8]，涣兮若冰將釋[9]，敦兮其若樸[10]，曠兮其若谷[11]，渾兮其若濁[12]。孰能濁而靜之徐清[13]？孰能安以動之徐生[14]？保此道者不欲盈[15]。夫惟不欲盈[16]，是以能敝而不成[17]。

右第十五章，九十八言[18]。

【注釋探賾】

〔1〕河上公曰："謂得道之君也。"覺按："爲"表示致力於，奉行。"爲道"又見於第四十八章、第六十五章，可參見。

〔2〕微：隱藏不顯。《說文·彳部》："微，隱行也。"《漢書·藝文志》"昔仲尼没而微言絶"顏師古引李奇注："隱微不顯之言也。" 妙：精深神妙。 玄：深藏不露。參見第四十五節注〔11〕。 通：通達，通曉博識，没有什麽不知道。《周易·繫辭上》"通乎畫夜之道而知"孔穎達疏："言通曉於幽明之道而无事不知也。自此以上皆神之所爲，聖人能極神之幽隱之德也。"此文"微妙玄通"便是指得"道"的聖人能極盡"道"的幽隱之德，所以下句説"深不可識"。蔣錫昌曰："《史記·老子列傳》：'老子曰："……良賈深藏若虛；君子盛德，容貌若愚。"'皆此文'微妙玄通，深不可識'之誼也。"

〔3〕識（zhì志）：通"志""誌"，帛書甲本、乙本均作"志"，是其相通之證。《周禮·春官·保章氏》"掌天星以志星辰日月之變動"鄭玄注："志，古文識。識，記也。"《釋文》："識，音志。"《荀子·臣道篇》"必謹志之"楊倞注："志，記也。"可見，"志""識"爲古今字，則《老子》古本當如帛書作"志"。今爲便於閱讀，仍依傅奕本用後起字"識"。此"識"與下文"容"相對，表示平實地記述。陳鼓應譯爲"認識"，馮達甫譯爲"理解"，均誤。

〔4〕夫惟：見第二十二節注〔3〕。

〔5〕彊（qiǎng搶）：勉强。 容：形容，描繪其情形。

〔6〕河上公曰："舉事輒加重慎，豫豫兮若冬涉川，心難之。"覺按：《楚辭·九章·惜誦》"壹心而不豫兮"王逸注："豫，猶豫也。""猶豫"爲聯緜詞，又寫作"猶與""猶猶""與與""由由"，又單言"豫"或"猶"，形容拿不定主意、遲疑不决、徘徊不前的樣子，表示對待事情十分慎重，反復考慮，所以河上公用"重慎"來解釋。帛書甲本、乙本"豫"作"與"，與"豫"通，也當解爲"猶豫"。高亨、許抗生解爲"徐行""行動緩慢"，誤。 涉：步行過河。《說文·林部》："𣥿，徒行厲水也。"

从林从步。涉，篆文从水。"段玉裁注本"厲"作"濿"，其注曰："濿，各本作'厲'，誤。'濿'或'砅'字也。砅，本履石渡水之偁，引申爲凡渡水之偁。《釋水》曰：'繇膝以上爲涉。'毛傳同。許云'徒行'者，以別於以車及'方之舟之'也。許意《詩》所言'揭''厲'皆徒行也，皆涉也，故字从'步'。"《尚書·泰誓下》"斬朝涉之脛"孔安國傳："冬月見朝涉水者，謂其脛耐寒，斬而視之。"由此可見，冬天涉水的人極少而不尋常。冬天涉水，寒冷難忍，所以人們會猶豫不決，不敢貿然下水。此文之"若冬涉川"是形容爲道者之重視困難，即河上公所說的"心難之"，也即第六十三章所說的"聖人猶難之"，表示其行動前慎重決策，不敢貿然處之。這是以實例來喻說"豫"，所以范應元曰："此形容善爲士者，循理應物，審於始而不躁進也。"今人大都認爲"若冬涉川"是形容其行動中的"戒懼"，"小心翼翼"，"不敢掉以輕心"（見高亨、陳鼓應、馮達甫注），不當。

〔7〕河上公曰："其進猶猶，若拘制，若人犯法，畏四鄰之知。"覺按："猶"與上句"豫"互文，也表示"猶豫"，形容拿不定主意、徘徊不前、進退不定的樣子。《荀子·非十二子篇》"世俗之溝猶瞀儒"楊倞注："猶，猶豫也，不定之貌。" 四鄰：指四周鄰國。《尚書·蔡仲之命》"睦乃四鄰"孔安國傳："親汝四鄰之國。"《左傳·襄公四年》："戎狄事晉，四鄰振動，諸侯威懷。"《詩經·唐風·山有樞·序》："四鄰謀取其國家而不知，國人作詩以刺之也。"均可明此"四鄰"之義。 若畏四鄰：好像害怕四周鄰國，形容爲道者之戒懼，不敢四出逞兇。第三十章曰："以道佐人主者，不以兵彊於天下，其事好還。師之所處，荊棘生焉。故善者果而已矣，毋以取彊焉。"可與此文相互發明。

〔8〕傅奕本"儼"字下無"兮其"二字，據河上公本補。 河上公曰："如客對主人，儼然無所造作也。"覺按：儼：恭敬莊重的樣子。 若客：好像客人。客人對主人總是恭敬有禮，故以此形容爲道者之恭敬而不敢肆意妄爲，這與第四十一章所說的"上士聞道而勤行之"及第五十三章所說的"惟施是畏"同旨。

〔9〕傅奕本"渙"字下無"兮"，據河上公本補。 河上公曰："渙者，解散也。釋者，消亡也。謂除情去欲，日以空虛也。"覺按：《說文·水部》："渙，流散也。""渙"原形容冰塊在水中瓦解散開的樣子，此喻指欲念消散。 釋：融化，消融。 若冰將釋：好像冰將融化，形容爲道者不

道篇下　第五十九節（第十五章）

斷去除各種不合大道的觀念以至於淡泊無爲，即第四十八章所說的"爲道者日損"。

〔10〕河上公曰："敦者，質厚也。樸者，形未分也。内守精神，外無文彩。"覺按：未經加工的木材叫"樸"。《説文·木部》："樸，木素也。"

若樸：好像未加工過的木材，形容爲道者淳厚質樸，即第十九章所說的"見素袌朴"。

〔11〕河上公曰："曠者，寬大也。谷有空虚，不有德，功名無所不包也。"蘇轍曰："虛而無所不受也。"覺按："谷"即山谷，它具有空虚、處卑以及容納污泥濁水的特點（參見第三節注〔9〕）。"若谷"即形容爲道者虛懷若谷，甘居卑下屈辱的地位，也就是第二十八章所說的"守其辱，爲天下谷"，第四十一章所說的"上德若谷"，第七十八章所說的"受邦之垢"。

〔12〕渾：傅奕本作"混"，通"渾"，今據河上公本改。　河上公曰："渾者，守本真也。濁者，不昭然也。與眾合同，不自尊。"覺按："渾"表示混沌不清。"渾兮其若濁"形容爲道者糊裏糊塗，不辨是非，好像濁水之混沌不清，即第二十章所說的"我愚人之心也哉，沌沌兮"，第四十九章所說的聖人"渾其心"。河上公認爲喻指"與眾合同，不自尊"，則是將此理解成了第五十六章所說的"同其塵"，與"渾""濁"之義不甚切合。

〔13〕而靜之：傅奕本作"以澄靖之而"，據帛書乙本改。　吳澄曰："濁者，動之時也；動繼以靜，則徐徐而清矣。"覺按："濁""清"在此含義雙關，表面上指水之混濁與清澈，另一方面又喻指社會政治的混亂與清明。

〔14〕傅奕本"以"下有"久"，"之"下有"而"，據帛書乙本删。吳澄曰："安者，靜之時也；靜繼以動，則徐徐而生矣。安謂定靜，生謂活動。蓋惟濁，故清；惟靜，故動。"覺按：孰能：誰能夠。以上兩句在進一步說明"善爲道者"的德行，表示沒有人能夠像"善爲道者"那樣使"濁"變"清"、使"安"得"生"。帛書甲本、乙本這兩句均無"孰能"兩字，則是以直陳的方式來述說"善爲道者"的德行，其文等於說"善爲道者濁而靜之徐清，安以動之徐生"。其義與本文實相同，只是語調上有直陳與反問之別而已。許抗生翻譯帛書這兩句時未補出主語"善爲道者"，致使這兩句之意游離於全文之外，不當。至於其他一些翻譯本，也往往未

在"孰能"二字下補出"善爲道者"（見陳鼓應譯文），所以也使這兩句之意游離於全文之外，這實爲未貫通上文所致，均不當。　又，這兩句的主旨，在於說明"善爲道者"的"爲道"。第四十章云："反者，道之動。""善爲道者"通過"靜"與"動"的不同手段分別使"濁"變"清"，使"安"得"生"，這都是在使它們嚮相反的方向運動，是在行此自然之道，所以王弼解此二句說："濁以靜，物則得清；安以動，物則得生：此自然之道也。'孰能'者，言其難也。"　又，此句"安"與"生"相對，"安"應解爲靜止不動。《廣雅·釋詁四》："安，靜也。"《爾雅·釋詁下》："安，止也。"即其義。靜止不動則死氣沉沉，故對"生"。"生"表示有生氣，有活力，吳澄解爲"活動"，可取。《吕氏春秋·懷寵》"能生死一人"高誘注："生，活也。"《素問·四氣調神大論》"則少陽不生"王冰注："生，謂動出也。"即其義。

〔15〕蘇轍曰："盈生於極，濁而不能清，安而不能生，所以盈也。"覺按："保"就是守。《左傳·僖公二年》"保於逆旅"孔穎達疏："保者，固守之語。"　此道：指使濁變清、使安得生之道，也就是第四十章所說的"反"這一"道"的運動規律。　盈：滿，即第九章"持而盈之"之"盈"。"不欲盈"即第四十四章所說的"知足""知止"。陳鼓應、馮達甫將"盈"理解爲"自滿"，不當。根據"反"這一道的運動規律，盈滿後則會向相反的方向變化，即轉向衰落（參見第五十三節注〔1〕及其提要述評），只有不滿，才會向"盈"的方向發展（即第二十二章所說的"窪則盈"），所以"保此道者不欲盈"。

〔16〕傅奕本"不"下無"欲"字，據帛書甲本（帛書圖版此"欲"毁損，今參照《馬王堆漢墓帛書〔壹〕》中之老子甲本釋文）補。

〔17〕敝：壞，衰敗，這裏用作使動詞，表示破壞。　能敝：能夠破壞自己。"不欲盈"就是第四十五章所說的"大盈若盅"，也就是孔子所說的"滿而能虛"（見第五節注〔9〕），是致力於"缺"與"不足"的（參見第八節注〔3〕），所以說"能敝"。第七十七章說"有道者""損有餘而奉不足於天下"，即是"不欲盈"而"能敝"的行爲。　成：成全，與"敝"之義相反。不成：即"能敝"，也就是第四十五章所說的"大成若缺"，指不成全自己。第二章所說的聖人"功成不處"，第九章所說的"已"及"成名功遂身退"，都是"不欲盈"而"不成"的行爲。第四十四章說"知足不辱，知止不殆"，"知足""知止"都是"不欲盈"，而"能敝"便是

"知足"的表現，"不成"便是"知止"的表現。河上公本此句作"故能弊不新成"，誤。因爲"敝則新"（見第二十二章），所以"能敝"就不可能"不新成"，而"新成"尚未達到物極必反的程度，還不能算"盈"，所以"不欲盈"者未必排斥"新成"。帛書乙本此句作"是以能斃而不成"，也可證《老子》古本當如傅奕本，河上公本不可從。至於陳鼓應、馮達甫等依易順鼎之説將此句改爲"故能蔽（敝）而新成"，則更是缺乏古本依據的臆改，有失謹嚴，更何況此文乃述説"善爲道者"的"爲道"之德，"不成"即是其"爲道"的一種德行，若作"新成"，便違背了其"爲道"之德。其實，易順鼎早就改正了自己的説法，其《讀老札記・補遺・十五章》云："《文子・上仁篇》解此文云：'不敢積藏者自損弊，不敢堅也；不敢廉成者自虧缺，不敢全也；不敢清明者處濁辱，而不敢新鮮也。'蓋以'能蔽'爲能自損敝，'不新成'爲不自新鮮、不自廉成，與王注以'蔽'爲覆蓋者異，與鍾會、梁武説同。余前謂《十守篇》引'不新成'，'不'字當作'而'字，一時未檢及此。然讀'蔽'爲'敝'則固與此相合矣。"陳鼓應、馮達甫囿於其前説而不顧其後之改正，更可明其未當。

〔18〕九十八：今補四字，刪四字，故仍爲"九十八"。

【韻脚韻部】

通、容，東部。川、鄰，文真旁轉合韻（"川"屬文部，"鄰"屬真部）。客、釋，鐸部。樸、谷、濁，屋部。清、生、盈、盈、成，耕部。

【義疏正解】

古代善於奉行大道的人，隱微神妙、深沉通達，高深得不能記述。正因爲不能記述，所以只能勉强地給他們作一番形容，説：遲疑不決啊好像冬天要蹚水過河一樣，徘徊不前啊好像害怕四周的鄰國一樣，恭敬莊重啊他們就像客人一樣，瓦解消散啊好像冰塊將要融化一樣，渾厚質樸啊他們就像未加工過的木材一樣，寬廣大度啊他們就像山谷一樣，混沌不清啊他們就像混濁的河水一樣。誰能够像他們那樣面對混濁的東西而使它們静下來慢慢地變清呢？誰能够像他們那樣面對死氣沉沉的静止局面而使它們動起來以至慢慢地有生氣呢？牢守這物極必反規律的人不想達到充盈的程度。正因爲他們不想達到充盈的程度，因此能破壞自己而不成全自己。

第六十節（第十六章）

【提要述評】

本節爲傅奕本第十六章，河上公注本題"歸根第十六"，唐玄宗注本題"致虛極章第十六"。

本節的主旨在於勸説統治者認識萬物運動的一條永恒規律——它們最終將回歸於虛無静止的本源（河上公注本題"歸根"，可能即基於此），從而要求統治者順天行道，以便使自己"没身不殆"。

老子在此首先説明了觀察萬物運動規律前必須具備的思想素質，那就是"致虛極，守静篤"。只有牢固地樹立了虛無、静止的觀念，才能不爲外物的運動所迷惑，從而觀察到它們復歸於虛静的實質。在老子看來，萬物雖然紛紜雜亂，但它們的運動都遵循着同一條規律，即由無到有，又從有到無；由静到動，又從動到静。萬物産生於虛無（無形的"一""有"）與静止，經過生長與運動，又將回歸到虛無（無形的"一""有"）與静止。這就是老子所説的"歸根"與"復命"。他認爲這是一條永恒的規律（"常"），如果不懂得這一條規律，不因循自然而胡作非爲，必將遭殃。只有深悟這一規律，明白世間的一切都將歸於虛無，就不會再計較是非善惡，對人一視同仁而兼容並包，公正無私而"無親"（第七十九章）、"不仁"（第五章），成爲順天循道的聖王而終身無患。

老子這種萬物終將歸於虛無的哲學觀，雖然不免帶有人生如夢一場空的消極意藴，但這一觀念的提出，實源於他糞土王侯、勸戒統治者的積極情緒。"妄作凶"一語便向我們明確地顯示了他勸戒統治者的意圖。那些窮兇極惡、胡作非爲的統治者又有什麽呢？他們"富貴而驕"（第九章），"求生之厚"（第七十五章），最終還不是死而化爲烏有！所以還不如在世時順天行道、造福芸芸衆生以至"没身不殆"爲好。他在最後以一系列的頂針句式來强調"知常"的好處，其勸勉之意不言而喻。至於前文所述及的觀物的思想條件以及萬物的運動規律，其實都是在爲這最後的勸説作鋪墊。有人認爲此節主要在强調致虛守静、以道觀物，那就未免本末倒置而削弱了此文的現實意義。

【校定原文】

致虛極[1]，守静篤[2]，萬物並作[3]，吾以觀其復[4]。

凡物賊賊[5]，各復歸其根[6]，歸根曰靜[7]，靜曰復命[8]，復命曰常[9]，知常曰明[10]。不知常，妄作凶[11]。知常容[12]，容乃公[13]，公乃王[14]，王乃天[15]，天乃道[16]，道乃久[17]，没身不殆[18]。

右第十六章，六十八言[19]。

【注釋探賾】

〔1〕河上公曰："致，至也。道人捐情去欲，五藏清静，至於虛極也。"覺按：此句探下省略主語"吾"，"吾"即河上公所説的"道人"（得道之人）。　致：通"至"（參見第五十四節注〔3〕）。帛書甲本、乙本作"至"，亦可爲佐證。　虛：虛無，什麽都没有。"虛"是道家所追求的一種合乎"道"的精神境界。《莊子·應帝王》："无爲名尸，无爲謀府；无爲事任，无爲知主。體盡无窮，而遊无朕；盡其所受乎天，而无見得，亦虛而已。"《莊子·刻意》："夫恬惔寂漠虛无无爲，此天地之平而道德之質也。⋯⋯聖人之生也天行，其死也物化；静而與陰同德，動而與陽同波；不爲福先，不爲禍始；感而後應，迫而後動，不得已而後起。去知與故，循天之理，故无天災，无物累，无人非，无鬼責。其生若浮，其死若休。不思慮，不豫謀。光矣而不燿，信矣而不期。其寢不夢，其覺无憂。其神純粹，其魂不罷。虛无恬惔，乃合天德。⋯⋯無所於忤，虛之至也。"《莊子·庚桑楚》："貴富顯嚴名利六者，勃志也。容動色理氣意六者，（繆）〔謬〕心也。惡欲喜怒哀樂六者，累德也。去就取與知能六者，塞道也。此四六者不盪胸中則正，正則静，静則明，明則虛，虛則无爲而无不爲也。"《韓非子·解老》："所以貴無爲、無思爲虛者，謂其意無所制也。夫無術者，故以無爲、無思爲虛也。夫故以無爲、無思爲虛者，其意常不忘虛，是制於爲虛也。虛者，謂其意無所制也。今制於爲虛，是不虛也。虛者之無爲也，不以無爲爲有常。不以無爲爲有常，則虛；虛，則德盛；德盛之謂上德。"《淮南子·原道訓》："嗜欲不載，虛之至也。"由這些論述可知，道家所謂的"虛"，是一種"無我""無物"的精神境界，指其意念不受任何主觀成見或外界事物的制約，一切順應自然，無思無欲，淡泊無求（參見第四十七節注〔8〕），所以河上公説"捐情去欲"。但是，此文所謂"虛"，並不是指無思無欲之"虛"，而是指一種觀念，指以虛無的觀念去看待一切，認爲一切事物歸根結底都是一種"無"，是一種不見其形、不可感覺的東西，即第四十章所謂的"有生於無"之"無"。對於這一點，

王弼的理解較爲深刻正確（參見注〔4〕所引）。一般人往往受河上公之說的影響，將此"虛"字理解爲不帶成見、没有心機、摒除雜念、心靈虛無之"虛"（見陳鼓應注釋與引述、馮達甫注譯），不當。　極：達到極點，形容"致虛"的程度達到了頂點。

〔2〕靜：傅奕本作"靖"，據帛書乙本、河上公本改。　河上公曰："守清靜，行篤厚。"蘇轍曰："致虛不極，則有未亡也。守靜不篤，則動未亡也。"覺按："靜"也是道家所追求的一種合乎"道"的境界。簡言之，心之無思無欲曰"虛"，行之安靜無爲曰"靜"（參見第八節注〔11〕），所以河上公説"守清靜"，後人也往往受其影響而將此"靜"字理解爲"清靜"。其實，此文所謂"靜"，並不是指清靜，而是指一種觀念，指以靜止的觀念去看待一切，認爲一切運動着的東西歸根結底都源於靜。對於這一點，王弼的理解較正確（見注〔4〕所引）。　篤：《爾雅·釋詁下》："篤，厚也。"《後漢書·班彪傳》"何其守道恬淡之篤也"李賢等注："篤，固也。"此"篤"字與上句"極"相對，也是形容程度之詞，表示"守靜"已達到了堅定不移的固執程度。

〔3〕河上公曰："作，生也。萬物並生。"覺按：今人多從河上公之説，將"作"解爲"生長"（見許抗生、陳鼓應、馮達甫譯文），雖通，但不如解爲"興起"更好一些，因爲《老子》一書中的"作"都表示興起（見第二章、第三十七章、第五十五章、第六十三章），而此文之"作"除了含有生長的意思，還應該包括其一系列的運動變化。第二章"萬物作"河上公注："各自動作。"《禮記·哀公問》"孔子愀然作色而對"鄭玄注："作，猶變也。"可見，"作"本有運動變化之義，解爲"興起"，則可涵括生長、運動、變化之義，於此文較洽。

〔4〕河上公曰："言吾以觀萬物，無不皆歸其本也。人當重其本。"王弼曰："以虛靜觀其反復。凡有，起於虛；動，起於靜。故萬物雖並動作，卒復歸於虛靜。"蘇轍曰："極虛篤靜以觀萬物之變，然後不爲變之所亂，知凡作之未有不復者也。苟吾方且與萬物皆作，則不足以知之矣。"覺按："以"字下省去了代詞賓語"是"（河上公本有"是"字），"是"指代"虛""靜"，所以王弼說"以虛靜"。　其：指代"萬物"。　復：回歸，也就是"反其所始""歸本"的意思（見第十五節注〔4〕），所以河上公說"歸其本"。萬物興起是不"虛"、不"靜"，但歸根結底，最終還將回歸爲"虛""靜"，所以老子主張以"虛""靜"的觀點來認識它們。

〔5〕貦貦（yúnyún 雲雲）：同"紜紜"，多而紛亂的樣子。《説文·員部》："貦，物數紛貦亂也。"段玉裁注："貦，今字作'紜'，'紜'行而'貦'廢矣。紛貦謂多，多則亂也。古假'芸'爲'貦'，《老子》：'夫物芸芸，各歸其根。'"據此，則"貦"爲本字，帛書甲本作"雲"，乙本作"抎"，河上公本等作"芸"，均爲借字。河上公將"芸芸"解釋爲"花葉茂盛之貌"，至今還有人受其影響（見許抗生譯文、陳鼓應注釋），實誤。

〔6〕傅奕本"歸"上無"復"，據帛書甲本、乙本補。　王弼曰："各反其所始也。"覺按："復歸"見第十五節注〔14〕。　根：即第六章"天地之根"的"根"（見第五十節注〔4〕），所以王弼解爲"始"。第四十章曰："天下之物生於有，有生於無。"所以萬物歸其根，也就是歸於"有"。天下的生物一般都是由肉眼看不見的物質元素繁殖而成的，結果又將死亡腐爛而成爲看不見的物質元素（無形之"有"），所以説"各復歸其根"。

〔7〕曰：猶"爲"，參見下文注〔10〕及第三十二節注〔5〕。陳鼓應、馮達甫譯爲"叫做"，不當。　静：傅奕本作"靖"，據帛書乙本、河上公本改。從感覺上來説，凡物死亡即静止，那麼回歸到無形之"有"就更是静而不動了，所以説"歸根曰静"。

〔8〕静：傅奕本作"靖"，據帛書乙本、河上公本改。　蘇轍曰："命者，性之妙也。性猶可言，至於命則不可言矣。《易》曰：'窮理盡性以至於命。'聖人之學道，必始於窮理，中於盡性，終於復命。……君之命曰命，天之命曰命，以性接物而不知其爲我，是以寄之命也。此之謂復命。"覺按：今人多受蘇轍之説的影響而將"命"理解爲"本性"，如馮達甫將"復命"解爲"回復本性，回復天賦本然"。其實，老子談"心"而不談"性"。在這裏，他談的是萬物的運動規律（"常"），而根本不是談本性的復歸，所以將"命"理解爲"本性"根本不合老子之旨。《莊子·天地》云："泰初有無，無有無名；一之所起，有一而未形。物得以生，謂之德；未形者有分，且然無閒，謂之命。"由此可知，道家所謂"命"，乃指"未形"之"一"。"一"相當於"有"（參見第二節注〔1〕，第四節注〔4〕），是"道"最初生成的無法感覺的物質元素。它是產生萬物的命根子（見第四十章、第四十二章），所以稱之爲"命"。"一"是"道"的物質外殼（參見第二節注〔1〕），所以"命"實是"道"的一種體現，因而《廣雅·釋詁三》云："命，道也。"　復命：回歸到命根子，即相當於上句之"歸根"。王弼本、《四部叢刊》影印之河上公本此句作"是謂復命"，更可

明瞭此"復命"即是"歸根"。《莊子·則陽》"復命搖作而以天爲師"成玄英疏："反乎真根，復於本命，雖復搖動，順物而作，動靜無心，合於天地，故師於二儀也。"由此也可明瞭"復命"即"返根""復本"之義。"歸根"爲"靜"，則"復命"也就是"靜"，所以説"靜曰復命"。從另一種意義上説，"命"是"道"的一種體現，道是虛靜的，則"命"也虛靜，"復命"也就是回歸於虛靜，所以説"靜曰復命"。

〔9〕常：見第十五節注〔16〕。

〔10〕河上公曰："能知道之所常行者則爲明也。"覺按：從河上公的注中可知此句之"曰"字相當於"爲"。以上兩句帛書甲本、乙本作："復命，常也；知常，明也。"更可證此文之"曰"字相當於"爲"。陳鼓應、馮達甫將此"曰"字譯爲"叫做"，不當。

〔11〕河上公曰："不知道之所常行而妄作巧詐，則失神明而凶。"覺按："妄作"指不遵循常道而胡亂行動，如此則必定遭殃，所以説"妄作凶"。第九章曰："富貴而驕，自遺其咎。"第四十二章曰："彊梁者不得其死。"第四十四章曰："甚愛必大費，多藏必厚亡。"第四十六章曰："禍莫大於不知足，咎莫大憯於欲得。"第五十章曰："民之生生而動，動皆之死地。"第五十二章曰："啓其兑，濟其事，終身不救。"第五十五章曰："益生曰祥。"這些論述都與"妄作凶"同旨。在老子看來，只有遵循常道而不"妄作"，即做到第五十二章所説的"襲常"與"復守其母"，才能"没身不殆"而無"凶"。

〔12〕河上公曰："能知道之所常行，則除情欲，無所不包容也。"覺按："復命曰常"，所以"知常"就是"知復命"。明白了世間的一切都將回歸於無形之本源，也就無所謂善惡了，那還有什麼不能包容的呢？第四十九章所説的"善者吾善之，不善者吾亦善之"，第六十二章所説的"人之不善，何棄之有"等等，即是"容"的具體表現。老子之所以主張"容"，從哲學邏輯上來看，是因爲"容"（包容）之德合於道。第六十二章曰："道者，萬物之奥也，善人之寶也，不善人之所保也。"由此即可明瞭包容之德的哲學基礎。高亨、馮達甫將"容"解爲"通""深通一切"，誤。

〔13〕河上公曰："無所不包容，則公正無私，衆邪莫當。"覺按："容"與第五十六章所説的"玄同"之德相類似，有"玄同"之德者"不可得而親，亦不可得而疏"（第五十六章），所以説"容乃公"。

〔14〕河上公曰："公正無私，則可以爲天下王。"勞健曰："'知常容，容乃公'，以'容''公'二字爲韻。'天乃道，道乃久'，以'道''久'二字爲韻。獨'公乃王，王乃天'二句韻相遠。'王'字義本可疑，王弼注此二句云：'蕩然公平，則乃至於無所不周普也；無所不周普，則乃至於同乎天也。''周普'顯非釋'王'字。《道藏》龍興碑本作'公能生，生能天'，'生'字更不可通。按《莊子·天地篇》云：'執道者德全，德全者形全，形全者神全。神全者，聖人之道也。'此二句'王'字蓋即'全'字之譌，'公乃全，全乃天'，'全''天'二字爲韻，王弼注云'周普'是也。又《呂覽·本生篇》'天子之動也，以全天爲故者也'，高注'全猶順也'，可補王注未盡之義。今本'王'字、碑本'生'字，當並是'全'之壞字，'生'字尤形近於'全'，可爲蛻變之驗也。"覺按：勞健之説可通，但諸本無作"全"者，帛書甲本也作"王"，則王弼作注時，此字也不當作"全"。《荀子·解蔽篇》曰："王也者，盡制者也。"王弼解"王"爲"無所不周普"或取於此義。至於《莊子》之文，並不能用來説明"公"與"全"之間的邏輯聯繫。而"全""天"二字之韻雖近，也非同部。由此可見，勞健之説未必正確無疑，陳鼓應、馮達甫等在無版本依據的情況下僅據其説而改"王"爲"全"，有失謹嚴。誠然，此文作"王"也通，不可囿於用韻而妄加懷疑（《老子》之文未必處處嚴格用韻）。《尚書·洪範》曰："無偏無黨，王道蕩蕩；無黨無偏，王道平平；無反無側，王道正直。"由此可見，公正合乎王道，所以説"公乃王"。

〔15〕河上公曰："能王，則德洽神明，乃與天通矣。"覺按：第五章説"天地不仁……聖人不仁……"，第七十九章説"天道無親"，第五十六章讚揚得道者"不可得而親，亦不可得而疏"，可見得道的君王遵循天道，與上天合德，所以説"王乃天"。

〔16〕河上公曰："德與天通，則與道合同也。"覺按：第二十五章曰："道大，天大，地大，王亦大。域中有四大，而王處其一焉。人法地，地法天，天法道，道法自然。"君王遵循天道，而天道取法自然之道，那麼實際上君王也就能合於自然之道了，所以此文説"王乃天，天乃道"。

〔17〕河上公曰："與道合同，乃能長久。"覺按：道是永遠存在的（見第四十五節注〔2〕），聖王遵循大道，也能長治久安，即第五十九章所説的"有國之母，可以長久"，所以説"道乃久"。

〔18〕河上公曰："能公、能王、通天、合道四者純備，道德弘遠，無

殃無咎,乃與天地同沒,終不危殆也。"覺按:"沒身"見第十五節注〔5〕。第五十二章曰:"復守其母,沒身不殆。"此文說合"道"而"沒身不殆",其旨相同。

〔19〕六十八:傅奕本作"六十七",今補一字,故改。

【韻脚韻部】

篤、復,覺部。貶、根,文部。靜、命,耕部。常、明、常、凶、容、公、王,陽東旁轉合韻("常""明""王"屬陽部,其餘屬東部)。道、久、殆,之幽旁轉合韻("道"屬幽部,其餘屬之部)。

【義疏正解】

在思想觀念上,我達到虛無的地步已登峰造極,堅持靜止的觀點已根深柢固,萬物一齊興起,我便以虛無靜止的觀點去觀察它們的回歸。所有的事物衆多而紛亂,但會各自回歸到它們的本源,回歸到本源就是進入了靜止狀態,進入了靜止狀態就是回歸於命根,回歸於命根是一條永恒的規律,懂得了這永恒的規律就是明達。不懂得這一永恒的規律,胡亂地行動就兇險了。懂得了這永恒的規律就能包容一切,能包容一切就能公正無私,公正無私就能稱王天下,稱王天下就能與上天同德,與上天同德就能合乎大道,合乎大道就能長久,終身不會有危險。

第六十一節（第十七章）

【提要述評】

本節爲傅奕本第十七章，河上公注本題"淳風第十七"，唐玄宗注本題"太上章第十七"（唐玄宗御製本題"太上下知章第十七"）。

本節的主旨在宣揚其因循自然、無爲而治的政治思想，批判德治、法治、禮治等政治原則。

老子認爲，最好的君主，是那些"處無爲之事，行不言之教"（見第二章）的行道之君。這種君主不干涉民衆而民風淳樸（河上公注本題"淳風"，可能即基於此），君民各行其事，民衆只知有個君主而不感恩戴德，功成事就而認爲是自己辦成的。這種希望君主不干預民衆自由的政治理想，反映了當時平民對暴政的反抗情緒，但平心而論，這種理想誠然是不可能實現的。老子在歌頌無爲之道的同時，又批判了德治、法治、禮治的思想。在老子看來，君主施德行仁，雖然有利於民衆而使民衆感恩戴德，但實際上是君主在干預民衆，所以仁德之君不如行道之君。至於以法令威勢統治民衆的法治之君，則更次於仁德之君，因爲德治對民衆的干預只是一種寬鬆的道德教化，而法治對民衆的干預則是一種嚴格的執法獎懲，是對民衆的一種嚴格約束。當然，最壞的是逼民造反的暴政。接著，老子還批判了信實不足的禮治主義，認爲這是使民風日弊、欺詐日盛的禍根。

老子此文，以民衆對不同君主的不同態度來寫出不同政治原則的優劣，而不直截了當地加以讚揚或抨擊，顯得委婉含蓄，不露聲色，若不細嚼深味，則難以得其真意。

【校定原文】

太上[1]，下知有之[2]；其次[3]，親而譽之[4]；其次，畏之[5]；其下[6]，侮之[7]。信不足[8]，焉有不信[9]。猶兮其貴言也[10]！功成事遂，百姓皆曰我自然[11]。

右第十七章，四十四言[12]。

【注釋探賾】

[1] 王弼曰："太上，謂大人也。大人在上，故曰'太上'。"吳澄曰："大上，猶言最上。最上，謂大道之世。"覺按："太上"與"其次"相應，

表示最上等。如《韓非子·說疑》："是故禁姦之法：太上禁其心，其次禁其言，其次禁其事。"本文指君主而言，所以指最上等的君主，即老子心目中的得道聖君。《左傳·僖公二十四年》"大上以德撫民"孔穎達疏："大上，謂人之最大上，上聖之人也。"其"大（太）上"與本文"太上"的用法相似。吳澄認爲"太上"指"大道之世"，陳鼓應認爲指"最好的世代"，則與下句"之"字不相應，不當。下文的"其次"與此"太上"相應，也指君主而言，而非指世代而言。

〔2〕之：他，指代太上之君。《韓非子·難三》："'太上，下智有之。'此言太上之下民無說也。"河上公曰："下知有之者，下知上有君而不臣事。"王弼曰："大人在上，居無爲之事，行不言之教，萬物作焉而不爲始（覺按：見第二章），故下知有之而已。"覺按：韓非認爲老子這句話的旨意是指最上等的君主所統治下的民衆對君主沒有什麽喜愛可言（其文之"說"通"悅"），其說甚得老子之旨。因爲這句與下文"親而譽之"相對，所以其含義實爲"僅知有之而不親而譽之"，這也就是"無悅"。第五章曰："聖人不仁，以百姓爲芻狗。"可見上等的聖君奉行無爲之道，任憑民衆自然生息而不施恩行仁，如此則民衆當然不會感恩戴德而僅知有之。

〔3〕其：代詞，回指上文所提及的君主。　次：差一等。

〔4〕而：傅奕本作"之其次"，據河上公本改。河上公曰："其德可見，恩惠可稱，故親愛而譽之。"王弼曰："不能以無爲居事、不言爲教，立善行施，使下得親而譽之也。"覺按：此指仁德之君而言，君主行仁施恩，所以民衆"親而譽之"。第三十八章曰："失道而後德，失德而後仁。"可見在老子的心目中，仁德之君不如行道之君，所以此文以行道之君爲"太上"，以仁德之君爲"其次"。

〔5〕河上公曰："設刑法以治也。"王弼曰："不能復以恩仁令物，而賴威權也。"

〔6〕下：傅奕本作"次"，據帛書甲本改。

〔7〕河上公曰："禁多令煩，不可歸誠，故欺侮之。"王弼曰："不能法以正齊民，而以智治國，下知避之，其令不從，故曰'侮之'也。"覺按："侮"有欺凌、輕慢之義。河上公理解爲"欺侮"，是指民衆造反而欺凌君主；王弼則理解爲輕慢，指民衆不服從君主的命令。今人多從王弼之說（參見陳鼓應、馮達甫注譯），實不當。第七十二章曰："民不畏威，則大威將至矣。"此文"侮"與上文"畏"相對，顯然是指"民不畏威"的行

· 258 ·

道篇下　第六十一節（第十七章）

爲，所以應該指民衆起來造反而欺侮君主。

〔8〕傅奕本"信"上有"故"，據帛書甲本、乙本删。

〔9〕河上公曰："君信不足於下，下則應之以不信而欺其君。"王念孫曰："焉，於是也。言信不足，於是有不信也。"（見《讀書雜志·餘編·老子》）覺按：此兩句針對禮治之君而言。第三十八章曰："夫禮者，忠信之薄也，而亂之首也。"所以君主崇尚禮儀，則其"信"薄而"不足"。君主誠信不足，則民衆也不誠信。在老子看來，君主只有以誠信待人，"信者吾信之，不信者吾亦信之"，才能"得信矣"（見第四十九章）。

〔10〕也：傅奕本作"哉"，據帛書甲本、乙本改。　河上公曰："說太古之君舉事猶猶，貴重於言，恐離道失自然也。"覺按："猶"即猶豫（見第五十九節注〔6〕〔7〕），這裏形容其慎重，不敢隨便發言。　其：指代"太上"之君。　貴：看重，引申指慎重，不輕易，害怕。參見第五十七節注〔2〕。聖明君主"行不言之教"（見第二章），所以"貴言"。吳澄曰："貴，寶重也。……寶重其言，不肯輕易出口。"蔣錫昌曰："'貴言'即二十三章'希言'之誼。彼此二'言'，均指聲教法令而言。"

〔11〕河上公曰："百姓不知君上之德淳厚，反以爲己自知然。"蔣錫昌曰："《廣雅·釋詁》：'然，成也。'……二十五章'道法自然'，言道法自成也。六十四章'以輔萬物之自然而不敢爲'，言以輔萬物之自成而不敢爲也。……《老子》所謂'自然'，皆指'自成'而言。'功成事遂，百姓皆謂我自然'，謂人民功成事遂，百姓皆謂吾儕自成，此即古詩所謂'帝力何有於我'也。"高亨曰："我者，蓋百姓自謂也。功成事遂，百姓皆曰'我自然'，不知其君之力也。《論衡》及《帝王世紀》所載《擊壤》歌：'日出而作，日入而息，鑿井而飲，耕田而食，帝力何有於我哉？'即此意也。"覺按：《論衡·感虛篇》之文爲："堯時，五十之民擊壤於塗。觀者曰：'大哉，堯之德也！'擊壤者曰：'吾日出而作，日入而息，鑿井而飲，耕田而食，堯何等力？'"《帝王世紀·自皇古至五帝》所載《擊壤》歌作："日出而作，日入而息，鑿井而飲，耕田而食，帝何力於我哉？"　然：見第十四節注〔6〕。　得道的聖君"處無爲之事，行不言之教"（第二章），讓民衆"自正""自富"（第五十七章），自己去做事，所以事情辦成了，民衆説是自己辦成的，而不歸功於君主，這與上文"下知有之"之旨相同。

〔12〕四十四：傅奕本作"四十七"，今删三字，故改。

【韻腳韻部】

有、畏，之微通轉合韻（"有"屬之部，"畏"屬微部）。譽、侮，魚侯旁轉合韻（"譽"屬魚部，"侮"屬侯部）。信、言、然，真元旁轉合韻（"信"屬真部，其餘屬元部）。

【義疏正解】

最上等的君主，民衆只知道有他這麼一個人；那差一等的君主，民衆熱愛而讚譽他；再差一等的君主，民衆害怕他；那最下等的君主，民衆欺侮他。君主信實不足，於是才有民衆的不信實。聖明的君主猶豫不決啊，他不輕易地發表言論！功業成就了，事情順利辦成了，老百姓都説是我們自己辦成的。

第六十二節（第十八章）

【提要述評】

本節爲傅奕本第十八章，河上公注本題"俗薄第十八"，唐玄宗注本題"大道廢章第十八"。

本節的主旨與第三十八章類似，重在批判儒家所宣揚的仁、義、智、孝、貞等道德觀念。

儒家大力宣揚仁義、智慧、孝慈、貞信等道德觀念。如《論語·里仁》云："君子無終食之間違仁。""君子喻於義。""仁者安仁，知者利仁。"《論語·子罕》云："知者不惑，仁者不憂。"《論語·學而》云："弟子入則孝，出則悌，謹而信，泛愛衆，而親仁。"《論語·爲政》云："孝慈，則忠。"《論語·衛靈公》云："君子貞而不諒。"

老子在此便從道德規範產生的歷史條件和社會背景入手，說明仁、義、智、孝、貞等儒家所宣揚的德行之所以爲社會所強調，實在是正道廢棄、世風刻薄（河上公注本題"俗薄"，可能即基於此）、社會黑暗所造成的。這種認識無疑是深刻的，因爲事實往往是這樣的：人們越缺少什麼，就越會談論什麼，倡導什麼。從這種意義上來說，老子從意識形態領域裏對某種美德的提倡中看到了現實的醜惡，這種正面現象反面看的思想方法實具有普遍的認識論意義。正因爲有了這種深刻的思辨力與不同尋常的認識方法，所以老子縱觀道德領域，便從"仁義"的提倡中看出了"大道"之廢，從"孝慈"的提倡中看出了"六親不和"；橫看政治領域，便從智慧的崇尚中看到了巧詐的流行，從貞臣的美譽中看出了政治的黑暗。當然，老子將"仁義""大偽""孝慈""貞臣"等看作是"大道廢""智慧出""六親不和""邦家昏亂"的產物，則既揭示了它們之間的對立，又看到了它們之間統一，這種思想無疑閃耀著辯證法的光芒。

【校定原文】

大道廢[1]，焉有仁義[2]；智慧出，焉有大偽[3]；六親不和[4]，有孝慈[5]；邦家昏亂[6]，有貞臣[7]。

右第十八章，二十八言。

【注釋探賾】

〔1〕大道：正道（參見第十六節注〔2〕），正確的政治原則，指因循

· 261 ·

自然，無爲而治。參見第一節注〔10〕。

〔2〕蘇轍曰："大道之隆也，仁義行於其中而民不知。道既廢，而後仁義見矣。"覺按："焉"表示於是（參見第六十一節注〔9〕）。帛書甲本作"案"，乙本作"安"，與"焉"通。《經傳釋詞》卷二："安，猶'於是'也，乃也，則也。字或作'案'，或作'焉'，其義一也。" 仁義：見第一節注〔6〕〔7〕。第五章曰："聖人不仁。"可見得道的聖君無爲而治，不有意於倡導仁義之德。然而，聖人"無爲而民自化"，"好靜而民自正"（見第五十七章），所以大道未廢之時，民衆都有仁義的德行。正因爲當時人們都有仁義之德，所以沒有必要把仁義作爲一種道德規範來號召民衆遵行。當大道廢棄後，民風日弊，所以只能以仁義爲道德規範來勸導人們奉行。因此說："大道廢，焉有仁義。"這兩句的邏輯關係與下文"六親不和，有孝慈；邦家昏亂，有貞臣"等一樣，並不是指大道未廢時沒有仁義之德存在，大道廢棄後才產生仁義之德。第三十八章曰："失道而後德。"其語義與邏輯關係與此相類，可參見（見第一節注〔10〕〔13〕）。對於"大道廢，焉有仁義"，孔子也有類似的論述，可資參考。其言云："大道之行也，天下爲公，選賢與能，講信脩睦，故人不獨親其親，不獨子其子，使老有所終，壯有所用，幼有所長，矜寡孤獨廢疾者皆有所養。男有分，女有歸。貨惡其棄於地也，不必藏於己；力惡其不出於身也，不必爲己。是故謀閉而不興，盜竊亂賊而不作，故外戶而不閉。是謂大同。今大道既隱，天下爲家，各親其親，各子其子，貨力爲己，大人世及以爲禮，城郭溝池以爲固。禮義以爲紀，以正君臣，以篤父子，以睦兄弟，以和夫婦，以設制度，以立田里，以賢勇知，以功爲己，故謀用是作，而兵由此起。禹、湯、文、武、成王、周公，由此其選也。此六君子者，未有不謹於禮者也。以著其義，以考其信，著有過，刑仁、講讓，示民有常。如有不由此者，在埶者去，衆以爲殃。是謂小康。"（見《禮記・禮運》）大道實行時，"不獨親其親"等等是仁，"使老有所終"等等是義，但並未以仁義爲規範；大道消逝後，便"禮義以爲紀"而"刑仁"（以仁爲規範）了。總之，"仁義"作爲一種道德品質，在大道未廢之時就已有了；作爲一種道德規範，則是大道廢棄之後才有的。此文之"仁義"即指道德規範而言，所以說："大道廢，焉有仁義。"

〔3〕河上公曰："智慧之君，賤德貴言，賤質貴文，下則應之以大僞姦詐。"王弼曰："行術用明，以察姦僞，趣睹形見，物知避之，故智慧出則

大僞生也。"覺按：河上公、王弼等認爲"智慧出"指君主以智治國，"大僞"指臣下以僞應之，此説至今仍有人信從（見馮達甫注），其實不當。因爲第六十五章雖然説"以知治邦，邦之賊也"，但也説"民之難治，以其多知也"，而第五十七章亦云："民多知慧而衺事滋起。"可見此文之"智慧"應該指所有人的智慧，而不單指君主的智慧。　僞：巧詐。《説文・人部》："僞，詐也。"《廣雅・釋詁一》："僞，欺也。"

〔4〕王弼曰："六親，父子、兄弟、夫婦也。"覺按：古代對六親的解説並不一致，漢魏以後大多解爲父、母、兄、弟、妻、子，其説源於《吕氏春秋・論人》："何謂六戚？父、母、兄、弟、妻、子。"此當爲戰國以後的説法。《左傳・昭公二十五年》云："爲父子、兄弟、姑姊、甥舅、昏媾、姻亞，以象天明。"杜預注："六親和睦，以事嚴父，若衆星之共辰極也。"《左傳》所説的是春秋時所謂的六親，本文之"六親"，其義當與《左傳》同，而下句説"孝慈"，則此"六親不和"側重於指父子關係，與杜注義近。

〔5〕"有"字上帛書甲本有"案"，乙本有"安"，均通"焉"（見注〔2〕）。據此，則此文"有"字上當有"焉"字。　孝慈：對上孝敬、對下慈愛。第十九章云："絶仁棄義，民復孝慈。"老子説"復"，可見在他的觀念中，"孝慈"是古人所固有的美德，而並不是在"六親不和"之後才有的，只是在上古六親和睦之時，這種美德人人都有，没有必要將它作爲一種道德規範來倡導，於是也就隱没不顯了。正如王弼所説："若六親自和，國家自治，則孝慈、忠臣不知其所在矣。"後世六親不和了，"父子離且怨"（見《韓非子・外儲説左上》），乃至"爲人子者有取其父之家"（見《韓非子・忠孝》），甚至有放逐父親、殺死父親的事情發生，如《韓非子・忠孝》云："瞽瞍爲舜父而舜放之。"《韓非子・外儲説右上》載子夏之言曰："《春秋》之記臣殺君、子殺父者，以十數矣。"於是，就只能將"孝慈"作爲一種道德規範來倡導以救時弊。總之，"孝慈"作爲一種道德品質，則古已有之，只是不顯而已。孔子所謂"大道之行也，……講信脩睦，故人不獨親其親，不獨子其子"（見《禮記・禮運》），説的就是大道未廢、六親和睦時的"孝慈"。但是，"孝慈"作爲一種道德規範，則是在"六親不和"之後才有的，也就是孔子所説的"今大道既隱，天下爲家，各親其親，各子其子……禮義以爲紀，以正君臣，以篤父子，以睦兄弟，以和夫婦"（見《禮記・禮運》）。此文之"孝慈"，即着眼於道德規

範，所以老子才説："六親不和，有孝慈。"

〔6〕邦：傅奕本作"國"，據帛書甲本改。參見第二十節注〔1〕。

〔7〕"有"字上帛書甲本有"案"，乙本有"安"，此文當有"焉"（見注〔5〕）。 貞：堅貞，有節操。賈誼《新書·道術》："言行抱一謂之貞。"河上公本等"貞"作"忠"。河上公曰："政令不行，上下相怨，邪辟爭權，乃有忠臣匡救其君也。此言天下太平，不知仁人；盡無欲，不知廉；各潔己，不知貞。故大道之世，孝慈滅，仁義没，猶日月盛明衆星失光。"蘇轍曰："六親方和，孰非孝慈？國家方治，孰非忠臣？堯非不孝也，而獨稱舜，無瞽叟也。伊尹、周公非不忠也，而獨稱龍逄、比干，無桀、紂也。"覺按：國家政治清明時並非没有忠貞之臣，只是因爲君主聖明，所以即使在朝的都是忠貞之臣，也不會有忠貞之臣强諍極諫而遭殘害的悲劇發生，因而其忠貞也就隱没不顯了。君主昏庸暴虐，政治黑暗，忠貞之臣極諫而遭殺戮，因而其姓名事蹟著於典籍，流傳四海，這便是"邦家昏亂，有貞臣"的真正含義。

【韻脚韻部】

義、僞、和、亂，歌元對轉合韻（"亂"屬元部，其餘屬歌部）。

【義疏正解】

正確的政治原則被廢棄了，於是有仁愛道義等道德規範的提倡；智慧出現了，於是有極大的虛僞巧詐産生；親人之間不和睦了，於是有孝敬慈愛等道德規範的倡導；國家黑暗混亂了，於是有堅貞守節的臣子被稱道。

第六十三節（第十九章）

【提要述評】

本節爲傅奕本第十九章，河上公注本題"還淳第十九"，唐玄宗注本題"絶聖棄智章第十九"（唐玄宗御製本題"絶聖章第十九"）。

本節的主旨在於爲統治者提供治理社會的方略，這種政治方略的要點便是拋棄當代文明，杜絶私欲，使人性回歸到淳樸的狀態（河上公注本題"還淳"，可能即基於此）。

聖明智慧，既促成了人類文明的進步，但同時又孕育了虛僞巧詐，也就是第十八章所說的："智慧出，焉有大僞。"仁德道義等道德規範既促成了人們的善行，但同時又被竊國大盜用來維護自己的專制統治，也就是《莊子·胠篋》所說的："聖人不死，大盜不止。……爲之仁義以矯之，則並與仁義而竊之。何以知其然邪？彼竊鈎者誅，竊國者爲諸侯，諸侯之門而仁義存焉，則是非竊仁義聖知邪？"高超的技術既促成了人類物質文明的進步，但同時又促成了工藝奢侈品的生產。欲利之心既是社會進步的動力與歷史發展的槓杆，但同時又是人們爭奪財利的起因。老子看不到智慧、仁義、技巧、利欲的積極意義，而只看到其消極的一面，所以主張徹底棄絶聖、智、仁、義、巧、利，回歸到原始時代質樸混沌無私無欲的狀態。這種否定現實却不敢面向未來而一味要求倒退的政治主張，如果從學術的立場上來衡量，無疑有失公允，但作爲對黑暗社會的一種抗爭，則這種偏激的論調又是可以理解而不宜輕易加以貶斥的。

【校定原文】

絶聖棄知[1]，民利百倍[2]。絶仁棄義[3]，民復孝慈[4]。絶巧棄利[5]，盜賊無有[6]。此三者[7]，以爲文而未足也[8]，故令之有所屬[9]：見素襃朴[10]，少私寡欲[11]，絶學無憂[12]。

右第十九章，五十二言[13]。

【注釋探賾】

〔1〕河上公曰："絶聖制作，反初守元；五帝畫象，倉頡作書，不如三皇結繩無文而治也。棄智惠，反無爲。"王弼曰："聖、智，才之善也。"

覺按："絶"表示滅絶。《廣雅·釋詁四》："絶，滅也。"　聖：《老子》書中除此文單用"聖"字外，其他地方都用於"聖人"一詞，而他所説的"聖人"，都指得道的人或得道的君主。故其中之"聖"字與此文之義不同。此文之"聖"與"智"相類，是指儒家所稱頌的一種思辨洞察力。《尚書·洪範》："思曰睿……睿作聖。"孔安國傳："於事無不通謂之聖。"《尚書·多方》"惟聖罔念作狂"孔穎達疏："聖者，上智之名。"《周禮·地官·大司徒》："一曰六德：知、仁、聖、義、忠、和。"鄭玄注："知，明於事。仁，愛人以及物。聖，通而先識。義，能斷時宜。"《孟子·萬章下》："始條理者，智之事也；終條理者，聖之事也。"《大戴禮記·四代》："子曰：'聖，知之華也；知，仁之實也；仁，信之器也；信，義之重也；義，利之本也。'"《莊子·在宥》："説聖邪？是相於藝也；説知邪？是相於疵也。"成玄英疏："説聖迹，助世間之藝術；愛智計，益是非之疵病也。"由此可見，"聖"是一種高度的明智，它是儒家所推重而道家所貶斥的一種品質。　知：通"智"。

〔2〕第十八章云："智慧出，焉有大僞。"第六十五章云："以知治邦，邦之賊也；不以知治邦，邦之福也。"由此可見，只有"絶聖棄知"，才能從根本上消除"大僞"與禍害，造福於民衆，所以説："絶聖棄知，民利百倍。"《莊子·胠篋》云："聖人生而大盜起。……聖人不死，大盜不止。……故絶聖棄知，大盜乃止。"《莊子·在宥》云："絶聖棄知而天下大治。"均可作爲此句注脚。

〔3〕河上公曰："絶仁之見慧，棄義之尚華。"蘇轍曰："孔子以仁義禮樂治天下，老子絶而棄之，或者以爲不同。《易》曰：'形而上者謂之道，形而下者謂之器。'孔子之慮後世也深，故示人以器而晦其道，使中人以下守其器，不爲道之所眩，以不失爲君子，而中人以上，自是以上達也。老子則不然，志於明道而急於開人心，故示人以道而薄於器，以爲學者惟器之知，則道隱矣，故絶仁義、棄禮樂以明道。夫道不可言，可言皆其似者也。達者因似以識真，而昧者執似以陷於僞。故後世執老子之言以亂天下者有之，而學孔子者無大過；因老子之言以達道者不少，而求之於孔子者常苦其無所從入。二聖人者，皆不得已也。全於此，必略於彼矣。"覺按："仁""義"指仁愛、道義等道德規範，見第十八章注〔2〕。

〔4〕河上公曰："德化純也。"覺按："復"表示返回、恢復（參見第十五節注〔4〕）。　孝慈：見第十八章注〔5〕，此文指道德品質而言。　第

十八章曰："大道廢，焉有仁義。"所以此文所謂"絕仁棄義"，實是要求社會復行"大道"，而"大道之行也"，"講信脩睦"，"人不獨親其親，不獨子其子"（見第十八章注〔5〕），所以説："絕仁棄義，民復孝慈。"《莊子·胠篋》："攘棄仁義，而天下之德始玄同矣。"其義與此文同。

〔5〕王弼曰："巧、利，用之善也。"覺按："巧"指技巧。技巧可以用來製造珠玉等"難得之貨"（參見第二十七節注〔18〕），"而不貴難得之貨"，可以"使民不爲盜"（見第三章），所以"絕巧"可使"盜賊無有"。《莊子·胠篋》所謂"絕聖棄知，大盜乃止"可以用來疏解"絕聖棄知，民利百倍"，而"擿玉毁珠，小盜不起"則可以用來疏解此句。河上公將"巧"理解爲"詐僞"，至今有人從之（見《辭源》"巧"字條、陳鼓應譯文），不當。　棄利：河上公曰："塞貪路，閉權門。"覺按：陳鼓應、馮達甫將"利"解爲"貨利""財貨"，雖也通，恐不當。因爲《老子》中的"利"，除了表示鋭利外，都表示利益、得利、使得利。此"利"字當與"民利百倍"之"利"類似，表示得利。"棄利"指抛棄得利之行，所以河上公解爲"塞貪路"。《禮記·坊記》"先財而後禮則民利"鄭玄注："利，猶貪也。"其義與此文相類。"棄利"就是要抛棄一切以財利爲首要目標的貪利之行。人們不貪利，則不會做盜賊，所以"棄利"可使"盜賊無有"。

〔6〕河上公曰："上化公正，下無私邪。"覺按："絕巧棄利"和"絕聖棄知""絕仁棄義"一樣，都指君主的政令教化而言，所以河上公説"上化"。"盜賊無有"與前文"民"相應，指民間之事，所以河上公説"下"。

〔7〕三者：河上公曰："謂上三事'絕''棄'。"覺按：陳鼓應認爲"此三者"指"智辯、僞詐、巧利"，不當。帛書甲本、乙本均作"此三言"，可證"此三者"是指"絕聖棄知""絕仁棄義""絕巧棄利"三句話。

〔8〕河上公曰："以爲文不足者，文不足以化民。"覺按："以爲"即"以之爲"之省。所省之"之"指代"此三者"。　文：《荀子·非相篇》"文而致實"楊倞注："文，謂辯説之詞也。"此"文"字與上面三言相應，指文辭，説辭。　未足：還不夠。　這句是説，上述三句話只停留在口頭上還不夠。

〔9〕傅奕本"令"下無"之"字，據帛書甲本、乙本補。　河上公曰："當如下句。"覺按：令：使。　之：指代"民"。　屬（zhǔ主）：跟從，效法。　所屬：所跟從的，所效法的，即榜樣。　這句承上而啓下，是説上述三句話只用來宣傳還不夠，所以君主應以身作則，即"見素袌樸，少

私寡欲,絕學無憂",使人有所效法。

〔10〕河上公曰:"見素者,當抱素守真,不尚文飾也。抱樸者,當見其質樸,以示天下可法則。"覺按:"見"(xiàn現)同"現"。　素:沒有染色的白絹,引申指未被後代文明異化的質樸本性。《莊子‧刻意》:"故素也者,謂其无所與雜也。"《淮南子‧俶真訓》"偃其聰明而抱其太素"高誘注:"素,樸性也。"　袞:見第五節注〔5〕。　樸:未加工的木材,引申指質樸的本質。　此句"見素"與"袞樸"義同而微別。《莊子‧天地》云:"夫明白入素,无爲復樸。""素"對"明白","樸"對"无爲",則此文"見素"當承上"絕聖棄知"而言,《淮南子‧精神訓》"棄聰明而反太素"也可用來疏證此義;而此文之"袞樸"當承上"絕仁棄義"而言,《莊子‧山木》"其民愚而樸,少私而寡欲,知作而不知藏,與而不求其報,不知義之所適"也可用來疏證此義。

〔11〕河上公曰:"少私者,正無私也。寡欲者,當知足也。"覺按:"少私寡欲"承上"絕巧棄利"而言。"少私"與第七章所説的"無私"類似,"寡欲"與第六十四章所説的"欲不欲"類似。

〔12〕"絕學無憂"四字傅奕本置於下章之首。蔣錫昌曰:"此句自文誼求之,應屬上章,乃'絕聖棄智,……絕仁棄義,……絕巧棄利'一段文字之總結也。晁公武《郡齋讀書志》謂唐張君相《三十家老子注》以'絕學無憂'一句附'絕聖棄知'章末,以'唯之與阿'別爲一章,與諸本不同,當從之。後歸有光、姚鼐亦以此句屬上章,是也。"高亨曰:"此句應屬本章,請列三證。'絕學無憂'與'見素抱樸,少私寡欲'句法相同,若置在下章,爲一孤立無依之句,其證一也。'足''屬''樸''欲''憂'爲韻('足''屬''樸''欲'在古韻侯部,'憂'在古韻幽部,二部往往通諧),若置在下章,於韻不諧,其證二也。'見素抱樸,少私寡欲,絕學無憂',文意一貫,若置在下章,則其文意遠不相關,其證三也。《老子》分章,多有戾踳,決非原書之舊。"覺按:第六十四章"學不學"與"欲不欲"連言,也可證"絕學無憂"當與"少私寡欲"連言。《老子》之分章,本無定規,故今移正,但"憂"字未必與"足、屬、樸、欲"爲韻。郭店楚墓出土之竹簡《老子》中的"絕學亡憂"四字緊接於"學者日益,爲道者日員,員之或員,以至亡爲也。亡爲而亡不爲"之下,則此四字或爲第四十八章之文而錯簡於此。由於通行本沿襲已久,故今不依竹簡本移之於第四十八章,而移於此。　絕學:棄絕學問,指拋棄西周以來所盛行

的禮治知識（參見第十一節注〔1〕）。它與上文"絕仁棄義"相應。 無：于鬯曰："'無'之言'毋'也。" 無憂：毋憂，與上句"少私"義近，指不爲自己擔憂。第十三章云："及吾無身，吾有何患乎？"即此文之義。

〔13〕五十二：傅奕本作"四十七"，今移補五字，故改。

【韻脚韻部】

倍、慈、有，之部。足、屬、樸、欲，屋部。學、憂，覺幽對轉合韻（"學"屬覺部，"憂"屬幽部）。

【義疏正解】

根絕聖明、抛棄智慧，民衆會得利百倍。滅絕仁德、擯棄道義，民衆會恢復孝敬慈愛。杜絕技巧、鄙棄貪利，盜賊就没有了。這三種棄絕，只把它們當作口頭禪還是不夠的，所以要使民衆有所效法：統治者要體現質樸的本性，保持淳樸的本質；減少私心，削弱欲望；棄絕學問，不爲自己擔憂。

第六十四節（第二十章）

【提要述評】

本節爲傅奕本第二十章，河上公注本題"異俗第二十"，唐玄宗注本題"絕學無憂章第二十"。

本節的主旨在批判世俗社會，同時塑造了一個與俗人迥異的自我形象（河上公注本題"異俗"，可能即基於此）。

老子在此首先將其批判的鋒芒直指當時的專制暴君。老子認爲，這些剛愎自用的專制暴君，荒淫無道，放縱作樂而永無休止，已經到了不可救藥的地步，所以無論是順從稱讚他們，還是指斥勸諫他們，都無濟於事，所以老子認爲"不可不畏"而不應該去侍奉他們。

接着，他將矛頭轉向求仕的世俗之人，譏刺他們利欲熏心，像追求美味佳餚與登高遊覽似地追求厚禄榮名；譏刺他們幹勁十足，不遺餘力地投機鑽營；譏刺他們精明苛察，斤斤計較；譏刺他們被君主所用而有爲、叛道。有破有立，老子在批判世俗衆人追求名利的同時，也表現了自己淡泊名利、以身殉道的高風亮節。他以形似自嘲實則自詡的口吻表達了自己的人生態度：淡泊無欲，寧願做那種愚不可及、渾渾噩噩、粗野鄙陋、潦倒失意、不爲世用的"愚人"，也不與世俗同流合污，而堅決遵行大道。老子在這裏用"未咳""若遺""沌沌""若昏""閔閔""頑且鄙"等意義相似的詞語，反復申述自己的愚昧糊塗。這正如今人説自己"越老越糊塗"一樣，實是一種反話，是表示自己與世俗社會的徹底決裂。他的"愚"，實是"大智若愚"之"愚"，是一種經過理智昇華而形成的"愚"。他的糊塗，是一種聰明的糊塗。面對逞欲鬥智的社會，老子採取了後退的策略，所以只有强作糊塗來了事。

本節的現實性很強，但今人往往將開頭對君主的現實批判看成是哲學的空談，認爲此節與第二章相似，是在論述"相對論"（高亨之説）或"種種價值判斷"的"相對形成"（陳鼓應之説）。如此，則不但埋没了老子此文的戰鬥鋒芒，而且也使此文顯得前言不搭後語而不可思議了，所以應加以澄清。

【校定原文】

唯之與訶[1]，相去幾何[2]？美之與惡[3]，相去何若[4]？

道篇下　第六十四節（第二十章）

人之所畏[5]，亦不可不畏[6]。荒兮，其未央[7]！衆人熙熙[8]，若享太牢[9]，若春登臺[10]。我獨泊兮[11]，其未兆[12]，若嬰兒之未咳[13]，儽儽兮若無所歸[14]。衆人皆有餘[15]，我獨若遺[16]。我愚人之心也哉[17]！沌沌兮[18]！俗人皆昭昭[19]，我獨若昏[20]；俗人皆詧詧[21]，我獨若閔閔[22]。忽兮其若海[23]，望兮若無所止[24]。衆人皆有以[25]，我獨頑且鄙[26]。吾獨欲異於人[27]，而貴食母[28]。

右第二十章，一百三十一言[29]。

【注釋探賾】

〔1〕"唯"上傅奕本有"絕學無憂"四字，今移於上一章，見第六十三節注〔12〕。　唯：應答聲，《說文·口部》："唯，諾也。"　訶（hē喝）：傅奕本作"阿"，帛書乙本作"呵"，今據帛書甲本改。《說文·言部》："訶，大言而怒也。"于鬯曰："'唯'與'呵'亦反對為義。唯，應聲也。呵，斥聲也。注家以'唯''阿'皆為應聲，誤矣。"

〔2〕河上公曰："同為應對，而相去幾何？疾時君賤質而貴文。"覺按："相去幾何"為反問句，指相差很少，所以河上公之說恐未得老子本義。這兩句的言外之意當為：對於當時這些剛愎自用的專制暴君，臣下聽從他也好，反對他也好，其作用相差無幾，結果都不能改變君主的決定。從另一種意義上說，"唯""訶"都是一種"有為"之行，其性質也相差無幾。

〔3〕美：讚美。河上公本等作"善"，其義同。　惡（wù務）：指責其錯誤罪惡。《漢書·爰盎傳》"後雖惡君"顏師古注："惡，謂譖毀之，言其過惡。"

〔4〕河上公曰："善者，稱譽。惡者，諫爭。能相去何如？疾時君惡忠直、用邪佞。"覺按："相去何若"為反問句，指沒有什麼區別，所以這兩句的言外之意當為：對於專制暴君，讚美與諫諍的作用沒有什麼不同，結果都不能改變其一意孤行的本性。從另一種意義上說，"美""惡"都屬於"有為"，其性質是一樣的。

〔5〕河上公曰："人，謂道人也。人所畏者，畏不絕學之君。"覺按："人"指得道之人，與下文"衆人"之義不同。"所畏"指令人生畏的專制暴君。

〔6〕"不"字上傅奕本無"亦"，據帛書甲本、乙本補。　河上公曰：

"近令色，殺賢人。"覺按：專制暴君妄殺無辜，所以"不可不畏"。這句承上文而言，其言外之意是：對於專制暴君，應該畏而遠之，而不應該前去"唯""訶""美""惡"。

〔7〕河上公曰："言世俗之人荒亂，欲進學邪文，未央止也。"覺按：此句承上文而來，當指時君而言，河上公之說似未洽。　荒：荒亂，放縱作樂而不顧國政。《逸周書·謚法解》："外内從亂曰荒。好樂怠政曰荒。"《孟子·梁惠王下》"從獸無厭謂之荒。"《管子·戒》："從樂而不反者謂之荒。"《尚書·五子之歌》："内作色荒，外作禽荒。"孔安國傳："迷亂曰荒。"今人大多把"荒"解爲"茫茫""廣漠"（見高亨、陳鼓應、馮達甫注），與上文不能貫通，顯然不當。　其：指代"人之所畏"的暴君。今人大都不明此"其"字所指，所以都刪之爲解，不當。　央：與"未"連用，表示完了、終止的意思。《楚辭·離騷》"時亦猶其未央"王逸注："央，盡也。"《楚辭·九歌·雲中君》"爛昭昭兮未央"王逸注："央，已也。……見其光容爛然昭明，無極已也。"

〔8〕熙熙：縱情作樂的樣子。與下文"泊"相對。河上公曰："熙熙，淫放多情欲。"《列子·楊朱》"熙熙然以俟死"《釋文》："熙，許其切，縱情欲也。"《荀子·儒效篇》"熙熙兮其樂人之臧也"楊倞注："熙熙，和樂之貌。"

〔9〕河上公曰："如飢思太牢之具，意無足時也。"覺按：享：享用。牢：關養牲畜的欄圈，借指牲畜。古代宴會或祭祀時並用牛、羊、豕三牲叫"太牢"，用羊、豕二牲叫"少牢"，只用豕叫"特牲"。《左傳·桓公六年》"接以大牢"杜預注："大牢，牛、羊、豕也。"孔穎達疏："牢者，養牲之處，故因以爲名。鄭玄《詩》箋云：'繫養曰牢。'是其義也。"《淮南子·脩務訓》："欣然七日不食，如饗太牢。"高誘注："三牲具曰太牢。"河上公之注與《淮南子》之義相似，飢餓而食用太牢，形容其欲望之強烈、心情之迫切。

〔10〕河上公曰："春，陰陽交通，萬物感動，登臺觀之，意志淫淫然。"王弼曰："眾人迷於美進，惑於榮利，欲進心競，故熙熙若享太牢，如春登臺也。"覺按："臺"見第二十七節注〔9〕。以上三句形容眾人利欲熏心，其求仕之迫切，就像奔赴盛宴、登臺觀光一樣。

〔11〕泊：傅奕本作"鬼"，據帛書甲本改。　泊（bó 博）：淡泊，虛靜無爲。帛書乙本作"博"，爲假借字。河上公本作"怕"（bó 博），是表

示淡泊義的本字。《説文・心部》："怕，無爲也。"段玉裁注："憺怕，俗用'澹泊'爲之，假借也。'澹'作'淡'，尤俗。"從本義來看，此文當用"怕"，但從約定俗成的用法來看，後代往往用"怕"來表示害怕義，用"泊"來表示淡泊義，故今用"泊"字。

〔12〕河上公曰："我獨怕兮安靜，無情欲形兆。"覺按："其"複指我。兆：徵兆，苗頭，事情發生前的迹象。這裏用作動詞，表示出現徵兆，露出苗頭，指萌生追求名利的念頭。

〔13〕咳(hái孩)：《説文・口部》："咳，小兒笑也。"嬰兒懂事後，當欲望等得到滿足時就會笑，所以用"未咳"來形容無知無欲。

〔14〕若：傅奕本作"其不足以"，據河上公本改。 儡儡(lěilěi磊磊)：王弼本作"儽儽"，今人多解爲疲勞的樣子（見高亨、許抗生、馮達甫注）。"儡儡"或"儽儽"雖有疲勞義，但此解與"無所歸"之義不合，似未當。《淮南子・俶真訓》："然而不免於儡，身猶不能行也。"高誘注："儡身，身不見用，儡儡然也。"《白虎通・壽命》："儡儡然如喪家之狗。"《疏證》引《孔子家語》注："喪家狗，孔子生于亂世，道不得行，故累然，是不得意之貌也。"《説文・人部》："儡，相敗也。"段玉裁注："《西征賦》注引作'壞敗之皃'，《寡婦賦》注引作'敗也'，無'相'字。《道德經》傅奕本'儡儡兮其不足以無所歸'，陸氏《釋文》曰：'儽，一本作儡，敗也，欺也。'"由此可見，"儡儡"當解爲敗落不得志的樣子，是用來形容"身不見用"與"喪家"之貌的，故此文與"無所歸"連言。 無所歸：指不見用於世。下文説："衆人皆有以，我獨頑且鄙。""我"被世人視爲"頑且鄙"而不見用，所以"無所歸"。

〔15〕河上公曰："衆人皆有餘財以爲奢、餘智以爲詐。"王弼曰："衆人無不有懷有志，盈溢胸心，故曰'皆有餘'也。"蘇轍曰："衆人守其所知，各自以爲有餘。"覺按：下文曰："我愚人之心也哉！"則此"有餘"當指智力、精力之有餘而不是指財力之有餘。

〔16〕河上公曰："我獨若遺棄，似於不足也。"王弼曰："我獨廓然無爲無欲，若遺失之也。"蘇轍曰："聖人包舉萬物而不主於一，超然其若遺也。"奚侗曰："遺，借作'匱'，不足之意。"覺按："遺"解爲"遺失"或"匱"，均通，但都是指智力、精力而言。

〔17〕河上公曰："不與俗人相爲，守一不移，如愚人之心也。"王弼曰："絶愚之人，心無所別析，意無所好欲（覺按：《古逸叢書》本作"美

惡"），猶然其情不可睹，我穨然若此也。"覺按："愚"即愚昧無知（參見第二十八章注〔3〕）。老子並不愚，他自稱愚人，實爲自嘲之詞，是反話，其實質是在表示與逞欲鬥智的世俗社會的徹底決裂。陳鼓應認爲"'愚'是一種淳樸、真質的狀態。老子自己以'愚人'爲最高修養的生活境界"，實爲誤解。

〔18〕河上公曰："無所分別。"覺按："沌沌"（dùndùn 鈍鈍）是混沌的意思，形容蒙昧無知的樣子。

〔19〕河上公曰："明且達也。"王弼曰："耀其光也。"覺按：參見第二十一節注〔15〕。

〔20〕河上公曰："如暗昧也。"覺按：即第五十八章所説的"光而不耀"。

〔21〕督督：一般本子都作"察察"。河上公曰："急且疾也。"王弼曰："分別別析也。"覺按：參見第二十一節注〔3〕。

〔22〕閔閔：見第二十一節注〔1〕。河上公本等作"悶悶"。河上公曰："悶悶，無所截割。"

〔23〕忽：傅奕本作"淡"，據河上公本改。王弼本作"澹"，今人多解爲"沉靜"或"恬靜"（見陳鼓應、馮達甫注），不當，因爲"海"並不靜。帛書甲本作"忽"，乙本作"沕"，可證古本當作"忽"或"沕"（同"忽"）。"忽"常用來形容模糊不清、不可捉摸的狀態（參見第五十八節注〔12〕），如《莊子·天下》云："芒乎何之？忽乎何適？"《文選》載司馬相如《子虛賦》云："眇眇忽忽，若神仙之髣髴。"《莊子·應帝王》"北海之帝爲忽"成玄英疏："北是幽闇之域，故以忽爲無。"《釋文》："忽，李云：喻無形也。"大海渺茫無涯而不可測度，所以説"忽兮其若海。"河上公曰："我獨忽忽兮，如江海之流，莫知其所窮極。"這其實也是把"忽"理解爲渺茫而不可捉摸。許抗生將"忽"解爲"水流動之貌"，與上下文之義不能貫通，實誤。又，王弼解此句云："情不可睹。"與上文所解相同（見注〔17〕所引），其實也是在解説"忽"字，所以今傳王弼本作"澹"定非王本之舊。蓋"忽"作"沕"或"沕"而誤爲"淡"，又被後人改爲"澹"也。朱謙之認爲作"'澹'字是也"，實爲誤判，但其詮釋此句之義則可取，其言云："《書考靈曜》：'海之言昏晦無睹。'《釋名·釋水》：'海，晦也，主承穢濁，其色黑而晦也。''海''晦'義同。此形容如海之恍惚，不可窮極。"

〔24〕朢：傅奕本作"飄"，據帛書乙本改。河上公本作"漂"，其注曰："我獨漂漂，若飛若揚，無所止也，志意在神域。"其説雖然與"無所止"之意甚合，但與上下文之"泊兮""未兆""未咳""若遺""愚人之心""沌沌""若昏""閔閔""頑且鄙"等不類，故不可從。王弼本作"飂"，與"飄"義近，也不可從。今考下章之"忽""怳"，帛書甲本作"物""朢"，乙本作"沕""朢"，與本章作"物""朢"或"沕""朢"類同。由此可知，此"朢"字與上句"忽"相對，實通"怳"而與"忽"同義，也表示模糊不清、不可捉摸的狀態（參見第五十八節注〔12〕）。古代"朢"與"芒""茫"音同而義通。"芒""茫"也是模糊不清、曠遠無邊而不可測度的意思，如《詩經·商頌·長發》："洪水芒芒。"《莊子·天下》："芒乎何之？忽乎何適？"此文"朢""忽"相對，與《莊子》"芒""忽"相對類同。"朢"也當是模糊不清、曠遠無邊而不可測度的意思，所以説"朢兮若無所止"。許抗生將帛書之"朢"改爲"洸"，解爲"水流洶湧之貌"，誤。　若：傅奕本作"似"，據帛書甲本、乙本改。　止：停止，停息。　無所止：没有止息的地方。道不可捉摸而遠大無比（參見第二十五章），"我"是看重"道"的，所以"我""朢兮若無所止"。

〔25〕河上公曰："以有爲也。"王弼曰："以，用也。"蘇轍曰："人各有能，故世皆得而用之。"覺按：指用於君。

〔26〕鄙：傅奕本作"圖"，據河上公本改。　王弼曰："無所欲爲，悶悶昏昏，若無所識，故曰'頑且鄙'也。"蘇轍曰："聖人才全德備，若無所施，故疑於頑鄙。"覺按："頑"即愚蠢。《左傳·僖公二十四年》："心不則德義之經爲頑。"《廣雅·釋詁一》："頑，愚也。"《廣雅·釋詁三》："頑，鈍也。"　鄙：鄙俚，粗野。帛書甲本作"悝"，與"俚"通，與"鄙"同義。《文選》載嵇叔夜《幽憤詩》"對答鄙訊"李善注："鄙，俚也。"

〔27〕王弼曰："食母，生之本也。人者皆棄生民之本，貴末飾之華，故曰：'我獨欲異於人。'"

〔28〕貴：看重。　食（sì 飼）：通"飼"，給……吃，哺育。　食母：《禮記·内則》"大夫之子有食母"鄭玄注："《喪服》所謂乳母也。"乳母以奶哺育孩子，所以又稱"食母"。這裏則喻指哺育萬物的"道"。因爲"道"不但是産生萬物的母體，而且還"長之育之"（見第五十一章），所以老子稱之爲"食母"。蘇轍曰："道者，萬物之母。衆人徇物忘道，而聖

· 275 ·

人脱遺萬物，以道爲宗。"

〔29〕一百三十一：傅奕本作"一百三十七"，今移補刪除共去六字，故改。

【韻腳韻部】

訶、何，歌部。惡、若，鐸部。畏、畏，微部。荒、央，陽部。熙、臺、咳，之部。牢、兆，幽宵旁轉合韻（"牢"屬幽部，"兆"屬宵部）。儽、歸、遺，微部。心、沌、昏、閔，侵文通轉合韻（"心"屬侵部，其餘屬文部）。海、止、以、鄙、母，之部。

【義疏正解】

對於專制的暴君，唯唯諾諾和大聲怒斥，能相差多少呢？讚美稱善和指責罪惡，又相差什麼呢？得道之人所害怕的這些專制暴君，是不能不害怕的。荒淫無道啊，他們没完没了！衆人喜氣洋洋地，好像享用牛、羊、猪齊備的盛宴似的，好像春天登上高高的土臺觀光似的。我偏偏淡泊無爲啊，還没有萌生追求名利的念頭，就像嬰兒還不會笑似的無知無欲，潦倒失意啊好像無處可歸一樣。衆人都有多餘的精力，而我偏偏像丢了腦袋似的。我只有一個蠢人的腦子啦！渾渾噩噩啊！社會上的人都明明白白，我偏偏好像是糊裏糊塗的；社會上的人都清清楚楚，我偏偏好像是懵懵懂懂的。模模糊糊而不可測度啊我就像大海一樣，渺渺茫茫而不可測度啊好像没有止息的地方。衆人對君主來説都有用，我偏偏顯得愚蠢而且鄙陋。我偏偏要和別人不同，而看重哺育萬物的母體——道。

第六十五節（第二十一章）

【提要述評】

本節爲傅奕本第二十一章，河上公注本題"虛心第二十一"，唐玄宗注本題"孔德之容章第二十一"。

本節的主旨在闡明道的性質：一方面，它是"忳""忽""幽""冥"而不可感知的；另一方面，它又是"有象""有物""有精""有信"而確實存在的。

老子先以大德之人"惟道是從"而排除一切主觀成見（河上公注本題"虛心"，可能即基於此）爲發端，引出了本章的主題——道，接着便加以闡述。

在老子看來，"道"首先是一種實際存在的"物"，但這種"物"又不是我們的感官所能感知的，它具有"惟忳惟忽"的性質。這是我們瞭解老子之"道"的兩個最基本的要點。正因爲"道"是不可感知的物質實體，所以在這"忳""忽""幽""冥"而不可捉摸的狀態之中它仍然是"有象""有物""有精""有信"的，這是老子對"道"的實存性、物質性、可知性的反復強調，體現了他的唯物論觀點。人們往往因爲老子說了道是"忳""忽""幽""冥"而不可感知的，因而否定其"道"的物質性，從而認爲老子之"道"只是一種精神實體。其實，人類科學技術發展到今天，仍然未能探明比粒子小得多的物質基因，則老子將這種微乎其微的物質基因說成是恍惚難知之物又有什麼值得質疑的呢？因此，根本不能用他所說的恍惚難知來否定他的唯物論觀念。

此節最後論述了"道"的永恒性及其功用——"道"永恒地存在着，因而"其名不去"，所以它可以用來認識萬物的起源。這是對第一章所說"恒道""恒名"及第十四章所說的"執古之道，可以御今之有，能知古始"的反復申述，我們可將這些章節對照閱讀。當然，第十四章主要論述"一"的性質，有人將本章與第十四章一視同仁，則是一種誤解。

【校定原文】

孔德之容[1]，惟道是從[2]。道之爲物[3]，惟忳惟忽[4]。忽兮忳兮[5]，其中有象[6]；忳兮忽兮[7]，其中有物[8]。幽兮冥兮[9]，其中有精[10]。其精甚真[11]，其中有信[12]。自今及古[13]，其名不去[14]，以閱衆甫[15]。吾何以知衆甫之然哉[16]？以此[17]。

右第二十一章，七十一言。

【注釋探賾】

〔1〕孔：河上公曰：“孔，大也。” 德：《韓非子‧解老》：“德者，道之功。”蘇轍曰：“德者，道之見也。”覺按：得道、行道爲“德”，“德”是“道”的一種實際體現。 孔德：大德之人，相當於第三十八章之“上德”、第十五章之“善爲道者”，指得道、行道的人。 容：高亨曰：“‘容’疑借爲‘搈’，動也。《説文》：‘搈，動搈也。’動搈，疊韻連語，古多以‘動容’爲之。《孟子‧盡心篇》：‘動容周旋中禮者，盛德之至也。’《楚辭‧九章》：‘悲秋風之動容兮。’是其例。單言‘搈’亦爲動義，《廣雅‧釋詁》：‘搈，動也。’古亦以‘容’爲之。《禮記‧月令》‘有不戒其容止者’鄭注：‘容止，謂動靜也。’《莊子‧天下篇》：‘語心之容，命之曰心之行。’‘心之容’謂心之動也。是其例。然則‘容’可借作‘搈’明矣。‘孔德之容，惟道是從’，言大德者之動，惟從乎道也。王弼注：‘動作從道。’似以‘動’釋‘容’。”覺按：高亨之説解此文可通，故被今人吸取（見許抗生、陳鼓應注），但其實未當。《莊子‧天地》云：“德人者，居无思，行无慮，不藏是非美惡。四海之内共利之之謂悦，共給之之謂安；怊乎若嬰兒之失其母也，儻乎若行而失其道也。財用有餘而不知其所自來，飲食取足而不知其所從，此謂德人之容。”此“德人之容”不僅與本文“孔德之容”的結構相似，而且其義也類同，但若以“動”解其“容”字則不可通，可見此文之“容”並非借爲“搈”，不當解爲“動”。“容”即儀容，儀容有一定的法度，所以引申指法度。《經典釋文‧老子道經音義》云：“容，鍾云：法也。”《吕氏春秋‧士容》：“士，不偏不黨，柔而堅，虛而實……此國士之容也。”高誘注：“容，猶法也。”此文“孔德之容”與“國士之容”的結構相似，可證此“容”字當訓“法”，應解爲法度、行爲準則。

〔2〕河上公曰：“唯，獨也。大德之人不隨世俗，所行獨從於道也。”覺按：“惟（唯）＋名詞＋是＋動詞”是一種賓語前置的固定結構，其中的“惟”或“唯”表示“只”或“獨”，名詞爲前置的賓語，“是”是結構助詞，“惟道是從”與“唯利是圖”“唯命是從”等結構相同，表示“只從

· 278 ·

道"。這兩句與第二十章"吾獨欲異於人，而貴食毋"以及第四十一章"上士聞道，而勤行之"等同旨。　道：見第一節注〔10〕。　從：依從，遵行。

〔3〕之：主謂結構間的助詞。　爲：作爲。　道之爲物：道作爲一種物。第二十五章云："有物混成……故彊字之曰道。"可見在老子的觀念中，"道"是一種物質性的東西，所以此文説"道之爲物"。

〔4〕惟：是主語與謂語之間的語助詞，加强判斷語氣。　怳、忽：傅奕本作"芒""芴"，據河上公本改。其義見第五十八節注〔12〕。"道"的生成物"一"也可叫作"忽怳"（見第十四章），則"道"更是怳忽的東西了。

〔5〕忽、怳：傅奕本作"芴""芒"，據河上公本改。

〔6〕河上公曰："道唯窈冥無形，其中獨有萬物法象。"覺按："象"即形象。道雖然"窈冥無形"，是恍忽而不可感覺的東西，但它畢竟是產生天地萬物的基因（見第一節注〔10〕）。雖然這種基因因爲無法通過人的感覺器官來認知而被稱爲"無"（參見第四節注〔5〕），但它畢竟是一種實際存在的東西。既然它是一種實際存在的物質性東西，就必定會有體現它的物質外殼（參見第五十八節注〔11〕），即具有一定的形象，所以説"其中有象"。當然，這種"象"也是人的感官所無法感知的，因爲它實是一種"無物之象"（見第十四章）。吳澄曰："形之可見者，成物；氣之可見者，成象。"認爲此文之"象"是指一種"可見"的東西，誤。第四十一章説"大象無形"，本文之"象"其實也就是一種不可見的"無形"之"象"。

〔7〕怳、忽：傅奕本作"芒""芴"，據河上公本改。

〔8〕河上公曰："道唯怳忽，其中有一，經營主化，因氣立質。"覺按："道"中之"物"指"一"而言。"一"見第二節注〔1〕，它相當於"有"（見第四節注〔4〕），是一種具體存在的物質元素，所以稱爲"物"。當然，這種"物"也是不可憑感官感覺到的。陳鼓應受吳澄之説（見注〔6〕）的影響而將此"物"字譯爲"實物"（即"可見"之物），誤。

〔9〕幽：河上公本作"窈"（yǎo 咬），古代音近義通。《廣雅·釋詁三》："幽、窈，㴱也。""㴱"同"深"。《説文·穴部》："窈，深遠也。"　冥：昏暗，暗昧不明。《漢書·劉歆傳》"則幽冥而莫知其原"顏師古注："幽冥，猶暗昧也。"《莊子·在宥》："至道之精，窈窈冥冥；至道之

· 279 ·

極，昏昏默默。"郭象注："窈冥、昏默，皆了無也。"道深遠暗昧而無法感知，所以説"幽兮冥兮"。

〔10〕河上公曰："道唯窈冥，其中有精，實神明相薄，陰陽交會之。"覺按："精"與第五十五章之"精"同義，指精氣，即一種能生成萬物而富有生命力的靈氣，也就是古人所説的陰陽元氣（參見第五十四節注〔3〕），它是一種物質基因（參見第五節注〔6〕）。《管子·內業》："凡物之精，此則爲生。（注："精，謂神之至靈者也，得此則爲生。"）⋯⋯精也者，氣之精者也。（注："氣之尤精者爲之精。"）氣，道乃生。（注："氣得道能有生。"）"《淮南子·天文訓》"天地之襲精爲陰陽"高誘注："精，氣也。"高亨將"精"讀爲"情"，與下文"真""信"義複，故不可從。馮達甫從高説，不當。

〔11〕河上公曰："言道精氣神妙甚真，非有飾也。"

〔12〕王弼曰："信，信驗也。"覺按：言語真實爲"信"（參見第三十一節注〔1〕），所以這裏用來指真實而可驗證的實體。《漢書·揚雄傳上·甘泉賦》"信厥對兮"顏師古注："信，實也。"當然，這種實體與上文之"物"一樣，也是人的感官所不能感知的，但又是可以驗證的。第四十二章曰："道生一，一生二，二生三，三生萬物。""道"不可感知，但"萬物"是可以感知的。而"萬物"的存在，就可以用來驗證其本源"道"的存在，説明"道"是一種真實存在的實體，所以説"其中有信"。

〔13〕自今及古：河上公本等作"自古及今"，而帛書甲本、乙本均作"自今及古"，可證古本當作"自今及古"。下文説"閲衆甫"，第十四章也説"可以御今之有，能知古始"，可見老子是從現在來推原古代的，所以此文不當作"自古及今"。高亨曰："作'自今及古'是也。古已有道之物，今始有道之名，故曰：'自今及古，其名不去。'"

〔14〕王弼曰："至真之極，不可得名。無名，則是其名也。"覺按："其名"指"道"的名稱。第三十二章曰："道恆無名。"第一章也把"道"稱爲"無名"，所以王弼説："無名，則是其名也。""道"雖無名，但正如第一章所説："名可名，非恆名。"這不可名之"名"，反而是"恆名"（參見第四十五節注〔3〕），是永恆存在的名稱，所以説："自今及古，其名不去。"

〔15〕以：用，憑藉，依靠。"以"下省去了賓語"之"（指代"道"）。
閲：成玄英曰："閲，覽也。"覺按：《管子·度地》"常以秋歲末之時閲

其名"注:"閲,謂省視。" 衆,衆多,指萬物。《淮南子·本經訓》"鳥薄衆宜"高誘注:"衆,物。" 甫:河上公曰:"甫,始也。"王弼曰:"衆甫,物之始也。以無名説(覺按:當作"閲")萬物始也。"

〔16〕何:傅奕本作"奚",據帛書甲本、乙本改。 然:樣子,情況。類似的句式又見第五十四章。

〔17〕王弼曰:"此,上之所云也。言吾何以知萬物之始於無哉,以此知之也。"覺按:"此"指代"以(道)閲衆甫"這一方法。

【韻脚韻部】

容、從,東部。物、忽,物部。悦、象,陽部。忽、物,物部。冥、精,耕部。真、信,真部。古、去、甫,魚部。

【義疏正解】

大德者的行爲準則,是只依從道。道作爲一種東西,既渺渺茫茫又模模糊糊。模模糊糊啊渺渺茫茫啊,其中有看不清的形象;渺渺茫茫啊模模糊糊啊,其中有看不見的物質。幽遠渺遠啊暗昧不明啊,其中有生成萬物的精氣,那精氣是非常真實的,其中有可以驗證的實體。從現在推及到古代,它的名稱不可能被除去,依靠它可以觀察萬物的起源。我靠什麽來認識萬物起源的情況呢?就靠這個。

第六十六節（第二十四章）

【提要述評】

本節爲傅奕本第二十四章，河上公注本題"苦恩第二十四"，唐玄宗注本題"跂者不立章第二十四"。《道德真經》白文本"苦恩"作"若思"，詳文義，河上公注本所題當作"苦思"，因爲"企者""跨者""自見者""自是者""自伐者""自矜者"等都是不顧自然規律和客觀現實而浪費自己精力的人。苦思，即指其折騰自己的心思，與此節內容較合。林志堅改爲"貴謙章第二十四"，則與本章之旨更爲切合。

本節的主旨在批評違反自然規律和客觀現實而聽憑主觀意志的過度"有爲"之行。

老子首先拿每人都能體驗的事實來說明不順應自然的過度"有爲"之行必將導致失敗的結果。踮着脚尖，人高了，却站不住（如今芭蕾演員則當別論）；把兩腿過分岔開，步子大了，反而不能走路。這種超過正常限度的行爲不但爲老子所否定，也爲儒家所非議。如《論語·先進》載孔子曰："過猶不及。"《孟子·公孫丑上》載孟子曰："無若宋人然。宋人有閔其苗之不長而揠之者，芒芒然歸，謂其人曰：'今日病矣！予助苗長矣。'其子趨而往視之，苗則槁矣。天下之不助苗長者寡矣。以爲無益而舍之者，不耘苗者也；助之長者，揠苗者也，非徒無益，而又害之。"可見，反對過度"有爲"之行已是古代哲人的共識了。

接着，老子着重批評了當時統治者自我意識的肆意擴張，明確指出：凡是自吹自擂、自以爲是、自以爲了不起的人必將使自己功不成、名不就。這種反對盲目自大的思想，也爲儒家所有。如《禮記·中庸》載孔子之言曰："愚而好自用，賤而好自專，生乎今之世，反古之道，如此者，烖及其身者也。"《孟子·盡心下》載孟子之言曰："自以爲是，而不可與入堯、舜之道，故曰'德之賊'也。"可見，這種思想也是古代哲人的共識。

要說明的是，老子的主張雖然與孔、孟相類，但其哲學基礎是不同的。老子是從自然之"道"的角度來評判這些過度、主觀之行的，所以他總結說："其在道也，曰餘食贅行。"並說："有道者不處。"而孔孟則是從人類的經驗與儒家的道德觀念出發來加以評判的。從這種意義上來說，老子的思想無疑更具有理性的光輝。

【校定原文】

企者不立[1]，跨者不行[2]。自見者不明[3]，自是者不彰[4]，自伐者無功[5]，自矜者不長[6]。其在道也[7]，曰餘食贅行[8]。物或惡之[9]，故有道者不處也。

右第二十四章，四十八言。

【注釋探賾】

[1] 企：河上公本等作"跂"，與"企"通。《說文·人部》："企，舉踵也。"即抬起脚跟，踮着脚尖。 立：《說文·立部》："立，住也。"即站住，保持身體穩定不動。

[2] 跨：邁大步，指把兩腿儘量分開。《說文·足部》："跨，渡也。"段玉裁注："謂大其兩股閒以有所越也，因之兩股閒謂之'跨下'，《史記·淮陰侯傳》作'胯下'。《夊部》曰：'夅，跨步也。'……疑許書本無'跨'字，《夊部》之'夅'釋曰：'跨步也。''跨步'當爲'夸步'。'夸步'者，大步也，大張其兩股曰夅。" 以上兩句指不順其自然而違反常規的過度"有爲"之行會弄巧成拙。范應元曰："立而跂，欲高於人也，然豈可久立邪？行而跨，欲越於人也，然豈可久行邪？跂也，跨也，以譬人之好高爭先，所立所行不正，不可以常久也。"

[3] 河上公曰："凡人自見其形容以爲好，自見其所行以爲入道，殊不自知其形醜而操行之鄙。"覺按：《說文·見部》："見，視也。" 自見：自視，自己看自己，即站在自己的立場上來看待自己，憑自己的眼光來評判自己。此句與下面三句句式相同，其結構意義也應該相同。下文"自是"表示"自己肯定自己"，"自伐"表示"自己誇耀自己"，"自矜"表示"自己看重自己"，那麼這"自見"也應該表示"自己觀察自己"。許抗生將"自見"譯爲"自以爲有見識"，陳鼓應譯爲"自逞己見"，馮達甫譯爲"祇憑自己見地"，均未當。常言道："當局者迷，旁觀者清。"此文説"自見者不明"，亦即"當局者迷"之意。《韓非子·觀行》："古之人目短於自見，故以鏡觀面；智短於自知，故以道正己。故鏡無見疵之罪，道無明過之怨。目失鏡，則無以正鬚眉；身失道，則無以知迷惑。……離朱易百步而難眉睫，非百步近而眉睫遠也，道不可也。"此文説"自見者不明"，其目的無非是要人們（特別是君主）正確地看待自己，要"以道正己"，而

不要剛愎自用，自以爲是，所以下句接着説"自是者不彰"。

〔4〕河上公曰："自以爲是而非人者，衆共蔽之，使不彰顯。"覺按："是"用作意動詞，表示"以爲……對"，"以爲……正確"。

〔5〕河上公曰："所爲輒自伐取其功美，即自失有功於人。"覺按："伐"用作名詞指功勞，轉而用作意動詞就表示以爲有功勞，誇耀自己的功勞。第二章曰："聖人……功成不處。夫惟不處，是以不去。"不居功自炫則有功，所以居功自炫則無功。《莊子·山木》："昔吾聞之大成之人曰：'自伐者無功，功成者墮，名成者虧。'"成玄英疏："大成之人，即老子也。……夫自取其能者無功績，而功成不退者必墮敗，名聲彰顯者不韜光必毁辱。"也可用來疏證此文。

〔6〕河上公曰："好自矜大者，不可以久長。"王弼曰："不自矜，則其德長也。"覺按：河上公將"矜"解爲"矜大"，即驕傲自大的意思。長：河上公理解爲長久，王弼理解爲增長、長進（參見第十七節〔7〕），均可通。但是，第二十二章與此文相對成文，其文"不自矜，故能長"之下接着説："夫惟不爭，故天下莫能與之爭。"再考第六十六章曰："是以聖人欲上民，必以其言下之；欲先民，必以其身後之。是以聖人處之上而民弗重，處之前而民不害也。是以天下樂推而不猒也。不以其不爭與？故天下莫能與之爭。"其文之語義邏輯與第二十二章之"不自矜，故能長。夫惟不爭，故天下莫能與之爭"相同。由此可見，第二十二章所説的"不自矜，故能長"，即第六十六章所説的聖人謙下退讓能使"天下樂推"而"上民"，所以該"長"字當爲"君長"之"長"。同樣，本節之"長"亦當爲"君長"之"長"。《廣雅·釋詁一》："長，君也。"即其義，只不過此文用作動詞而已。第六十七章所説的"不敢爲天下先，故能爲成事長"可用來疏證"不自矜，故能長"之義；所説的"捨其後，且先，是謂入死門"可用來疏證"自矜者不長"之義。如此以老子之文互證，始可得此文之真義矣。

〔7〕其：指"企者""跨者""自見者""自是者""自伐者""自矜者"。
在：河上公本作"於"，義同（"在"猶"於"，見《助字辨略》卷四），故王弼解此句曰："其唯於道而論之。" 道：見第一節注〔10〕。第四十章曰："弱者，道之用。"上述種種，顯然有違於道，所以不能成功。

〔8〕王弼曰："盛饌之餘也，本雖美，更可薉也。"蘇轍曰："譬如飲食，適飽則已，有餘則病。譬如四體，適完則已，有贅則累。"王道曰：

"'行'當作'形'。贅形，形之附贅者，駢拇之類。"奚侗曰："司馬光曰：'行、形，古字通用。'是也。《列子·湯問篇》'太形王屋二山'，借'形'作'行'，可以互證。《莊子·駢拇篇》：'坿贅縣疣，出乎形哉！'是其誼。"蔣錫昌曰："唐李約《道德真經新注》：'如食之殘，如形之剩肉也。'宋林希逸《道德真經口義》：'食之餘棄，形之贅疣，人必惡之。'宋陳景元《道德真經藏室纂微篇》：'猶棄餘之食，適使人惡；附贅之形，適使人醜。'是三書皆以'行'爲'形'。'其在道也，曰餘食贅行'，言自見、自是、自伐、自矜之君，以道視之，若棄餘之食、附贅之形，適使人厭惡也。"覺按："餘食"即多餘的食物，指吃剩下來的殘羹剩飯。食物數量配置適當則美，過度則餘。上文"企者""跨者"等等都是一種過度"有爲"之人，所以把他們比作"餘食"。　贅（zhuì 墜）：多餘。　行：通"形"。"贅形"與"餘食"相對，指多餘的肉體，即贅疣、枝指之類，它們都是過度之物，所以用來喻指過度之人。

〔9〕物：存在於天地間的萬物都叫作"物"，此"物"字則指萬物中的人類，即"物議"之"物"，所以其謂語可用"惡"。

【韻脚韻部】

行、明、彰、功、長、行，陽東旁轉合韻（"功"屬東部，其餘屬陽部）。惡、處，魚鐸對轉合韻（"處"屬魚部，"惡"屬鐸部）。

【義疏正解】

踮着脚尖的人不能站穩，把兩腿儘量跨開的人不能行走。由自己來觀察自己的人不可能看明白，自以爲是的人不可能顯揚，自我誇耀的人不會有功勞，自高自大的人不可能當君長。這些人在自然之道的領域裏，只能稱之爲殘羹剩飯、肉瘤枝指。人們或有厭惡他們的，所以得道的人不立身於此。

第六十七節（第二十二章）

【提要述評】

本節爲傅奕本第二十二章，河上公注本題"益謙第二十二"，唐玄宗注本題"曲則全章第二十二"。

本節的主旨在宣揚其謙退不爭反而有益的處世哲學（河上公注本題"益謙"，可能即基於此）。

老子在此首先利用古代得道的聖人之言來闡明一種謙退而有益的處世策略：委曲自己就能保全自身，忍垢負辱就能端正別人，虛懷若谷就能充盈，否定自我就能新生。接着，老子批判了當時統治者熱衷於以禮制來治國的傾向，希望他們能像古代聖人一樣以身作則、無爲而治，既不自以爲是，又不自高自大，而能與世無爭，以便使自己成爲天下人所歸附的君長。由此可見，老子的謙退不爭，實是一種委曲求全、以退爲進的政治策略。

謙退不爭、委曲忍辱等是老子處世哲學中的重要內容，在其他各章如第二章、第七章、第八章、第九章、第十五章、第二十四章、第二十八章、第三十四章、第三十九章、第四十一章、第四十二章、第四十四章、第四十五章、第六十一章、第六十六章、第六十七章、第六十八章、第七十三章、第七十八章等均有所論述，可參見。

值得指出的是，今人大都認爲本章開頭的六句在談辯證法，在談對立面的相互依存與相互轉化。這其實是一種誤解。因爲"曲"與"全"、"窪"與"盈"、"少"與"得"、"多"與"惑"等等，很難說是互相對立的正反兩端（"曲"與"直"、"全"與"偏"、"窪"與"隆"、"少"與"多"、"得"與"失"等等才是互相對立的正反兩端）。老子此文其實只是在強調它們之間的因果關係，而根本不是在闡明其間的相對關係與互相轉化。此文所論完全是一種現實的處世策略，與第二章的哲學性論述是完全不同的，不可一視同仁。

【校定原文】

曲則全[1]，枉則正[2]，窪則盈[3]，敝則新[4]。少則得[5]，多則惑[6]，是以聖人裹一以爲天下式[7]。不自見，故明〔8〕；不自是，故彰〔9〕；不自伐，故有功〔10〕；不自矜，故能長〔11〕。夫惟不爭〔12〕，故天下莫能與之爭〔13〕。古之所謂"曲則全"者，豈虛言哉〔14〕？誠全而歸之〔15〕。

右第二十二章，八十言〔16〕。

【注釋探賾】

〔1〕河上公曰："曲己從衆，不自專，則全。"覺按：《莊子·天下》："老聃曰：'知其雄，守其雌，爲天下谿；知其白，守其辱，爲天下谷。'人皆取先，己獨取後，曰受天下之垢；人皆取實，己獨取虛，无藏也故有餘，巋然而有餘。其行身也，徐而不費，無爲也而笑巧；人皆求福，己獨曲全，曰苟免於咎。"郭象注："委順至理則常全，故無所求福，福已足。隨物，故物不得咎也。"成玄英疏："唯大聖虛懷，委曲隨物，保全生道，且免災殃。"河上公認爲"曲"指委曲自己以順從別人，郭象、成玄英認爲指委曲自己以順理隨物，均通。據下文"古之所謂'曲則全'者"以及此文的押韻情況，此下四句當爲古語，而且可能是古代聖人之言（參見注〔2〕），但老子已把它們納入自己的學説，所以後人便將曲全之説歸於老子。老子之"曲"，其實也是其謙退的人生哲學的組成部分。"委曲求全"的成語當即源於此文。

〔2〕河上公本"正"作"直"，其注曰："枉，屈也。屈己而伸人，久久而自得直己。"覺按：當今不少注本也作"枉則直"，陳鼓應譯爲"屈就反能伸展"，馮達甫譯爲"彎曲會變得筆直"，其説實與河上公的理解類似。但是，將"枉"解爲"屈"或"彎曲"，不但與上句之"曲"義複，而且與"正"不相對。此文之"正"，帛書甲本作"定"，乙本作"正"，可證古本當作"正"。諸本作"直"者，與上下文不諧韻，必誤無疑。雖然"直"與"正"古代可互訓，如《淮南子·主術訓》"群臣公正"高誘注："正，直。"《廣雅·釋詁一》："直，正也。"但它們在形容人時，只在品行正直的意義上同義，而並非在伸展抱負的意義上同義，所以《韓非子·解老》説："所謂'直'者，義必公正，公心不偏黨也。"賈誼《新書·道術》説："方直不曲謂之正。"由此看來，"正"字不當作"直"，即使作"直"，也當解爲正直，而不應解爲伸直、筆直。而"枉"與"正""直"相對，也不當解爲"屈"或"彎曲"，而應解爲邪曲、不正直，指品行之惡。《説文·木部》云："枉，衺曲也。"《論語·顔淵》"舉直錯諸枉"皇侃疏："枉，邪也。"《孟子·萬章上》："吾未聞枉己而正人者也。"《淮

南子・本經訓》："矯枉以爲直。"均爲此義。下面的例子更可用來洞明此文之義。《莊子・則陽》："古之君人者，以得爲在民，以失爲在己；以正爲在民，以枉爲在己：故一形有失其形者，退而自責。"成玄英疏："推功於物，故以得在民；受國不祥，故以失在己。無爲任物，正在民也；引過責躬，枉在己也。"《淮南子・氾論訓》："詘寸而伸尺，聖人爲之；小枉而大直，君子行之。周公有殺弟之累，齊桓有爭國之名，然而周公以義補缺，桓公以功滅醜，而皆爲賢。今以人之小過揜其大美，則天下無聖王賢相矣。故目中有疵，不害於視，不可灼也；喉中有病，無害於息，不可鑿也。"《淮南子・泰族訓》："夫聖人之屈者，以求伸也；枉者，以求直也；故雖出邪辟之道，行幽昧之塗，將欲以直大道，成大功。"這三例中，"枉"與"正""直"相對而與"失""累""缺""醜""過""疵""病""邪辟""幽昧"等相應，說明"枉"與"正直"相對時爲邪辟不正之義；而後面兩例"枉"與"詘""屈"並用，"詘""屈"對"伸"，"枉"對"直"，也可證與"正直"相對的"枉"並不與"伸"相對而不能解爲"屈"，否則其義就重複了。再看《老子》本書，"直"字見於第四十五章、第五十八章，皆表示正直而不表示伸展、筆直。因此，河上公之説不可取，陳鼓應等説法不當。據下文來看，本句當爲老子所引古語（見注〔1〕），而第七十八章曰："聖人之言云：'受邦之垢，是謂社稷之主。受邦之不祥，是爲天下之王。'"第五十七章曰："故聖人云：'我無爲而民自化，我好靜而民自正。'"所謂"聖人云"者，正與此下文之"古之所謂"相合。據此，則"枉"當指古代聖人所説的"受邦之垢""受邦之不祥"之類，"正"當指古代聖人所説的"民自化""民自正"之類。"枉則正"，即《莊子・則陽》所説的"古之君人者""以枉爲在己""以正爲在民"，也即《莊子》疏所説的"受國不祥""引過責躬""無爲任物"而"正在民也"（見上所引）。第八章曰："水……居衆人之所惡。"第二十八章曰："守其辱。"第三十九章曰："侯王自謂'孤''寡''不穀'。"均可與此"枉"字相互發明。

〔3〕河上公本"窪"作"宎"，爲聲符不同的異體字。河上公曰："地宎下，水歸之；人謙下，德歸之。"覺按：第十五章曰："不欲盈。"第四十五章曰："大盈若盅。"第六十六章曰："江海所以能爲百谷王者，以其善下之也，故能爲百谷王。"第八十一章曰："聖人無積，既以爲人己愈有，既以與人己愈多。"均可與此句互相發明。

• 288 •

道篇下　第六十七節（第二十二章）

〔4〕河上公本"敝"作"弊"，字通。河上公曰："自受弊薄，後己先人，天下敬之，久久自新之也。"覺按："敝"見第五十九節注〔17〕。第四十章曰："反者，道之動。"物極必反，所有的事物發展到一定程度都會向其對立面轉化，所以破舊則立新。人也如此，否定破壞自己，改掉原有的一切，就能使自己面目一新，所以說"敝則新"。第十五章曰："保此道者……能敝而不成。"可與此句互相發明。

〔5〕河上公曰："自受少，則得多也。"王弼曰："自然之道，亦猶樹也。轉多轉遠其根，轉少轉得其本。多則遠其真，故曰'惑'也；少則得其本，故曰'得'也。"蘇轍曰："道一而已，得一則無不得矣。"覺按：第七十七章曰："天之道，損有餘而補不足。"如此，則少而不足者必將有所得，此可證成河上公之說。第四十八章曰："爲道者日損，損之又損之，以至於無爲。無爲則無不爲。"如此，則學少而得多，此可證成王弼、蘇轍之說。兩說均通，但此句與"多則惑"相對，似以王、蘇之說爲優，"少"當指少學而得道（參見第十一節注〔1〕〔2〕）。當然，此"少"字也可解爲"少私"（第十九章），因爲"無私""能成其私"（第七章），"既以與人己愈多"（第八十一章），所以說"少則得"。

〔6〕河上公曰："財多者惑於所守，學多者惑於所聞。"蘇轍曰："多學而無以一之，則惑矣。"覺按：此"多"字當指"學多"，指多學禮治知識（參見第十一節注〔1〕）。第五十七章曰："民多利器而邦家滋昏。"也可與此文互相發明。　又，今人大都將"少則得，多則惑"與前四句連讀而與下一句不連讀（見陳鼓應、馮達甫注譯），這是一種未考慮其韻、義的誤讀，當糾正。

〔7〕傅奕本"聖人"上無"是以"二字，據帛書甲本、乙本補。　河上公曰："抱，守也。式，法也。聖人守一，乃知萬事，故能爲天下之法式。"覺按："聖人"見第十節注〔6〕。　裒一：見第五十四節注〔1〕。今人大都將"一"解爲"道"（見許抗生、陳鼓應、馮達甫注譯），不當。王弼曰："一，少之極也。"既然"少則得，多則惑"，所以聖人"裒一"。第三十九章曰："侯王得一以爲天下貞。"與此文之義相類。　式：法式，即讓人效法的榜樣。

〔8〕河上公曰："聖人不以其目視千里之外，乃因天下之目以視，故能明達。"覺按：第四十七章曰："其出彌遠者，其知彌尟。是以聖人不行而知，不見而名。"《韓非子·姦劫弒臣》云："人主者，非目若离婁乃爲明

也，非耳若師曠乃爲聰也。目必不任其數，而待目以爲明，所見者少矣，非不弊之術也。耳必不因其勢，而待耳以爲聰，所聞者寡矣，非不欺之道也。明主者，使天下不得不爲己視，使天下不得不爲己聽，故身在深宮之中而明照四海之內。而天下弗能蔽弗能欺者，何也？闇亂之道廢而聰明之勢興也。"可證成河上公之說。但是，此文與第二十四章"自見者不明"相對成文，河上公各爲之解而不一致，顯然不當。此"自見"應解爲"自己觀察自己"，也就是憑自己的眼光來評判自己（參見第六十六節注〔3〕）。陳鼓應將"見"解爲"現"和"顯"，將"明"解爲"彰明"，不當。

〔9〕河上公曰："聖人不自以爲是而非人，故能彰顯於世矣。"

〔10〕見第六十六節注〔5〕。

〔11〕傅奕本"長"上無"能"字，據帛書甲本、乙本補。 河上公曰："矜，大也。聖人不自貴大，故能長久不危。"覺按：見第六十六節注〔6〕。

〔12〕夫惟：見第二十二節注〔3〕。 不爭：與上文之"曲""枉""窪""敝""不自見""不自是""不自伐""不自矜"一樣，均是一種不爭之德。蘇轍曰："不自見，不自是，不自伐，不自矜，皆不爭之餘也，故以'不爭'終之。"

〔13〕河上公曰："此言天下賢與不肖無能與不爭者爭。"覺按：聖人以"曲""枉""窪""敝"等衆人所不屑爲者自處，故衆人不會與他相爭。第六十六章也有類似的說法，可參見。

〔14〕傅奕本"哉"上有"也"，據河上公本刪。

〔15〕誠：用在"全"之前，當爲副詞，確實的意思。它承"豈虛言哉"而來，旨在重複強調其不虛。 全：即上文之"全"，保全的意思。"全"字下探下省"之"（"之"與上文的"之"相同，指代"曲"而"不爭"的"聖人"）。 歸：歸往，歸附。"歸"字上承上省"天下"二字。第六十六章與此文類似，在談到"天下莫能與之爭"時說"天下樂推而不猒"，可證此文"歸之"上也當有"天下"二字。此句衆說紛紜，莫衷一是，均未當，今不贅述。

〔16〕八十：傅奕本作"七十八"，今補三字，刪一字，故改。

【韻脚韻部】

全、正、盈、新，元耕真通轉合韻（"全"屬元部，"正""盈"屬耕部,"新"屬真部)。得、惑、式,職部。明、彰、功、長,陽東旁轉合韻("功"屬東部,其餘屬陽部)。爭、爭,耕部。全、言,元部。

【義疏正解】

委曲自己,就能保全自己;把邪惡歸於自己,就能使天下之民端正;像低窪的地形一樣,就能充實豐盈;否定破壞自己,就能使自己更新。學得少,就有收穫;學得多,就會迷惑;因此聖人固守着渾然一體的混沌之氣使自己成爲天下人的榜樣。不由自己來觀察自己,所以能看明白;不自以爲是,所以能顯揚;不自我誇耀,所以有功勞;不自高自大,所以能當君長。正因爲他不與人相爭,所以天下沒有誰能和他相爭。古代所説的"委曲就能保全",難道是空話麽?實際上的確能保全這種委曲自己、不與人相爭的人,因而天下的人都歸附他。

第六十八節（第二十三章）

【提要述評】

本節爲傅奕本第二十三章，河上公注本題"虛無第二十三"，唐玄宗注本題"希言自然章第二十三"。

本節的主旨在宣揚遵循大道的不言之敎、無爲之治（河上公注本題"虛無"，可能即基於此）等政治主張，勸導統治者奉行大道。

老子在這裏首先希望統治者少發號施令，不干涉民衆，以發揮民衆的積極性，讓他們自由地去成就自己的事業。接着，老子借暴風驟雨不能持久的自然現象來勸導統治者放棄暴政。這種借天道來勸戒統治者的手法是老子常用的（參見第四十二節提要述評），這種手法使他的勸戒顯得含蓄而有力。當然，老子的中心議題還是"道"。因爲"稀言"或不"有爲"施暴等等都不過是"從事而道"的具體體現，"從事而道"才是事關大局的最高行爲準則，所以他在勸統治者放棄暴政後，便大力宣揚其"道"，要求統治者遵行大道，並進一步將行道而成功、背道而失敗的"得""失"之路擺在統治者面前供其選擇。在這裏，老子一方面從人的行爲出發，指出統治者的行爲有"得""失"之別；另一方面又從道的報應出發，說明統治者行爲的"得""失"必將導致其結局的得失成敗。如此反復申述，其用心亦可謂良苦矣。

本節的內容與第十七章有相通之處，宜互相觀照。

【校定原文】

稀言自然[1]。飄風不終朝[2]，驟雨不終日[3]。孰爲此者？天地也[4]。天地尚不能久[5]，而況於人乎[6]？故從事而道者同於道[7]，得者同於得[8]，失者同於失[9]。同於得者[10]，道亦得之[11]；同於失者[12]，道亦失之[13]。

右第二十三章，六十七言[14]。

【注釋探賾】

[1] 河上公曰："希言，謂愛言也。愛言者，自然之道。"蔣錫昌曰："'自然'解見前十七章，即自成之誼。'希言自然'，謂聖人應行無爲之治，而任百姓自成也。此句文太簡略，故古來解者多失之。"覺按：河上

公本等"稀"作"希",與"稀"通,都表示稀少。王弼以"聽之不聞名曰希"解之,馮達甫進而解爲"無聲",不當。　稀言:少言。"多言數窮"(見第五章),所以要少言。少言即吝惜言論,所以河上公解爲"愛言"。老子此文所謂"稀言",即第二章所說的"行不言之教",是對統治者的要求。　自然:即第十七章之"自然",是"自成"的意思(見第六十一節注〔11〕)。　稀言自然:"稀言"即第十七章所說的"貴言"(見第六十一節注〔10〕)。君主"貴言",則百姓自成(見第十七章),所以此文說君主"稀言",則百姓"自然"(自成)。此文之"稀言"指君主少言,"自然"指百姓自成,其所省主語可由第十七章中求得。河上公之說未當,許抗生、陳鼓應等從其說,失當。

〔2〕傅奕本"飄"上有"故"字,據帛書甲本、乙本刪。　終:傅奕本作"崇",通"終",今據河上公本改。　飄:通"飆"(參見《説文通訓定聲》"飄"字條)。《詩經·小雅·何人斯》"其爲飄風"毛傳:"飄風,暴起之風。"《釋文》:"飄,避遥反,疾風也。"　朝(zhāo 昭):早晨。終朝:整個早晨,從天亮到早飯之間,形容時間短促。《詩經·小雅·采綠》"終朝采綠"毛傳:"自旦及食時爲終朝。"

〔3〕終:傅奕本作"崇",據河上公本改。河上公曰:"飄風,疾風也。驟雨,暴雨也。疾不能長,暴不能久也。"

〔4〕河上公曰:"誰爲此飄風、暴雨者?天地所爲也。"

〔5〕河上公曰:"不能終朝至夕。"覺按:"天地"下承上省"爲此"。

〔6〕河上公曰:"天地至神,合爲飄風暴雨,尚不能使從朝至暮,何況於人而欲慕卒乎?"覺按:在老子看來,天地製造暴風驟雨是一種不順應自然的過度"有爲"之行,所以天地即使至神,這種行爲也不能長久,那麼君主不順應自然的過度"有爲"之政,也就更不可能長久地存在下去。這是在借自然現象勸導君主放棄暴政而"處無爲之事,行不言之教"(第二章)。第四十二章所說的"彊梁者不得其死"是借古語來勸導君主放棄強暴之政,其旨與此相似。

〔7〕而:傅奕本作"於",據帛書甲本、乙本改。傅奕本"同"字上重"道者"二字,爲衍文(見下引俞樾之說),故今據帛書甲本、乙本刪。河上公曰:"從,爲也。人爲事,當如道安靜,不當如飄風暴雨。同於道者,所爲與道同也。"王弼曰:"道以無形無爲成濟萬物,故從事於道者以無爲爲君,不言爲教,緜緜若存而物得其真,與道同體,故曰'同於

道'。"俞樾曰："下'道者'二字，衍文也。本作'從事於道者同於道'。其下'德者''失者'蒙上'從事'之文而省，猶云'從事於道者同於道，從事於德者同於德，從事於失者同於失'也。"覺按：此句以下各本文字不同者多，所以各家對文字的取捨與解說也各不相同，但注家大都未真正理解此文之意，所以其注解或譯文大都含混而不明，使人看了不知所云。今爲節省篇幅，故對不可取的注解不作贅述，僅擇取可參考者錄之。
故：所以。此句緊承上文所說的少言與不可有爲而來，所以用一"故"字。高亨認爲"故"爲衍文，不當。　從事：做事。　而：傅奕本、河上公本等皆作"於"，都相當於"如"（參見《經傳釋詞》卷七、卷一）。《左傳·宣公十二年》"有律以如己也"杜預注："如，從也。"即依從的意思。
同：相同，一致。　同於道：與道一致，即第二章所說的"處無爲之事，行不言之教"等等。

〔8〕傅奕本"得者"上有"從事於得者"五字，帛書甲本、乙本及河上公本等均無此五字，今據刪。　得者同於得：帛書甲本、乙本及河上公本等均作"德者同於德"。其"德"字實通"得"（此文"得""失"對文，也可證此字當作"得"），故今不改。"得者"上承上省"從事而"三字，"得者同於得"等於說"從事而得者同於得"（參見注〔7〕所引俞樾之說）。
得：與"失"相對，表示得當，成功，此指合乎道而能獲得成功的原則。王弼曰："行得則與得同體，故曰'同於得'也。"

〔9〕傅奕本"失者"上有"從事於失者"五字，據帛書甲本、乙本及河上公本刪。"失者"上承上省"從事而"三字，"失者同於失"等於說"從事而失者同於失"。　失：與"得"相對，表示失當，失敗，此指違背道而會導致失敗的原則。王弼曰："失，累多也。累多則失，故曰'失'也。行失則與失同體，故曰'同於失'也。"蔣錫昌曰："'道''得'誼近，皆指上文'希言'之治而言，'失'則指'飄風''驟雨'之治而言。以人君行'希言'之治，則爲'道'、爲'得'；行'飄風''驟雨'之治，則爲'失'也。"

〔10〕傅奕本無"同"字，據帛書甲本、乙本及河上公本補。傅奕本"同"上有"於道者道亦得之"七字，據帛書甲本、乙本刪。

〔11〕道：傅奕本作"得"，據帛書乙本改。　得：用作使動詞，使……成功。　之：指代"同於得者"。

〔12〕傅奕本"於"字上無"同"字，據帛書甲本、乙本及河上公

本補。

〔13〕道亦失之：傅奕本作"失亦得之"，據帛書甲本、乙本改。　失：用作使動詞。第七十三章曰："天之道……不言而善應。"第七十九章曰："天道無親，恒與善人。"所以此文説："同於得者，道亦得之；同於失者，道亦失之。"《韓非子·解老》："道，與堯、舜俱智，與接輿俱狂，與桀、紂俱滅，與湯、武俱昌。以爲近乎，遊於四極；以爲遠乎，常在吾側；以爲暗乎，其光昭昭；以爲明乎，其物冥冥。而功成天地，和化雷霆；宇内之物，恃之以成。凡道之情：不制不形，柔弱隨時，與理相應。萬物得之以死，得之以生；萬事得之以敗，得之以成。道，譬諸若水，溺者多飲之即死，渴者適飲之即生；譬之若劍戟，愚人以行忿則禍生，聖人以誅暴則福成。故得之以死，得之以生；得之以敗，得之以成。"也可作爲此文注脚。　又，此句下傅奕本尚有"信不足，焉有不信"七字，爲第十七章之錯簡，今據帛書甲本、乙本删。

〔14〕六十七：傅奕本作"九十二"，今删二十七字，補二字，故改。

【韻脚韻部】

言、然，之部。日、人、失、失，質真對轉合韻（"人"屬真部，其餘屬質部）。

【義疏正解】

君主少發表言論，老百姓自會有成。狂風刮不滿一早晨，暴雨下不滿一整天。是誰製造了這狂風暴雨？是天地。天地行暴尚且不能長久，更何況是人呢？所以，做事依從大道的人和大道保持一致，做事依從成功原則的人和成功的原則保持一致，做事依從失敗原則的人和失敗的原則保持一致。和成功的原則保持一致的人，道也使他成功；和失敗的原則保持一致的人，道也使他失敗。

第六十九節（第二十五章）

【提要述評】

本節爲傅奕本第二十五章，河上公注本題"象元第二十五"，唐玄宗注本題"有物混成章第二十五"。

本節的主旨在描述天地萬物的本源（河上公注本題"象元"，可能即基於此）——大道的性質、狀態、運行規律及其與天地萬物的關係，並要求帝王遵循大道。

文章着重描述了老子理念中的"道"：這種"道"是一種獨一無二的囊括各種元素的混沌之物，既無聲又無形，所以難以確定其名稱，只能勉爲其難地給它取個名字叫大道；它在天地尚未判分之前就已存在，而且將永遠毫無危險地存在下去而不會被任何東西代替；它的作用極爲普遍，它不但是產生天地萬物的母體，而且是天地人類遵循的總規律。當然，它作爲一種母體與規律，並不是游離於天地萬物之外的精神實體，而是與天地萬物密不可分的物質基因。或者説，它是構成天地萬物的原始物質基因，是潛存於天地萬物之內的極其微小的物質性東西（參見第四節注〔5〕、第四十五節提要述評）。正因爲如此，所以它不但是母體，能構成天地萬物，而且是規律，能決定天地萬物的發展變化。但另一方面，它也正因爲如此而不自由了，它雖然能決定天地萬物的發展變化，却並不能"有爲"地改變它們，而只能"無爲"地因順天地萬物的生成變化，這就是所謂的"道法自然"。道普遍地存在於天地萬物之中，所以它到處運行着，但到達極點後則又會向相反的方向運行，這種物極必反的規律，也就是道的運行規律。老子在此較爲完整地闡述了道的性質與運行規律，但他並未忘却現實，所以在這哲學探索與理論闡述的同時，他也闡明了帝王與道的關係，要求帝王順應天地、大道。由此可見，老子實是一個關心現實的哲學家。

【校定原文】

有物混成[1]，先天地生[2]，寂兮寥兮[3]，獨立而不改[4]，周行而不殆[5]，可以爲天下母[6]。吾未知其名[7]，故彊字之曰"道"[8]，彊爲之名曰"大"[9]。大曰逝[10]，逝曰遠[11]，遠曰反[12]。道大，天大，地大，王亦大[13]。域中有四大〔14〕，而王處其一焉〔15〕。人法地〔16〕，地法天〔17〕，天法道〔18〕，道法自然〔19〕。

右第二十五章，八十七言。

【注釋探賾】

〔1〕河上公曰："謂道也，道無形混沌而生萬物，乃在天地之前。"覺按："物"見第六十五節注〔3〕。　混：混合（參見第五十八節注〔5〕），指各種元素攪和在一起而混沌不分。

〔2〕王弼曰："不知其誰之子，故先天地生。"覺按：參見第四章。

〔3〕寥：傅奕本作"寞"，據河上公本改。　河上公曰："寂者，無音聲。寥者，空無形。"覺按：道是小得不能憑感官感知的物質基因（參見第四節注〔5〕及第四十五節提要述評），所以說它是寥空無形的。

〔4〕河上公曰："獨立者，無匹雙。不改者，化有常。"王弼曰："返化終始，不失其常，故曰'不改'也。"覺按：《說文・支部》："改，更也。"《國語・魯語下》"執政未改"韋昭注："改，易也。"　不改：不更換，指永遠存在，而不是指不變化。道是永遠存在的，但又是變化着的（參見第四十五節注〔2〕），所以河上公、王弼在解說"不改"時都承認其"化"。現在往往有人將"不改"解爲"永無改變""永遠不變"（見許抗生、馮達甫譯文），實不當。

〔5〕河上公曰："道通行天地，無所不入，在陽不焦，託陰不腐，無不貫（覺按：《道藏》本作"由"，此據《四部叢刊》本）穿而不危殆也。"覺按：《廣雅・釋詁二》："周，徧也。"此"周"是普遍的意思，所以河上公說"道通行天地，無所不入"，王弼說"周行無所不至"。下文說"爲之名曰'大'""大曰逝""道大"。第三十四章曰："大道汎汎兮，其可左右，萬物恃之以生而不辭，功成而不名有，衣被萬物而不爲主。"第三十七章曰："道恒無爲而無不爲，侯王若能守，萬物將自化。"這些都說明"道"博大無際而影響着世間萬物，由此可證此文之"周"當爲周徧之義。今人往往將"周"解爲"循環"（見馮達甫、陳鼓應注），實爲誤解。因爲在《老子》一書中，從未說"道"是循環而動的；而帛書甲本、乙本無此句，更可說明老子無循環之說。　殆：河上公解爲"危殆"。今考《老子》中"不殆"，共出現五次，都表示"不危"。第十六章、第五十二章都說守道可使自己"没身不殆"，這"没身不殆"當然是由於"道"之"不殆"，由此可證此"不殆"也爲"不危"之義。今人往往將"殆"讀爲"怠"，

把"不殆"解爲"不倦""不息""不休止"（見馬敍倫、高亨、陳鼓應、馮達甫注），雖然也通，但未必合於老子本意。

〔6〕河上公曰："道育養萬物，精氣如母之養子。"覺按：參見第十五節注〔2〕。

〔7〕未：傅奕本作"不"，據帛書甲本、乙本改。　王弼曰："名以定形。混成無形，不可得而定，故曰'不知其名'也。"覺按：參見第四十五節注〔3〕。

〔8〕河上公曰："我不見道之形容，不知當何以名之，見萬物皆從道而生，故字之曰道。"蘇轍曰："道本無名，聖人見萬物之無不由也，故字之曰道；見萬物之莫能加也，故強謂之名曰大。然其實則無得而稱之也。"覺按："彊"（qiǎng搶）表示勉強。　字：表字。這裏用作動詞，表示"給……取字"。古人有"名"又有"字"。男子出生時取"名"，二十歲行冠禮（表示已成人）時據其本名涵義另立別名稱"字"。"字"的本義是生育孳乳，所以由"名"的涵義派生出來的別名稱"字"。"道"孳生萬物，所以老子先着眼於帶孳乳義的"字"字來給它取個表字。"道"的本義是道路，天地萬物都經由此門路而來（第一章曰："衆妙之門。"第六章曰："玄牝之門，是謂天地之根。"即此義），故老子字之曰"道"。

〔9〕河上公曰："不知其名，強名曰大，高而無上，羅而無外，無不包容，故曰大。"王弼曰："吾所以字之曰道者，取其可言之稱最大也。責其字定之所由，則繫於大。大有繫則必有分，有分則失其極矣，故曰'強爲之（覺按：《道藏》本"爲之"誤爲"之爲"，此依《古逸叢書》本）名曰大'。"覺按：道"周行"而遍及一切，所以名之曰"大"。

〔10〕河上公曰："其爲大，非若天常在上，非若地常在下，乃復逝去，無常處所。"王弼曰："逝，行也。不守一大體而已，周行無所不至，故曰'逝'也。"

〔11〕河上公曰："言遠者，窮於無窮，布氣天地，無所不通也。"王弼曰："遠，極也。周（覺按：當作"周行"）無所不窮極，不偏於一逝，故曰'遠'也。"

〔12〕反：傅奕本作"返"，據帛書乙本、河上公本改。　河上公曰："言其遠不越絕，乃復反在人身。"王弼曰："不隨於所適，其體獨立，故曰'反'也。"覺按："遠"指達到極點。物及必反，"道"也如此，它達到了極遠處就會向相反的方向運行，所以說"遠曰反"。第四十章曰："反

者，道之動。"可與此文相互發明。參見第四節注〔1〕。

〔13〕王：傅奕本作"人"，據帛書甲本、乙本改。　河上公曰："道大者，包羅天地，無所不容。天大者，無所不蓋。地大者，無所不載。王大者，無所不制。"

〔14〕王弼曰："四大，道、天、地、王也。"覺按："域"字帛書甲本、乙本均作"國"。"域""國"均從"或"得聲，韻同義通。《説文·戈部》："或，邦也。从口从戈以守一。一，地也。域，'或'又从土。"《説文·口部》："國，邦也。从口从或。"可見"或"爲古字，"域""國"均爲後起字而義同，故《廣雅·釋詁四》云："域，國也。"今人往往將"域"解爲"空間""宇宙"（見陳鼓應、馮達甫注譯），雖通，但不合古義。

〔15〕焉：傅奕本作"尊"，據帛書甲本、乙本改。　王弼曰："處人主之大也。"

〔16〕王弼曰："法，謂法則也。人不違地，乃得全安，法地也。"覺按："法"作名詞時表示法則，規範。此用作動詞，表示"以……爲法則"，"把……當作自己的行爲規範"，也就是遵循其規律的意思。古代中國是個農業國，人們主要依靠土地生存，所以必須遵循土地的規律，因地制宜進行種植才有收穫，所以說"人法地"。《春秋繁露·離合根》云："爲人主者法天之行……爲人臣者法地之道。"也可備一說。

〔17〕王弼曰："地不違天，乃得全載，法天也。"覺按：《春秋繁露·陽尊陰卑》云："地事天也，猶下之事上也。地，天之合也。"所以"地"必須"法天"。

〔18〕王弼曰："天不違道，乃得全覆，法道也。"覺按：第一章曰："無名，天地之始。"第六章曰："玄牝之門，是謂天地之根。"天由道生，所以"法道"。

〔19〕王弼曰："道不違自然，乃得其性，法自然者，在方而法方，在圓而法圓，於自然無所違也。自然者，無稱之言，窮極之辭也。用智（覺按：指"人"）不及無知（覺按：指"地"），而形魄（覺按：指"地"）不及精象（覺按：指"天"），精象不及無形（覺按指"道"），有儀（覺按：指"天""地"）不及無儀（覺按：指"道""自然"），故轉相法也。"覺按："自然"即"自成"，是自行生成的意思（見第六十一節注〔11〕、第十四節注〔6〕）。從此文來看，老子所說的"道"，不僅是一種物質性的東西，是產生天地萬物的本源，而且也是決定天地萬物與人類發

展的客觀總規律。而這種"道",也並非是超然物外、絕對自由、只制物而不受制於物的,它是一種因循萬物"自然"的無爲法則。也就是說,"道"以萬物自行生成作爲自己的運行法則,它無所作爲,不強行干涉萬物的生成變化,萬物怎樣生成變化,道也隨之變化。這就是"道法自然"的真正涵義。第五十一章說"道"對萬物"生而不有,爲而不恃,長而不宰",實際上也是對"道法自然"的一種具體說明。王弼解此句時說"道""在方而法方,在圓而法圓",也是這個意思。河上公解此句曰:"道性自然,無所法也。"這種說法實與此文之字義不符,因爲老子明明說"道法自然",而沒有說"道無所法"。許抗生從河上公之說,並發揮曰:"自然並非'道'之外一物,而是指'道'自己而已。此句意思是說,'道'爲天地最後的根源,無有別物再可效法,所以只能法其自己那個自然而然的存在而已。"其實,"自然"的確不是游離於"道"之外的某種實體,但它並非是"道"自己,而是一種法則,是指天地萬物的自行生成,第六十四章說"萬物之自然"即其證。《韓非子‧解老》云:"道者,萬物之所然也,萬理之所稽也。理者,成物之文也;道者,萬物之所以成也。故曰:道,理之者也。物有理,不可以相薄;物有理不可以相薄,故理之爲物之制。萬物各異理,而道盡稽萬物之理,故不得不化;不得不化,故無常操。"也可資參考。

【韻腳韻部】

成、生,耕部。寥、改、殆、母、道,之幽旁轉合韻("寥""道"屬幽部,其餘屬之部)。大、逝、遠、反、大、大、大、大、大、焉、然,月元對轉合韻("大""逝"屬月部,其餘屬元部)。

【義疏正解】

有樣東西是混合而成的,在天地產生之前就已產生,寂靜無聲啊又空曠無形啊,獨一無二地存在着而不會被替換,在宇宙間普遍地運行着而沒有危險,可以看作天下萬物的母體。我還不知道它的名稱,所以勉強給它取了個表字叫"道",勉強給它取了個名稱叫"大"。所謂大是指它到處運行着,所謂到處運行是指它能到達極遠處,所謂到達極遠處是指它會向相反的方向運行。道大,天大,地大,帝王也大。疆域內人們稱說的有四種大的事物,而帝王佔了其中的一種。人類遵循大地的規律,大地遵循上天的規律,上天遵循道的運行規律,道遵循自行生成這一規律。

第七十節（第二十六章）

【提要述評】

本節爲傅奕本第二十六章，河上公注本題"重德第二十六"，唐玄宗注本題"重爲輕根章第二十六"。

本節的主旨在宣揚守"重"安"靜"的德行（河上公注本題"重德"，可能即基於此，因爲此文的重點在守"重"），勸說帝王努力保持自己的至尊地位，清靜無爲。

文章在此首先引用了古代諺語，强調"重"與"靜"的重要作用，接着便將其引申到政治軍事領域，以古代聖明帝王爲範例，說明君王應該行不離"重"，居不失"靜"。然後，其筆鋒一轉，直指當代的帝王，說明其自居於輕賤的地位必將失去君位。

老子强調"重"貶斥"輕"，是合乎一般人的哲學理念的，但他强調"靜"而貶斥"躁"，却往往被今人指責爲消極的哲學觀。誠然，老子在此强調"靜"而貶斥"躁"，談的並不是什麼哲學問題或辯證法，而是一種政治策略。作爲一種政治策略，則無論是清靜無爲，還是冷靜處事，都是不宜一概加以否定的。老子的確是個哲學家，但他的基本立足點還是在現實政治。如果不顧這一點，僅僅以哲學的觀念去理解他的一切學說（這是當代解老者常犯的毛病），就往往會發生誤解。

【校定原文】

"重爲輕根，靜爲躁君[1]。"是以君子終日行[2]，不離其輜重[3]；雖有榮觀[4]，宴處超然[5]。若何萬乘之主而以身輕於天下[6]？輕則失本[7]，躁則失君[8]。

右第二十六章，四十九言[9]。

【注釋探賾】

[1] 靜：傅奕本作"靖"，據河上公本改。《韓非子·喻老》曰："制在己曰'重'，不離位曰'靜'。重，則能使輕；靜，則能使躁。故曰：'重爲輕根，靜爲躁君。'"又曰："無勢之謂'輕'，離位之謂'躁'。"河上公曰："人君不重，則不尊；治身不重，則失神。草木花葉輕，故零落；根重，故能長存也。人君不靜，則失威；治身不靜，則身危。龍靜，故能

變化；虎躁，故虧夭也。"王弼曰："凡物，輕不能載重，小不能鎮大。不行者使行，不動者制動。是以重必爲輕根，靜必爲躁君也。"覺按：以下句"是以"的口氣來看，以上兩句似爲當時諺語。韓非從政治的角度來解釋，與下文相諧，當與老子引此諺語時的喻意相合，但與此諺語的本意不合。作爲諺語，其義當更爲廣泛。如"重"與"輕"，可以指分量的重與輕，也可指地位的重要與輕賤、權勢的重大與輕微、態度的慎重與輕率等等，這從下文的"輜重"非指權勢可知，所以韓非的解說尚嫌狹窄，河上公、王弼的發揮值得參考。同樣，"靜"與"躁"可以指靜止與躁動，也可指平靜與激動、沉靜與浮躁、鎮靜與急躁、靜居不行與走動遠行、虛靜無爲與妄動有爲、安處君位與離開君位等等。《淮南子·主術訓》："人主靜漠而不躁"高誘注："躁，動也。"《論語·季氏》："言未及之而言謂之躁。"何晏《集解》："鄭曰：躁，不安靜。"《逸周書·謚法解》："好變動民曰躁。""躁"的古義爲"動"，所以與"靜"相對。此兩句若直解之，其意爲："重是輕的根本，靜是動的主宰。"今義疏用意譯，以便更好地揭示其涵義。

〔2〕君子：與下文"有榮觀"及"萬乘之主"相應，指有道德的君王。《白虎通·號》："帝王者何？號也。……或稱'君子'者何？道德之稱也。'君'之爲言群也。'子'者，丈夫之通稱也。"可明此"君子"之義。《荀子》有《君子篇》，"君子"也指君王而言（參見張覺《荀子譯注》），可見稱君王爲"君子"，由來已久。河上公本等"君子"作"聖人"，其義同。今人大多認爲此文當作"君子"而不當作"聖人"（參見陳鼓應、馮達甫注譯），其實並未得此"君子"之義。

〔3〕王弼曰："以重爲本，故不離。"覺按："輜重"應首句"重"字而言。《管子·問》"鄉師車輜"注："輜，謂車之有防蔽可以重載者。"《漢書·韓安國傳》"王恢、李息別從代主擊輜重"顏師古注："輜，衣車也；重，謂載重物車也。故行者之資，總曰輜重。"可見"輜重"原指有帷蓋遮蔽而裝有重物的給養車，所以也用來指行人外出時用車運載的重要物資，並常用來指軍用物資。《孫子·軍爭》云："故軍爭爲利，軍爭爲危。舉軍而爭利，則不及；委軍而爭利，則輜重捐。是故卷甲而趨，日夜不處，倍道兼行，百里而爭利，則擒三將軍，勁者先，疲者後，其法十一而至；五十里而爭利，則蹶上將軍，其法半至；三十里而爭利，則三分之二至。是故軍無輜重則亡，無糧食則亡，無委積則亡。"捨棄輜重，就失去

了賴以生存的物質保障，也就是失去了本節所謂的"根""本"，因此會敗亡，所以"君子終日行，不離其輜重"。《韓非子·喻老》曰："邦者，人君之輜重也。主父生傳其邦，此離其輜重者也，故雖有代、雲中之樂，超然已無趙矣。主父，'萬乘之主，而以身輕於天下'。無勢之謂'輕'，離位之謂'躁'，是以生幽而死。故曰：'輕則失臣，躁則失君。'主父之謂也。"國家政權是君主的"輜重"，這是一種比喻。韓非此說可以貫通上下文，值得參考，但認爲《老子》此文指主父而言則不當，因爲主父之事發生在《老子》成書之後。

〔4〕河上公曰："榮觀，謂宮闕。"覺按："榮"表示壯觀。《荀子·大略篇》"宮室榮與"楊倞注："榮，盛。" 觀（guàn 貫）：王宮大門兩旁的高臺望樓。《爾雅·釋宮》："觀謂之闕。"郭璞注："宮門雙闕。"邢昺疏："《周禮·大宰》：'正月之吉，縣治象之法于象魏，使萬民觀治象。'鄭衆云：'象魏，闕也。'劉熙《釋名》云：'闕在門兩旁，中央闕然爲道也。'《白虎通》云：'闕是闕疑。'義亦相兼。然則其上縣法象，其狀魏魏然高大，謂之象魏；使人觀之，謂之觀也。是觀與象魏、闕，一物而三名也。以門之兩旁相對爲雙，故云雙闕。"《公羊傳·昭公二十五年》"設兩觀"何休注："禮，天子、諸侯臺門，天子外闕兩觀，諸侯內闕一觀。"《說文解字繫傳》卷二十三"闕"字注："蓋爲二臺於門外，人君作樓觀於上，上員下方。以其闕然爲道，謂之闕；以其上可遠觀，謂之觀。" 榮觀：王宮門外壯觀的高臺望樓，可供遊覽，非靜之處。今人往往將"榮觀"解爲"華麗的生活""優美的環境"（見陳鼓應、馮達甫注），不當。又，帛書甲本、乙本"榮觀"作"環官"。《老子甲本釋文》注云："環官，通行本作'榮觀'，范應元注'觀，一作館'。《說文》：'館，客舍。'《周禮·遺人》'五十里有市，市有候館'注：'樓可以觀望者也。'《蒼頡篇》：'闤，市門也。'疑環官讀爲闤館，闤與館乃旅行必經之處，極躁之地。"此說與本文之"君子""有""宴處"等不諧，似未當。帛書之"環官"當解爲"環人之官府"。《周禮·秋官·環人》："掌送逆邦國之通賓客，以路節達諸四方。"環人之官府爲迎送各國賓客之處，既爲帝王所有，又爲非靜之處，如此解，方與下文相合。

〔5〕蘇轍曰："行欲輕而不離輜重，榮觀雖樂而必有燕處，重靜之不可失如此。"覺按："君子終日行"兩句承首句"重"而言，"雖有榮觀"兩句承第二句"靜"而言。 宴處：安居，退朝而處。帛書甲本、乙本及河

上公本等"宴"作"燕",與"宴"通。《說文·宀部》:"宴,安也。"《禮記·仲尼燕居》"仲尼燕居"《釋文》:"退朝而處曰燕居。""宴"應上文"靜"字而言,故《經典釋文·老子道經音義》注"宴"字曰:"於見反,簡文云:'謂靜思之所宴居也。'""宴處"承"榮觀"而來,指"君子"不"躁",不登"榮觀"以遊覽,而退朝安居,"靜"思無爲。　超然:河上公曰:"超然,遠避而不處。"王弼曰:"不以經心也。"覺按:《廣雅·釋詁一》:"超,遠也。"即此文"超"字之義。　又,帛書乙本"處"下有"則"字,相當於"而"(參見《古書虛字集釋》卷八)。

〔6〕若:傅奕本作"如之",據帛書甲本、乙本改。傅奕本無"於",據帛書甲本、乙本補。　河上公曰:"王者至尊,而於其身行輕躁乎?疾時王奢恣輕淫失其精也。"蘇轍曰:"人主以身任天下,而輕其身,則不足以任天下矣。"覺按:乘(shèng 剩):量詞,春秋時兵車一輛爲一乘,配備甲士(帶盔甲的兵士)三人,步卒七十二人。《穀梁傳·文公十四年》"長轂五百乘"范甯注:"四馬曰乘。一乘,甲士三人,步卒七十二人。"　萬乘之主:指天子,所以帛書甲本、乙本作"萬乘之王",河上公也說"王者至尊"。《經典釋文·老子道經音義》云:"萬乘之主,繩證反,謂天子也。"《呂氏春秋·不侵》"萬乘之主,千乘之君"高誘注:"萬乘,天子也。千乘,諸侯也。"均可爲佐證。今人大都解爲"大國的君主"(見陳鼓應、馮達甫注譯),不當。又,此文"萬乘之主"當指周敬王而言。《史記·周本紀》載:"二十年,景王愛子朝,欲立之,會崩,子丐之黨與爭立,國人立長子猛爲王,子朝攻殺猛。猛爲悼王。晉人攻子朝而立丐,是爲敬王。敬王元年,晉人入敬王,子朝自立,敬王不得入,居澤。四年,晉率諸侯入敬王于周,子朝爲臣,諸侯城周。十六年,子朝之徒復作亂,敬王犇于晉。十七年,晉定公遂入敬王于周。"敬王無勢,故此文說"輕"。　以:《戰國策·秦策一》"向欲以齊事王"高誘注:"以,猶使也。"　以身輕於天下:依河上公之說,是"讓自己在天下輕舉妄動"的意思;依韓非(見注〔3〕所引)、蘇轍之說,是"使自己在天下輕賤無權"的意思。兩說均通。從上文"重爲輕根"及韓非、河上公、王弼對"重爲輕根"的注(見注〔1〕)來看,後一說可與前文圓合,故應取後一說。有人將此理解爲"把自己看得輕於天下"(見許抗生譯文),則不當,因爲老子並不主張看重自身(參見第五十七節注〔9〕)。

〔7〕本:根本。此承上句而來,指帝王立身之本。帝王如果輕賤而無

權，便無以維持其至尊的地位，所以説"輕則失本"。俞樾曰："《永樂大典》作'輕則失根'，當從之。"今人多從之（見陳鼓應、馮達甫注），實不當。帛書甲本、乙本均作"本"，可證古本當作"本"。《韓非子·喻老》引作"臣"，似爲臆改。河上公本與《韓非子》同，也不當。

〔8〕河上公曰："王者行躁疾，則失其君位。"

〔9〕四十九：此節刪一字，補一字，故仍爲四十九字。

【韻脚韻部】

根、君，文部。行、重，陽東旁轉合韻（"行"屬陽部，"重"屬東部）。觀、然，元部。主、下，魚侯旁轉合韻（"主"屬侯部，"下"屬魚部）。本、君，文部。

【義疏正解】

"重要的與輕微的相對，重要的是具有決定作用的根本；安靜與躁動相對，安靜是具有決定作用的主宰。"因此聖明的君王整天出行時，不離開他那裝載着重要物資的輜重車；即使擁有了壯觀的高臺望樓，也安靜地退居官中而遠遠地避開它。怎麽擁有萬輛兵車的君王却使自己在天下處於輕微的地位呢？輕賤就會失去立身之本，躁動就會失去君主之位。

第七十一節（第二十七章）

【提要述評】

本節爲傅奕本第二十七章，河上公注本題"巧用第二十七"，唐玄宗注本題"善行章第二十七"（唐玄宗御製本題"善行無轍迹章第二十七"）。

本節的主旨在宣揚因順自然的思想，勸導統治者巧妙地利用各種人才（河上公注本題"巧用"，可能即基於此）。

文章首先以一系列出人意表而又合乎情理的具體事例來喻說因順自然的效用。因順自然，則出行可不留痕迹，說話可沒有破綻，計算可不用籌碼，關門可不用門閂，結紮可不用繩索。這種原則落實到政治領域，便是對人才的巧妙利用。聖人因順自然，對所有的人均一視同仁而不拋棄他們，並因人制宜地加以利用，既師事"善人"，又利用"不善人"，這便是遵循大道的明智之法。這種思想，無疑反映了老子對當時階級歧視的不滿與憤怒。當然，本文從遠處落筆，先以日常之事爲喻、次以聖人之行爲例來說明這"要妙"之道，實際上都不是其最終的目的。其最終的目的則在爲當時的統治者獻言，所以文章在最後明確地提醒當時的統治者："不貴其師，不愛其資，雖知大迷。"其勸諫之旨，至此方水落石出。

先談一般道理，次舉聖人德行，最後再落筆當今，這不但是本章的結構布局，其他章節也有之（如第二十二章、第二十六章）。這體現了一個具有哲學頭腦的政治理論家的一種特有的思維模式，值得注意。

【校定原文】

善行者無轍迹[1]，善言者無瑕謫[2]，善數者不用籌策[3]，善閉者無關鍵而不可啓[4]，善結者無繩約而不可解[5]。是以聖人恒善救人[6]，故無棄人[7]；恒善救物[8]，故無棄物[9]。是謂襲明[10]。故善人者，善人之師[11]；不善人者，善人之資[12]。不貴其師[13]，不愛其資[14]，雖知大迷[15]。此謂要妙[16]。

右第二十七章，九十五言[17]。

道篇下　第七十一節（第二十七章）

【注釋探賾】

〔1〕轍：傅奕本作"徹"，通"轍"，今據河上公本改。　王弼曰："順自然而行，不造不始，故物得至而無轍迹也。"蘇轍曰："乘理而行，故無迹。"覺按："轍"是車輪壓出的痕迹。"迹"是足迹，脚印。順著原有的轍迹而行，不闖新路，就不會留下新的轍迹，這就是因順自然的"善行"。引而申之，則此句喻指遵循大道行事，清靜無爲，故不留痕迹。

〔2〕王弼曰："順物之性，不別不析，故無瑕謫可得其門也。"蘇轍曰："時然後言，故言滿天下無口過。"覺按：《管子·水地》"瑕適皆見"注："瑕適，玉病也。"《荀子·法行篇》"瑕適竝見。"王念孫《讀書雜志·荀子》曰："適，讀爲'謫'。謫，亦瑕也，《老子》曰'善言無瑕謫'是也。"　瑕：玉上的斑點。謫：通"適"，玉上的斑點。　瑕謫：比喻缺點，過失。　順著時勢，按照事物的原樣，混沌籠統而言，不作發揮剖析，就不會出現什麼漏洞，這就是因順自然的"善言"。引而申之，則此句喻指遵循大道的"不言之教"，故無瑕謫。

〔3〕不用：傅奕本作"無"，據帛書甲本、乙本改。　河上公曰："善以道計事者，則守一不移，所計不多，則不用籌策而知也。"王弼曰："因物之數，不假形也。"蘇轍曰："萬物之數，畢陳於前，不計而知，安用籌筭？"覺按："籌"和"策"都是用來計數的竹制小片。把事物統統擺出來清點，就不需要用籌策來代替事物，這就是因順自然的"善數"。引而申之，則此句喻指遵循大道來計數。

〔4〕啓：傅奕本作"開"，乃漢人避諱而改（參見第十五節注〔9〕），今據帛書甲本、乙本改。　關鍵：通"關楗"，門閂。范應元曰："楗，拒門木也。或從金傍，非也。横曰關，豎曰楗。"門閂原用木製成，故本字作"楗"；後用鐵製成，故用"鍵"字表示。《急就篇》："釭釧鍵鈷冶錮鐈。"顏師古注："鍵以鐵，有所豎關，若門牡之屬也。"門閂爲有形之物，若用它來關門，只要拉開它，門就開了；只有不用有形的關楗而用看不見摸不着的機關關門，就沒有人能打開了，這就是"善閉"。引而申之，則此句喻指用大道來封住民衆的心智（見第六十五章）。大道無形，使人無法打開，這就是政治上的"善閉"。河上公曰："善以道閉情欲、守精神者，不如門户有關可得開也。"

〔5〕王弼曰："因物自然（覺按：《道藏》本作"自物因然"，此依《古逸叢書》本），不設不施，故不用關楗、繩約而不可開解也。此五者，皆

言不造不施，因物之性，不以形制物也。"覺按：《左傳·哀公十一年》"人尋約"杜預注："約，繩也。"繩子爲有形之物，若用它結紮，必能解開；只有不用有形的繩子而用無形的東西（如粘結劑之類），才使人無法解開，這就是"善結"。引而申之，則此句喻指用大道來團結人，"以百姓之心爲心"（見第四十九章），以"不爭"之法來使"天下樂推而不猒"（見第六十六章），"不爭"則"天下莫能與之爭"，無人可以瓦解民衆的擁戴之心，這就是政治上的"善結"。河上公曰："善以道結事者，乃結其心，不如繩索可得解。" 值得辨正的是，對於以上五句，吳澄解釋説："行者必有轍迹在地，言者必有瑕謫可指，計數者必用籌策，閉門者必用關鍵，結繫者必用繩約，然皆常人所爲爾。有道者觀之，則豈謂之善哉？善行者以不行爲行，故無轍迹；善言者以不言爲言，故無瑕謫；善計者以不計爲計，故不用籌策；善閉者以不閉爲閉，故無關鍵而其閉自不可開；善結者以不結爲結，故無繩約而其結自不可解。"這種説法，看似有理，其實是一種空談玄理的誤解。因爲《老子》此文説"善行""善言""善數""善閉""善結"，歸根結底還是一種"行""言""數""閉""結"，而不是"不行""不言""不數""不閉""不結"。試想，如果"不閉"，就至多只能説"無啓"（"無開"），而不應説"不可啓"（"不可開"）；如果"不結"，則至多只能説"無解"，而不應説"不可解"。如果有道者"以不閉爲閉""以不結爲結"，則也可"以不開爲開""以不解爲解"，這就無所謂"開""解"了。因此，吳澄之説顯然是一種毫無意義的玄談。老子雖然主張"處無爲之事，行不言之教"（第二章），但其所謂"無爲"，並非指什麽事也不做（參見第一節注〔5〕），而是一種因順自然的"無不爲"（見第三十七章、第四十八章）；所謂"不言"，不過是一種"教"的方式，實際上不可能什麽話也不説，所以老子並非只説"不言"，而還説"貴言"（第十七章）、"稀言"（第二十三章）、"大辯若訥"（第四十五章）。由此可見，對於老子之文，我們也不宜以故弄玄虛的方法來進行解説。

〔6〕恒：傅奕本作"常"，據帛書甲本、乙本改（參見第九節注〔8〕）。 聖人：見第十節注〔6〕。

〔7〕傅奕本"故"下有"人"字，據河上公本删。 河上公曰："使貴賤各得其所也。"王弼曰："聖人不立形名以檢於物，不造進向以殊棄不肖，輔萬物之自然而不爲始，故曰'無棄人'也。不尚賢能，則民不爭；不貴難得之貨，則民不爲盜；不見可欲，則民心不亂；常使民心無欲無

惑，則'無棄人'矣。"覺按：聖人對所有的人，不管其善與不善，均一視同仁而任其自化，這就是因順自然的"善救人"而"無棄人"。如此"救人"，不留任何痕跡，沒有任何過失，不憑藉任何外物，與上文所述一樣，所以"聖人"上用"是以"二字來引出這兩句。高亨認爲"是以"二字爲衍文，不當。第五章云："聖人不仁，以百姓爲芻狗。"第四十九章云："聖人恒无心，以百姓之心爲心。善者吾善之，不善者吾亦善之。"第五十七章云："聖人云：'我無爲而民自化。'"第六十二章云："道者，萬物之奧也，善人之寶也，不善人之所保也。……人之不善，何棄之有？"均可與此文相互發明。

〔8〕恒：傅奕本作"常"，依上句文例改。　河上公曰："聖人所以順四時以救萬物之傷殘。"

〔9〕傅奕本"故"下有"物"字，據河上公本刪。　河上公曰："聖人不賤石而貴玉，視之如一。"

〔10〕河上公曰："聖人善救人物，是謂襲明大道。"覺按："謂"通"爲"。"襲"見第十五節注〔16〕。第十六章、第五十五章都說"知常曰明"，可見"明"是指一種精通常道的明智，所以河上公解爲"襲明大道"。

〔11〕傅奕本"善人之師"上有"不"字，據帛書乙本刪。河上公曰："人之行善者，聖人則以爲人師也。"覺按：河上公只說"以爲人師"而不說"以爲不善人之師"，則古本當無"不"字。而且，如果此文有"不"字，則下文"不貴其師"的主語當爲"不善人"，如此則該句不但與"不愛其資"的主語"善人"不一致，而且與"雖知"之義也相悖，由此也可證此句不當有"不"字。此外，從《韓非子·喻老》來看，此句也不當有"不"字（見注〔15〕）。由此可見，帛書乙本無"不"字，當爲古本原貌，值得珍視。許抗生注譯帛書《老子》，反據傅奕本將帛書乙本的"善人之師"改爲"不善人之師"，甚爲不當。

〔12〕河上公曰："資，用也。人行不善，猶教導使爲善，得以給用。"王弼曰："資，取也。善人以善齊不善，以善（覺按：當作"不以善"）棄不善也，故不善人，善人之所取也。"覺按："資"在這裏用作名詞，指取用的對象。"善人"取用"不善人"，即上文"聖人""無棄人"之義。《淮南子·道應訓》所舉之例可疏證此文，其文云："楚將子發好求技道之士。楚有善爲偷者，往見曰：'聞君求技道之士。臣，偷也，願以技齎一

· 309 ·

卒。'子發聞之，衣不給帶，冠不暇正，出見而禮之。左右諫曰：'偷者，天下之盜也。何爲之禮？'君曰：'此非左右之所得與。'後無幾何，齊興兵伐楚。子發將師以當之，兵三却。楚賢良大夫皆盡其計而悉其誠，齊師愈强。於是市偷進請曰：'臣有薄技，願爲君行之。'子發曰：'諾。'不問其辭而遣之。偷則夜解齊將軍之幬帳而獻之。子發因使人歸之，曰：'卒有出薪者，得將軍之帷，使歸之於執事。'明又復往，取其枕，子發又使人歸之。明日又復往，取其簪，子發又使歸之。齊師聞之，大駭。將軍與軍吏謀曰：'今日不去，楚君恐取吾頭。'乃還師而去。故曰：無細而能薄，在人君用之耳。故老子曰：'不善人，善人之資也。'"

〔13〕河上公曰："獨無輔也。"覺按：《潛夫論·讚學》云："雖有至聖，不生而智；雖有至材，不生而能。故志曰：黃帝師風后，顓頊師老彭，帝嚳師祝融，堯師務成，舜師紀后，禹師墨如，湯師伊尹，文、武師姜尚，周公師庶秀，孔子師老聃。若此言之而信，則人不可以不就師矣。"由此可見，古代帝王往往師"善人"而作爲自己的輔佐，若不尊師，則孤獨而無輔佐，所以河上公說"獨無輔也"。

〔14〕河上公曰："無所使也。"

〔15〕河上公曰："雖自以爲智，言此人乃大迷惑也。"王弼曰："雖有其智，自任其智，不因物，於其道必失，故曰'雖智大迷'。"覺按："知"通"智"。河上公理解爲"自以爲智"，不當。此當從王弼之説，因爲這三句承上而來，其主語應是"善人"。《韓非子·八經》云："力不敵衆，智不盡物；與其用一人，不如用一國。故智力敵而群物勝，揣中則私勞，不中則有過。下君盡己之能，中君盡人之力，上君盡人之智。"此乃老子學說的進一步發展。又，《韓非子·喻老》解此文曰："周有玉版，紂令膠鬲索之，文王不予；費仲來求，因予之。是膠鬲賢而費仲無道也。周惡賢者之得志也，故予費仲。文王舉太公於渭濱者，貴之也；而資費仲玉版者，是愛之也。故曰：'不貴其師，不愛其資，雖知大迷，是謂要妙。'"太公是"善人"，"善人"文王尊他爲師，這就是"善人者，善人之師"而"善人""貴其師"；費仲是"不善人"，"善人"文王送他玉版以便使他得志而利用他，這就是"不善人者，善人之資"而"善人""愛其資"。

〔16〕河上公曰："能通此道，是謂知微妙要道也。"覺按：帛書甲本、乙本"要妙"作"眇要"，與河上公所說的"微妙要道"的詞序相合，則古本或當作"眇要"。但後代多用"要妙"或"要眇"一詞。《楚辭·遠

遊》"神要眇以淫放"洪興祖補注："'眇'與'妙'同。要眇，精微貌。"
要：精要。　妙：微妙。

〔17〕九十五：傅奕本作"九十七"，今增一字，刪三字，故改。

【韻脚韻部】

迹、讁、策、啓、解，支錫對轉合韻（"啓""解"屬支部，其餘屬錫部）。人、人，真部。物、物，物部。師、資、師、資、迷，脂部。

【義疏正解】

善於行走的不留下車轍足迹，善於説話的没有破綻漏洞，善於計算的不用籌碼竹片，善於關門的不用門閂而別人開不了，善於結紮的不用繩子而別人解不開。因此聖人永遠善於匡救衆人，所以不抛棄衆人；永遠善於解救萬物，所以不抛棄萬物。這是因襲明智的做法。所以善良的人，是善良的人所師法的對象；不善良的人，是善良的人所取用的對象。如果不尊重自己可以依靠的老師，不愛護自己可以取用的對象，那麽即使聰明，也是極大地迷惑了。這是精要微妙的道理。

第七十二節（第二十八章）

【提要述評】

本節爲傅奕本第二十八章，河上公注本題"反朴第二十八"，唐玄宗注本題"知其雄章第二十八"。

本節的主旨在宣揚一種謙下忍辱的"恒德"與還淳返樸的思想（河上公注本題"反朴"，可能即基於此）。

文章首先提出了還淳返樸的方法，要求有地位的人既明瞭自己所處的高位，又保持謙下退讓的姿態，這就是所謂的"知其雄，守其雌"；同時又要求有德行的人既明瞭自己所具有的美德，又保持忍辱含垢的度量，這就是所謂的"知其白，守其辱"。老子認爲，只有具有這種合乎大道的謙下忍辱之德，才能使自己成爲天下人歸附的帝王，進而使整個社會回歸到平和淳樸的境地。當然，這只是老子的一種社會理想，現實社會並非如此，所以文章在最後對社會現實發表了自己的處理意見。社會在發展，原始時代混沌不分的淳樸境界早已土崩瓦解了，由於社會的分工，人們已各有所長，在這種情況下，聖人就應該兼收並蓄而使用他們，不應該將他們區分成各個等級而取此捨彼，只有這樣，才能使自己成爲君王。這一主張，與第二十七章勸導統治者利用各種人才的觀點是一脈相承的。

【校定原文】

知其雄，守其雌，爲天下谿[1]；爲天下谿，恒德不離[2]，復歸於嬰兒[3]。知其白[4]，守其辱，爲天下谷[5]；爲天下谷，恒德乃足[6]，復歸於樸[7]。（知其白[8]，守其黑，爲天下式[9]；爲天下式，恒德不忒[10]，復歸於無極[11]。）樸散則爲器[12]，聖人用之則爲官長[13]。夫大制無割[14]。

右第二十八章，八十六言[15]。

【注釋探賾】

〔1〕河上公曰："雄以喻尊，雌以喻卑。人雖自知其尊顯，當復守其卑微，去其雄之強梁，就其雌之柔和。如是，則天下歸之如水之游深谿。"

· 312 ·

道篇下　第七十二節（第二十八章）

覺按：老子以"雌"喻指卑靜，參見第五十四節注〔10〕。"雄"與"雌"相對，當喻指"上"與"動"，有人認爲只喻指"剛强"（見許抗生、馮達甫譯文），不當。雌可勝雄（參見第六十一章），所以"雄"不可守而要"守其雌"。"雌"與"谿"同德，《大戴禮記·易本命》云："丘陵爲牡，谿谷爲牝。""守雌"即守下，猶"谿"之處下，所以説"爲""谿"。"谿"處下而山上之水歸之，聖人謙下則天下之人歸之（參見第六十六章），所以説"爲天下谿"。

〔2〕恒：傅奕本作"常"，據帛書甲本、乙本改（參見第九節注〔8〕）。　河上公曰："人能謙下如深谿，則德常在，不能離於己也。"覺按："恒德"即永恒之德，指因循"恒道"（第一章）之德。第四章曰："道……挫其鋭，解其紛，和其光，同其塵。"第八章曰："水善利萬物而不爭，居衆人之所惡，故幾於道矣。"第四十章曰："弱者，道之用。"第四十一章曰："明道若昧，夷道若纇，進道若退。上德若谷，大白若黣，廣德若不足，建德若偷，質真若渝。"由此可見，因循大道之"恒德"乃是一種韜光養晦、忍辱含垢、處下守弱、謙虚退讓的德行。"守其雌，爲天下谿"是一種謙下之德，與"恒德"相合，所以説"恒德不離"。又《説苑·敬慎》曰："昔成王封周公，周公辭不受，乃封周公子伯禽於魯。將辭去，周公戒之曰：'去矣！子其無以魯國驕士矣。我，文王之子也，武王之弟也，今王之叔父也，又相天子，吾於天下亦不輕矣。然嘗一沐而三握髮，一食而三吐哺，猶恐失天下之士。吾聞之曰：德行廣大而守以恭者榮，土地博裕而守以儉者安，禄位尊盛而守以卑者貴，人衆兵强而守以畏者勝，聰明睿智而守以愚者益，博聞多記而守以淺者廣。此六守者，皆謙德也。'"周公所聽説的"謙德"，與老子所説的"恒德"類同，可見這種"恒德"由來已久，只是表述有所不同罷了。

〔3〕河上公曰："復當復志於嬰兒，惷然無所知也。"王弼曰："嬰兒不用智，而合自然之智。"覺按：在老子的心目中，"嬰兒"具有以下特點：一是無知（見第二十章），二是柔和（見第十章、第五十五章），三是德厚（見第五十五章）。此文説"守其雌""恒德不離"，則所謂"嬰兒"當喻指柔和、德厚，而非指無知。　復歸：見第十五節注〔14〕。"復歸於嬰兒"與下文"復歸於樸"相對，則復歸者當指天下之人（參見注〔7〕）。第十九章云："絶仁棄義，民復孝慈。"第八十章云："使民復結繩而用之。"與此文的"復歸於嬰兒""復歸於樸""復歸於無極"類似，可見此文之"復

歸",也當指有"恆德"者使"民""復歸"。今人多理解爲"使自己復歸",似未當。

〔4〕白:傅奕本作"榮",據帛書甲本、乙本改。"知"字上傅奕本有"知其白,守其黑,爲天下式;爲天下式,常德不忒,復歸於無極"二十三字,今依帛書甲本、乙本移於"復歸於樸"之下。高亨曰:"此文本作:'知其雄,守其雌,爲天下谿;爲天下谿,常德不離,復歸於嬰兒。知其白,守其辱,爲天下谷;爲天下谷,常德乃足,復歸於樸。'其'守其黑,爲天下式;爲天下式,常德不忒,復歸於無極。知其榮'二十三字,後人所加也。請列六證以明之。《老子》本以'雌'對'雄',以'辱'對'白','辱'即後起'黷'字。《玉篇》:'黷,垢黑也。'四十一章曰'大白若辱',亦'白''辱'相對,即其明譣,則此以'白'對'黑',決非《老子》舊文,其證一也。榮辱,《老子》作'寵辱',十三章曰'寵辱若驚',即其明譣,則此以'榮'對'辱',亦決非《老子》舊文,其證二也。'爲天下谿''爲天下谷','谿''谷'同義,皆水所歸,間以'爲天下式'句,則與'谿''谷'不類,其證三也。'復歸於嬰兒''復歸於樸'意旨相同。人性未漓爲嬰兒,木質未散爲樸,間以'復歸於無極'句,則與'嬰兒'及'樸'不類,其證四也。《淮南子·道應篇》引《老子》曰:'知其雄,守其雌,爲天下谿。'又引《老子》曰:'知其榮,守其辱,爲天下谷。'而未引'知其白,守其黑,爲天下式'句,蓋淮南所見本無此句也。且其所引'知其榮,守其辱'原作'知其白,守其辱',今作'榮'者,妄人依誤本《老子》改之耳。其文曰:'文王砥德脩政三年,而天下二垂歸之。紂聞而患之,拘文王於羑里。文王歸,乃爲玉門,築靈臺,相女童,鼓鐘鼓,以待紂之失也。紂聞之曰:"周伯昌改道易行,吾無憂矣。"乃爲炮烙,剔孕婦,殺諫者。文王乃遂其謀。故老子曰:"知其榮,守其辱,爲天下谷。"'按'砥德脩政',非'榮'字之意,乃'白'字之意。白者,其行潔白也。'爲玉門,築靈臺,相女童,鼓鐘鼓',非'辱'字之意,乃'黷'字之意。黷者,其行污黷也。文王之改道易行,正《老子》所謂'知其白,守其辱'也。若然,'榮'本作'白'明矣。是淮南所見本無'守其黑'二十三字,其證五也。《莊子·天下篇》引老聃曰:'知其雄,守其雌,爲天下谿;知其白,守其辱,爲天下谷。'其文雖有裁省,而莊子所見本無'守其黑'二十三字,尤爲確的,其證六也。此采易順鼎、馬叙倫說而補成之。"覺按:高亨採撷易順鼎、馬叙倫之說而補成

此説，比易、馬之説更爲確當周詳。今案之西漢帛書甲本、乙本，"榮"字均作"白"，並以"辱"與"白"相對，而"知其白，守其辱……復歸於樸"一段又緊跟"復歸於嬰兒"，可證此"知其白，守其辱"與"嬰兒"之間原無"知其白，守其黑……復歸於無極"一段。"知其白，守其黑……復歸於無極"一段，帛書在"知其白，守其辱……復歸於樸"之後，它與上兩段文字不類，而"知其白，守其黑"又與"知其白，守其辱"同義，所以我認爲該段文字乃"知其白，守其辱……復歸於樸"一段的注文，爲老子後學所爲，因輾轉相抄而誤入正文（第三十一章也有類似的情況，參見第二十五節注〔6〕），但由於其誤已久，如今已無更古的版本依據將它刪除，所以姑且保留，並依帛書本將它移後，且加括弧以別之。蓋漢代以後的學者不明於此，見此段文字置於後使"樸散則爲器"與上文"復歸於樸"不相承，於是便移於上，並改"白"爲"榮"，遂成今本之誤。

〔5〕河上公曰："'榮'以喻尊貴，'辱'以喻污濁也。知己之有榮貴，當守之以污濁，如是，則天下歸之如水流入深谷也。"覺按：河上公本作"知其榮"，故其解如此。今依帛書本改"榮"爲"白"，當然不可再完全從其説。　白：白色，喻指清廉（見注〔4〕所引高亨之説及第四十一章）。聖人"廉而不劌"（見第五十八章），所以"知其白"而不守其"白"。辱：通"䘱"，垢黑，今指污濁（參見注〔4〕所引高亨之説及第三節注〔10〕）。聖人"受邦之垢"（見第七十八章），所以説"守其辱"。　谷：山谷，具有處卑、納垢的特點（見第三節注〔9〕）。"谷"處下納垢而山上之水歸之；聖人"受邦之不祥"而爲"天下之王"（見第七十八章），所以説"守其辱，爲天下谷"。

〔6〕恆：傅奕本作"常"，據帛書甲本、乙本改。　足：充足。"守其辱，爲天下谷"是一種處卑納垢之德，與"恆德"（見注〔2〕）相合，而且因此可爲"天下之王"（第七十八章），所以説"恆德乃足"。

〔7〕河上公曰："復當歸身於質樸，不復爲文飾。"覺按："樸"見第五十九節注〔10〕。下文之"樸"指天下人而言，則此"復歸於樸"也當指天下人而言。參見注〔3〕。

〔8〕括弧中六句是以上六句的注文（見注〔4〕），所以前兩句與上文"知其白，守其辱"同義。

〔9〕河上公曰："'白'以喻昭昭，'黑'以喻默默。人雖自知昭昭明

· 315 ·

達，當守之以默，如闇昧無所見。如是，則可爲天下法式，其德常在。"覺按：河上公之說可通，但我認爲此幾句是上幾句的注文，所以另作解釋如下。　　式：見第六十七節注〔7〕。　　爲天下式：成爲天下人的榜樣，也就是成爲天下人所嚮往的對象。與上文"爲天下谷"相應。

〔10〕恒：傅奕本作"常"，據帛書甲本、乙本改。　　河上公曰："人能爲天下法式，則德常在己，不復有差忒。"王弼曰："忒，差也。"覺按："恒德"充足，就不會再有差錯，所以此文用"恒德不忒"來解說"恒德乃足"。

〔11〕極：見第三十三節注〔7〕。　　無極：沒有準則。沒有準則乃是原始時代的一種混沌狀態，它與第十五章所說的"敦兮其若樸……渾兮其若濁"以及第十九章所說的"絕聖棄知"而"裛樸"類似。這種原始的混沌狀態與未加工過的原木相似，所以此文用"無極"來解說上文的"樸"。王弼把"無極"解爲"不可窮"，與"復歸"（回歸）之義不合，不當。許抗生解爲"無窮極之'道'"，增字解經，也不當。

〔12〕河上公曰："萬物之樸散，則爲器用。若道散，則爲神明，爲日月，分爲五行。"王弼曰："樸，真也。真散則百行出，殊類生，若器也。"覺按：此句含義雙關。　　樸：未加工過的木材（見第五十九節注〔10〕），喻指尚未開化、尚未分工的原始質樸之人。　　器：即器具，喻指人才。《莊子·胠篋》："彼聖人者，天下之利器也。"郭象注："可執而用曰器也。"即其義。各種器具具有各種不同的用途，各種人才也有各種不同的用處，故用"器"來喻指人才。　　樸散則爲器：原木鋸開分解後就能製成具有各種不同用途的器具，喻指質樸的原始人開化分工之後就成了具有各種不同才能的人才。至於河上公後一說將"樸"解爲"道"，也通，因爲"道"也可稱爲"樸"（見第三十七章），如此，則"器"當指萬物。但是，既然上文之"樸"指人之質樸（見注〔7〕），而此"樸"字緊承上文而言，則也當爲"民自樸"（第五十七章）之"樸"，而不應該指"道"。今人之解多與河上公之後一說類似（見許抗生、陳鼓應、馮達甫注譯），雖通，似未當。

〔13〕官：傅奕本作"宮"，據帛書甲本、乙本改。　　河上公曰："聖人升用，則爲百官之元長也。"覺按："之"指代"器"，指具有各種才能的人，也即第二十七章所說的"善人"與"不善人"，所以河上公說"升用"。高亨、陳鼓應等認爲"之"指"樸"，如此則"器"字無着落，故其

說不當。

〔14〕傅奕本無"夫"字，據帛書甲本、乙本補。河上公本作"故"，義同。　河上公曰："聖人用之，則以大道制御天下，無所傷害；治身，則以大道制御情欲，不害於精神。"王弼曰："大制者，以天下之心爲心，故無割也。"覺按：第二十五章曰："彊字之曰'道'，彊爲之名曰'大'。"所以河上公將"大"解爲"大道"，但此"大"字也可理解爲"最好的""最大的"（參見第六十九節注〔9〕）。　制：與"割"同義，原義指用刀裁開割斷。《韓非子·難二》"管仲善制割"，即用此義。引申而指裁斷、評判。《國語·晉語二》："丕鄭曰：'我無心。是故事君者，君爲我心，制不在我。'里克曰：'弒君以爲廉，長廉以驕心，因驕以制人家，吾不敢。'"韋昭注："制，裁也。"《淮南子·氾論訓》"行無專制"高誘注："制，斷也。"即其義。王弼解爲"以天下之心爲心"，與《國語》之例合，即此義。河上公解爲"制御"，即控制、駕馭的意思，雖通，恐非老子本義。　割：表示裁斷、評判（見第二十一節注〔12〕）。河上公解爲"傷害"，雖通（第六十章云"聖人亦不傷人"可支撐其說），恐非老子本意，因爲"大制無割"的結構與"大音希聲，大象無形"等（見第四十一章）相似，所以此"割"字當與"制"字同義。"無割"承"樸散則爲器，聖人用之"而來，當與第五十八章所說的"方而不割"之義同。第四十九章曰："聖人恒无心，以百姓之心爲心。善者吾善之，不善者吾亦善之。"可與此句互相發明。今人對此句之解說莫衷一是，均未當，茲不贅駁。

〔15〕八十六：傅奕本作"八十五"，今補一字，故改。

【韻脚韻部】

雌、谿、谿、離、兒，支歌通轉合韻（"離"屬歌部，其餘屬支部）。辱、谷、谷、足、樸，屋部。黑、式、式、忒、極，職部。器、割，質月旁轉合韻（"器"屬質部，"割"屬月部）。

【義疏正解】

知道自己像雄性一樣處於上位，但要像雌性甘居下位一樣保持自己的謙下姿態，要像容納山上流水的山溪那樣使自己成爲天下人所歸往的對象；自己成了山溪似的天下人所歸往的對象，那麽合乎大道的永恒之德就不會離去了，就能使人回歸到嬰兒般的柔和境界了。知道自己像白色一樣清白廉潔，但要像墨黑的污垢一樣保持自己的忍辱含垢，要像容納污泥濁水的山谷一樣成爲天下人所歸往的對象；自己成了山谷似的天下人所歸往的對象，那麼合乎大道的永恒之德就充足了，就能使人回歸到原木般的質樸境地。（知道自己像白色一樣清廉，但要像黑色一樣保持自己的忍辱含垢，使自己成爲天下人的榜樣；成了天下人的榜樣，那麼合乎大道的永恒之德就不會出差錯了，就能使人回歸到沒有任何準則的淳樸境地。）原木般的質樸之人開化分工之後就成了各種器具似的各種人才，聖人兼容並包地使用這些人才就成了百官的元首。所以最大的評判區別是不加評判區別。

第七十三節（第二十九章）

【提要述評】

本節爲傅奕本第二十九章，河上公注本題"無爲第二十九"，唐玄宗注本題"將欲章第二十九"（唐玄宗御製本題"將欲取天下章第二十九"）。

本節的主旨在宣揚因順自然的"無爲"思想（河上公注本題"無爲"，當即基於此），勸說諸侯放棄"有爲"的強力爭霸行爲及奢泰的生活作風。

在老子所處的春秋時期，還沒有以"無爲"來取得天下的成功經驗，所以老子在此只能從反面來總結已有的教訓：以"有爲"之行而用強力去奪取天下的諸侯，沒有一個能成功。既然"有爲"已爲歷史事實所否定，那就只能採取"無爲"的辦法了，所以老子馬上把這一歷史教訓提升爲政治理論：天下是"不可爲"的，"爲者敗之，執者失之"。從"有爲"之失敗推導出必須奉行"無爲"的政治原則後，老子又將這一相對的理論提升到了哲學的高度：凡事凡物，都有相對的兩個方面。如此，則上述的政治原則就有了更爲深廣的哲學基礎。在此基礎上，文章最後以聖人排斥"甚""奢""泰"等"有爲"之行作結，則其"無爲"原則的外延又得到了進一步的擴展：在生活作風方面也應以"無爲"處之。

誠然，"有爲"的暴力在當時未能成功，"無爲"的原則是否一定能在當時加以實施而奏效也還是個問題。以"有爲"之失敗來論證"無爲"之正確，其實是不夠有力的。至於老子借"聖人"來反對"甚""奢""泰"，則表現了他對當時統治者之荒淫無道的強烈不滿，反映了人民的願望。

【校定原文】

　　將欲取天下而爲之者[1]，吾見其不得已[2]。夫天下，神器也[3]，不可爲也[4]。爲者敗之[5]，執者失之[6]。凡物，或行或隨[7]，或呴或吹[8]，或彊或剉[9]，或培或墮[10]。是以聖人去甚、去奢、去泰[11]。

右第二十九章，六十一言[12]。

【注釋探賾】

〔1〕河上公曰："將欲取天下，欲爲天下主也。而爲之，欲以有爲治

民。"覺按:"取天下"見第十一節注〔6〕。今人多將"取"解爲"治"（見陳鼓應、馮達甫譯注），不當。　爲：與下文幾個"爲"同義，原指不因順自然、作故意的人爲努力而硬做（某些事情），參見第二十七節注〔12〕。此承"取天下"而言，指不順應時勢民心而用強力奪取（天下），即第三十章所說的"以兵彊於天下"。　之：指代"天下"。

〔2〕河上公曰："我見其不得天道人心已明矣。天道惡煩濁，人心惡多欲也。"蘇轍曰："聖人之有天下，非取之也，萬物歸之，不得已而受之。其治天下，非爲之也，因萬物之自然而除其害耳。若欲取而爲之，則不可得矣。"覺按："得"即第六十二章"求以得"之"得"，也即第六十一章所說的"得其所欲"，指實現願望，達到目的。　已：見第四十六節注〔1〕。第四十八章曰："將欲取天下者，恒以無事；及其有事，又不足以取天下矣。"與此文同義。

〔3〕傅奕本"器"下無"也"字，據帛書甲本、乙本補。　河上公曰："器，物也。人乃天下之神物也。神物好安靜，不可以有爲治。"覺按："天下"在古代與"邦"或"國"相對。諸侯的統治區域稱"邦"或"國"，天子的統治區域（囊括各諸侯國）稱"天下"。所以，"國"也用來指諸侯國的統治權或君位，如"有國""失國"之"國"即此義；"天下"也用來指天子的統治權或帝位，如"有天下""失天下"之"天下"即此義。此文之"天下"即指天子的統治權或帝位。當然，掌握了統治權，也就掌握了其統治區域內的人民，所以河上公將"天下"理解爲"天下人"也可通，但如此理解其實並不貼切，特別是此文與首句"取天下"相應，解爲"天下人"顯然不如解爲"天下的統治權"來得恰當，故今之從其說而解爲"天下人"者（見陳鼓應注、《辭源》"神器"條），皆失當。　神器：神奇的器具。在這裡是判斷句的謂語，與"天下"構成判斷關係，所以喻指天子的統治權。《文選·東京賦》"竊弄神器"薛綜注："神器，帝位也。"《文選·勸進表》"神器流離"李善注："《老子》曰：'天下，神器，不可爲，爲者敗之。'韋昭曰：'神器，天子璽符，服御之物也。'"天子之璽符雖爲服御之物，實則代表了天子所擁有的神聖不可侵犯的統治權，所以稱爲"神器"。《莊子·胠篋》："彼聖人者，天下之利器也。"郭象注："可執而用曰器也。"天子的統治權猶如器具一樣可執而用，所以說："天下，神器也。"

〔4〕易順鼎曰："按'不可爲也'下當有'不可執也'一句，請舉三證

道篇下　第七十三節（第二十九章）

以明之。《文選》干令升《晉紀總論》注引《文子》稱《老子》曰：'天下，大器也，不可執也，不可爲也。爲者敗之，執者失之。'其證一。王注云：'故可因而不可爲也，可通而不可執也。'王注有，則本文可知。其證二。下篇六十四章云：'爲者敗之，執者失之。是以聖人無爲，故無敗；無執，故無失。'"無爲"即"不可爲"，"無執"即"不可執"。彼文有，則此文亦有。其證三。蓋有'執者失之'一句，必先有'不可執也'一句明矣。《文選》之《西征賦》《王命論》《五等諸侯論》《石闕銘》諸注所引皆無此句，則脫佚已久，當據《文子》所引訂正。"覺按：今人多補"不可執也"一句（見陳鼓應、馮達甫譯注），似有失謹嚴，因爲今傳《老子》古本，包括帛書本，均無"不可執也"一句。《文選》中除了《西征賦》《王命論》《五等諸侯論》《石闕銘》之外，《東京賦》《勸進表》《豪士賦序》《三國名臣序贊》之注所引《老子》亦無"不可執也"一句。此句承上文"取天下而爲之"言，云"天下""不可爲也"語意已足，故不必增補"不可執也"一句。

〔5〕王弼曰："物有常性，而造爲之，故必敗也。"覺按：從哲學的意義上說，凡事不遵循自然規律而硬做蠻幹，就會壞事（參見第二十七節注〔12〕）；從"器"字的本義上來說，不以合理的方式而去強搶陶器之類的物品，就會損壞它們；從"器"字的比喻義上來說，不順應時勢民心而用強力去奪取天下，不但會給人民帶來災難，而且會給其政權抹上污點，乃至埋下致命的病根；所以說"爲者敗之"。

〔6〕從"器"的本義上來說，用力執持器具不可能永久，總有一天會放下它；從"器"的比喻義上來說，以暴力強行控制天下必失天下；所以說"執者失之"。參見第二十七節注〔13〕。

〔7〕河上公曰："上所行之，下必隨之。"王弼曰："凡此諸'或'，言物事逆順反覆，不施爲執割也。"覺按：以下四句旨在揭示萬事萬物都有相對的兩端，從哲學的高度提醒諸侯們不要只見事物強進向上之一端而無視其落後衰敗之一端，以使他們有所顧忌而不以"有爲"之行強奪天下。　或：猶"有"（參見《經傳釋詞》卷三）。　行：行走，引申指主動地行動。　隨：跟隨，引申指照着幹。　或行或隨：猶"或唱或和"。

〔8〕呴：傅奕本作"嘑"，據河上公本改。　河上公曰："呴，溫也。吹，寒也。有所溫，必有所寒。"高亨曰："《說文》：'噓，吹也。吹，噓也。'呴，正字作'欨'，《說文》：'欨，吹也。'蓋'噓'（或'呴'）

· 321 ·

'吹'混言則通，故許訓如此；析言則別，緩吐氣以溫物謂之噓（或'呴'），急吐氣以寒物謂之吹，義正相反。"覺按："呴"（xǔ 許）與"昫""煦"同源。日光照射而溫暖叫"昫"或"煦"，用口呵氣使溫暖叫"呴"。帛書甲本作"炅"，乙本作"熱"，與"呴"近義。

〔9〕剉（cuò 挫）：《說文·刀部》："剉，折傷也。"即挫折失敗的意思，所以和"彊"相對。河上公本等作"羸"，也通。帛書乙本作"硅"，可見"羸"字非古本之舊。

〔10〕培：壅土。《禮記·中庸》"故栽者培之"鄭玄注："培，益也。"即其義。"培"在古代不用來表示培養，許抗生解爲"培養"，不合老子本義。　墮（duò 惰）：脫落。其字從"土"，原指土掉下來。此用作使動詞，表示使土掉下來，所以與"培"相對。《國語·晉語九》："必墮其壘培。""墮"與"培"相對，與本文類似。許抗生將"墮"解爲"毀壞"，雖也通（使土掉下來也是一種"毀壞"），恐不合老子古義。　此句河上公本作"或載或隳"，其注云："載，安也。隳，危也。有所安，必有所危。"馮達甫從之，不當。因爲帛書甲本作"或坏或撱"，乙本作"或陪或墮"，均與"或培或墮"音義相通，可知古本不作"或載或隳"。

〔11〕河上公曰："甚，謂貪淫聲色；奢，謂服飾飲食；泰，謂宮室臺榭。去此三者，處中和，行無爲，則天下自化。"吳澄曰："凡過盛必衰，衰則亡之漸也。惟不使之過盛，則可以不衰，而又何有於亡？甚也，奢也，泰也，極盛之時也。去甚者，欲其常如微之時；去奢者，欲其常如儉之時；去泰者，欲其常如約之時。能不過盛，則可以保天下之不亡矣。邵子謂'飲酒但令其微醉而不可成酩酊，看花但及其半開而不可至離披'，蓋此意也。"覺按："甚"指嗜好女色。《說文·甘部》："甚，尤安樂也。從甘從匹，耦也。"段玉裁《說文解字注》作："甚，尤安樂也。從甘匹。匹，耦也。"並於"尤安樂也"下注曰："尤甘也，引伸凡殊尤皆曰甚。"又於"耦也"下加注曰："説從匹之意。人情所尤安樂者，必在所溺愛也。"河上公之説與《説文》所解合，老子此文，蓋用"甚"之本義。《韓非子·揚摧》："夫香美脆味，厚酒肥肉，甘口而疾形；曼理皓齒，説情而損精。故去甚去泰，身乃無害。"也可用來疏證此文。　奢：奢侈，浪費，與"儉"相對，當包括服飾、飲食、宮室、臺榭等等。　泰：行爲過分，驕縱自大。《論語·子罕》："今拜乎上，泰也"皇侃疏："泰，驕泰也。"《荀子·王霸篇》"縣樂、奢泰、游抎之修"楊倞注："泰，與'汰'同。"

《禮記·檀弓上》"汰哉叔氏"《釋文》："汰，本又作'大'，音泰，自矜大。"即此文"泰"字之義。總之，"甚""奢""泰"都是極端過分的行爲，物極必反，若不去掉，則必轉向衰亡，所以老子以"聖人去甚、去奢、去泰"來勸說諸侯。

〔12〕六十一：傅奕本作"六十"，今補一字，故改。

【韻脚韻部】

之、已、之、之，之部。隨、吹、剉、墮，歌部。

【義疏正解】

想要奪取天下的統治權而人爲地用强力去奪取它的諸侯，我已經看見他們不能得志了。那天下的統治權，是個神奇的器具啊，是不能人爲地强行奪取的啊。强行奪取它的人會敗壞它，强行控制它的人會失去它。大凡世間之事，有在前行走的就有在後跟隨的，有呵氣使暖就有吹氣使冷，有强大就有挫敗，有培土就有脱落。因此聖人不沉溺於女色、不奢侈浪費、不過分驕縱。

第七十四節（第三十章）

【提要述評】

本節爲傅奕本第三十章，河上公注本題"儉武第三十"，唐玄宗注本題"以道佐人主章第三十"。

本節的主旨在於從無爲柔弱、謙退不爭等大道的原則出發，宣揚其節制武力的主張（河上公注本題"儉武"，可能即基於此）。

春秋時代，戰爭頻繁，所以，每一個關心現實的思想家都不能不考慮軍事問題，並對此發表自己的意見。老子是個哲學家，其哲學思想的核心是"道"，所以他談論軍事問題時也以"道"爲指導思想。因此，此文一開始就落筆於有"道"者作正面立論，而最後又以"非道早已"從反面警告好戰逞能者。老子以一個哲學家的身份來論述軍事問題，與純粹的兵家如孫武、孫臏等的用兵之論大異其趣。他談論軍事，不但帶有更爲深沉的哲學思考，而且旨在反對用兵，這是我們閱讀其用兵言論時必須注意到的一個重要特點。有人忽視了這一特點，看見《老子》中有用兵言論，就認爲《老子》是一部兵書，這實在是莫大的誤解。兵書怎麼會不談用兵之方略而開口閉口反對用兵呢？

從"道"的無爲不爭、謙退柔弱的原則出發，老子必然會反對春秋時代的逞能爭霸之戰，所以他在這裏一方面竭力宣揚善於作戰的有道者喜歡退兵而不靠用兵來逞强的德行，不厭其煩地稱道他們不得已而戰，而在取勝之後又不自大、不自誇、不驕縱；另一方面又以"物壯則老"的常識爲喻，斷言逞强者必然早日滅亡以警告好戰的諸侯。由此可見，老子是反戰的，但也並非一味逃避戰爭。他反對的是炫耀武力、逞强天下的爭霸奪權之戰，而並不反對正義之戰。當然，即使是正義之戰，他也竭力主張適可而止，主張取勝以後即退兵。這種謙退不爭的原則是其軍事思想的核心内容，第六十八章、第六十九章等都有這方面的論述，可參閱。

【校定原文】

以道佐人主者，不以兵彊於天下[1]，其事好還[2]。師之所處，荆棘生焉[3]，故善者果而已矣[4]，毋以取彊焉[5]。果而勿矜[6]，果而勿伐[7]，果而勿驕[8]，果而不得已[9]，

· 324 ·

是"果而勿彊"〔10〕。物壯則老〔11〕，是謂非道〔12〕，非道早已〔13〕。

右第三十章，七十一言〔14〕。

【注釋探賾】

〔1〕傅奕本"天下"上無"於"字，據帛書乙本、河上公本補。　河上公曰："不以兵革，順天任德，敵人自服。"王弼曰："以道佐人主，尚不可以兵强於天下，況人主躬於道者乎？"覺按："道"見第一節注〔10〕。向人示弱才合乎"道"（見第四十章），而"堅彊者，死之徒也；柔弱者，生之徒也"（見第七十六章），所以以"道"來輔佐君主的人，"不以兵彊於天下"。

〔2〕河上公曰："其舉事好還自責，不怨於人。"王弼曰："為始者務欲立功生事，而有道者務欲還反無為，故云'其事好還'也。"覺按："其"指代"以道佐人主者"。　事：用作動詞，即河上公所說的"舉事"，此指用兵。《禮記·王制》"天子無事與諸侯相見曰朝"鄭玄注："事，謂征伐。"即此文"事"字之義。　好（hào 耗）：愛好，喜歡。　還：返回，回歸，即王弼所說的"還反"，此指回師。《爾雅·釋言》："還，返也。"《廣雅·釋詁二》："還，歸也。"即其義。古今有很多人將"其事"解為"用兵之事"，將"好"解為"必"或"容易"，把"還"解為"還報""報復""還擊"。如蘇轍曰："雖或能勝，其禍必還報之。"蔣錫昌曰："此謂用兵之事，必有不良之還報，下文所謂'師之所處，荊棘生焉；大軍之後，必有凶年'也。"陳鼓應注曰："用兵這件事一定會得到還報。"馮達甫譯為："那樣的事容易遭到還擊。"這些解釋均誤。因為在上古，"好"字根本不用來表示"必"或"容易"，"好"表示"容易"是晚近的事，不可用來解《老子》。《老子》中用了三個"好"字（見於第五十三章、第五十七章及本章），都表示愛好。"還"在上古也不用來表示"還報"或"報復"，所以也不可用此義來解《老子》。此文之"好還"實是指下文的"果而已矣，毋以取彊焉"，而根本不是指"師之所處，荊棘生焉；大軍之後，必有凶年"。"師之所處，荊棘生焉"云云實是在申述"好還"的原因，指有道者見被征之國一片荒涼而主動班師，根本不是在描述"好還"的情形，因為戰場往往不在征伐者國內，所以征伐者往往不會得到這種還報。

〔3〕河上公曰："謂農事廢，田不脩。"王弼曰："言師凶害之物也，無有所濟，必有所傷，賊害人民，殘荒田畝，故曰'荊棘生焉'。"覺按：

"荆"是一種落葉灌木。其枝條柔韌，可用來做鞭與編制筐籃。"棘"是一種叢生的有刺的小棗樹，即酸棗樹。　荆棘：泛指野外叢生的各種灌木。

又，傅奕本"荆棘生焉"後尚有"大軍之後，必有凶年"八字，實非《老子》古本之文，今據帛書甲本、乙本删。嚴可均曰："此句下各本有'大軍之後，必有凶年'八字，蓋注語羼入正文。"勞健曰："《漢書·嚴助傳》淮南王安上書云：'臣聞軍旅之後必有凶年。'又云：'此《老子》所謂"師之所處，荆棘生之"者也。'按其詞意，'軍旅''凶年'當別屬古語，非同出《老子》。又王弼注止云'賊害人民，殘荒田畝，故曰荆棘生焉'，亦似本無其語，或古義疏嘗引之，適與'還'字、'焉'字偶合諧韻，遂並衍入經文也。"

〔4〕高亨曰："《爾雅·釋詁》：'果，勝也。'果而已，猶云勝而止也。"覺按：《説文·木部》："果，木實也。"即樹上所結的果實，引申而指所有的成果，包括戰果。此文用作動詞，則表示取得戰果，所以《爾雅》解爲"勝"。

〔5〕毋：傅奕本作"不敢"，據帛書甲本、乙本改。下文説"果而勿彊"，王弼注此曰"不以兵力取強於天下"，均可證此文原無"敢"字。"毋"意爲"不"。"以"字下承上省賓語"兵"。　焉：相當於上文的"於天下"。

〔6〕矜：見第六十六節注〔6〕。

〔7〕伐：見第六十六節注〔5〕。

〔8〕驕：驕橫放縱（參見第五十三節注〔6〕）。王弼曰："吾不以師道爲尚，不得已而用，何矜驕之有也？"

〔9〕不得已：不能止，不能不做。表示爲情勢所迫，不能不這樣做。這句是説，戰勝對方，並不是爲了逞強於天下，而是爲了維護正義、除暴救民而不能不如此。

〔10〕是：此，指代"果而勿矜，果而勿伐，果而勿驕，果而不得已"。　果而勿彊：即上文"果而已矣，毋以取彊焉"的略語。帛書甲本、乙本"是"下均有"胃"（通"謂"）字，更能表明"果而勿彊"爲復述上文之言。蘇轍曰："勿矜、勿伐、勿驕、不得已四者，所以爲勿強也。"

〔11〕河上公曰："草木壯極則枯落，人壯極則衰老，言強者不可以久也。"王弼曰："壯，武力暴興也，喻以兵強於天下者也。"蘇轍曰："壯之必老，物無不然者。唯有道者成而若缺，盈而若沖，未嘗壯，故未嘗老，

未嘗死。以兵强天下，壯亦甚矣，而能無老乎？"覺按：此句又見於第五十五章，雖用意不同，但也可相互觀照。

〔12〕是：指代"壯"，也即上文之"彊"。　非：帛書甲本、乙本及河上公本等作"不"，義同。《説文・非部》"非，違也。"在老子看來，使自己强壯是違背大道的（參見第十八節注〔14〕），所以説"是謂非道"。

〔13〕河上公曰："不行道者早死。"王弼曰："飄風不終朝，驟雨不終日（覺按：見第二十三章），故暴興，必不道早已也。"覺按：高亨、朱謙之認爲"已"是"亡"字之誤，古本當作"亡"，其説實不當（見第十八節注〔15〕）。

〔14〕七十一：傅奕本作"七十九"，今補一字，删九字，故改。

【韻脚韻部】

者、下、處，魚部。還、焉、焉，元部。老、道、已，之幽旁轉合韻（"已"屬之部，其餘屬幽部）。

【義疏正解】

用大道來輔助君主的人，不依靠戰爭在天下逞强，他們征伐時喜歡班師回國。軍隊駐紮的地方，荆棘叢生，所以善於用兵的人取得戰果就罷休了，不依靠戰爭在天下博取强大的名聲。取得了戰果但並不自高自大，取得了戰果但並不自我誇耀，取得了戰果但並不驕横放縱，取得戰果實在是出於不得已，這就是"取得戰果而不逞强"。凡物强壯了就要衰老，這種使自己强壯的行爲可以説是違背大道的，違背大道就會早死。

第七十五節（第三十一章）

【提要述評】

本節爲傅奕本第三十一章，河上公注本題"偃武第三十一"，唐玄宗注本題"夫佳兵章第三十一"。

本節的主旨是要求當時的諸侯停止戰爭（河上公本題"偃武"，可能即基於此）。

老子首先明確地指出，戰爭是一種兇險的工具，爲人們所厭惡，所以無爲謙退的"有道者"（參見第七十四節提要述評及注釋）是不立足於戰爭的。他宣揚這一點，無疑是爲了勸說當時的諸侯們放棄戰爭。爲了使其反戰的觀點更具有說服力，所以他擺出古代禮制來說明用兵與常道相反，以"悲哀立之"來說明戰爭與人情相違，以"喪禮處之"來說明戰爭與人性相背。這種違背世道人情的野蠻工具當然應該抛棄。正如第三十章所說，即使用之，也應出於不得已，而不能熱衷於此以逞强。如果熱衷於此，則必自取滅亡，怎麼能得志於天下呢？

此章與第三十章一脈相承，都以有道者不立身於用兵爲範例來勸說當時的諸侯，不同的只是第三十章又以"物壯則老"的常識來喻說勸誡，此章則又以眾所周知的禮制來喻說勸導而已。兩者雖異曲，却同工，所以可將它們對照閱讀。

【校定原文】

夫兵者[1]，不祥之器[2]。物或惡之[3]，故有道者不處。是以君子居，則貴左[4]；用兵，則貴右[5]。兵者，不祥之器[6]，非君子之器[7]，不得已而用之[8]，以恬憺爲上[9]，故不美也[10]。若美之[11]，是樂殺人也[12]。夫樂殺人者[13]，不可以得志於天下矣。故吉事尚左[14]，凶事尚右[15]，是以偏將軍處左[16]，上將軍處右[17]，言以喪禮處之也[18]。殺人眾多，則以悲哀立之[19]；戰勝[20]，則以喪禮處之[21]。

右第三十一章，一百二十四言[22]。

【注釋探賾】

〔1〕傅奕本"兵"字上有"美"字，據帛書甲本、乙本刪。

〔2〕不祥：不善，不幸（參見第四十三節注〔10〕），兇險。《韓非子·存韓》："故曰：'兵者，凶器也。'"當即本於此文。 器：用具（參見第七十三節注〔4〕）。

〔3〕河上公曰："兵動則有所害，故萬物無有不惡之。"覺按："物"的謂語爲"惡"，則此"物"字當指衆人（參見第六十六節注〔9〕、第八十一節注〔3〕）。

〔4〕君子：指有道德有地位的人。《儀禮·士相見禮》"凡侍坐於君子"鄭玄注："君子，謂鄉大夫及國中賢者也。"《荀子·大略篇》"君子聽律習容而後士"楊倞注："君子，在位者之通稱。" 居：《周禮·春官·神仕》"以猶鬼神示之居"鄭玄注："居，謂坐也。"據古代禮制，無論在朝廷上、祭祀時，還是在車子上，都以左邊的位子爲尊。面向南則東爲左，面向北則西爲左，均是尊位。《儀禮·鄉射禮》"左玄酒"鄭玄注："設尊者北面，西曰左，尚之也。"《儀禮·士虞禮》："祝入門，左，北面。"鄭玄注："不與執事同位，接神尊也。"《禮記·曲禮上》"進劍者左首"鄭玄注："左首，尊也。"《公羊傳·成公二年》"代頃公當左"何休注："升車象陽，陽道尚左，故人君居左，臣居右。"《吕氏春秋·悔過》"左不軾"高誘注："左，君位也。"《史記·信陵君列傳》："公子從車騎，虛左，自迎夷門侯生。侯生攝弊衣冠，直上載公子上坐，不讓。""上坐"即其左邊的座位。如今住房與席位猶以左爲尊。 則：與下句之"則"相對，是表示對待關係的連詞，參見楊樹達《詞詮》卷六。

〔5〕高亨曰："《逸周書·武順篇》：'吉禮左還，順天以立本。武禮右還，順地以利兵。'《詩·裳裳者華》：'左之左之，君子宜之。右之右之，君子有之。'毛傳：'左，陽道，朝祀之事。右，陰道，喪戎之事。'並與《老子》此文相合。"覺按：《禮記·少儀》"卒尚右"鄭玄注："右，陰也。陰主殺。卒之行伍以右爲上，示有死志。"即此文"用兵則貴右"之義。用兵時與在朝或祭祀時君子的崇尚不同，説明用兵是一種違背常道的行爲。

〔6〕于鬯曰："聚珍本校云：'自此句至"言以喪禮處之"，似有注語雜入。'亦甚確。下文云：'偏將軍居左，上將軍居右。'老子之時，何以有'偏將軍''上將軍'之謂乎？《漢書·百官公卿表》云：'前後左右將軍，

皆周末官。'前後左右，即偏將軍之謂矣。蓋在春秋之世，縱有將軍之稱，不聞前後左右之號，則無所謂'偏''上'也。'偏將軍居左，上將軍居右'，其出之王氏注語亦無疑矣，正所以釋老子用兵貴右之說也。"覺按：懷疑此段文字有注語混入者有多人（參見第四十八節注〔8〕），茲不贅引。今考竹簡本、帛書本《老子》，均有此段文字，則此非出於王弼之注無疑矣。"兵者"上竹簡本有"古曰"，帛書甲本、乙本有"故"，所以這一段文字應爲老子所爲，旨在進一步強調上文"夫兵者"至"用兵則貴右"一段文字所宣揚的主張。至於"偏將軍""上將軍"，竹簡本、帛書本也有其文（其中之"偏"字，竹簡本作"支"，帛書甲本作"便"，帛書乙本作"偏"，三字音近義通），可見戰國、秦漢時自有"偏將軍""上將軍"之稱。至於《漢書·百官公卿表》所說的"前後左右將軍，皆周末官"，其實不足以否定春秋之世有"偏將軍""上將軍"之稱。《墨子·尚同中》云："國君既已立矣，又以爲唯其耳目之請，不能一同其國之義，是故擇其國之賢者，置以爲左右將軍大夫，以遠至乎鄉里之長，與從事乎一同其國之義。"由此可見，則春秋時應該已有"左右"之號了。退一步說，即使此段中可能有混入的注文，也當爲老子後學所作，與老子思想相合，如"不得已而用之，以恬憺爲上，故不美也"的觀點見於第三十章，"樂殺人者，不可以得志於天下"的觀點見於第二十九章，其他的說法則與本章文字相合。因此，這些文字即使不出於老子之手，也完全可以把它們當作老子的思想來研究。對於本節文字，還有一些其他的校訂意見，但並不可取，今不贅述。

〔7〕河上公曰："非君子所貴重之器。"

〔8〕河上公曰："謂遭衰逢亂，禍（覺按：《道藏》本"亂禍"作"禍亂"，此據《四部叢刊》本）欲加萬民，乃用之自守。"覺按："不得已"見第七十四節注〔9〕。

〔9〕恬憺（tiándàn 甜淡）：又作"恬澹""恬淡"，淡泊，不在乎，不追求名利。這是一種合乎無爲原則的品德。《莊子·天道》云："夫虛靜恬淡寂漠无爲者，天地之平而道德之至。"《潛夫論·勸將》云："太古之民，淳厚敦朴。上聖撫之，恬澹無爲，體道履德，簡刑薄威，不殺不誅，而民自化。此德之上也。"

〔10〕河上公曰："雖得勝，不以爲美利。"

〔11〕傅奕本"美"下無"之"，據帛書甲本、乙本補。

〔12〕傅奕本"是"上有"必樂之，樂之者"六字，據帛書甲本、乙本刪。

〔13〕傅奕本"殺"上有"人"，據帛書乙本、河上公本刪。

〔14〕河上公曰："左，生位也。"覺按：《儀禮·有司徹》："尸還几，縮之，右手執外廉，北面奠于筵上，左之，南縮，不坐。"鄭玄注："左之者，異於鬼神。生人陽，長左；鬼神陰，長右。"此可佐證河上公之說。
吉事：古代稱上朝、祭祀、冠禮、婚娶為吉事。《荀子·大略篇》"吉事尚尊"楊倞注："吉事，朝廷列位也。"《周禮·春官·天府》"凡吉凶之事"鄭玄注："吉事，四時祭也。凶事，后王喪，朝于祖廟之奠。"《禮記·曲禮上》："喪事先遠日，吉事先近日。"鄭玄注"喪事，葬與練祥也。吉事，祭祀、冠、取（覺按：通"娶"）之屬也。"古代朝、祀時尚左，見注〔4〕〔5〕。 尚：帛書甲本作"上"，義同。

〔15〕河上公曰："陰道，主殺。"覺按：河上公之說用以解上文"用兵則貴右"則恰當（見注〔5〕），解此句則不當。 凶事：喪事（參見注〔14〕）。《禮記·檀弓上》："孔子與門人立，拱而尚右，二三子亦皆尚右。孔子曰：'二三子之嗜學也。我則有姊之喪故也。'二三子皆尚左。"鄭玄注："復正也。喪尚右，右，陰也。吉尚左，左，陽也。"此即"凶事尚右"之例。

〔16〕河上公曰："偏將軍卑而居陽位。"覺按："偏"即《左傳·桓公八年》"偏敗"之"偏"。《左傳·襄公三十年》："且司馬，令尹之偏。"杜預注："偏，佐也。""偏將軍"當指偏師之將軍，即非主力軍的將軍。《禮記·少儀》"軍尚左"鄭玄注："左，陽也。陽主生，將軍有廟勝之策，左將軍為上，貴不敗績。"當即此"偏將軍處左"之義。

〔17〕河上公曰："上將軍尊而居右位，以其主殺矣。"覺按：右為陰，陰主殺（見注〔5〕〔15〕）。 上將軍：是軍隊的最高統帥。

〔18〕傅奕本"以"上有"居上勢則"，"之"下無"也"字，據帛書乙本刪補。 河上公曰："上將軍居右，主喪禮。喪禮尚右，死人貴陰也。"覺按：此句有"言"字，是在解釋"偏將軍處左，上將軍處右"之義。喪禮尚右（見注〔15〕），所以使地位低的偏將軍處左，使地位高的上將軍處右，實是在按照喪禮的尚右原則來安排他們的位置，因此說"以喪禮處之"。 之：指代"偏將軍"與"上將軍"。

〔19〕河上公曰："傷己德薄，不能以道化民而害無辜之民。"覺按：傅

奕本"立"作"泣",據帛書甲本改。　立:通"涖""隷"(參見拙著《商君書校疏》26.6注〔7〕)。第六十章"以道涖天下",帛書乙本作"以道立天下",亦"立""涖"相通之證。《説文·立部》:"隷,臨也。"

〔20〕傅奕本"勝"下有"者"字,據帛書甲本、乙本刪。

〔21〕河上公曰:"古者戰勝,將軍居喪主禮之位,素服而哭之,明君子貴德而賤兵,不得已而誅不祥也。心不樂之,比於喪也。知後世用兵不已,故悲而痛之矣。"

〔22〕一百二十四:傅奕本作"一百三十五",今刪十三字,補二字,故改。

【韻腳韻部】

兵、惡、處、居、兵,魚鐸陽對轉合韻("兵"屬陽部,"惡"屬鐸部,"處""居"屬魚部)。器、器,質部。用、上,東陽旁轉合韻("用"屬東部,"上"屬陽部)。美、美,脂部。人、人,真部。右、右、之、之、之,之部。

【義疏正解】

戰爭,是一種不幸的工具。人們或有厭惡它的,所以得道的人不立足於戰爭。因此君子就坐時以左邊爲貴,使用軍隊作戰時則以右邊爲貴。戰爭,是一種不幸的工具,並不是君子看重的工具,不得已而使用它,則以恬淡無所求的態度對待它爲好,所以君子不去讚美它。如果讚美它,這就是喜歡殺人啦。喜歡殺人,就不可能得志於天下了。在吉利的大事中以左爲上,在兇險的喪事中以右爲上,因此偏將軍位居左邊,上將軍位居右邊,實意味着按照喪禮的原則來安排他們的位置啊。殺人衆多,就以悲痛哀傷的心情面對它;戰鬥勝利了,就按照辦喪事的禮節來處理它。

第七十六節（第三十二章）

【提要述評】

本節爲傅奕本第三十二章，河上公注本題"聖德第三十二"，唐玄宗注本題"道常無名章第三十二"。

本節的主旨在論述道的性質與作用，奉勸諸侯帝王守道而行。

老子在此論述了道的根本性質，即具有"無名""樸""小"的特點，而它的作用却極其巨大，它主宰着世界上的一切而没有什麽東西能役使它。正因爲道具有如此巨大的威力，所以諸侯帝王如果能遵行大道，就能使民衆歸順服從，其德澤就能像甘露一樣普灑人間。由此可見，"守道"是君主最爲聖明的德行（河上公注本題"聖德"，可能即基於此）。當然，"無名"之道非一般人所能了悟，但即使"道"被賦予了一定的名稱，如果能固守這"有名"之道，也能使自己免於危殆。最後，老子生怕諸侯帝王不明白如何牢守此道，於是作了個通俗形象的比喻：道不過像河谷、江海一樣善於處下而已。這實際上是對當時飛揚跋扈的諸侯們的一種委婉的引導、批評與教育。誠然，老子即使用危言聳聽的"殆"來警告世主，但在那禮崩樂壞、弱肉强食的時代，諸侯們其實很難會聽信他的。

【校定原文】

道恒無名[1]，樸[2]，雖小[3]，天下莫能臣[4]，侯王若能守[5]，萬物將自賓[6]。天地相合以降甘露[7]，民莫之令而自均焉[8]。始制有名[9]。名亦既有[10]，夫亦將知止[11]，知止所以不殆[12]。譬道之在天下，猶川谷之與江海也[13]。

右第三十二章，七十一言。

【注釋探賾】

〔1〕恒：傅奕本作"常"，據帛書甲本、乙本改（參見第九節注〔8〕）。 河上公曰："道能陰能陽，能弛能張，能存能亡，故無常名。"王弼曰："道，無形不繫，常不可名。以無名爲常，故曰'道常無名'也。"覺按："名"即名稱。名稱具有規定性，而"道"是一種抽象的變化多端的没有確定性的東西，因而無法用具有規定性的名稱去規定它，所以它没有名稱。參見第四十五節注〔2〕〔3〕〔4〕〔5〕。

〔2〕樸：未加工過的木材（見第七十二節注〔12〕）。這裏用來喻說道。道是構成天地萬物的原始物質基因（見第四節注〔5〕、第四十五節注〔5〕、第六十九節提要述評），它混沌未分（參見第六十九節注〔1〕），與尚未鋸開的木材一樣，所以這裏用"樸"來形容它。

〔3〕范應元曰："道常无名，固不可以小大言之。聖人因見其大无不包，故強爲之名曰'大'；復以其細无不入，故曰'小'也。"覺按：道是極微小的物質基因，參見第四節注〔5〕、第四十五節注〔7〕及第六十九節提要述評。

〔4〕河上公本"莫能"作"不敢"，其注曰："道樸，雖小，微妙無形，下不敢有臣使道者。"王弼曰："夫智者，可以能臣也；勇者，可以武使也；巧者，可以事役也；力者，可以重任也。樸之爲物，憒然不偏，近於無有，故曰'莫能臣'也。"覺按：王弼之喻說可取，但正如河上公所說，"天下莫能臣"的是"道"，而不是"樸"，王弼以爲是"樸"，誤。道生萬物（見第四十二章），因而"萬物莫不尊道"（見第五十一章），所以說"天下莫能臣""道"。　臣：使之爲臣，役使。

〔5〕侯王：傅奕本作"王侯"，據帛書乙本改。

〔6〕河上公曰："侯王若能守，萬物將自賓服，從於德化。"覺按："萬物"的謂語爲"賓"，則此"萬物"當指萬民（參見第八十一節注〔3〕）。

〔7〕河上公曰："侯王動作能與天地相合，則天降甘露，善瑞也。"王弼曰："言天地相合，則甘露不求而自降。"覺按：河上公認爲甘露之降是由於侯王之行與天地相合，王弼認爲甘露之降是由於天地相合，兩說均通。從原文字面上來看，王弼之說較爲切合。古今之注譯，多與王弼同（見蘇轍、高亨、許抗生、陳鼓應、馮達甫等注譯）。如此解說固無不可，但未必正確，因爲在古人的意識中，甘露是吉祥的徵兆，是由聖王之德感通上天所致，而並非是天地相合的結果。《禮記·禮運》云："故天降膏露，地出醴泉，山出器車，河出馬圖，鳳皇麒麟皆在郊棷，龜龍在宮沼，其餘鳥獸之卵胎皆可俯而闚也。則是無故，先王能脩禮以達義，體信以達順，故此順之實也。"《白虎通·封禪》云："天下太平，符瑞所以來至者，以爲王者承天統理，調和陰陽，陰陽和，萬物序，休氣充塞，故符瑞並臻，皆應德而至。德至天，則斗極明，日月光，甘露降；德至地，則嘉禾生，蓂莢起，秬鬯出，太平感。"有鑒於此，故應從河上公之說。第二十五章曰："人法地，地法天，天法道。"此文承上文"侯王""守""道"而

言，既然"守""道"，則必然取法天地，所以説和天地相合。

〔8〕河上公曰："天降甘露善瑞，則萬物莫有教令之者而皆自均調如一。"王弼曰："我守其真性無爲，則民不令而自均也。"蘇轍曰："沖氣升降，相合爲一，而降甘露，脺然被於萬物，無不均遍。聖人體至道以應諸有，亦露之無不及者，此所以能賓萬物也。"蔣錫昌曰："'自均'即五十七章'自化'之誼。此言天地相合，則甘露下降；上行無爲，不發號施令，而民乃自化也。"覺按："之"指代"甘露"。　均：公平一律，均匀。《説文·土部》云："均，平徧也。"河上公解爲"均調如一"，蘇轍解爲"均遍"，都是這個意思。此文之"自均"是指"甘露"自均而並非指"民"自均，故蔣説誤，馮達甫從其説，失當。《吕氏春秋·貴公》云："天下非一人之天下也，天下之天下也。陰陽之和，不長一類；甘露時雨，不私一物；萬民之主，不阿一人。伯禽將行，請所以治魯，周公曰：'利而勿利也。'荆人有遺弓者，而不肯索，曰：'荆人遺之，荆人得之，又何索焉？'孔子聞之曰：'去其"荆"而可矣。'老聃聞之曰：'去其"人"而可矣。'故老聃則至公矣。天地大矣，生而弗子，成而弗有，萬物皆被其澤、得其利，而莫知其所由始，此三皇、五帝之德也。"《白虎通·封禪》云："甘露者，美露也，降則物無不盛者也。"《疏證》云："《御覽》引《中候》云：'甘露，潤液。'又引《瑞圖》云：'甘露者，美露也。王者施德惠，則甘露降其草木。'"凡此皆可明此文之義，足證蔣説之非。又，此"均"字下承上省"降"字，蔣氏蓋不明乎此而致誤解。　焉：於是。

這兩句表面上説甘露公平一律地潤澤萬物，實際上是喻説守道的侯王因順自然而其恩澤普施人間。

〔9〕河上公曰："始，道也。有名，萬物。道無名，能制於有名。"高亨曰："始爲道制名，道乃有名。"覺按：此二説各有得失。老子往往將天地萬物的本源稱爲"始"（見第十五節注〔1〕、第四十五節注〔4〕、第五十八節注〔17〕），所以這個"始"實爲名詞，指"道"而言，應解爲"本源"，不應理解爲"開始"，故高説不當。　制：《老子》全書除此文以外，僅見於第二十八章，其義當相同，應解爲裁斷、評判（見第七十二節注〔14〕）。河上公、高亨理解爲制御、製作，皆未當。　有名：當從高説，指"道"有名，而非指萬物。第一章云："有名，萬物之母。"其"有名"也指"道"而言（見第四十五節注〔5〕），可證高説之確當。誠然，此"有名"實呼應章首之"無名"，所以它顯然是指"道"而言。　始制

· 335 ·

有名：天地萬物的本源經過裁斷評判就有了名稱。這"始"字，即相當於第二十五章的"母"（參見第五十二章）；這"制"字，即相當於第二十五章所說的"有物混成……故彊字之曰'道'"這一系列的裁斷評判。

〔10〕既：已經，與第五十二章之"既"同義。

〔11〕夫：彼。　將：猶"當"（參見《古書虛字集釋》卷八）。　止：停止，停留。此指止於道，即固守大道。高亨認爲"止"當從河上公本作"之"而指"道"，未當。帛書乙本作"止"，可見古本當作"止"。此文之"名亦既有"即第五十二章所說的"既得其母"；"亦將知止"即第五十二章所說的"復守其母"；第五十二章說"復守其母，沒身不殆"，所以此文說"知止所以不殆"。由此也可證"止"字不誤。

〔12〕此上四句古今衆說紛紜，但都未能聯繫上下文及第二十五章、第五十二章的內容作解，所以多失當。其中影響較大的爲王弼之說，其注云："始制，謂樸散始爲官長之時也。始制官長，不可不立名分以定尊卑，故始制有名也。過此以往，將爭錐刀之末，故曰'名亦既有，夫亦將知止'也。遂任名以號物，則失治之母也，故'知止所以不殆'也。"這是將這四句理解爲：開始設立官長而有了名號，名號已有，則不可過多（過多了會引起爭權奪利的鬥爭），有所限制才不會危險。這樣理解雖似可通，但本章所論，都與道有關，如此理解顯然與上下文不諧，故不足取。至於其他的說法，也多未當，今不贅述。

〔13〕河上公曰："譬道在天下與人相應和，如川谷與江海之相流通。"王弼曰："川谷之以求江與海，非江海召之，不召不求而自歸者。世行道於天下者，不令而自均，不求而自得，故曰'猶川谷之與江海'也。"蔣錫昌曰："此句倒文，正文當作'道之在天下，譬猶江海之與川谷'。蓋此文以江海譬道，以川谷譬天下萬物。六十六章：'江海所以能爲百谷王者，以其善下之，故能爲百谷王。'江海善下，與道相似，故老子取以爲譬也。'道之在天下，譬猶江海之與川谷'，言道澤被於萬物，則萬物莫不德化，譬猶江海善下川谷，則川谷無不歸宗也，此句與上文'侯王若能守之，萬物部（覺按：當作"將"）自賓'句相應。"高亨曰："此謂道之在天下，猶川谷江海之在天下也。川谷江海之在天下，貫達九域，周環四方，物被其澤，人受其利。道在天下，亦復如是，故以爲譬耳。"覺按：河上公認爲此文以"川谷"譬"道"，以"江海"譬"天下人"；王弼、蔣錫昌認爲此文以"江海"譬"道"，以"川谷"譬"天下萬物"；高亨則認爲此文以

"川谷與江海"譬"道"。古今注家之解釋大都與第二説相同。第七十三章云："天之道……不召而自來。"川谷之水流入江海，也是不召而自來，可見"川谷"體現了"天之道"，所以河上公認爲此文以"川谷"譬"道"也不無道理。《韓非子·解老》云："道，與堯、舜俱智，與接輿俱狂，與桀、紂俱滅，與湯、武俱昌。以爲近乎，遊於四極；以爲遠乎，常在吾側。"河上公之説蓋本於此。至於第二説以"倒文"解之，似也通，因爲這句也可能是爲了押韻而將"江海"後置了，但此説不但與古漢語中常見的"倒文"文法不合，而且也與原文的字面意義不合，因爲此文並不是説"道之與天下"，而是説"道之在天下"，"道"和"天下"的語法關係不同於"江海"和"川谷"，所以此説實不當。至於高説，則與文句之義較爲切合，因爲：一、下句承上省"在天下"，古代有此文法。二、老子不但以江海譬"道"（見第六十六章），也以山谷譬道（見第六章、第十五章、第二十八章）。三、此文用"與"字，説明"川谷"與"江海"是並列關係，同爲譬喻之詞。四、老子以"川谷""江海"譬"道"，同樣取義於其處下而水歸之，所以此句與上文"侯王若能守，萬物將自賓"仍相應，而其處下的喻意又與"知止"相承。

【韻脚韻部】

名、臣、賓、均、名，耕真通轉合韻（"名"屬耕部，其餘屬真部）。有、止、止、殆、海，之部。

【義疏正解】

道永遠没有名稱，像原木一樣保持着原始的混沌狀態，雖然微小，天下却没有什麽東西能役使它，諸侯帝王如果能遵守奉行它，衆人將會自動地歸順服從。諸侯帝王的德行和天地相合而上天降下甜美的露水，人們没有誰去使唤它們而它們自會均匀地降於萬物。天地萬物的本源經過裁斷評判就有了名稱。名稱已經有了，那也應當知道休止而牢守大道，知道休止、牢守大道是使自己不發生危險的辦法。打個比方，道在天下，就好像河谷與江海一樣啊。

第七十七節（第三十三章）

【提要述評】

本節爲傅奕本第三十三章，河上公注本題"辯德第三十三"，唐玄宗注本題"知人者智章第三十三"（唐玄宗御製本題"知人章第三十三"）。

本節主要對"知人""自知""勝人""自勝""知足""彊行""不失其所""死而不亡"等德行作了評判（河上公注本題"辯德"，可能即基於此）。

老子此文，以直陳的形式對各種德行作了評判。從表面上看，似乎沒有褒貶之意，所以後人往往認爲老子在此褒揚了這些德行。誠然，從老子的思想體系着眼，這裏所談論的種種德行，並不都是老子所稱道的。在老子看來，"知人"不過是一種應該加以摒棄的"智"，只有"自知"才是真正的明智；"勝人"不過是應加摒棄的暴力行爲，只有"自勝"才是真正的強大。同樣，勉強硬幹雖然是有志向的表現，却也不是老子所稱道的。只有恬淡知足、不失其道而永垂不朽之德才是老子所稱道的。由此可見，老子的道德觀念與世俗觀念是有所不同的，有些地方甚至截然相反，而其主旨，不過是虛靜無爲、克己循道而已。正因爲他主張虛靜無爲、克己循道，所以他重"自知"之"明"而輕"知人"之"智"，重"自勝"之"彊"而輕"勝人"之"力"，重"知足"之"富"而輕"彊行"之"志"，重"不失其所"之"久"和"死而不亡"之"壽"。因此，其虛靜無爲而克己循道的原則乃是準確理解其道德觀念以驅散後人種種誤解的關鍵，應該引起我們的注意。

【校定原文】

知人者，智也[1]；自知者，明也[2]。勝人者，有力也[3]；自勝者，彊也[4]。知足者，富也[5]。彊行者，有志也[6]。不失其所者，久也[7]。死而不亡者，壽也[8]。

右第三十三章，四十六言。

【注釋探賾】

[1] 河上公曰："能知人好惡是智。"王弼曰："知人者智而已矣，未若自知者超智之上也。"覺按：此句實爲下句作鋪墊，帶有否定的意味，因

爲老子是反對"知人"與"智"的。第二十章云："我愚人之心也哉！沌沌兮！俗人皆昭昭，我獨若昏；俗人皆詧詧，我獨若閔閔。"第四十九章云："爲天下，渾其心。百姓皆注其耳目，聖人皆咳之。"第五十六章云："和其光。"第三章云："恒使民無知無欲。"第十九章云："絕聖棄知，民利百倍。"均其證。

〔2〕河上公曰："人能自知賢與不肖，是謂反聽無聲，內視無形，故爲明也。"覺按：第七十二章也強調了自知之明，可參見。《孫子·謀政》："知彼知己者，百戰不殆。不知彼而知己，一勝一負；不知彼，不知己，每戰必殆。"其義雖然不盡相同，也足見注重"自知"乃春秋時代哲人之共識。"知人"只是一種技巧，"自知"才是一種德行，故更寶貴，它甚至關係到自己的生死存亡。《韓非子·喻老》："楚莊王欲伐越，杜子諫曰：'王之伐越，何也？'曰：'政亂兵弱。'杜子曰：'臣愚患之。智如目也，能見百步之外而不能自見其睫。王之兵自敗於秦、晉，喪地數百里，此兵之弱也；莊蹻爲盜於境內而吏不能禁，此政之亂也。王之弱亂，非越之下也，而欲伐越，此智之如目也。'王乃止。故知之難，不在見人，在自見。故曰：'自見之謂明。'"《呂氏春秋·自知》："存亡安危，勿求於外，務在自知。……荊成、齊莊不自知而殺，吳王、智伯不自知而亡，宋、中山不自知而滅，晉惠公、趙括不自知而虜，鑽荼、龐涓、太子申不自知而死，敗莫大於不自知。"《呂氏春秋·先己》："夏后相與有扈戰於甘澤而不勝，六卿請復之，夏后相曰：'不可。吾地不淺，吾民不寡，戰而不勝，是吾德薄而教不善也。'於是乎處不重席，食不貳味，琴瑟不張，鍾鼓不修，子女不飭，親親長長，尊賢使能，期年而有扈氏服。故欲勝人者必先自勝，欲論人者必先自論，欲知人者必先自知。"

〔3〕河上公曰："能勝人者，不過有威力。"覺按：此句爲下句作鋪墊，帶有否定的意味，因爲老子是反對以力勝人（勝敵）的。第三十一章曰："戰勝，則以喪禮處之。"第六十八章曰："善勝敵者不與。"第七十三章曰："天之道，不爭而善勝。"均其證。

〔4〕河上公曰："人能自勝，除去情欲，則天下無有能與爭者，故強。"蘇轍曰："力能及人而不能及我，能克己復性，則非力之所及，故可謂強也。"覺按：此"彊"即第五十二章"守柔曰彊"之"彊"，爲褒義詞，與下文"彊行"之"彊"不同。"勝人"（勝敵）只需要武力，是暴虐無道之人也能做到的；而戰勝自己的情欲則需要極爲堅強的毅力，非有道之人莫

能爲。從品德的角度來說，"自勝"更艱難，也更可貴，所以老子褒之曰"彊"。《論語·子罕》云："子曰：'三軍可奪帥也，匹夫不可奪志也。'"從中也可看出思想意識方面的爭奪戰遠比依靠武力的戰爭要艱難得多。這與此文強調"自勝"爲強，雖異曲，實同工。《韓非子·喻老》："子夏見曾子。曾子曰：'何肥也?'對曰：'戰勝，故肥也。'曾子曰：'何謂也?'子夏曰：'吾入見先王之義則榮之，出見富貴之樂又榮之，兩者戰於胸中，未知勝負，故臞。今先王之義勝，故肥。'是以志之難也，不在勝人，在自勝也，故曰：'自勝之謂強。'"

〔5〕河上公曰："人能知足，則長保福祿，故爲富。"覺按：第九章云："持而盈之，不如其已。……金玉盈室，莫之能守。"第四十四章云："多藏必厚亡。"第四十六章云："禍莫大於不知足，咎莫憯於欲得。""不知足"而"欲得"無厭，必有"禍"而"厚亡"，所以不會"富"，河上公便是從這種意義上來理解的。但是，這句也可以從意念上來理解，因爲"貧"和"富"是一種相對的觀念。不知足者，即使十分富裕，猶以爲貧；知足者，即使不十分富裕，猶以爲富；所以說："知足者，富也。"第四十六章說"知足之足，恒足矣。"也可用以明此意。蘇轍曰："知足者所遇而足，則未嘗不富矣。雖有天下而常挾不足之心以處之，則是終身不能富也。"

〔6〕河上公曰："人能強立行善，則爲有志於道，道亦有志於人。"蔣錫昌曰："四十一章：'上士聞道，勤而行之。'是'有志'乃勤勉行道之意。"覺按：河上公、蔣氏之說不當。陳鼓應將"強行"解爲"勤勉力行"，馮達甫從蔣說，均失當。這句與上文"勝人者，有力也"句式相似，當帶有否定的意味。此"彊（qiǎng 搶）行"當理解爲竭力去做，硬幹，即相當於第二十九章所說的"爲"、第七十五章所說的"有爲"，而不是指"強立行善"或"勤勉行道"。"志"表示志向，與第三章之"志"相同，也不是指"有志於道"。第二十四章曰："企者不立，跨者不行。……其在道也，曰餘食贅行。物或惡之，故有道者不處也。"第二十九章曰："爲者敗之。"第三十章曰："以道佐人主者，不以兵彊於天下，其事好還。……毋以取彊焉。"第四十二章曰："彊梁者不得其死。"第五十五章曰："心使氣曰彊。物壯則老，謂之不道，不道早已。"可見老子是反對"彊行"的。第三章曰："弱其志。"第四十九章曰："聖人恒無心，以百姓之心爲心。"可見老子是反對"有志"的。因此，此文所謂"彊行者，有志也"，不過

道篇下　第七十七節（第三十三章）

是給"彊行"作一評價而已，與上文"知人者，智也"以及"勝人者，有力也"一樣，似褒而實貶。《論語·憲問》載晨門評孔子曰："是知其不可而爲之者"，即此文所謂"彊行者，有志也"。

〔7〕河上公曰："人能自節養，不失其所愛天之精氣，則可以久。"王弼曰："以明自察，量力而行，不失其所，必獲久長矣。"朱謙之曰："夫物各有所，'飛龍乘雲，騰蛇遊霧，雲罷霧霽，而龍蛇與蚯蚓同矣'（《韓非子·難勢》引《慎子》），此言失其所也。不失其所者，如《易·艮·象》云：'艮，止也。時止則止，時行則行，動静不失其時，其道光明。''艮其止，止其所也。'又《墨經説上》：'止以久也。'皆此旨。"覺按："其"表示合宜的、理想的。　所：《禮記·哀公問》"求得當欲不以其所"鄭玄注："所，猶道也。"　其所：合宜之道，指因順自然的無爲之道。第七章云："天地所以能長且久者，以其不自生。"這"不自生"即天地能長久之"所"。第十六章云："知常容，容乃公，公乃王，王乃天，天乃道，道乃久，没身不殆。"這"知常"行"道"就是帝王能長治久安之"所"。第四十四章云："知足不辱，知止不殆，可以長久。"這"知足""知止"便是人能長久之"所"。第二十三章曰："飄風不終朝，驟雨不終日。"此乃"風""雨""失其所"所致。前人所解，多未能貫通《老子》全書之言，故大多未得老子之旨。

〔8〕王弼曰："雖死而以爲生之道不亡，乃得全其壽，身没而道猶存，況身存而道不卒乎？"覺按：人總是要死的，"彊梁者"與"不道"者早死（見第四十二章、第五十五章），即使一般的人也要死（見第八十章），只有大道才是不死的（見第六章）。然而，守道、有德、行善、有功者身雖死，其正道、德澤、善言、善行却長留人間，彪炳千古，這就是"死而不亡"之"壽"。第五十九章説"早服"而"重積德"，可以使自己"長生久視"，與本文同旨。第二章所説的"夫惟不處，是以不去"，也是一種"不亡"。《左傳·襄公二十四年》："豹聞之：'大上有立德，其次有立功，其次有立言。'雖久不廢，此之謂不朽。"所謂"不廢""不朽"，亦即本文所謂"不亡"。

【韻脚韻部】

明、彊，陽部。富、志，之職對轉合韻（"富"屬職部，"志"屬之部）。久、壽，之幽旁轉合韻（"久"屬之部，"壽"屬幽部）。

【義疏正解】

　　能洞悉別人，只是一種智慧；能認識自己，才是一種明智。能戰勝別人，只能算有力量；能戰勝自己，才能算強勁。知道滿足，就富裕了。竭力去做，也只能算有志向。不喪失那合宜的立身之道，才能長久。死了却並不滅亡，才算長壽。

第七十八節（第三十四章）

【提要述評】

本節爲傅奕本第三十四章，河上公注本題"任成第三十四"，唐玄宗注本題"大道汎兮章第三十四"。

本節主要論述了大道的品性，希望君主能遵行大道，任其自然而成就自己的偉大功德（河上公注本題"任成"，可能即基於此）。

本節所論大道的品性，即第十章、第五十一章所論之"玄德"，這是一種生成、養護萬物而不佔有、主宰萬物的無私"無欲"之德。在老子看來，大道充塞於整個宇宙而輔助着宇宙中的一切，但它並不因此而主宰萬物；它的作用"大"至無限，它的貪欲却"小"至無限。老子強調這種奉獻極"大"而索取極"小"的德性，無疑是要求當時的專制暴君博愛大衆而抛棄專制，造福人民而不橫徵暴斂，所以其文最後以聖人不好大喜功而能成就大德的範例作結，以引起諸侯的注意。由此可見，老子宣揚"大道"自有其現實的目的。有人認爲此文全在論道，則有違老子本意。

【校定原文】

大道汎汎兮[1]，其可左右[2]，萬物恃之以生而不辭[3]，功成而不名有[4]，衣被萬物而不爲主[5]。故恒無欲[6]，可名於"小"矣[7]；萬物歸焉而不知主[8]，可名於"大"矣[9]。是以聖人能成其大也，以其終不爲大[10]，故能成其大[11]。

右第三十四章，七十四言[12]。

【注釋探賾】

〔1〕大道：即"道"（見第一節注〔10〕），帛書乙本作"道"，是其證。第二十五章曰："故彊字之曰'道'，彊爲之名曰'大'。"可見"道"又名"大"。此合言之，故稱爲"大道"。　汎汎（fànfàn 範範）：同"泛泛"，廣大無邊的樣子。《莊子·秋水》："泛泛乎其若四方之无窮，其无所畛域。"成玄英疏："泛泛，普徧之貌也。"《釋文》："泛泛，乎劍反。字又作'汎'。"

〔2〕河上公曰："道可左可右，無所不宜。"王弼曰："言道泛濫，無所

不適，可左右上下周旋而用，則無所不至也。"高亨曰："《廣雅·釋詁》：'氾，博也。'《釋言》：'氾，普也。'此言道體廣大，左之右之，無往不在也。"覺按：今人多從王、高之説，所以往往把"其可左右"解爲"無所不至"（參見許抗生、陳鼓應譯文）。其實，"左右"用在"可"字之後，是動詞，並不表示一般的方位。《周易·泰》"以左右民"孔穎達疏："左右，助也。以助養其人也。"《尚書·益稷》"予欲左右有民"孔安國傳："左右，助也。"《周禮·秋官·士師》"以左右刑罰"鄭玄注："左右，助也。"《禮記·檀弓上》"左右就養無方"鄭玄注："左右，謂扶持之。"《釋文》："左右，徐：上音佐，下音佑。"《説文·左部》："左，手相左助也。"徐鉉等注："今俗別作'佐'。"《説文·又部》："右，手口相助也。"徐鉉等注："今俗別作'佑'。"由此可見，"左右"即"佐佑"，是輔助的意思。此"左右"即相當於第五十一章"爲而不恃"之"爲"。正因爲"道"生萬物，"爲而不恃"，所以此文説"其可左右，萬物恃之以生而不辭"。將"左右"理解爲"左之右之，無往不在"，雖似可通，但與其詞性不合，且與下文不貫，恐未當。

〔3〕河上公曰："恃，待也。萬物皆待道而生，道不辭謝而止。"覺按："恃""待"都是依靠的意思。道生萬物，可參見第四十二章、第五十一章。

〔4〕名有：傅奕本作"居"，據帛書甲本、乙本改。 河上公曰："有道不名其有功。"蘇轍曰："世有生物而不辭者，必將名之以爲己有。世有避物而不有者，必將辭物而不生。生而不辭，成而不有者，唯道而已。"覺按：《説文·口部》："名，自命也。"《釋名·釋言語》："銘，名也，記名其功也。"又《釋典藝》："銘，名也，述其功美使可稱名也。"由此可見，"名""銘"同源，古代有自稱有功之意。今人多刪"名"字（見陳鼓應、馮達甫注譯），不當。帛書本、河上公本等均有"名"，則古本當有"名"字。

〔5〕衣（yì 義）被："衣被"原爲名詞，表示衣服被褥。此用作動詞，與《荀子·禮論篇》"慈母，衣被之者也"的"衣被"同義，是養護、照顧的意思。河上公本作"愛養"，義近。河上公注曰："道雖愛養萬物，不如人主有所收取。"覺按：這句與第五十一章"長而不宰"同義。

〔6〕恒：傅奕本作"常"，據帛書甲本、乙本改（參見第九節注〔8〕）。今人多刪此句（見陳鼓應、馮達甫注譯），不當。其理由有三：

一、帛書甲本、乙本均有此句，作"則恆無欲也"，可見古本當有此句。二、此句傅奕本有"故"字，帛書本有"則"字，說明這句爲承上之語。對照上下文可知，"恆無欲"應上文"功成而不名有"，其義相類（有功而不佔爲己有，是無欲的結果，所以總結說"恆無欲"）；"萬物歸焉而不知主"應上文"衣被萬物而不爲主"，其義相類（道不爲萬物之主，所以萬物不知主）。若無此句，則與上文不能承接。一般的本子都只有"常無欲"三字而無"故"或"則"，這恐怕也是導致後人誤刪的原因之一。三、若無此句，則此文爲："衣被萬物而不爲主，可名於小；萬物歸焉而不知主，可名於大。"意義相似的內容，既可名於小，也可名於大，實自相牴牾。總之，此句不可再依從後人誤刪之。

〔7〕河上公曰："道匿迹藏名，泊然無爲，似若微小。"裴學海《古書虛字集釋》卷一解此文曰："'於'猶'爲'也。"覺按："道"無欲無求，故不顯現於世，猶如肉眼看不見的微小之物一樣，所以"可名於'小'"，這是本文的涵義。另一方面，道又是極微小的物質基因（見七十六節注〔3〕），從這種意義上來說，也可把它名爲"小"。

〔8〕焉：傅奕本作"之"，據帛書甲本、乙本改。　焉：於之。其中之"之"指"道"，故河上公注曰："萬物皆歸道受氣也。"

〔9〕河上公曰："萬物橫來橫去，各使自在，故可名於大也。"覺按：可知之物總是有限的，故不足稱爲"大"。"大道汎汎"，其大不可知，故"可名於'大'"。當然，"道"本不可名（見第一章），名之爲"大"，也是一種勉強的說法（見第二十五章）。

〔10〕爲：傅奕本作"自"，據帛書甲本、乙本改。　河上公曰："聖人法道、匿德、藏名，不爲滿大。"覺按："不爲大"與上文"小"相承，當指"無欲"與"功成而不名有"，指不人爲地追求大功。第六十三章也有此語，其具體涵義稍有不同。

〔11〕河上公曰："聖人以身率道，不言而化，萬事修治，故能成其大。"蘇轍曰："大而有爲大之心，則小矣。"覺按："成其大"與上文"可名於大"相承，當指"衣被萬物而不爲主"與"萬物歸焉而不知主"，也就是第二章所說的"聖人處無爲之事，行不言之教……功成不處。夫惟不處，是以不去"以及第十七章所說的"太上，下知有之"，指實行無爲之政而民自化（參見第五十七章），天下大治而大功告成。

〔12〕七十四：傅奕本作"七十三"，今增補一字，故改。

【韻脚韻部】

右、辭、有，之部。主、欲、主，侯屋對轉合韻（"主"屬侯部，"欲"屬屋部）。大、大、大、大，月部。

【義疏正解】

大道廣大無邊啊，它可以輔助保佑一切，萬物依靠它生成而從不被它推辭，大功告成而它不説自己有功，它養護萬物而不做它們的主子。所以大道永遠没有欲望，因而可以稱爲"小"；萬物歸屬於它而不知道主子是什麽樣子，因而可以稱爲"大"。因此聖人能成就他的偉大功德，這是因爲他始終不人爲地追求大功，所以能成就他的偉大功德。

第七十九節（第三十五章）

【提要述評】

本節爲傅奕本第三十五章，河上公注本題"仁德第三十五"，唐玄宗注本題"執大象章第三十五"。

本節主要説明大道在社會政治領域中所具有的巨大作用，動員諸侯遵行大道以成就帝王大業。

《説文·王部》云："王，天下所歸往也。"在老子看來，諸侯國的君主只要能遵行大道，無爲而治，天下人就會前往歸附；天下人前來歸附後，只要不去危害他們，社會就會太平安定。這"執大象，天下往；往而不害，安平泰"的政治理想與孔子所説的"遠人不服，則脩文德以來之；既來之，則安之"（見《論語·季氏》）甚有相似之處，但這兩位思想家的政治方案的實質誠然是不同的。河上公注本將此章題爲"仁德"，實在是以儒釋道，不得要領。孔子之"脩文德"是一種有言之教，"安之"是一種有爲之行；而老子則主張"處無爲之事，行不言之教"（見第二章）。他要求君主執持的是"大象"，而不是"天下"（見第二十九章）；對於人民，他反對人爲的"安之"，而主張無爲的"不害"。因此，老子此文所要宣揚的根本不是"仁德"。老子是主張"不仁"的（見第五章）。此文所説的"樂與餌"，才是儒家宣揚的一種仁德，但樂於施捨以滿足人們的欲望，在老子看來，只能暫時招徠過客而已，根本不能使天下人歸往而成就帝王大業，只有無味、無形、無聲的大道，雖然不能滿足人們的物欲，却是取之不盡、用之不竭的政治法寶。老子所説的"道"，是決定天地萬物以及人類社會發展的規律，是合乎時勢人情的無爲法則，所以守道而行，必致"安平泰"。這種注重社會規律的政治思想，無疑值得我們重視。

【校定原文】

執大象[1]，天下往；往而不害，安平泰[2]。樂與餌[3]，過客止。故道之出言也[4]，曰[5]：淡兮其無味[6]，視之不足見[7]，聽之不足聞[8]，用之不可既[9]。

右第三十五章，四十六言[10]。

【注釋探賾】

[1] 傅奕本"大象"下有"者"，據帛書乙本、河上公本删。　河上公

· 347 ·

曰："執，守也。象，道也。聖人守大道，則天下萬民移心歸往也；治身，則天降神明往來於己。"蘇轍曰："道非有無，故謂之大象。苟其昭然有形，則有同有異。同者好之，異者惡之。好之則來，惡之則去，不足以使天下皆往矣。"覺按："象"即形象，因爲"道"有"象"，所以此文用"象"來稱呼"道"。當然，"道"的形象是人的感官無法感知的"無形"之"象"，所以老子稱之爲"大象"。參見第六十五節注〔6〕、第三節注〔17〕。

〔2〕河上公曰："萬物歸往而不傷害，則國家安寧而致太平矣；治身不害神明，則身體安而大壽。"蘇轍曰："有好有惡，則有所利有所害；好惡既盡，則其於萬物皆無害矣。故至者無不安，無不平，無不泰。"朱謙之曰："依舊説：安，靜也。《釋名·釋言語》：'安，晏也。晏晏然和樂無動懼也。'平者安之至，泰者平之至，'安平太'爲並列語。"覺按：《漢書·劉向傳》："君子道長，小人道消；小人道消，則政日治，故爲泰。泰者，通而治也。"

〔3〕蘇轍曰："作樂設餌，以待來者，豈不足以止過客哉？然而樂闋餌盡，彼將捨之而去。若夫執大象以待天下，天下不知好之，又況得而惡之乎？雖無臭味形色聲音以悦人，而其用不可盡矣。"覺按：蘇説貫通上下文，甚得老子旨意，然把此文之"樂"字理解爲音樂則不當。《老子》書中之"樂"字，除此節外，又見於第三十一章、第六十六章、第八十章，都表示喜歡、樂意，故不應該解爲音樂。《韓非子·五蠹》云："穰歲之秋，疏客必食。"蓋古有樂意賜食之俗，故此文曰"樂與餌"。《一切經音義》卷九"餌食"條引《蒼頡篇》云："餌，食也。案凡所食之物皆曰餌也。"用美食來吸引人，是一種"見可欲"的方法，這是老子所反對的（見第三章）。老子主張用無爲的手段來取天下（見第十八章），也就是"執大象"使"天下往"。

〔4〕傅奕本"道"上無"故"字，"言"下無"也"字，據帛書甲本、乙本補。

〔5〕傅奕本無"曰"字，據帛書甲本、乙本補。

〔6〕河上公曰："淡然，非如五味有酸、鹹、甘、苦、辛。"

〔7〕河上公曰："足，得也。道無形，非若五色有青、黄、赤、白、黑可得見也。"

〔8〕河上公曰："道非若五音有宮、商、角、徵、羽可得而聞也。"

〔9〕河上公曰："既，盡也。謂用道治國，則國富民昌；治身，則壽命延長；無有既盡之時也。"覺按：參見第五十節注〔6〕。

〔10〕四十六：傅奕本作"四十四"，今刪一字，補三字，故改。

【韻脚韻部】

象、往，陽部。害、泰，月部。餌、止，之部。言、見，元部。味、聞、既，物文對轉合韻（"聞"屬文部，其餘屬物部）。

【義疏正解】

君主牢守大道，天下人就會前往歸附；天下人前往歸附而不受到傷害，社會就會安寧太平通順大治。樂意給人美味的食物，只能使路過的客人暫時駐足。所以要說出話來形容道，應該說：清淡啊它沒有一點味道，看它又不可能看見，聽它又不可能聽見，但使用它却不可能用完。

· 349 ·

第八十節（第三十六章）

【提要述評】

本節爲傅奕本第三十六章，河上公注本題"微明第三十六"，唐玄宗注本題"將欲歙之章第三十六"。

本節的主旨在宣揚權術，即文中所説的"利器"。這種權術不可明説却又十分明智，所以文中稱之爲"微明"（河上公注本題"微明"，即承襲了原文，但其理解恐未當）。

老子在此首先論述了戰勝對手（别國或臣子）的種種權術。這種種權術從總體上來説，是一種欲擒故縱、欲捕取先下餌的策略，它與第四十二章所説的"益之而損"是一脉相通的。這種策略的思想基礎則是老子屢次宣揚的"柔弱勝剛彊"（又可參見第七十六章、第七十八章）。無論是"張之""彊之"，還是"與之""予之"，目的都是爲了使對方早日"剛彊"，爲了加速其"壯""老"的進程，從而使之早日衰亡（參見第三十章）。當然，使對方"剛彊"，同時也就意味着自己應該守柔處弱。第五十二章云："守柔曰彊。"第四十章云："弱者，道之用。"可見守柔處弱乃是一種合乎大道的明智。但是，這種自處柔弱、使人剛强的明智之舉又是不可讓對方知曉的，所以老子稱之爲"微明"。末了，老子又以"魚"與"淵"的關係爲喻，進一步説明君主應該牢守權術，不可將此天機泄露給人。

綜觀本節，先述説種種權術，再高度評價這些權術爲"微明"，進而揭示這種種權術得以奏效的理論根據，最後進一步以"魚不可脱於淵"這一人所共知的道理爲喻提醒時君不可將種種權術洩露給人。其文均圍繞權術立言。今人多否定其爲權術之言，認爲本章在談事物的對立轉化，這實爲曲解，並不符合原文之意，當加澄清。

【校定原文】

將欲翕之[1]，必固張之[2]；將欲弱之，必固彊之[3]；將欲廢之，必固與之[4]；將欲奪之，必固予之[5]。是謂微明[6]。柔弱勝剛彊[7]。魚不可脱於淵[8]，邦之利器不可以示人[9]。

右第三十六章，五十六言[10]。

道篇下　第八十節（第三十六章）

【注釋探賾】

〔1〕翕（xī吸）：收斂。

〔2〕河上公曰："先開張之，欲極其奢淫。"馬敍倫曰："固，讀爲'姑且'之'姑'。《韓非・說林上》：'《周書》曰：將欲取之，必姑予之。'是其證。下同。"覺按：有人把"固"解爲"本來"（見注〔6〕所引董思靖說），未當。

〔3〕《韓非子・喻老》："越王入宦於吳，而勸之伐齊以弊吳。吳兵既勝齊人於艾陵，張之於江、濟，强之於黃池，故可制於五湖。故曰：'將欲翕之，必固張之；將欲弱之，必固强之。'"河上公曰："先强大之，欲使遇（覺按：《道藏》本作"過"，此據《四部叢刊》本）禍害。"

〔4〕與：傅奕本作"興"，據帛書甲本、乙本改。　河上公曰："先興之者，欲使其驕奢至危。"高亨曰："'興'當作'舉'，形近而譌。古書常'廢''舉'對言。《論語・衛靈公篇》：'君子不以言舉人，不以人廢言。'《禮記・曲禮》：'凡祭，有其廢之，莫敢舉也；有其舉之，莫敢廢也。'《管子・版法篇》：'舉所美，必觀其所終；廢所惡，必計其所窮。'《荀子・王制篇》：'賢能不待次而舉，罷不能不待須而廢。'《淮南子・泰族篇》：'得其人則舉，失其人則廢。'並其證也。此文'張''强'爲韻，'舉''與'爲韻，若作'興'則失韻，此'興'當作'舉'之明證。"朱謙之曰："《吕氏春秋・行論篇》曰：'《詩》曰："將欲毁之，必重累之；將欲踣之，必高舉之"'亦與此詞異誼同，疑亦爲《老子》所出。"覺按："興"爲"與"之形訛，帛書甲本、乙本作"與"，即其證。"與"通"舉"。《周禮・地官・師氏》"王舉則從"鄭玄注："故書'舉'爲'與'。"可見"與""舉"爲古今字。至於《吕氏春秋》引文，已明言"《詩》曰"，則不當出於《老子》，而可能是老子吸取了古詩中的營養，但其文有助於我們理解《老子》此文則無疑矣。

〔5〕予：傅奕本作"與"，據帛書甲本、乙本改。　《韓非子・喻老》："晉獻公將欲襲虞，遺之以璧馬；知伯將襲仇由，遺之以廣車。故曰：'將欲取之，必固與之。'"河上公曰："先與之者，欲極其貪心。"覺按：《韓非子・說林上》："智伯索地於魏宣子，魏宣子弗予。任章曰：'何故不予？'宣子曰：'無故請地，故弗予。'任章曰：'無故索地，鄰國必恐。彼重欲無厭，天下必懼。君予之地，智伯必驕而輕敵，鄰邦必懼而相親。以相親之兵待輕敵之國，則智伯之命不長矣。《周書》曰："將欲敗之，必姑

· 351 ·

辅之；將欲取之，必姑予之。"君不如與之以驕智伯。且君何釋以天下圖智氏，而獨以吾國爲智氏質乎？'君曰：'善！'乃與之萬户之邑。智伯大悦，因索地於趙，弗與，因圍晉陽。韓、魏反之外，趙氏應之内，智氏自亡。"此實例可用來疏證老子此文。值得注意的是，《老子》此文與《韓非子》所引《周書》類似。老子曾爲周王朝史官，故此文或承《周書》發揮而成。又，今人多將上句之"奪"改爲"取"（見陳鼓應、馮達甫注譯），不當。因爲：一、帛書甲本、乙本均作"奪"，可見古本當作"奪"。二、"奪"與"廢"押韻，若改爲"取"，則失韻矣。

〔6〕《韓非子·喻老》："起事於無形，而要大功於天下，'是謂微明'。"河上公曰："此四事，其道微，其效明也。"王弼曰："將欲除强梁、去暴亂，當以此四者。因物之性，令其自戮，不假刑爲大，以除將物也，故曰'微明'也。"董思靖曰："夫張極必歙，與甚必奪，理之必然。所謂'必固'云者，猶言物之將歙，必是本來已張，然後歙者隨之。此消息盈虚相固（覺按：當作"因"）之理也。其機雖甚微隱而理實明著。惟以清靜柔弱自處者不入其機也。"范應元曰："天下之理，有張必有歙，有强必有弱，有興必有廢，有與必有取，此春生夏長，秋斂冬藏，造化消息盈虚之運固然也。然則張之、强之、興之、與之之時，已有歙之、弱之、廢之、取之之幾伏在其中矣。幾雖幽微而事已顯明也，故曰'是謂微明'。或者以此數句爲權謀之術，非也。"薛蕙曰："程子嘗曰：'《老子》書，其言自不相入處如冰炭。其初意欲談道之極玄妙處，後來却入權詐上去。如"將欲取之，必固與之"之類。'程子之言，豈可謂其不然？然學者務在求是而已。理苟未安，雖大儒之言，固未可盡執以爲是也。竊謂此章首明物盛則衰之理，次言剛强之不如柔弱，末則因戒人之不可用剛也。豈誠權詐之術而與二篇之言相反哉？夫仁義聖智，老子且猶病之，況權詐乎？按《史記》，陳平本治黄帝、老子之術，及其封侯，嘗自言曰：'我多陰謀，道家之所禁。吾世即廢亦已矣，終不能復起，以吾多陰禍也。'由是言之，謂老子爲權數之學，是親犯其所禁，而復爲書以教人，必不然矣。"高延第曰："首八句即禍福盛衰倚伏之幾，天地自然之運，似幽實明。'微明'謂微而顯也。此章諸家多以陰謀測之，乃戰國傾危之士假此眩時主之聽以售其術，非老子之旨也。"陳柱曰："此章老子揭發君主之陰謀也。"高亨曰："此諸句言天道也。或據此斥老子爲陰謀家，非也。老子戒人勿以張爲可久，勿以强爲可恃，勿以舉爲可喜，勿以與爲可貪耳。故下文曰'柔弱勝剛强'也。"

道篇下　第八十節（第三十六章）

陳鼓應將"微明"解爲"幾先的徵兆"，並申述説："'將要合起來，必先張開來'（'將欲歙之，必固張之'），即是説在事物發展的過程中，張開來是閉合的一種徵兆。老子認爲事物在不斷對立轉化的狀態，當事物發展到某一個極限的時候，它必然會向相反的方向運轉，好比花朵盛開的時候，它就要萎謝了（花朵盛開是即將萎謝的徵兆）；月亮圓滿的時候，它就要虧缺了（月亮圓滿是即將虧缺的徵兆）。本章第一段乃是老子對於事態發展的一個分析，亦即是道家'物極必反''勢强必弱'觀念的一種説明。不幸這段文字普遍被誤解爲含有陰謀的思想，而韓非是造成曲解的第一個大罪人，後來的注釋家也很少能把這段話解釋得清楚。"覺按：綜觀各家之説，大致可分爲三類：一是認爲老子這段話講的是陰謀權術，如韓非、河上公、王弼之説；二是認爲這段話雖然在講陰謀權術，但旨在揭露之以使人警惕，而並非在鼓勵人們施行，如陳柱之説；三是認爲這段話根本不在講陰謀權術，而在講物極必反的道理，即論述事物發展到極端後向對立面的轉化，與第五十八章論説禍福相倚之理相同，如董思靖、范應元、薛蕙、高延第、高亨、陳鼓應之説。三種説法孰是孰非？從文字訓詁的角度來説，我認爲這段話是在講陰謀權術，第一種説法是正確的。至於第二種説法，其實並未否定第一説，只是認爲老子講權謀的動機無可非議而已，這其實是在爲老子貼金，未必合乎老子旨意。至於第三説，則純屬曲解，因爲此文若是在講物極必反之理，則應該説："將歙，必已張；將弱，必已彊；將廢，必已與；將奪，必已予。"或説："將歙，必至張；將弱，必至彊；將廢，必至與；將奪，必至予。"而不應該用"欲"與"之"。此文用"欲"字，則顯然是指使用心計，非權謀而何？至於本句之"微明"，諸家所釋似都未當。上文所述，均是陰謀，所以"微明"應該解爲"隱微的明智"。"微"與下文不示人之義相同，是隱微的意思。第十四章河上公注曰："無形曰微。"《詩經・小雅・十月之交》"彼月而微"鄭玄箋："微謂不明也。"《説文・彳部》："微，隱行也。"《禮記・坊記》"所以章疑別微"孔穎達疏："微，謂幽隱不著。"均可明此文"微"字之義。"明"當指精通大道的明智（參見第七十一節注〔10〕）。上文所述，都是暫且使對方處於剛强的地位而使自己處於柔弱的地位，這無疑是一種合乎大道的明智，所以説"明"；而這種明智又是幽隱不著的，所以稱爲"微明"。

〔7〕柔弱勝剛彊：傅奕本作"柔之勝剛，弱之勝彊"，據河上公本改。

・353・

河上公曰："柔弱者久長，剛強者先亡。"覺按：此當承上文而言，上文"張之""彊之""與之""予之"都是使人剛強之道，相對來說，也就是使自己處於柔弱之勢，而結果自己將"翕之""弱之""廢之""奪之"，即戰勝對方，所以說"柔弱勝剛彊"。

〔8〕脫：傅奕本作"悅"，據河上公本改。《韓非子·內儲說下》："勢重者，人主之淵也；臣者，勢重之魚也。魚失於淵而不可復得也，人主失其勢重於臣而不可復收也。古之人難正言，故託之於魚。"覺按：此句當爲下句之喻辭，所以"魚"當比喻權術，"淵"當比喻君主。淵失魚則無生氣，君失權術則不神明，故以"魚不可脫於淵"比喻權術不可示人而脫於君。至於韓非的理解也可供參考，但其開頭幾句把權勢比作君主控制的"淵"，把臣子比作權勢控制的"魚"，則與下文不甚連貫。如果開頭這幾句說成："人主者，勢重之淵也；勢重者，臣之魚也。"意思是："君主，好比是容納權勢的深水潭；權勢，好比是臣子追求的魚。"這樣，其上下文的邏輯關係就較爲嚴密了。

〔9〕河上公曰："利器者，謂權道也。治國，權者不可以示執事之臣也；治身，道者不可以示非其人也。"覺按："利器"喻指權術（見第二十節注〔7〕）。權術如果爲人所知，則"邦家滋昏"（見第五十七章），所以"不可以示人"。此外，韓非之說也可供參考，《韓非子·喻老》云："賞罰者，邦之利器也，在君則制臣，在臣則勝君。君見賞，臣則損之以爲德；君見罰，臣則益之以爲威。人君見賞，而人臣用其勢；人君見罰，人臣乘其威。故曰：'邦之利器，不可以示人。'"

〔10〕五十六：傅奕本作"五十九"，今刪三字，故改。

【韻脚韻部】

翕、弱，緝藥通轉合韻（"翕"屬緝部，"弱"屬藥部）。張、彊，陽部。廢、奪，月部。與、予，魚部。明、彊，陽部。淵、人，真部。

【義疏正解】

要想收斂它，必須暫且使它張開；要想削弱它，必須暫且使它強大；要想廢除它，必須暫且抬舉它；要想奪取它，必須暫且賜給它。這叫作隱微的明智。柔軟弱小的能勝過堅硬強大的。魚不可以脫離深水潭，國家的統治手段不可以把它拿出來給別人看。

第八十一節（第三十七章）

【提要述評】

本節爲傅奕本第三十七章，河上公注本題"爲政第三十七"，唐玄宗注本題"道常無爲章第三十七"。

本節的主旨在奉勸諸侯帝王遵行大道，無爲而治（河上公注本題"爲政"，可能即基於此），使人們"自化""自正"。

道是"無爲而無不爲"的，所以諸侯帝王若能守道"無爲"，也必將"無不爲"，使民衆都自行遷善而端正。在禮崩樂壞、貪欲膨脹的春秋末期，老子也清醒地看到了使人遷善而無欲是十分艱難的，所以他在此進一步指出了對付貪欲的辦法：以質樸之道來抑制它。只要用質樸之道來抑制貪欲，那麼諸侯帝王也會不貪。君王不貪而清靜無欲，那麼天下人也必將自行趨於正道了。從這些論述中可以看出，老子此文雖然不露鋒芒，但矛頭還是正對着當時的統治者的。在老子看來，社會的混亂爭奪皆源於人之貪欲，所以此文特別揭示了"鎮""欲"的辦法及其成效，主張以無爲清靜之道消除貪欲而使人"自化"，其旨與第五十七章所述相同，可相互觀照。

總之，本節雖然以論道發端，其立足點還是在社會政治。他以"天下將自正"一句結束本章，結束全書，其用心之良苦可見一斑。

【校定原文】

道恒無爲而無不爲[1]，侯王若能守[2]，萬物將自化[3]。化而欲作[4]，吾將鎮之以無名之樸[5]。鎮之以無名之樸[6]，夫亦將不欲[7]。不欲以靜[8]，天下將自正[9]。

右第三十七章，五十二言[10]。

【注釋探賾】

[1] 此句帛書甲本、乙本均作"道恒无名"，當涉第三十二章之文而誤。第三十二章"名"與"臣"押韻，故作"名"。此句與下文"化"字押韻，故不當作"名"。 河上公曰："道以無爲爲常。"范應元曰："虛靜恬淡，无爲也。天、地、人、物得之以運行生育者，无不爲也。"覺按："道"見第一節注[10]。道"法自然"，故"無爲"（參見第六十九節注

〔19〕）。　恒：傅奕本作"常"，據帛書甲本、乙本改。　無爲而無不爲：見第十一節注〔4〕〔5〕。

〔2〕侯王：傅奕本作"王侯"，據帛書甲本、乙本改。此句又見於第三十二章，可參見。

〔3〕河上公曰："言侯王而能守道，萬物將自化效於己也。"覺按："萬物"當指萬民而言。第五十七章說"我無爲而民自化"，即其證；下文說"欲作"，也可表明此"萬物"指人而言。第二十四章、第三十一章"物或惡之"之"物"、第三十二章"萬物將自賓"之"萬物"均指衆人而言，也可作爲佐證。　自化：與下文之"自正"相類，指自動遷善（見第二十節注〔10〕）。河上公解爲"效於己"，陳鼓應解爲"自生自長"，許抗生譯爲"自行化育"，馮達甫譯爲"自動發展變化"，均未得其義。

〔4〕高亨曰："'欲'讀爲私欲之'欲'，名詞也。《說文》：'作，起也。'化而欲作者，言萬物既化而又私欲萌動也。若然，吾將鎮之以道，則萬物亦將無欲，如下文所云是也。……三章曰：'聖人之治，常使民無知無欲。'本章正言使民無欲之法。"覺按："而"猶"如"（參見《經傳釋詞》卷七）。"欲"指貪欲，參見第二十七節注〔17〕。

〔5〕河上公曰："無名之樸，道也。"覺按："無名"與"樸"都是"道"的特性（見第三十二章），所以用"無名之樸"來指稱"道"。"善爲道者""敦兮其若樸"而"不欲盈"（見第十五章），所以可用敦樸之道來"鎮""欲"。

〔6〕傅奕本"無名"上無"鎮之以"三字，帛書乙本此句重複上句之"闐之以无名之樸"，今參照帛書乙本補"鎮之以"三字。

〔7〕高亨曰："夫，彼也，指萬物言。"覺按："夫"當指"侯王"。下文"不欲以靜"的主語也當爲"侯王"。侯王"不欲以靜，天下將自正"，即第五十七章所說的"我無欲而民自樸""我好靜而民自正"。由此可證此"夫"字當指"侯王"而非指"萬物"。　不欲：見第二十七節注〔17〕。帛書甲本、乙本均作"不辱"，許抗生譯爲"不以爲是受恥辱"，不當。此文即使作"不辱"，也當解爲"不受辱"。第四十四章云："知足不辱。""不辱"是因爲"知足"，則與"不欲"之義通。

〔8〕以：猶"而"（參見《經傳釋詞》卷一）。第五十七章"我好靜"與"我無欲"並列，可證此文"不欲"與"靜"當爲並列關係。許抗生將"以"譯爲"因此"，馮達甫將"以"解爲"則"，不當。　靜：傅奕本作

"靖"，據河上公本改。

〔9〕正：端正。第三章說君王"不貴難得之貨"（即"不欲"，參見第六十四章）可"使民不爲盜"，第四十五章說"清靜可以爲天下正"，第五十七章說"我好靜而民自正"，所以此文說侯王"不欲以靜，天下將自正"。第三章之"不爲盜"，第五十七章之"民自正"，均可證明本句之"正"爲端正義，河上公把這"正"字解爲"正定"，許抗生譯爲"安定"，均不當。參見第八節注〔11〕。

〔10〕五十二：傅奕本作"四十九"，今補三字，故改。

【韻脚韻部】

爲、爲、化，歌部。樸、樸、欲，屋部。靜、正，耕部。

【義疏正解】

道永遠因順自然、無所作爲却無時無刻不對萬事萬物發生影響，諸侯帝王如果能遵守奉行它，衆人將會自己變好。變好後如果貪欲又產生了，我將用没有名稱的質樸之道來抑制人們的貪欲。用没有名稱的質樸之道來抑制人們的貪欲，那麼諸侯帝王也將不貪求財利。諸侯帝王不貪求財利而清靜無爲，天下人將會自行端正。

本書採擷文獻要目

【説明】
　爲了節約篇幅及行文方便，本書的提要和注釋在引用文獻時均不注明版本，而且大都使用簡稱，並作了刪節。現詳列其文獻全稱及所據版本，以便讀者在進一步研究時可藉此進行查考。當然，本書寫作時所參考的文獻不止於此，但未引用者則不加羅列以免虛張聲勢之弊，在引用時不便標名的（如採擷於各種集體編著的工具書）也依慣例從略。《述作集自序》所引文獻已詳注其出處，故也不贅録以省篇幅。

　一、《老子》校本簡稱所指文獻
　1. 傅奕本——唐傅奕校定的《道德經古本》，據文物出版社、上海書店、天津古籍出版社1988年縮印本《道藏》（以下簡稱"《道藏》"）第11册。
　2. 帛書甲本、乙本——馬王堆漢墓出土之《老子》帛書甲本、乙本圖版（酌情參照其釋文），據國家文物局古文獻研究室編《馬王堆漢墓帛書〔壹〕》，文物出版社1980年版。
　3. 竹簡本——郭店楚墓出土之戰國時期竹簡《老子》圖版，據荆門市博物館編《郭店楚墓竹簡》，文物出版社1998年版。
　4. 河上公本——漢河上公章句《道德真經註》，據《道藏》第12册。兼採《四部叢刊》本，即商務印書館編印的《四部叢刊初編·子部》之河上公章句《老子道德經》。
　5. 嚴遵本——漢嚴遵《道德真經指歸》，據《道藏》第12册。
　6. 王弼本——三國魏王弼《道德真經註》，據《道藏》第12册。
　7.《韓非子·解老》引文——據知識産權出版社2018年第3版《韓非子校疏析論》。
　8. 景龍碑本——據《考古學報》第一卷第二號《古本道德經校刊》，民國二十五年（1936）國立北平研究院總辦事處出版。
　9. 唐玄宗注本——唐玄宗御註《道德真經》，據《道藏》第11册。
　10. 唐玄宗御製本——唐玄宗御製《道德真經疏》，據《道藏》第11册。

11. 白文本——《道德真經》，據《道藏》第 11 冊。

12. 陳景元本——宋陳景元《道德真經藏室纂微篇》，據《道藏》第 13 冊。

二、《老子》注家簡稱所指文獻

13. 河上公——《道德真經註》，據《道藏》第 12 冊。兼採《四部叢刊》本，即商務印書館編印的《四部叢刊初編·子部》之河上公章句《老子道德經》。

14. 嚴遵——《道德真經指歸》，據《道藏》第 12 冊。

15. 谷神子——《道德真經指歸》註，據《道藏》第 12 冊。

16. 王弼——《道德真經註》，據《道藏》第 12 冊。兼採《古逸叢書》本，即光緒年間所刻《古逸叢書》之六《集唐字老子道德經注》。

17. 成玄英——引自《道藏》第 13 冊之前蜀強思齊所纂的《道德真經玄德纂疏》。

18. 唐玄宗——《唐玄宗御註道德真經》，據《道藏》第 11 冊。

19. 陸希聲——《道德真經傳》，據《道藏》第 12 冊。

20. 司馬光——《道德真經論》，據《道藏》第 12 冊。

21. 王安石——引自《道藏》第 13 冊之宋彭耜纂集的《道德真經集注》與《道藏》第 14 冊之元劉惟永編集的《道德真經集義》。

22. 呂惠卿——《道德真經傳》，據《道藏》第 12 冊。

23. 蘇轍——《道德真經註》，據《道藏》第 12 冊。兼採《四庫全書》本，即臺灣商務印書館 1986 年版《景印文淵閣四庫全書》第 1055 冊之蘇轍《老子解》。

24. 王雱——引自唐明皇、河上公、王弼、王雱《道德真經集註》，據《道藏》第 13 冊。

25. 彭耜——《道德真經集註》，據《道藏》第 13 冊。

26. 董思靖——《道德真經集解》，據《道藏》第 12 冊。

27. 范應元——《老子道德經古本集註》，據上海古籍出版社 2002 年版《續修四庫全書》第 954 冊。

28. 李嘉謀——息齋道人（息齋為李嘉謀道號）《道德真經義解》，據《道藏》第 14 冊。

29. 林志堅——《道德真經註》，據《道藏》第 14 冊。

30. 劉惟永——《道德真經集義》，據《道藏》第 14 冊。

31. 吴澄——《道德真經註》，據《道藏》第 12 册。

32. 王道——《老子億》，己卯年（1939）天津崇華堂刊本。

33. 薛蕙——《老子集解》，據上海古籍出版社 2002 年版《續修四庫全書》第 954 册。

34. 李贄——《老子解》，據社會科學文獻出版社 2000 年版《李贄文集》（第七卷）。

35. 焦竑——《老子翼》，據《道藏》第 36 册。

36. 釋德清——《道德經解》，清光緒十二年（1886）金陵刻經處刊本。

37. 陳懿典——《道德經精解》，據臺北新文豐公司 1999 年版《中華續道藏初輯》第 08 册影印之明萬曆間刊本《玉堂校傳如岡陳先生二經精解》。

38. 畢沅——《老子道德經考異》，據商務印書館 1936 年版《叢書集成初編》第 0541 册。

39. 姚鼐——《老子章義二卷》，同治庚午（1870）桐城吳氏邗上刊本。

40. 王念孫——《讀書雜志·餘編·老子》，江蘇古籍出版社 1985 年影印王氏家刻本。

41. 嚴可均——《鐵橋金石跋》卷二，據光緒二十九年（1903）貴池劉世珩校刊之《聚學軒叢書》第三集·第八（即第五十四册）。

42. 魏源——《老子本義》，據上海古籍出版社 2002 年版《續修四庫全書》第 954 册。

43. 俞樾——《諸子平議》，據上海書店 1988 年影印之商務印書館《國學基本叢書》本。

44. 高延第——《老子證義》，丙戌（1886）涌翠山房刊本。

45. 孫詒讓——《札迻》卷四，中華書局 1989 年版。

46. 嚴復——《〈老子〉評語》，據中華書局 1986 年版《嚴復集》第四册。

47. 于鬯——《香草續校書》，中華書局 1963 年版。

48. 易順鼎——《讀老札記二卷坿補遺一卷》（《寶瓠齋雜俎》之四），光緒甲申（1884）刊本。

49. 陶鴻慶——《讀諸子札記》，中華書局 1959 年版。

50. 奚侗——《老子集解》，乙丑年（1925）刊本。

51. 劉師培——《劉申叔先生遺書》第廿六册《老子斠補》，民國二十三年（1934）寧武南氏校印本。

52. 馬敍倫——《老子校詁》，中華書局 1974 年版。

53. 陳柱——《老子集訓》，商務印書館民國十七年（1928）版。

54. 于省吾——《雙劍誃諸子新證·雙劍誃老子新證》，北京虎坊橋大業印刷局民國二十九年（1940）版。

55. 蔣錫昌——《老子校詁》，商務印書館 1937 年版。

56. 朱謙之——《老子校釋》，中華書局 1984 年版。

57. 高亨——《老子正詁》，據清華大學出版社 2004 年版《高亨著作集林》第五卷。

58. 勞健——《老子古本考》，據宗教文化出版社 2009 年版《老子集成》第 15 卷。

59. 馮達甫——《老子譯注》，上海古籍出版社 1991 年版。

60. 任繼愈——《老子新譯》，上海古籍出版社 1978 年版。

61.《老子甲本釋文》注——見國家文物局古文獻研究室編《馬王堆漢墓帛書〔壹〕》，文物出版社 1980 年版。

62. 陳鼓應——《老子注譯及評介》，中華書局 2009 年第 2 版。

63. 許抗生——《帛書老子注譯與研究》，浙江人民出版社 1982 年版。

三、其他文獻

64.《周易》及晉韓康伯注、唐孔穎達疏，引自《十三經注疏》，中華書局 1980 年版影印本。

65.《尚書》及漢孔安國傳、唐孔穎達疏，引自《十三經注疏》，版本同上。

66.《詩經》及漢毛公傳、漢鄭玄箋、唐孔穎達疏、唐陸德明《釋文》，引自《十三經注疏》，版本同上。

67.《周禮》及漢鄭玄注、唐賈公彥疏、唐陸德明《釋文》，引自《十三經注疏》，版本同上。

68.《儀禮》及漢鄭玄注，引自《十三經注疏》，版本同上。

69.《禮記》及漢鄭玄注、唐孔穎達疏、唐陸德明《釋文》，引自《十三經注疏》，版本同上。

70.《左傳》及晉杜預注、唐孔穎達疏，引自《十三經注疏》，版本同上。

· 361 ·

71.《公羊傳》及漢何休注，引自《十三經注疏》，版本同上。

72.《穀梁傳》及晉范甯注，引自《十三經注疏》，版本同上。

73.《論語》及三國魏何晏《集解》，引自《十三經注疏》，版本同上。

74.《孟子》及漢趙岐注，引自《十三經注疏》，版本同上。

75.《孝經》及唐玄宗注，引自《十三經注疏》，版本同上。

76.《爾雅》及晉郭璞注、宋邢昺疏，引自《十三經注疏》，版本同上。

77.《論語》及皇侃疏，引自中華書局2013年版《論語義疏》。

78.《國語》及三國吳韋昭注，引自上海古籍出版社1978年版《國語》。

79.《孫子》，引自上海古籍出版社2002年版《續修四庫全書》第959冊《十一家註孫子》。

80.《墨子》，引自中華書局1986年版《墨子閒詁》。

81.《逸周書》及晉孔晁注，引自臺灣商務印書館1986年版《景印文淵閣四庫全書》第370冊。

82.《管子》及注，引自上海古籍出版社1989年影印的浙江書局本《管子》。其注釋者舊題"唐房玄齡"，或以爲注者是唐尹知章。

83.《晏子春秋》，引自中華書局1962年版《晏子春秋集釋》。

84.《尹文子》，引自中國社會科學出版社1983年版《中國古名家言》。

85.《山海經》及郭璞注，引自巴蜀書社1985年影印之《山海經箋疏》。

86.《列子》及唐殷敬順《釋文》，引自中華書局1979年版《列子集釋》。

87.《莊子》及晉郭象注、唐成玄英疏、唐陸德明《釋文》，引自中華書局1961年版《莊子集釋》。

88.《素問》及唐王冰注，引自《重廣補注黃帝内經素問》，上海涵芬樓景印明顧氏翻宋本，見《四部叢刊·初編·子部》。

89.《戰國策》及漢高誘注、宋姚宏注、宋鮑彪注、近代吳曾祺注，引自江蘇古籍出版社1985年版《戰國策集注彙考》。

90.《荀子》及唐楊倞注，引自中華書局1988年版《荀子集解》。

91.《韓非子》，引自知識產權出版社2018年第3版《韓非子校疏析論》。

92.《吕氏春秋》及漢高誘注，引自學林出版社1984年版《吕氏春秋校釋》。

93.《楚辭》及漢王逸注、宋洪興祖補注，引自中華書局 1983 年版《楚辭補注》。

94.《小爾雅》，引自上海商務印書館 1936 年縮印杭州葉氏藏明翻宋本《孔叢子》，見《四部叢刊·初編·子部》。

95. 漢賈誼《新書》，引自人民文學出版社 1996 年版《賈誼集校注》。

96. 漢韓嬰《韓詩外傳》，引自中華書局 1980 年版《韓詩外傳集釋》。

97. 漢劉安等《淮南子》及漢高誘注，引自中華書局 1989 年版《淮南鴻烈集解》。

98. 漢董仲舒《春秋繁露》，引自中華書局 1992 年版《春秋繁露義證》。

99. 漢司馬遷《史記》及唐司馬貞《索隱》、唐張守節《正義》，引自世界書局 1935 年影印的《四史》。

100. 漢桓寬《鹽鐵論》，引自中華書局 1992 年版《鹽鐵論校注》。

101. 漢史游《急就篇》及唐顏師古注，引自臺灣商務印書館 1986 年版《景印文淵閣四庫全書》第 223 册。

102.《大戴禮記》，引自中華書局 1983 年版《大戴禮記解詁》。

103. 漢劉向《說苑》，引自中華書局 1987 年版《說苑校證》。

104. 漢揚雄《法言》，引自中華書局 1987 年版《法言義疏》。

105. 漢揚雄《方言》，引自上海古籍出版社 1984 年影印的光緒庚寅（1890）紅蝠山房刻本《方言箋疏》。

106.《孔子家語》，引自三秦出版社 1998 年版《孔子家語注譯》。

107. 漢王充《論衡》，引自中華書局 1979 年版《論衡注釋》。

108. 漢班固《白虎通》及清陳立疏證，引自中華書局 1994 年版《白虎通疏證》。

109. 漢班固《漢書》及唐顏師古注，引自中華書局 1962 年排印本。

110. 漢許慎《說文》及宋徐鉉注，引自中華書局 1963 年影印的陳昌治同治十二年（1873）刻本《說文解字》。

111. 漢王符《潛夫論》，引自岳麓書社 2008 年版《潛夫論校注》。

112. 漢劉熙《釋名》，引自上海古籍出版社 1984 年影印的光緒丙申（1896）刻本《釋名疏證補》。

113. 漢樂府《焦仲卿妻》，引自中華書局 1962 年版《兩漢文學史參考資料》。

114. 三國魏曹植《學官頌》，引自人民文學出版社 1984 年版《曹植集校注》。

115. 三國魏張揖《廣雅》，引自江蘇古籍出版社 1984 年影印的清嘉慶王氏家刻本《廣雅疏證》。

116. 晉皇甫謐《帝王世紀》，引自中華書局 1964 年版《帝王世紀輯存》。

117. 晉陸雲《陸士龍文集》，引自鳳凰出版社 2010 年版《陸士龍文集校注》。

118. 晉葛洪《神仙傳》，據臺灣商務印書館 1986 年版《景印文淵閣四庫全書》第 1059 冊。

119. 南朝宋范曄《後漢書》及唐李賢等注，中華書局 1965 年版。

120. 南朝梁蕭統編《文選》及李善注、劉逵注、薛綜注，引自中華書局 1977 年影印的嘉慶十四年（1809 年）胡克家重刻宋淳熙本。

121. 南朝梁顧野王《玉篇》，引自北京市中國書店 1983 年版《宋本玉篇》。

122. 北齊顏之推《顏氏家訓》，引自上海古籍出版社 1980 年版《顏氏家訓集解》。

123. 唐陸德明《經典釋文》，中華書局 1983 年版影印本。

124. 唐玄應《一切經音義》，商務印書館 1936 年影印本，見《叢書集成初編》第 0739～0744 冊。

125. 南唐徐鍇《說文解字繫傳》，中華書局 1987 年影印道光十九年（1839）刊本。

126. 宋王安石《老子》，引自臺灣商務印書館 1986 年版《景印文淵閣四庫全書》第 1105 冊《臨川文集》卷六十八《論議·老子》。

127. 宋蘇軾《蘇軾文集》，中華書局 1986 年版。

128. 清劉淇《助字辨略》，中華書局 1954 年版。

129. 清段玉裁《說文解字注》，上海古籍出版社 1981 年影印經韻樓藏版。

130. 清王念孫——①《讀書雜志·荀子》，據江蘇古籍出版社 1985 年影印王氏家刻本。②王引之《經傳釋詞》所引，版本見下條。

131. 清王引之——①《經義述聞》，江蘇古籍出版社 1985 年影印道光七年（1827）重刊本。②《經傳釋詞》，岳麓書社 1985 年版。

132. 清朱駿聲《説文通訓定聲》，武漢市古籍書店 1983 年影印臨嘯閣藏版。

133. 清譚獻《復堂日記》（《復堂類集》之四），光緒丁亥（1887）刊本。

134. 楊樹達《詞詮》，中華書局 1965 年第 2 版。

135. 裴學海《古書虛字集釋》，中華書局 1954 年版。

136. 王力《漢語史稿》中册，中華書局 1980 年版。

137. 王力主編《古代漢語》（修訂本），中華書局 1981 年第 2 版。

138. 王力《同源字典》，商務印書館 1982 年版。

139. 復旦大學哲學系注《老子注釋》，上海人民出版社 1977 年版。

140. 唐作藩《上古音手册》，江蘇人民出版社 1982 年版。

141. 郭錫良《漢字古音手册》，北京大學出版社 1986 年版。

142. 張覺《"拱"之所表粗細考辨》，載《固原師專學報》1992 年第 2 期。

143. 張覺《荀子譯注》，上海古籍出版社 1995 年版。

144. 廣東、廣西、湖南、河南辭源修訂組、商務印書館編輯部編《辭源》（修訂本），商務印書館 1979—1983 年修訂第 1 版，1986 年印本。

145. 張覺《商君書校疏》，知識産權出版社 2012 年版。

146. 張覺《韓非子校疏析論》，知識産權出版社 2018 年第 3 版。

後　記

　　1985年秋，巴蜀書社編輯出版《中華文化要籍導讀叢書》，約陳奇猷先生撰寫《韓非子導讀》與《呂氏春秋導讀》，陳先生辭焉。巴蜀書社再函懇請，吾同事楊培明與陳先生相識，遂將此任務接下，而將《韓非子導讀》之撰寫工作轉交於我。從此，我便與《韓非子》結下了不解之緣。除了《韓非子導讀》（1990年1月出版），我又給岳麓書社點校了《商君書・韓非子》（1990年5月出版），給貴州人民出版社撰寫了《韓非子全譯》（在《中國歷代名著全譯叢書》中，1992年3月出版）。由於《韓非子》中不但有《解老》《喻老》等專門解說《老子》的篇章，其他地方涉及老子言論及其思想者也不少，所以我在研究《韓非子》時也不能不對《老子》有所研究。披閱了一些通行的《老子》校注本，發現其中頗多不當謬誤之處，故欲重新註釋譯解《老子》，但當時出版古籍譯注叢書的岳麓書社、貴州人民出版社、上海古籍出版社等都已出版了《老子》譯注本而不可能再重複出版，我也正處於賣文為生的待業時期而不可能去撰寫不能馬上出版的著作，所以於1991年10月13日寫完《韓非子全譯》後，便緊接着給貴州人民出版社寫了《商君書全譯》《吳越春秋全譯》（1993年出版），給中國旅遊出版社寫了《〈論語〉〈孟子〉精華譯評》《〈韓非子〉精華譯評》（1993年出版），給上海古籍出版社寫了《荀子譯注》（1995年出版），而撰寫《老子》譯注本的計劃也就被擱置一邊了。

　　1994年，臺灣古籍出版社購買了貴州人民出版社《中國歷代名著全譯叢書》的版權而在台灣出版《中國古籍大觀》叢書。該社認為其中的《老子全譯》不甚理想，而覺得我譯注的《韓非子》《吳越春秋》《商君書》（此三書由該社於1996年、1997年出版）合乎他們的要求，於是其董事長黃清和先生和社長魏成光先生於1996年5月22日赴滬約我譯注《老子》。當時我已轉業至上海財經大學任教，教學工作繁忙，故於1997年9月25日寫完了已簽約的《曾鞏散文精選》（東方出版中心1998年出版）和《潛夫論全譯》（貴州人民出版社1999年出版），才於10月19日開始撰寫本書，至1999年3月27日完成草稿，並根據其內容而擬名"老子古本探賾正解"，接着便聯繫黃清和、魏成光先生，但杳無音信。於是我從書稿中抽出《老子》第一章之注疏，以"讀《老子・第一章》劄記"為題投稿，發表在上海古籍出版社編輯出版的《中華文史論叢》2001年第4輯。後來我在網上發現臺灣古籍出版有限公司於2002年8月出版了我的《韓非子釋譯》(在《中國古籍大觀》叢書中,即1996年版《韓非子》之再版而刪去了《後記》),才知道台灣古籍出版社已於1998年轉入了楊榮川先生的五南文化事業機構,於是本書的出版就此擱淺。後來由於我忙於撰寫各出版社約稿的著作和完成各種科研項目,所以此書稿的謄清校讎便無暇顧及了。

2019年10月7日重陽節,人文學院宴請我們退休教師,承蒙院長陳忠教授關照,教我申請"上海財經大學學術著作培育項目",此書的出版才出現了轉機。12月22日,我參加教育部考試中心的"全國碩士研究生招生考試工作會議"一結束,便根據我校學術著作培育項目的基本要求開始整理書稿,至2020年1月31日完成了十萬字。3月19日,我收到人文學院科研秘書趙丹老師的項目申報通知,立即按照通知要求提交了申報表和書稿。經專家組評審,本書於5月8日批准立為"2020年度上海財經大學學術著作培育項目"而獲得資助。當初我策劃該項目時,打算在舊稿的基礎上進一步彙校善本,並附錄湖北荆門郭店一號墓出土的戰國竹簡《老子》及其釋文注解、湖南長沙馬王堆三號漢墓出土的帛書《老子》及其釋文注解、《老子》古本彙校對勘、《老子》重要詞語索引、《老子》研究資料輯錄等內容,以便在完成"2017年度國家社會科學基金一般項目"《〈潛夫論〉彙校集注》後於2022年以"老子古本彙校集解"為名申報"國家社科基金後期資助項目",但由於我校在該項目立項後對申報通知中的資助辦法有所調整,為了避免古文字排版和篇幅過大所造成的出版困難,又考慮到這些內容並不在"探賾正解"的研究範圍之內,所以我放棄了原有的打算,馬上聯繫出版事宜。5月20日,我在網上搜索到南京大學出版社古籍編輯部李亭女士的聯繫方式,便通過電話、郵件和她聯繫,承蒙她和社長的熱情支持,於25日即簽訂了出版合同,本書之出版就進入了倒計時。於是我開始整理全稿,由於初稿用簡體字寫就,而所引文獻有些又有了新的版本(如陳鼓應的《老子注譯及評介》),為了在簡繁轉換時不出差錯並儘量體現前賢的最新成果,故又將引文重新覆讎一過,因此也頗耗時日。全稿整理完畢後統計了一下,已達到申報表中的預期字數,可見當時放棄彙校和附錄的決定是正確的,但畢竟意猶未盡,他日若有機會,《老子古本彙校集解》的撰寫計劃仍當付諸實施,但其篇幅或將倍增矣。

沉睡了二十一年的書稿如今能公之於世，往日的心血没有白費，這不禁令我感慨萬千。

　　學院和學校領導對科研工作的高度重視無疑是本書得以面世的關鍵，所以我首先要感謝人文學院陳忠院長的關照和趙丹老師的提醒以及科研處靳玉英處長、陳正良副處長、趙赫老師在科研資助方面的鼎力支持。

　　其次，我與素昧平生的南京大學出版社之簽約速度實創以往之記録，非一見鍾情、傾蓋如故者不可能有此神速，由此足見金鑫榮社長和李亭女士對我的高度信任，此深情厚誼我將永志不忘。

　　此外，本書所用文獻，除了我的個人藏書外，主要依靠上海圖書館、復旦大學圖書館、上海財經大學圖書館的館藏。在疫情防控甚嚴而圖書館不能正常開放的情況下，查閱古籍而覆覈引文之艱難非局中人實難體會，筆者承蒙郭立暄、羊凱江、李文濤諸位先生的熱情幫助，才得以順利獲取諸多文獻而圓滿地完成了本書引文的文獻覆覈工作。文獻是古籍整理與研究之根基，過去不少古籍校注之作或研究著作中的引文之所以有不少謬誤，除了整理研究者抄校時的疏忽，主要還是因爲其缺乏原始文獻而轉引第二手資料乃至輾轉相抄所致，所以文獻的獲得對於確保古籍整理與研究的質量至關重要。因此，請允許我對他們的熱情幫助致以衷心的謝意。

張　覺

2020 年 11 月 20 日

於太倉瀏家港寒舍